为健康中国计

中国医药会计学会2022—2023年度优秀课题成果选集

杨珊华 ◎ 主编

中国财经出版传媒集团
中国财政经济出版社
北京

图书在版编目（CIP）数据

为健康中国计：中国医药会计学会 2022—2023 年度优秀课题成果选集 / 杨珊华主编. --北京：中国财政经济出版社，2024. 7

ISBN 978 - 7 - 5223 - 3090 - 7

Ⅰ. ①为… Ⅱ. ①杨… Ⅲ. ①医药产品 - 商业企业 - 商业会计 - 中国 - 文集 - 2002 - 2023 Ⅳ. ①F721. 8 - 53

中国国家版本馆 CIP 数据核字（2024）第 081192 号

责任编辑：马　真　　责任校对：张　凡
封面设计：智点创意　　责任印制：史大鹏

为健康中国计
中国医药会计学会 2022—2023 年度优秀课题成果选集
WEI JIANKANG ZHONGGUO JI
ZHONGGUO YIYAO KUAIJI XUEHUI 2022—2023 NIANDU YOUXIU KETI CHENGGUO XUANJI

中国财政经济出版社 出版

URL：http：//www. cfeph. cn
E - mail：cfeph@ cfeph. cn

社址：北京市海淀区阜成路甲 28 号　邮政编码：100142
营销中心电话：010 - 88191522
天猫网店：中国财政经济出版社旗舰店
网址：https：//zgczjjcbs. tmall. com
北京鑫海金澳胶印有限公司印刷　各地新华书店经销
成品尺寸：185mm × 260mm　16 开　18. 75 印张　393 000 字
2024 年 7 月第 1 版　2024 年 7 月北京第 1 次印刷
定价：88. 00 元
ISBN 978 - 7 - 5223 - 3090 - 7
（图书出现印装问题，本社负责调换，电话：010 - 88190548）
本社质量投诉电话：010 - 88190744
打击盗版举报热线：010 - 88191661　QQ：2242791300

编委会

主　编：

杨珊华　中国医药集团有限公司总会计师，中国医药会计学会会长，正高级会计师

副主编：

汤谷良　对外经济贸易大学国际商学院教授，博士生导师，中国医药会计学会学术委员会主任

向炎珍　中国医学科学院北京协和医院总会计师，中国医药会计学会常务副会长，中国医药会计学会学术委员会副主任，高级审计师，注册会计师

李颖琦　上海国家会计学院教授，博士生导师，中国医药会计学会学术委员会副主任，中国医药会计学会理事

李　春　北京大学第三医院总会计师，中国医药会计学会常务副会长，中国医药会计学会学术委员会委员，正高级会计师

赵治纲　中国财政科学研究院财务与会计研究中心主任，研究员，中国医药会计学会学术委员会委员，高级会计师

裴富才　天津天士力大健康产业投资集团副总经理，中国医药会计学会学术委员会委员，正高级会计师

李　昊　上海现代制药股份有限公司副总裁，中国医药会计学会常务副会长，正高级会计师

杜书伟　汉商集团股份有限公司副董事长，成都迪康药业股份有限公司董事长，中国医药会计学会常务副会长，高级会计师

侯　宁　山东新华制药股份有限公司财务总监，中国医药会计学会常务副会长，高级会计师

李晓娟　国药控股股份有限公司财务总监，中国医药会计学会常务副会长，高级经济师、注册会计师

李雪辉　上海交通大学医学院附属瑞金医院财务处处长，中国医药会计学会常务理事，中国医药会计学会医药财务政策分会会长，正高级会计师

唐　华　中国医药会计学会秘书长，正高级会计师，注册会计师

编委会成员：

张海斌　上海申康医院发展中心委派上海交通大学医学院附属瑞金医院总会计师，正高级会计师

张　辉　国药中生兰州生物制品研究所有限责任公司财务总监，高级会计师

王常青　国药中生兰州生物制品研究所有限责任公司财务部经理，高级会计师

魏平孝　原国药集团药业股份有限公司财务总监，会计师

阎　娜　中国医学科学院血液病医院（中国医学科学院血液学研究所）财务处处长，高级会计师

陈仪瑢　上海交通大学医学院附属瑞金医院财务处副处长，高级会计师

潘悦华　上海交通大学医学院附属瑞金医院财务处副处长，高级会计师

周　晶　国药控股国润医疗供应链服务（上海）有限公司副总经理，高级会计师

李　丹　广东省人民医院医疗设备处副处长（主持工作），高级会计师

黄　艾　湖北省疾病预防控制中心高级会计师

李莉刚　国药中生武汉生物制品研究所有限责任公司财务总监，会计师

张晋文　国药控股北京有限公司副总经理，会计师

主编的话

中国医药会计学会（以下简称“学会”）是由民政部于1989年12月21日批准成立的国家一级学会，由国务院国资委和中国工业经济联合会领导，是医药和医疗卫生健康行业从事财务、会计科学研究和咨询活动的全国性社会团体，是医药和医疗卫生健康行业的财会工作者和相关单位自愿结成的学术性、行业性、非营利性的社会组织。在民政部、国务院国资委和中国工业经济联合会的坚强领导、有力监督和精心指导下，通过学会历届理事会的努力和广大会员单位的支持，学会不断发展壮大。

特别是2019年6月学会换届后，新一届理事会始终以习近平新时代中国特色社会主义思想为指导，高度重视学会的专业研究工作。学会于2020年5月成立了学术委员会，由我和对外经贸大学博士生导师汤谷良教授担任主任，具体负责学会科研工作的组织领导、科研课题的立项、评审和指导。2022年，学会将2020—2021年的优秀课题成果结集由经济科学出版社出版，书名为《为健康中国计——中国医药会计学会2020—2021年度优秀课题成果选集》。“为健康中国计”是中国医药会计学会理念“为医计，为药计，为健康中国计”中最耀眼的一句，它也代表了学会的殷切希望。我喜欢这个名字，也坚信这个理念，同时也渴望得到您的认可。

热爱，会照亮梦想；梦想，会熠熠生辉！2022年6月，2021年学会重点课题（主要执笔人：姚立杰）的核心内容由中国财政经济出版社出版，书名为《中国医药企业研发指数研究与应用》（作者：姚立杰、杨珊华、陈虎）；2023年3月18日，2013—2021年度的中国医药企业研发指数首次在全国发布，新华社、人民日报、经济日报、人民政协报、中国证券报等100多家官方媒体公开报道。2023年9月3日，在工信部、国家卫健委的高度重视和大力支持下，2022年度的中国医药企业研发指数由工信部中小企业发展促进中心、国家卫健委医药卫生科技发展研究中心、中国医药会计学会、北京交通大学数字财税研究院、中国医药工业信息中心在中国国际服务贸易交易会上联合发布，创造了会计界在国家级、国际性平台发布研究成果的纪录。新华社、经济日报、新华每日电讯、中国证券报、中国医药报、北京电视台、人民日报健康客户端、新华财经、央广网等数十家媒体专门参加了此次盛会并进行了报道。仅通过中央广播电视总台“云听”客户端收听该条新闻的人数累计已超过5852万人。

我们一如既往、无比坚定地抓好课题研究工作。2022—2023年，学会共立项课题48

个，评选出优秀课题 17 个。中国医药会计学会财务政策分会立项课题 20 个，评选出优秀课题 7 个。本选集是对学会（包括分会）2022—2023 年主要优秀课题成果的选编。

本书精心汇编了 16 个优秀课题成果，其中 10 篇是针对医院的财务管理、运营管理方面的研究，6 篇是针对医药企业财务相关问题的研究。这些课题从立项、中期评审到结题评审的每一个环节，均受到学会学术委员会的严格指导与把关，从而确保了课题研究的质量。

怀揣热爱，方能一往无前。全部课题负责人和主要执笔人员大多来自医院或者医药企业的总会计师、财务总监，主要研究人员亦是医院或者医药企业的高级会计师、注册会计师或会计师。他们的共同特质在于，即便在实务部门工作多年，甚至在年过半百之际，仍坚守着对科学研究的执着与热爱，面对重重困难与挑战始终坚守初心不动摇、勇于拼搏不退缩。他们有着“会当凌绝顶，一览众山小”的心胸与气魄，“博观而约取，厚积而薄发”的智慧与勇毅，一心只为追求课题研究的卓越成果，以更好地解决实际问题，为健康中国的建设贡献专业力量。

在当今普遍看重物质利益，追求货币价值最大化的时代，他们守得住初心，也立得住决心。他们满怀着对健康美好生活的向往，坚持崇高的专业理想和高尚的精神追求。仰之弥高，钻之弥坚。我相信，他们将坚决贯彻落实党中央、国务院决策部署，胸怀“国之大者”、心系“民之所向”、坚守“为民情怀”，奋力践行“健康中国”的崇高使命和责任担当，在以中国式现代化全面推进强国建设、民族复兴伟业的新征程上勇毅前行。

在参与了每个课题的评审工作后，我认为本书主要有以下四个特点：第一，高度体现时代感，是对新时代、数字化时代医药行业财务管理问题的研究；第二，全部坚持问题导向，是对真问题的研究；第三，全部用数据用事实说话，论证科学合理；第四，着眼解决实际问题，有方案有对策。全部课题研究，按规范的研究逻辑和要求开展，编入本书的研究成果又再次经过专家的审核把关，从而确保了本书的质量。

学会课题的类型总体上可划分为重点课题和新苗课题，两者在选题、立项和字数要求上有所差异。本书所收录的课题成果，既有重点课题，也有新苗课题，总体质量都相当不错，故本书没有加以区分。此外，学会 2022—2023 年的优秀课题成果，除本书所编选的之外，有的已由作者以论文形式发表，或被其他专业部门组织编入了案例集出版，在此不一一列举。

在本书编写的过程中，上海国家会计学院李颖琦教授、中国财政科学研究院赵治纲研究员做了大量审核、校正工作。特此感谢！

学会将以本书的汇编出版为新的起点，满怀科研热情，聚焦中国医药卫生体制改革和医药行业高质量发展，不断优化课题布局、深化课题研究、产出更多更好的成果，努力为“健康中国”建设贡献更多的专业智慧和坚实力量！

杨珊华

2024 年 3 月 25 日

目　录

大型医院财务数字化转型的策略与路径研究

李雪辉[①]

1 绪论

当今世界，全球经济出现了新形态——数字经济，数字化颠覆几乎成为各行各业的“新常态”，并且数字经济占比逐年增长。2021 年 10 月，上海市人民政府办公厅《关于印发〈上海市全面推进城市数字化转型“十四五”规划〉的通知》（沪府办发〔2021〕29 号）开启了数字化转型的新篇章，数字化转型的政策和要求覆盖了全行业，医疗行业也是其中重要的组成部分，智慧医院建设自然离不开政策的指导和牵引，目前在智慧医疗、智慧服务、智慧管理领域，均有相应的政策落地。《关于推动公立医院高质量发展的意见》（国办发〔2021〕18 号）中明确提出，强化体系创新、技术创新、模式创新、管理创新……推动云计算、大数据、物联网、区块链、第五代移动通信（5G）等新一代信息技术与医疗服务深度融合。《公立医院高质量发展促进行动（2021—2025 年）》指出，要建设电子病历、智慧服务、智慧管理“三位一体”的智慧医院信息系统，完善智慧医院分级评估顶层设计。一系列相关政策的出台，对医院的现代化治理能力提出了新的考验，从上述文件中反复提及的“数字化转型”“流程管理”“运营管理”“质量管理”等关键词，不难看出医院智慧管理的重要性。

一方面，药品、耗材零加成导致医院运营压力增加，医保支付方式改革倒逼医院成本控制，三级公立医院“国考”强化医院信息化建设，医院内部各个科室运营管理流程冗余（影像科预约排队等待时间长，转诊、会诊等流程衔接不畅，付费取药排队时间长），这些

---

① 课题负责人及主要执笔人：李雪辉（1974—），男，汉族，上海人，正高级会计师，全国先进会计工作者，上海交通大学医学院附属瑞金医院财务处处长。

课题组成员：汪绪良、陈仪瑢、潘悦华、崔梦迪、王蕾、王骥、赵哲锋。

就诊流程中的瓶颈导致患者满意度下降；另一方面，我国不少大医院均已告别“单院区”发展态势，迈入“多院区”时代，但多院区医院在一体化管理、运行成本、医疗质量、医院文化、学科布局等方面还存在诸多问题，规范化多院区管理，提高运营效率，成为医院高质量发展的关键因素。为解决医院管理中存在的诸多问题，医院的数字化转型已基本成为业界共识，对医院的实际情况而言，数字化转型，就是要逐步实现“智慧医疗、智慧管理、智慧服务”的精细化高效运营管理和高质量发展模式。立足健康中国大战略，全面提升医院整体的管理和服务能力，是数字化转型的核心要义。

政策导向、内部驱动、民众需要，数字化转型已成为医院的必答题，如逆水行舟，不进则退。在“智慧医疗、智慧管理、智慧服务”三位一体的智慧医院建设体系中，“智慧管理”建设是抓手，而从医院管理的实际来说，财务的数字化转型则是医院智慧管理的重要支撑之一。

财务是衡量医院经营成果的重要方面，集成了核心的资金流和信息流，对医院的信息化建设起到非常重大的影响作用。医院财务工作正不断突破传统财务边界，强化业财融合，被越来越多的管理者看作是医院转型升级的重要抓手，因此，财务数字化转型理应成为医院数字化战略转型的开路先锋。医院智慧财务是一种新型的财务管理模式，它运用移动互联网、大数据、云计算、人工智能等先进技术手段，整合医院内部核心业务系统的关键信息，以实现智能化的会计核算、资金管理、预算管理、成本管理以及资产管理等各项需求。该模式基于新一代信息技术，旨在实现医院财务智慧化管理和运营，并构建一个全新的财务管理模式，覆盖医院所有经济业务的全过程和全范围，以达到“业财融合、风险控制、数据共享、智能互联、高效管理”的目标。

现阶段国内外分析医院财务数字化转型的文献较少，涉及具体案例研究的则更是少之又少。本研究主要采用案例分析的研究方法，从上海地区大型综合性三甲医院瑞金医院（以下简称“样本医院”）入手进行剖析，梳理出一套医院实施财务数字化转型的有效路径（可行的功能模块、现代信息技术的应用、数字化转型过程中的流程再造、数据治理等），同时思考财务数字化转型过程中存在的问题和顺利实施财务数字化转型的策略（保障机制、核心着力点等），切实提升医院的运营管理水平，为其他医院实施财务数字化转型提供借鉴。

本研究具有如下三个方面的研究意义。

第一，适应医院战略管理需求，实现业务财务深度融合。在数字化时代，通过云计算、自然语言处理、大数据等新一代信息技术建立业财融合的数据管理体系，使数据成为医院的战略资产，提升医院业务流、物资流以及资金流的整体效率，从而实现医院财务管理和业务管理的深度融合，确保数据的及时性和准确性。这种有机整合可以提高财务管理的能力水平，同时也能促进医院的整体运营效率，助力医院整体高效运营和发展，有效承接医院战略管理目标。

第二，推进财务转型，支持医院决策，提升医院运营管理水平。结合公立医院特点，提出医院实施财务数字化转型的有效路径（可行的功能模块、现代信息技术的应用、数字化转型过程中的流程再造、数据治理等），为提升医院经济运营管理水平提供新思路、新方法、新见解。

第三，总结实践经验，推动医院数字化转型进程。以样本医院为例，总结医院财务在数字化转型过程中存在的问题和经验，给出具体的财务数字化转型路径和实施策略，明确财务数字化转型的保障机制以及核心着力点，为其他医院实施财务数字化转型提供借鉴。

2 财务数字化转型国内外研究进展

2.1 国外财务数字化转型研究进展

数字化转型的概念最早可以追溯到2011年，当时美国信息技术研究和咨询公司Gartner首次提出了“数字化转型”（Digital Transformation）的概念。此后，越来越多的企业开始关注数字化转型，并将其作为企业发展的重要战略。数字化转型已经成为当今企业转型升级的重要趋势，影响着各行各业的企业，包括制造业、金融、零售、医疗等。现在，数字化转型主要是指利用数字技术和数字化思维，对传统业务模式和流程进行改造和创新，从而提升企业的效率、创新能力和竞争力。数字化转型的目的是将企业从传统的线下业务转变为线上业务，从而更好地满足用户需求，提升用户体验，优化企业运营模式，打造数字化的生态系统。

随着信息技术的不断发展，在过去十年间，人们对数字化转型的观念和认知产生了显著的变化。十年前，人们认为数字技术只是一种新兴的服务，对经济领域不会产生天翻地覆的影响。但是，随着全球经济的快速发展，数字经济已经成为经济的关键组成部分。最近五年，“数字化”“数字化转型”“数字化经济”成为经济研究领域的“热搜”关键词。目前，学术界对于数字化转型的研究主要集中在数字化转型的动因以及数字化转型在企业中应用所带来的提高财务效率、降低成本、提高数据分析能力等价值效应和财务效果。

Birk S.（2009）提出：人脑已经达到了处理信息的极限，医疗行业可以通过数字技术的应用，实现医疗管理、医疗技术创新等方面的升级和改变，比如，可通过数字技术提供远程医疗服务弥补医护人员的短缺，通过大数据、自然语言处理等技术分析处理医疗数据，进行种族内疾病模式的复杂人口统计学分析，对比不同种族之间癌症发病率的差异。Kahn M. G.（2012）通过对比七种数据模型指出：可扩展的分布式网络在临床数据管理中的应用越来越广泛，在选择数据模型时，应重点考虑完整性、真实性、灵活性、可理解性、可操作性、准确性等因素。Jeschke S. 等（2017）分析指出，数字化转型的实施可以带来多种好处，包括提高企业生产效率、降低企业成本、增加企业收入、提升企业组织管理水平以及创新企业商业模式等，但企业在数字化转型过程中可能会面临资金不足等诸多困难。Tanniru M.（2018）指出，信息技术不断改变着业务流程，医院需要借助这个机会进行自我转型，以保持竞争力，数字化转型的推进需要管理层的支持，管理层应保持创新思维，使团队能够在数字化转型的过程中保持创造力，为医院创造价值。Agarwal R.（2020）提出，我们正处于大数据、人工智能（AI）和机器学习（ML）爆发的数字时代，信息技术可以成为战略和竞争的差异化因素，数字化转型必须从企业的战略和文化层面开始，通过采用新技术来创造更高的价值和更好的体验，数字化战略必须以企业的核心业务为中心，结合新技术和新商业模式来创造业务价值。只有当一个组织的思维方式、组织文化以及对技术和创新的态度发生转变时，才能真正认为其完成了数字化转型。Frick N. R. 等（2021）根据对不同部门和学科的医生进行的 16 次半结构化访谈结果的分析指出，2019 年的新冠疫情改变了医院的原有运营方式，也推动了数字化转型。但患者对就诊过程中医疗信息化水平满意度较低，医院应进一步推动数字化转型，以应对未来不可预见的情况。Kraus S.（2021）从多个利益相关者的角度研究医疗卫生领域数字化转型的实施策略，其研究结果表明，数字化转型是一种基于数字技术和数据的全面变革，涉及组织的战略、文化、组织、流程和技术，医疗机构、患者、员工、政府、社会经济环境对数字化转型而言都是非常重要的影响因素。

2.2 国内财务数字化转型研究进展

财务数字化转型是新兴的研究领域，在该领域，国内学者的理论研究尚处于初级阶段，但在实践应用方面，已经取得了丰硕的研究案例成果。

在理论研究方面，彭俊松（2016）认为，随着全球经济和信息技术的发展，制造业在工业 4.0 的推动下快速扩张。这种趋势催生了一系列智能产品，使人们对智能化、数字化发展的受重视程度也越来越高。吴静（2020）研究发现，数字经济在防控新冠疫情方面扮演了重要角色，为保持社会经济稳定作出了巨大贡献。同时，疫情也为数字化转型提供了新的机遇，未来需要在垂直领域进一步细分新一代信息技术，并不断丰富应用场景，充分展现信息技术的价值和潜力，推动数字化转型的不断升级。胡海波（2018）以企业为分析对象，从数字化赋能视角对企业数字化转型过程中的价值共创进行了诠释，他认为消费者、企业、其他利益相关者以及所有社会经济参与者都参与了价值共创过程，四大主体间存在互动共享关系。何帆（2019）在对比分析A股交易市场2012—2017年的数据后，认为数字化经济政策可以降低成本费用、提升资金使用效率，进而提升企业的经济效益。然而，一些学者的研究表明，企业进行数字化转型后价值提升并不明显，也并未带来显著的财务效果。吴溪（2017）以互联网企业为研究对象，认为短期内应用数字技术对企业业绩并未产生显著的改变，但他同时认为，互联网企业有85%以上都是以销售为主业，不能代表全部的市场经济模式。在实践应用方面，中国建筑集团通过建立数字化财务管理平台，实现了业财管理一体化。通过数字化财务管理平台，中国建筑集团可以实现现金管理、预算管理、成本管理等多个方面的数字化管理和监控；华为公司通过建立数字化财务管理平台，实现了财务管理的智能化和网络化。数字化财务管理平台可以实现对全球各地财务数据的实时监控和分析，提高财务管理的效率和精度；腾讯公司通过建立数字化财务管理平台，实现了业财管理一体化，数字化财务管理平台可以实现对多个业务板块财务数据的实时监控和分析，提高了财务管理效率。

近两年，我国公立医院财务数字化转型方向方面的研究数量稳步增加，数字化转型在医院财务管理领域的应用获得广泛的关注。董登姣等（2021）认为，财务数字化转型可以提升医院的运营效益，因此医院应该在所有部门、流程等与内外相关的方面推动转型，同时，这种转型应该采取构建基础架构数据和整合业务流程的改造方式，以尽量降低转型成本。施方飚（2021）的研究肯定了医院财务数字化转型的必要性，并提出财务数字化转型应以数据互联互通为基础，采用数据中台模式，目标是优化患者就医流程、改善患者体验，同时提升医院服务水平。数字化转型的推进应该从具备转型条件的财务应用场景开始，逐步扩展至全部场景。邬江涛（2022）在其研究中表示，数字化转型是提高医院财务管理水平的重要突破点，可以增强效率和效益，为了应对数字化信息技术应用可能带来的业务和财务层面的风险，医院应该从完善顶层设计、健全财务制度、培养综合人才和强化风险管理四个方面入手采取措施。张乔（2022）认为，医院财务数字化转型的关键在于建立财务共享服务中心和数智化平台，同时储备综合性数字人才，促进医院高质量发展。刘真平和章煜（2022）认为，公立医院财务数字化转型应以预算管理为主线推进，通过建设报销系统和全面预算管理系统实现数字化财务体系的构建。刘成（2022）提出，医院财务数字化改革应从制度标准化、数据标准化、应用标准化、物资管理与全面预算管理系统集成化、报销审批系统建设、财务数字化管理信息平台建设以及复合型人才培养等方面制定实施策略。

2.3 公立医院财务数字化转型的重要性和必然性

综上所述，随着全球各国对财务数字化转型在医疗领域应用的重视，国内外医院财务数字化转型研究取得了许多进展，各国学者都提出了不同的理论和实践方法，财务信息化水平不断提高，所应用的技术也在不断升级，从十年前使用ERP、财务管理系统等信息化工具提高财务业务的效率和准确性，到五年前利用互联网技术简化线下财务管理流程，再到近两年应用大数据、人工智能等前沿技术实现财务数据分析、风险控制、智能审计等。目前，数字化转型已广泛应用于公立医院的财务管理中，有助于提高财务效率，降低各项运行成本，提高数据分析能力，保障信息安全，为公立医院的高质量发展夯实根基。因此，财务数字化转型已成为医院管理理论界和实践界的重要研究主题和实践热点。

2.3.1 转变会计职能，解决决策辅助功能缺失问题

一方面，传统的财务管理主要是按照政府会计制度的既定规则进行账务规范化处理，最前端的业务数据经过层层处理以及筛选，当其流转到财务系统时，大部分与业务相关的数据已经被压缩或过滤，造成会计信息质量受限，未能包含大部分对医院运营决策有价值的信息数据，导致无法从财务管理的角度提供精确的运营决策支持信息；另一方面，在管理会计推广之前，财务管理与业务流程存在脱节现象，导致财务管理洞察全局能力不足，分析业务深度不够，不能精准、高效响应医院运营决策的需求。在面对医院内外部环境变化时，如何快速地获得需要的数据并有效地处理数据，迅速形成决策建议方案，是每个医院财务管理者都必须掌握的技能。为应对这种变化，需要借助新一代信息技术对原有的财务管理模式进行数字化升级，拓展财务管理的职能。此外，在揭示医院经营风险方面，财务报表数据的时效性和全面性存在不足，无法对可能存在的风险及时预警或采取控制措施。同时，外部环境的复杂多变以及舞弊手段的不断升级，给财务审核和内部控制中对财务风险的定位和预测增添了难度。

2.3.2 解决流程断点，简化数据处理过程的需要

流程断点是业务流程上下游涉及的系统不连贯的部分，其特点是需要人工介入或者干预，抑或可以在数据传输过程中通过人工干预的方式拦截、修改部分数据。流程断点的存在会导致效率降低、风险增加。导致流程断点的原因包括但不限于系统不兼容、信息媒介不一致、数据标准不统一、权责不明确等。医院传统的管理模式是以职能为中心，各管理部门条块分割，流程运作复杂，易形成流程断点，导致流程管理功能不畅，业务管理深度不足，影响医院整体运营效率。

目前，医院大部分财务管理涉及的数据都是采用Office软件进行处理，数据结果的准确性高度依赖制表人对数据处理流程和Office软件的熟练程度，数据处理过程复杂烦琐，即使能保证数据的准确度，也需要财务人员耗费大量的时间和精力，亟须通过数字化信息技术优化此类重复性高、逻辑性强的数据处理流程。除了对内提供信息，医院财务还需要定期或不定期向医保、财政、卫健委等上级主管部门提供不同口径、不同精细度的报表和

数据。如果没有强大的信息化和数字化技术在背后支持，在海量信息时代，医院财务管理的负担将会越来越重。

2.3.3 解决数据孤岛，提高数据质量的需要

医院各信息系统间的数据孤岛问题已经是“老生常谈”，由于信息化建设时间跨度大，信息系统的硬件、软件、数据库之间的互通性受阻，这些孤立的系统不能简单集成为医院信息总系统，系统间数据的传递还要借助手工操作，无法有效地实现信息共享与交换。数据孤岛问题具体表现在三个方面：第一，医院业业、业财之间的数据传输不畅通，信息孤岛问题尾大不掉；第二，不同系统内的相同数据在存储结构上有差异，不同系统对数据的命名、业务含义、取值范围等定义不同，比如同名不同义、同义不同名等，涉及多系统间数据调用时，容易出现数据无法直接关联、共享的问题；第三，没有统一的数据标签体系，智慧财务系统无法建立系统间数据的对应关系，没有利用信息技术快速处理数据、挖掘数据价值的基础。

2.3.4 加强人才培养，解决专业人才匮乏问题

财务数字化转型要求财务人员不仅要熟练掌握会计核算、财务管理知识，还要熟知医院业务流程、信息技术、经济分析、资源配置等非财务专业知识，更需要具备医院长期战略发展视野和支持医院高效安全运营管理的全局观，在建设智慧财务体系并实施财务数字化转型的过程中，可以借此契机培养锻炼财务人员，发展和储备数字化人才。

3 样本医院财务数字化发展现状分析

3.1 样本医院基本情况

样本医院始建于1907年，原名广慈医院，是一所集医疗、教学、科研为一体的三级甲等综合性医院，医院现有5个管理分类院区，编制床位4800张，年门诊量超过450万人次。面对日益增长的患者医疗服务需求，2020年年底，样本医院转变为由主院区、北部院区、远洋院区等构成的一体多院区运营模式。转换为多院区运营模式后，医院信息系统快速形成了对多个院区临床医疗、人财物、绩效一体化管理的支撑能力。新加入院区的信息系统于2021年1月1日完成了切换。多院区间的转科转床、检验检查、远程诊断、远程会议等应用，已成为支撑医院多院区运行的重要支柱。

2021年4月，样本医院率先推出了“便捷就医数字化转型”七大应用场景，其中包括精确预约服务、智能急救响应、智慧在线问诊、互联互通互认、电子就诊卡、医疗付费一件事以及线上核酸检测开单。样本医院通过数据赋能和流程再造，敏捷开发、快速迭代，在2.0版本中新增了与就诊服务相关的七个场景，包括停车预约与周边分流、智能分诊、智能规划与全程陪诊、智能预诊及检查预约、智能优先就诊、床边一体化服务和诊后智能健康随访等，旨在打通就诊堵点。样本医院成为上海首批上线互联网服务的医院之一，在疫情期间接诊人次达到1000人/日左右。2021年，样本医院还开出了上海首张医疗电子票据，并获得了首张商业互联网医院牌照，首批上线医保电子凭证和医保患者脱卡支付，同时在国家卫健委的智慧服务评级中取得了三级认证。

样本医院在近年来逐步推进一体化医院财务运营管理平台（Hospital Resource Plan，HRP）系统的建设，从而实现人、财、物等资源的统一管理。该系统已经上线了预算申报审批、合同审批、报销审批、成本和绩效管理等应用，实现了全流程的精细化控制和评价。同时，为了进一步丰富协同办公平台的应用，医院目前已经构建了300多个模块，包括日常安排、会议室预定、车辆预订等通用应用，还涉及各职能部门的专项办公应用，覆盖医疗、科研、人事、资产、后勤等领域，为员工提供了便捷、规范的在线服务。

3.2 智慧财务体系架构及功能

样本医院基于医院智慧管理目标和共享财务中心的理念，融合先进信息技术，创新设计“智慧财务体系”，聚焦于提升医院财务管理价值，赋能医疗机构降本增效与数字化转型，助力智慧医院高质量建设发展。智慧财务体系汇集对内、对外财务管理功能，依据服务对象的不同，将医院财务管理内容集成到对应的子平台，分别是就医服务平台、员工财务服务中心，以及服务于医院的综合运营管理平台。就医服务平台以提高患者结算服务效率和质量为目标，通过在平台上集成各项结算功能，为患者提供更加便捷的支付方式；员工财务服务中心通过便捷的薪资查询、报销管理等数字化功能让员工高效管理个人财务信息；综合运营管理平台旨在实现财务数据的统一管理和分析，以辅助医院管理层的战略和决策制定。三个子平台既相互独立又彼此紧密衔接，业务流程完备、功能模块完整、数据实时交互，真正做到了财务管理系统信息采集数字化、应用功能多样化、业务类型多元化，既服务于医院中心工作，又具备高效能和安全性，推动样本医院财务管理向“有智慧”“有服务”“有责任”“有价值”的方向转型升级（见图2-1）。

3.2.1 面向患者的就医服务平台

医院以上海市医疗付费“一件事”项目的推进为契机，建立以医院信息系统（Hospital Information System，HIS）为核心的就医服务平台，旨在提升就医结算服务体验。该平台

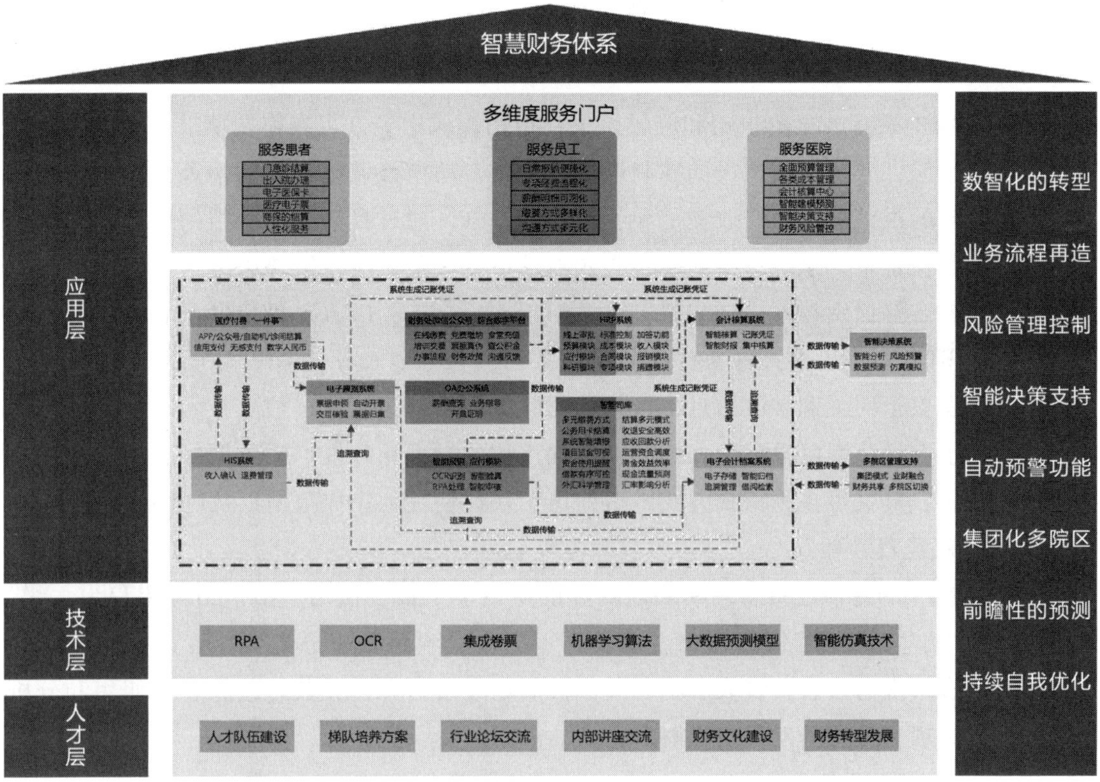

图 2-1　智慧财务体系

充分利用互联网和移动支付工具，整合了 HIS、自助付费机器、手机 APP、微信公众号及小程序、支付宝服务号等支付系统，并通过共享数据库、Socket 等数据传输方式与电子票据系统、机器人流程自动化（Robotic Process Automation，RPA）、会计核算系统互联。就医服务平台实现了就医结算业务全流程闭环，推动了就医结算的数字化和高效化。就医服务平台可细分为门急诊结算平台和出入院管理平台两部分。

门急诊结算平台的亮点是支持挂号、付费、退款的全环节电子操作、全流程无感支付、全体系医保结算，支持电子就医凭证、多渠道挂号、诊间确费、特殊医保结算人群的线上医保结算（如儿童、老人等）以及自动开具电子票据，线下就医以及互联网就诊均可使用，在支付方式方面新增数字人民币、信用支付，在新冠疫情期间，平台也不断丰富应用场景和内涵，开通了核酸检测费用的线上缴纳、处方检验线上自助续签等功能，为患者提供便捷就医结算体验。

出入院管理平台除了常规的出入院结算系统，还创新性地增设了自助结算机和床边服务机器人，患者可以通过病房的床边服务机器人或者手机、自助机等渠道办理入院登记、预交款、在线结账、线上获取医疗电子票据等重要步骤，为患者在住院全流程中的费用结算方面提供了更多的选择，增加了更多的灵活性。

3.2.2 面向员工的财务服务中心

（1）便捷报销体验

HRP系统中设有独立的报销和应付模块，报销模块中经办人在前端填报报销事由并选择预算经费来源，系统根据预设的控制逻辑，直接自动核验该笔经费的预算控制情况，对超标、不合规的报销单发送修改提示和不予提交提醒，通过自动审核的报销申请，可以一键生成后续的报销单，系统将自动跳转进入报销审批流程；应付模块中后台工作人员利用扫描机和光学字符识别技术（Optical Character Recognition，OCR）提取发票上的关键字段信息，再由RPA财务机器人自动登录国家税务总局发票查验平台和财政电子票据公共服务平台，将发票上的关键字段信息进行票据的验真查重。系统通过信息技术以及内嵌控制规则，实现了审批流程的自动化，提高了单据审核的标准化程度，系统同时支持自定义审批流程、加签、转交等多种审批方式，帮助员工快速便捷地完成报销以及应付业务。

（2）高效经费管理

HRP系统中的专项经费管理模块以资金的申请、下拨、使用、报销结算流程为主线，将重复、简单、大量的工作流程化、模板化，加快专项经费业务流转速度，提高工作效率；同时可多维度向项目负责人和项目组成员展示经费信息，让其轻松查看、使用和分析专项资金，为项目推进与发展提供财务之力。

（3）薪酬信息可溯

通过系统对接，员工登录办公系统（Office Automation，OA）即可查看薪酬发放的详细信息，系统还提供身份信息交叉验证、业务指导、开具收入证明等服务。

（4）多元缴费方式

医院根据高频财务业务办理场景，以微信为载体，建立由微信公众号和小程序组成的综合缴费业务平台，提供员工胸卡补办、党费缴纳、饭卡充值、票据验真、公积金查询、沟通反馈等服务。此外，医院还根据临床科室经常开展的进修培训和学术会议，提供了在线进修、培训和押金缴纳功能，切实做到服务临床、服务一线。

（5）沟通反馈平台

财务服务中心不仅是运营平台，还提供电话咨询、系统内沟通和反馈以及邮件沟通等服务，确保及时解决员工遇到的问题。

3.2.3 面向医院管理的综合运营管理平台

医院智慧财务管理系统是针对医院财务管理的特点与需求而建立的一套综合财务管理平台，该平台包含三个主要模块：①会计核算模块。该模块包括账务处理以及会计电子档案系统，支持基础凭证自动推送、“一院多区”集中核算、智能归档、会计档案电子存储以及原始凭证及附件的跟踪管理、借阅检索等功能，提供基础财务信息和财务报告，可以提供基础财务信息和财务报告，支持医院的基础财务管理工作。②财务处理模块。该模块的核心是基于 HRP 系统，与医院 OA、科研、教学、资产和人力资源等业务系统对接，形成一个多业务平台的全链条线上管理模式。该模块能够处理医院所有的经济业务，涵盖收入、成本、预算、合同、应付、专项经费、科研经费、捐赠管理以及资金管理等模块。同时，实现了收入、支出以及资本化业务的信息流、资金流高效集成和管控，让全面预算管理和全成本管理落到实处。此外，该模块还借助 RPA 技术，能够实现数据快速传输，风险快速预警、识别及干预，为医院实现“安全、高效、敏捷”的财务管理，为持续健康运营提供重要支撑。③智能决策模块。该模块利用预测模型、机器学习算法和仿真模拟技术，以会计核算中心和财务处理平台的数据为基础进行预测分析，为医院在战略规划、运营管理、流程优化、风险管控等方面提供决策参考和数据支持。该模块能够帮助医院做好管理决策支持工作，提高医院的管理水平和决策效率。

3.3 智慧财务体系建设成效

3.3.1 基于业财融合的基础框架搭建

以 HRP 系统为支点联通医院其他业务信息系统，优化流程、治理数据、制定规则，解决业务条线之间逻辑不通、业务口径不一、数据壁垒等问题，让数据在业务条线和智慧财务系统内流动起来，将业务数据、财务核算和流程管理有机结合，初步建立由业务驱动的智慧财务管理框架，开创医院业财融合的好局面。

（1）业务流程精益化

全面梳理业务、财务流程，筛查逻辑不通之处以及流程断点并进行优化，确保业业无断点、业财无断点，同时利用 RPA、OCR 技术进一步整合冗余业务流程，取代不必要的人工环节，建立自动核对协调机制，实现流程精益。

（2）数据处理标准化

高质量的数据是智慧财务管理体系建设的基础。数据质量包括数据的真实性、完整性、时效性等。第一，需要核对数据源头的真实性。强调业务发生与信息产生和传递同步，提高数据的可追溯性，从而降低数据在传递过程的人工干预。第二，不断提高数据的完整性。全面分析提炼医院的业务流程，识别贯穿业务的主线，精准定位关键流程，梳理流程环节产生的数据，并主要通过 RPA、OCR 识别等技术，辅以少量人工补录，全方位采集业务及财务数据。第三，不断提高数据的时效性。充分利用数字技术提高数据采集的时效性，业务发生即产生数据，实时采集业务全流程的数据。数据的时效性为实时分析和前瞻性预测提供基础。在智慧财务建设中，数据的质量越高，对数据处理、分析、挖掘之后能够捕获的价值越大。在高质量数据的基础上，围绕医院运营决策场景，建立模型库并构建经营图谱，实现人机协同的智能决策。在建设系统前，把数据作为系统实施的核心目标，从业务端进行数据的查漏补缺：对数据的结构、内容和关系进行有效的分析、梳理和总体设计，找到既有系统中关键的数据对象，把数据对象拆分成独立的数据元素，梳理出冗余或缺失的内容，再由业务部门进行确认并进一步整合或补缺。制定项目数据规范、标准，管理和使用规则，形成统一的数据字典和数据管理口径，有效的数据治理可以大大提高数据质量。将建立的数据治理规则用于监测数据的一致性、可靠性和准确性，同时该规则应该适用于系统的整个数据管理过程，因为数据治理是一个持续的过程，且智慧财务系统是动态发展和变化的，新的业务模块以及新的业务规则不断在系统中被创建和合并成新的数据，每一个新元素都会带来潜在的数据治理问题。对进入智慧财务系统的业务、财务数据按照标准化、规范化、归一化、正规化的原则进行清洗、转换和整合，建立数据标准，提升数据质量，为智慧财务建设提供数据基础，值得注意的是，由于公立医院业务的特殊性，有相当一部分对战略决策极为关键的非结构化数据（语言、文字类）来源于病案首页，因此，智慧财务系统还需利用自然语言处理（NLP）技术准确地从中抓取、转换数据，从而最大化利用业务流中产生的非财务信息资源。

（3）数据管理标签化

标签是指对特定对象的特征描述，将数据标签化可以从不同维度（如业务特性、技术特性、使用情况等）对特定对象进行刻画，便于数据的筛选与分析。将数据标签化是智慧财务系统中最基础、最耗费精力的环节，而如何将这些标签归一，如何用一个点将之串联，又如何把这些点连起来描述特定对象，是智慧财务系统深层应用中最核心问题。

3.3.2 基于管理会计的战略决策支持

管理会计与战略财务合并提供理论支持与实践工具，在上阶段精益化流程以及大量积累标准化数据的基础上，形成数据的自动预警、预测，并建立数据与经营之间的关联对应，便于快速提炼出对决策有用的数据，为制定新的战略提供数据支持。智慧财务战略决策支持背后的逻辑是以核心数据为战略实施的主要依托，为达到预设的核心数据目标而生成决策支持数据，并按照所输入的参数模拟预测的结果是否能够最终达成，具有较强的预测能力和环境调整能力。

（1）票据全流程管理电子化

样本医院通过建设门急诊、住院和互联网医疗收费电子票据系统，实现医疗收费电子票据的全覆盖。患者缴费后，无须排队，即可在线上领取医疗收费电子票据，为患者提供了更加便利的就医体验。同时，这项技术可在互联网医院实施和推广。从内部控制和财务管理角度来看，医疗收费电子票据解决了传统纸质票据易损坏、易出错、虚假票据防范难、纸质票据对账难等问题，有利于本院的财务风险防范。从运营管理角度来看，医疗收费电子票据降低了采购、存储和管理成本，高效且低碳环保。这项技术的推出将为医疗行业带来许多好处。

（2）各类报销业务流程全贯通

实现了专项经费与行政经费报销业务的全流程电子化管理。这项自动化系统从线上提单开始，经过电脑和移动端审批，自动推送生成凭证并入账，最后归档到电子会计档案系统中，一站式、端到端管理，覆盖了会计工作全流程。医院的采购人员、报销人员和财务人员只需要在线上提交纸质票据影像件或电子发票，并交接原件。系统会自动完成发票验证、验重、报销审批、资金管理、安排付款和生成凭证等操作，流程节点可查。这样避免了报销人员为了报销签字而不得不多次往返于审核部门和财务部门，大大减少了报销业务工作量和管理成本，实现了报销速度和效率的双提升。员工满意度、流程效率、资金流动速度和管理能力都得到了显著提高。

（3）运用电子会计档案管理系统

样本医院是上海市第一家采用电子会计档案管理系统的公立医院。该系统与各业务系统、会计系统相互连接，将电子票据与电子会计凭证衔接起来，实现了对票据的全过程、全口径的电子化归集、接收、入账和归档，并可随时检索调阅。这大大提高了医院在审计、纪检、风险控制和内部控制的工作效率，同时也显著提高了档案管理的有效性和规范性。

（4）扩展 RPA 财务机器人应用多场景

经过多次内部梳理与调试，现已顺利实现药品采购发票跨部门查询、验真、匹配、核销等大量重复性任务的自动执行，大大降低了发票处理及入库操作的繁复性，工作人员仅需完成发票分类、发票扫描、入库失败发票的处理等工作，其余流程均由机器人完成，人机协作大大提高了工作效率。使用 RPA 机器人后，经过评估发现，原有流程下，200 张发票入库需要六七个小时，而新流程通过机器人处理仅需要 20 多分钟，整项工作处理时间缩短超过 90%，处理效率得到大幅提升，工作人员可腾出精力做其他有价值的工作。医院 RPA 财务机器人的成功上线，标志着上海公立医院首例 RPA 财务机器人的人机协作项目率先探索成功并顺利落地。通过积极探索财务机器人在医院管理中的多场景应用方案，进一步提升其使用价值并扩大其功能范围。

（5）探索数字化缴费

针对医院非医疗性质缴费项目品种多、凭证保管难、缴费流程长、统计汇总烦、退费查询苦、缴费集成低的痛点和难点，上线上海首个医院智慧缴费数字化管理平台，以便捷登录方式、生成缴费凭证、缴费凭证查验、退费记录可溯的“四合一”模式，实现院内非医疗业务的缴费使用便捷化、服务地域扩展化、数据管控全程化、功能模块标准化、资金信息安全化。目前医院智慧缴费数字化管理平台立足于医院职工食堂充值、学习培训缴费、党费缴纳三大非医疗业务，助力移动端便捷支付和平台端规范管理。在移动端，缴费人员能打破医院地域范围和时间限制，可在本地或远程，随时随地在线缴费，实时查阅缴费及退费记录，有效查验凭证真伪；在平台端，智慧缴费数字化管理平台让医院非医疗业务的管理从分散到集中、流程从各异到统一，以信息化和规范化让样本医院财务数字化建设再度升级，促进医院综合管理效率的进一步提升。

（6）全面上线数字人民币

2022 年 6 月 14 日，样本医院在门急诊结算、出入院管理以及计划财务科等各个窗口完成了数字人民币支付功能建设及应用，全面实现数字支付全面升级，是上海首家全面上线数字人民币支付结算功能的医院。在支付便捷性方面，患者在人工窗口结算时，只需手机有电，无须连接移动网络，即可实现双离线支付。在支付匿名性方面，数字人民币能有效解决公众匿名支付需求，它和现有的互联网支付、银行卡支付与传统银行账户体系绑定不同，是保持现钞的属性和主要价值特征的，脱离账户也可以进行价值转移，能够满足可控匿名的支付需求。

（7）探索建设司库管理体系

司库体系以资金集中和信息集中为重点，以提高资金运营效率、降低资金成本、防控资金风险为目标，以服务战略、支持目标、创造价值为导向，对医院资金等金融资源进行实时监控和统筹调度的管理体系。司库体系建设的第一阶段拟初步建成司库信息系统，以资金集中和盘活资金流动性为总体目标，从制度、流程和系统建设三方面入手，实现银行账户和资金流动的信息动态归集和穿透检测，全面反映资金业务动态，让资金“看得见、管得住、调得动、用得好”。样本医院目前正探索建设司库管理体系，拟从以下四个方面开展建设工作。

第一，加强银行账户统一管理。通过银医直连功能，及时与银行确认资金收付情况，简化重复性高、工作量大的支付和对账工作。将银医直联与 HRP 系统有效结合，实现直接通过 HRP 系统完成银行账户的查询、转账、对公付款等综合业务以及银行对账单与银行存款日记账、现金日记账等之间的对账工作，提升财务工作质量。

第二，加强医院资金集中管理。在医院集团化多院区管理、业务量不断增长、运营链条不断拓宽的背景下，充分发挥财务活力。一方面，制定符合医院运营模式的司库管理方式，建立统一的“资金池”，将分散在医院集团的现金、票据以及应收账款快速集中，提升资金的归集率和归集效率，确保资金数据的可视化和统筹协调；另一方面，根据医院运营发展需求，围绕资金流转全过程监控资金动态和回流时长，使管理者可以清晰地看到资金运营情况，实现司库管理的先知先觉。

第三，加强资金预算约束管理。建立业财融合的资金预算：通过多场景资金预测模型更准确地预测医院短、中、长期的资金使用需求，并结合收支预算和实际经营情况不断校正，实现前瞻性的预算管理；利用多维度资金分析工具，实现现金流管理从“年度预算”逐步升级为“月度预算”和“按周计划”以及最终的“按日排程”，提升预算对资金的约束管理能力，助力更精益的资金预算高效管理。

第四，加强集团资金安全管理。除分院区外，医院的经营还涉及全资企业和控股企业的资金管理，往往存在资金分布分散、账户开设冗余、缺乏统一管控等问题。通过司库管理平台可以统筹管理资金，提高管控力度和资金安全等级，提升资金使用效率，实现资金可视可控。

3.3.3 基于智能财务的数据深层应用

基于智能财务的数据深层应用，合理利用机器视觉、机器学习、云计算以及超级人工智能等技术，在财务管理中引入数字孪生、建模、思维逻辑等智慧化要素，实现数据的深层次应用。例如，结合数据标签技术应用，将海量内外部数据标签化，实现实时查询业务报表、源头追溯异常数据、多维度数据下钻挖掘、精准获取用户画像等，促进医院层面业财融合达到一个新高度。

近期，样本医院财务智能预测模型成功上线。基于历史数据，结合各项影响因素，运用无监督机器学习和强化学习等人工智能技术，训练各类智能预测模型的构建方法，通过对比分析 ARIMA 模型、PROPHET 模型和灰色预测模型等，顺利完成医院财务智能预测模型的建设。模型采用“宽进严出”的原则，将所能采集到的院内外各种因素历史数据，逐一与业务量及收入历史数据进行轨迹相似度计算，将轨迹相似度高的因素识别为主要因素。基于数以百计的业务量及收入波动等主要因素，医院财务智能预测模型通过模型误差和显著性等指标建立评估网络，运用强化学习方法自动运行，直到预测模型动态参数调整完成。通过构建数学模型，运用无监督机器学习和强化学习等人工智能技术，系统可在几秒内完成对医院未来三个月某院区的门诊、急诊、住院的业务量及收入的预测，为医院提供运营管理参考数据。

4 样本医院财务数字化转型现存问题分析

对于医院财务管理来说，数字化转型可以提高财务管理效率和准确性，同时降低成本。但是在数字化转型的过程中，医院财务也面临一些困难和问题。

4.1 内外部数据资源整合难度大

医院财务数字化转型需要面对数据来源的多样性和复杂性等困难。医院财务需要从各个部门和渠道收集大量的数据，来源包括外部的医保、财政、卫健委等主管部门，以及医院内部的各个部门和系统。这些数据的质量和完整性也可能存在问题，需要进行有效的数据清洗和整合才能够得到有价值的信息。经过多年的信息化建设，很多医院已形成了以业务信息系统中的财务结算功能模块组合会计核算系统的信息化管理模式。但由于医院业务系统众多，且相对独立于财务信息系统，易造成各系统间数据口径不完全统一，而在进行财务分析时，各系统间数据的频繁核对与加工需要大量人工操作，不仅加重了财务人员的工作负担，而且效率低下。

4.2 财务自动化处理程度有待提高

在原有的业务及财务流程中，有大量的纸质单据流转以及人工审核、数据统计，给财务管理工作带来了不便，导致财务核算及数据处理的效率不高。面对医院不断增长的业务量，财务人员需要花费大量时间处理海量数据，导致工作被动且与业务脱节。传统的财务核算数据难以进行精细化、精准化的科学分析，因此需要新一代信息技术来改善并提升财务工作的管理效能。通过信息自动化和智能化的方式，可将财务工作中需要重复性高、过程简单的人工环节自动化，从而实现财务基础工作的数字化转型。

4.3 数据安全和隐私保护风险高

医院财务数字化转型还需要面对数据安全和隐私保护的问题。随着医院财务数字化转型的推进，医院财务数据将被数字化存储和传输，这也会增加数据被攻击和泄露的风险。因此，医院需要加强对数据的安全保护和隐私保护，制定完善的数据安全管理制度，加强安全技术和管理手段的应用，确保医院财务数据的安全和隐私不受侵犯。

4.4 亟须财务数字化转型专业人才

医院财务数字化转型需要面对人力资源的问题。医院财务数字化转型需要大量的技术和管理人才，这些人才需要具备数字化技术和财务管理方面的知识和技能。然而，这类人才市场上的供应相对较少，医院需要采取有效的措施吸引和留住他们，包括提高薪酬待遇、提供培训和发展机会等。

4.5 财务数字化转型文化尚未形成

医院财务数字化转型还需要面对文化和管理的问题。医院财务数字化转型需要改变传统的管理方式和思维方式，需要打破部门之间的壁垒，促进信息共享和协同合作。因此，医院需要建立数字化转型的文化和管理体系，培养数字化转型的意识和能力，推动数字化转型的顺利进行。

综上所述，医院财务数字化转型面临多重问题和挑战，但是数字化转型是必要且迫切的。医院只有积极应对这些问题和挑战，制定有效的数字化转型策略和实施方案，加强数字化技术和管理的应用，才能够实现医院财务数字化转型的目标，提高财务管理效率和准确性，为医院的可持续发展作出贡献。

5　医院财务数字化转型优化策略及路径建议

5.1　财务数字化转型的保障和基础条件

通过对样本医院的实践案例分析可以得出结论：财务数字化转型是一项重要的工程，需要医院管理层全力支持，包括党政一把手和中层管理者。管理层的重视决定了财务转型的速度和精细程度。因此，管理者需要高度重视财务数字化转型，应对转型计划进行系统评估，制定可行的转型策略并稳步推进，将数字化转型列为专班项目予以有效推进落实。同时，财务人员也需要积极处理业财融合关系，确保财务与业务目标协同。同时，还需要完善财务管理理念和制度，加大资金投入力度，确保硬件和技术支持，培养和储备复合型财务管理人员，为财务数字化转型提供保障和基础条件。

5.2　财务数字化转型的核心着力点

5.2.1　流程优化及数据治理

第一，减少人工干预，对流程进行数字化优化，提高流程自动化程度，达到“三流合一”，即打通业务流、审批流、财务流，实现流程融合。第二，数据治理问题主要存在于元数据（数据来源去向及责任界定不明，数据属性及计算逻辑不清）、主数据（名称、维度、分类结构等定义不统一或缺失，维护不规范或不及时）、交易数据（数据一致性、正确性、时效性、完整性不满足业务或管理需求）三个层面，通过数据清洗和治理可以让财务数据和业务数据、结构化数据和非结构化数据、内部数据和外部数据、动态数据和静态数据在不同网络、不同系统、不同形式、不同流程之间自由流转。解决流程冗余和数据治理问题是财务数字化转型的基础，也是数字化应用的保障。

5.2.2 数字技术应用

重视移动支付、数字货币、电子票据、电子会计档案、OCR、RPA、数据挖掘等新技术的应用，通过技术升级，释放生产力，提高财务工作效率。利用新技术还可在一定程度上改善由于业财融合水平不足而导致的数据“无用”现状。

5.2.3 数字资产管理

以数据驱动业务，提高数据可用性和可见性，通过贯通医院内外部数据，沉淀为医院数据资产，精细化数据运营和数据管控，进而拓展数据智能、数据服务场景应用，锁定管理者的需求，提升财务在战略决策辅助、业务支持等方面的作用，让数字资产成为财务数字化转型的核心驱动力。

5.2.4 人才培养与文化

第一，加大财务人才培养力度，实现由核算型会计向管理会计转变，要纵向理解和掌握专业知识，积极横向扩展知识的跨度和广度，具备互联网思维、创新与合作意识，学习财务、预算、成本、项目管理、IT 等多方面知识，形成“T”形知识结构，与业务深度融合。第二，形成“主动财务”文化，提升财务主动专业解决能力，拓展工作边界，展示财务管理重要性。

5.3 财务数字化转型策略

5.3.1 人机协同，会计核算智能化

（1）财务机器人自动处理

通过使用数字化技术，变传统财务核算为智能核算。用财务机器人替代人工完成标准化程度高、耗时耗力的低附加值劳动，给财务人员“减负”的同时，还能让会计核算的准确性和时效性再上一个台阶。这种模式可以让财务人员专注于精细化财务管理工作，以会计核算为例，财务机器人系统可以代替人工自动进行核算，只要在系统内预设好核算逻辑、处理规则以及计算公式，系统就可以根据要求的频率处理对账、记账、核算及审核工作并自动生成财务报表，财务人员只需关注核算进度和处理异常情况，真正实现人机协同。

（2）建立“一院多区”财务共享模式

针对“一院多区”协同管理的需求，以财务共享或区块链账簿为院区间主要采取的会计核算和财务报告管理方式，财务共享或区块链账簿技术可以实现在一个系统中记录、计

量和报告不同时间和地点的会计业务，并具有可追溯性。这种方式可以在保证数据安全的前提下，将账务处理流程化、规范化，统一核算标准和会计记录、财务报表的结构，从而节省硬件配置和人力成本。

5.3.2 业财融合，打造数智化“神经中枢”

（1）从医院战略高度进行顶层设计

数智化时代，财务管理需要以战略为导向，从业务中抓取数据、总结问题，最终为医院的运营管理与战略决策服务。财务分析需要不能仅局限于财务报表、成本管理、预算管理等医院全局管理维度，还需要细化到每个业务科室的成本结构和盈亏分析维度，如对每个项目、每个DRGs病种组的成本效益及效率分析。医院推进财务数字化转型的根本目的就是促进医院整体运营管理效率的提升，实现这一目标需要医院管理者转变固有管理观念，不能局限于财务软件的定制，还应从医院发展战略的角度出发，将业务和财务相结合，整合预算管理、成本管理、账务管理、HRP、HIS、人力资源等信息系统，构建数据共享、共用的内部数智网络体系。此外，还需要建立数智化转型项目组，推进智慧财务体系的建设和有序推进，实现群策群力、通力合作。

（2）打造“神经中枢”——财务数智化平台

财务数智化平台类似于“神经中枢”，将医院业务、财务条线中各个独立的信息系统整合起来、相互连接，以平台为核心，形成数字网络化体系。各个信息系统的数据汇集到数智化平台，经处理和计算后，推送到相应的数据终端，实现系统、数据的互通与共享。在建设智慧财务体系的过程中，必须实现系统化和规范化以实现数据共用。不同的系统必须遵循统一的口径和标准，以避免数据的重复。

5.3.3 流程再造，搭建数字化转型的“神经脉络”

减少流程中的人工干预环节，确保实现业务、财务之间的流程贯通，保证信息双向顺畅传输。同时还需要权衡流程效率与控制的关系，在方案可行、成本可控的情况下，通过一定的流程再造，减少流程断点、冗余环节和非增值节点，提高运营效率。要实现流程端到端的贯通，需要从业务流程入手，找到流程断点背后的根源，重新梳理系统布局，通过流程再造，借助信息技术，有效解决业务流程断点问题。

5.3.4 创造适宜的内部条件，为数字化转型保驾护航

（1）建设数字化人才储备

在数字化时代，建设复合型数字人才队伍是非常重要的。为了全面提高自身业务能力，财务人员需要具备数字化思维，不仅要接受财务知识的培训，而且要学习前沿的信息技术知识。随着医院业务的不断拓展，需要处理的数据量将会非常庞大，因此需要学会使

用编程设计工具进行数据分析和处理，数据挖掘技术的应用可以拓展分析的广度和深度，从而使财务分析、测算更加准确和严密。此外，财务部门也可以通过引入计算机专业人员进行数据分析与处理的方式储备数字化人才，这样既可以促进不同领域的人才交流与协作，又能提高医院财务管理运营的效率和实用性。

（2）强化数据保密意识

数据是信息系统的基石，对于财务数字化转型来说也是核心，确保数据安全是至关重要的。为了达到数据保密的目标，需要采取各种管理和技术手段来加强信息系统和网络管理，以防止数据丢失、破坏或泄露，无论是因为意外还是恶意原因引起的。为了保障计算机数据安全，设置防火墙是非常必要的，因为它能在计算机内部和外部网络之间形成屏障，防止木马、病毒等的攻击。对于办公电脑，特别是医保结算电脑，应该将内部和外部网络分离，以确保专用网络和外部互联网实现物理隔离。此外，在内网中设置 VPN 服务器，可以加密数据传输，确保安全访问内网。同时，这也能实现内网访问的便捷性和安全性。

5.4 财务数字化转型路径设计

在新的发展环境下，医院推行财务数字化转型是必然结果，财务数字化转型是一项综合性、系统性的工作，其实施路径可以分为“业务路径”与“技术路径”，两种路径都贯穿数字化转型的全过程。“业务路径”促进财务管理实现能力提升的阶段性目标，也是财务数字化转型的出发点，“技术路径”则是保障“业务路径”顺利实施的基础。因此，可以根据“业务路径”实现的先后顺序，将财务数字化转型路径总结为以下四个步骤。

第一步，数字化财务服务。从业财融合中，财务的服务员工职能入手，通过 RPA、OCR 技术对数据收集过程进行数字化改革，获取满足管理决策、内部控制等需求的财务数据并做适当的数据清洗。数据收集可以从单据的收集、结算、报销、审核、账务处理等财务基础环节入手。业务的发生往往伴随着各种各样单据的交互，单据的流转与处理环节则是财务与业务的交叉环节，这些单据承载了大量的交易信息，既是数据的主要来源，也是传统财务的主要关注点。从以单据为主线的财务基础服务自动化入手，可以保证数据获取的有效性，也能够极大减少在数据收集、核对、处理环节的人力资源投入，实现财务服务数字化，建立合理规划、控制、考核、评价、预测、决策的数据基础。这一阶段只对收集的数据进行简单的清洗，尚未与经济活动一一对应，因此还需通过第二步“数字化财务治理”赋予数字财务决策支持的能力。

第二步，数字化财务治理。通过 RPA 自动完成业务数据采集与审核，将财务控制前置到业务发生阶段，在实现效率与管控并举的同时，为业务数据导入财务系统提供接口。

财务管理中的管理会计职能不仅需要财务数据，还需要关联的业务数据作为支撑，在传统的流程下，业务部门提供业务数据，财务部门解读与审核业务数据，双方都面对着海量的数据及工作环节，只能牺牲效率与体验来满足财务管理与监督的要求。如何将数据资产化是第二阶段的关键目标。数字化财务治理则是实现数据资产化的必经之路，它通过数据质量管理，一是使大量杂乱无章的数据转变为清晰有序、有条理、有脉络的数据资产；二是在业务、财务数据之间形成对应关系；三是区分前端业务运行与后端财务管理的关键诉求，对前后端运用不同的判断逻辑，前端业务运行注重预审核效率以便支持财务基础工作效率，后端财务管理聚焦数据价值的深度挖掘，为管理层的决策提供支持，兼顾财务管理效率与价值。数字化财务治理一方面最大化地降低数据提供者（一线业务、财务人员等）与数据使用者（管理人员）之间的信息不对称、信息传递失真等问题；另一方面通过管控前置把管理需求反馈到一线，直接提高基层员工的工作效率和对管理理念的执行力度。

第三步，数字化财务洞察。数字化财务洞察是财务管理转型的重要抓手，从财务流程和业务流程中抓取事件日志，进而通过财务视角和流程视角对业务数据进行深度洞察：不但能促进业财融合，还能从流程角度合规溯源，提高运营效率。数字化财务洞察具体应用场景包括：①优化财务管理流程，通过发现“效率瓶颈”并提供策略和建议优化效率低下的流程节点。例如，在费用报销中，数字化财务洞察可以通过测量报销各个审批环节的平均时间来定位导致报销效率无法提升的根本原因。②挖掘自动化业务场景，利用数字化财务洞察可以让财务人员发现交易自动化的可能性并筛选出能从自动化中受益的流程，提高财务运营管理效率。例如，通过 RPA 财务机器人来改善由于错误和人工干预而延长的票据核对流程。③风险预警及“下钻”，对于流程节点清晰的业务，数字化财务洞察可以提供流程异常预警并通过层层“下钻”发现原因，减少风险。④提升员工体验，数字化财务洞察可以实时监控流程，进而优化流程，提高员工满意度。例如，利用数据分析定位超长时间报销单据，通过分析原因并主动予以解决改善员工体验。数据资产是财务数字化转型的价值增长点，强化数据分析与预测能力，并为业务决策主动提供事前预测与数据洞察，是数字化转型的重要价值所在。

第四步，数字化财务决策。数字化财务决策可以帮助管理层感知现在和预测未来。感知现在：通过将历史数据和当前数据相结合，挖掘潜在的线索和模式，以感知事件发展状态；预测未来：通过关联分析全量数据、流式数据和离线数据，来判断事件的态势和效应，从数据的角度解释事件发展演变规律，并预测未来的发展趋势。例如，通过医院海量历史数据的积累和分析，能够基于应用场景，构建起较为完善的业务量预测模型。通过数字化财务决策可以促进管理会计的发展，以及时、高效、准确的数字洞察，支持战略决策，并把决策引进智慧财务体系，形成市场趋势与数字技术和业务模式结合形态，使用智能预测系统来辅助管理层决策，进而推进决策数字化建设。

6 结论与展望

6.1 研究结论

随着数字经济的发展，我国公立医院正处于数字化转型的时代背景之中。本研究结合公立医院财务数字化转型需求，首先，阐述了数字转型的背景、目标、意义，并对国内外有关数字化转型的文献进行了回顾；在对数字化转型的必要性、基础保障论述后找到数字化转型的实施策略和路径，并以样本医院数字化转型为案例进行了深入研究。其次，对数字化转型的必要性、基础条件与保障部分的阐述，为样本医院数字化转型案例铺垫了理论基础，之后本研究从数字化财务服务、数字化财务治理、数字化财务洞察、数字化财务决策四个方面设计了财务数字化转型的路径。最后，重点从实证和财务角度分析了样本医院财务数字化转型的效果，从实证方面证明了财务数字化转型提升了医院的运营管理效率。在财务数字化转型实施过程中，要统筹战略布局，打造平台，转变思维模式，从流程优化及数据治理、数字技术应用、数字资产管理、人才培养与文化等关键角度推动转型。

智慧财务建设是医院财务管理数字化转型升级的核心内容。智慧财务系统犹如精细的人体构造，集成应用模块是肉眼可见的外部器官，数据中台充当不可或缺的内部脏器，核心算法和超级人工智能分别对应最重要的心脏和大脑，通过血液，即基础数据，在智慧财务系统内的流动贯通，实现数据的采集、处理、分析、集成、存储与推送，赋能用户画像和经营决策，打通医院财务管理智慧化化升级的“任督二脉”。因此，智慧财务的成功实施，要以精细规划、贴合实际为前提，并在建设过程中，引入系统化思维，在数据中台、核心技术、功能集成、主题应用、安全架构等方面进行整体规划，以医院经营管理的迫切需求为切入点，以医院制定的战略目标为方向，有序推进，分步实施，助力医院管理数字化跃升发展。

6.2 研究不足与展望

本研究聚焦样本医院的财务数字化转型。从研究视角上，本研究着眼于医院财务数字化转型分析，总结其数字化转型经验，为其他同行财务数字化转型提供一定参考价值。从研究内容上，样本医院已率先应用 RPA、OCR、电子票据、电子会计档案等先进数字化财务管理工具，财务信息化程度高。在此基础上，本研究重点探索数字化转型过程中的新技术应用管理理念转变、管理流程再造、管理人才培养，全面总结财务数字化转型实施策略及实施过程中的核心着力点，真正做到业务、财务一体化研究。但本研究存在以下不足之处。

首先，由于时间和资源的限制，未能够深入其他医院做调查，研究的深度和广度有待进一步深入探讨，转型时间尚短，暂时无法从管理角度获得转型评价的数据。其次，本研究选择的样本医院——样本医院属于大型综合三甲医院，其转型的深度与广度是否适用于其他规模和类型的综合性医院以及专科医院有待进一步拓展研究。最后，本研究未对财务数字化转型的投入成本和取得收益进行深入探讨，未来可以从财务数字化转型的成本收益的角度分析财务数字化转型的成果。

基于以上不足之处，后续将从以下研究方向进行拓展。

第一，进一步总结分析综合性医院和专科医院的特点和共性，总结出医疗行业普遍适用的数字化转型策略和路径。从行业而不是单家医院的角度来进一步研究数字化转型将会带来新的思考。例如，数字化转型的目标不再仅仅是某个医院的发展，而是整体医疗行业的可持续发展、医院间的共同进步，以及医院与员工、患者之间的良性互动。

第二，本研究聚焦于财务数字化转型路径的构建，后续研究可以从更多角度来探讨数字化转型路径。例如，后续研究可以从信息流、现金流管理等角度建立多元化的财务数字化转型路径，为其他医院的财务数字化转型提供先行样本，同时对医疗行业的财务数字化转型起到一定的借鉴意义。

综上所述，本研究将推动样本医院财务数字化转型的成功落地，未来研究可以在本研究的基础上进一步探索范围更宽广和视角更多元的财务数字化转型方案。

主要参考文献

[1] 董登姣，文丹妮，王茜．基于业财融合视角的医院财务数字化转型研究［J］．财会通讯，2021，881（21）：142－144.

[2] 何帆，刘红霞．数字经济视角下实体企业数字化变革的业绩提升效应评估［J］．改革，2019（4）：137－148.

[3] 胡海波，卢海涛．企业商业生态系统演化中价值共创研究——数字化赋能视角［J］．经济管理，2018（8）：55－71.

[4] 刘真平，章煜．基于业财融合的公立医院财务数字化转型研究［J］．会计之友，2022，688（16）：47－51.

[5] 刘成．以业财融合为基础的公立医院财务数字化转型研究［J］．现代营销（上旬刊），2022，784（10）：34－36.

[6] 彭俊松．工业4.0驱动下的制造业数字化转型［M］．北京：机械工业出版社，

2016：15－88.

［7］施方飚，江恋，徐军学．现代医院财务智能化建设［J］．解放军医院管理杂志，2021，28（S1）：25－28.

［8］吴静，张凤，孙翊，朱永彬，刘昌新．抗疫情助推我国数字化转型：机遇与挑战［J］．中国科学院院刊，2020（3）：306－311.

［9］吴溪，朱梅，陈斌开．“互联网＋”的企业战略选择与转型业绩——基于交易成本的视角［J］．中国会计评论，2017（2）：133－154.

［10］邬江涛．数字经济时代下医院财务管理的风险识别和应对措施［J］．质量与市场，2022，311（12）：31－33.

［11］张乔．公立医院财务数字化转型方向研究［J］．财会学习，2022，335（18）：56－58.

［12］Agarwal R. Digital transformation：A path to economic and societal value［J］. Revista CEA，2020，6（12）：1－4.

［13］Birk S. “Digital Transformation” Is a Must［J］. Rheumatology News，2009，8（11）：60.

［14］Frick N. R.，Möllmann H. L.，Mirbabaie M.，and Stieglitz S. Driving digital transformation during a pandemic：Case study of virtual collaboration in a German Hospital［J］. JMIR Medical Informatics，2021，9（2）：1－13.

［15］Jeschke S.，Brecher C.，Meisen T.，Özdemir D.，and Eschert T. Industrial internet of things and cyber manufacturing systems. 1st ed［M］. Germany：Springer International Publishing，2017：3－19.

［16］Kahn M. G.，Batson D.，and Schilling L. M. Data model considerations for clinical effectiveness researchers［J］. Medical Care，2012（7）：50.

［17］Kraus S.，Schiavone F.，Pluzhnikova A.，and Invernizzi A. C. Digital transformation in healthcare：Analyzing the current state－of－research［J］. Journal of Business Research，2021（123）：557－567.

［18］Tanniru M.，Khuntia J.，and Weiner J. Hospital leadership in support of digital transformation［J］. Pacific Asia Journal of the Association for Information Systems，2018，10（3）：1.

（2022年课题）

医院数据资源生产要素化路径研究

李　丹[①]

1　绪论

1.1　选题背景及意义

1.1.1　政策背景

近年来，全球数字经济蓬勃发展，数字经济在国民经济中的占比越来越高。2018 年，美国数字经济蝉联全球第一，达到 12.34 万亿美元，GDP 占比 60.2%；而我国数字经济规模位居第二，为 4.73 万亿美元，GDP 占比 34.8%。由此可见，我国数字经济还有巨大发展空间。与此同时，三年疫情给传统产业、传统模式带来了空前压力，倒逼传统产业转型升级。数字经济、数字治理爆发出了强大生机与活力，成为我国经济社会的稳定锚、推进器。

2019 年，党的十九届四中全会首次提出把数据作为生产要素。数据作为数字经济时代重要的生产要素，具有促进经济增长和社会发展的重要作用，是实现国家高质量发展的重要支撑。

2020 年，中共中央、国务院发布的《关于构建更加完善的要素市场化配置体制机制

---

① 课题负责人：李丹，广东省人民医院，医疗设备处副处长（主持工作），高级会计师。

主要执笔人：陈双，浙江垦丁（广州）律师事务所，联合创始人；高雪飞，广东联信资产评估土地房地产估价有限公司，高级经理。

课题组成员：欧凡、伍睿、乐颖、黄迪、张文峰。

的意见》指出，要加快培育数据要素市场，加强数据资源整合和安全保护，强调加快要素价格市场化改革和健全要素市场运行机制。把数据与土地、劳动力、资本、技术并列为生产要素，凸显了数据这一新型、数字化生产要素的重要性。2020 年的《政府工作报告》强调，要推进要素市场化配置改革，培育技术和数据市场，激活各类要素潜能。

2021 年 12 月，国务院印发《要素市场化配置综合改革试点总体方案》，进一步提出建立健全数据流通交易规则，规范培育数据交易市场主体。数据作为重要的生产要素和关键资产具有巨大的价值已成为普遍共识。

2022 年 1 月，国务院发布《“十四五”数字经济发展规划》，就如何“充分发挥数据要素作用”以及“产业数字化转型”提出新规划。此前，由工信部牵头于 2021 年 11 月印发的《“十四五”大数据产业发展规划》强调要发挥大数据特性优势，即加快数据“大体量”汇聚、“多样性”处理、“时效性”流通、“高质量”治理以及“高价值”转化。

2022 年 12 月，中共中央、国务院印发《关于构建数据基础制度更好发挥数据要素作用的意见》（以下简称“数据二十条”），明确提出要促进数据高效流通使用，推进数据产权、流通交易、收益分配、安全治理，加快构建数据基础制度体系的要求。“数据二十条”的出台，将充分发挥中国海量数据规模和丰富应用场景优势，激活数据要素潜能，做强做优做大数字经济，增强经济发展新动能。

2022 年至今，从国家政策层面来看，我国正逐步从数据管理（采集、存储、使用、共享、转让等数据全生命周期）的角度转向数据资源生产要素化的路径，以实现数据价值化、经济效益化。

在医疗领域，2021 年 9 月，国家卫健委发布《公立医院高质量发展促进行动（2021—2025 年）》。随着对国家主管部门对医疗机构管理要求的逐步深入，数据的核心作用逐步呈现和强化，同时医院内部管理模式和决策模式已向数据驱动决策模式转型，高质量的医疗数据将在促进发展、合理配置资源、保障医疗安全、提高诊疗效率和改善患者服务等方面发挥重要作用。

2022 年 11 月，国家卫健委发布的《“十四五”全民健康信息化规划》强调，要采取“原始数据不出域、数据可用不可见”等方式，有序推动健康医疗大数据共享应用。

1.1.2 国内外相关研究

在国外，数据共享和流通制度体系建立得较早，其通过对医学数据有效治理、形成医学数据产品、建立可信数据共享空间、建立公共数据开放平台等方式推进医学数据从资源化到资产化发展，成为释放医学数据价值，驱动医疗行业发展的重要抓手。美国 2014 年发布了《美国联邦政府医疗信息化战略规划（2015—2020 年）》，明确了实现健康医疗数据共享的目标，提出增强医疗服务能力、提高公众和社区的健康水平、推动医学知识研究与创新三项应用目标。Gustafson T 和 Fink D 指出，大数据价值链由数据获取、存储、分析、应用四个部分构成。在医学数据治理和利用方面，Kaur H、Alam M A 和 Jameel R 等提出在云环境中搭建基于区块链的异构医疗数据平台，用于存储和管理电子病历。美国咨询公司 Gartner 提出一种将数据作为资产进行价值评估的方案，其中包括基本指标（反映数据属性）和财务指标（从市场和成本角度考虑）。

在国内，近年来医疗机构数据种类和数量呈爆发式增长态势，如何将医院数据资源转化为生产要素，提高数据资源的利用效率和经济价值，促进数据的合法流通和利用，是当前亟待解决的问题。高富平认为，没有源头的数据治理，仅靠医疗数据采集或汇集平台无法真正解决数据变为资源的问题。要使医疗数据变成可用的资源，让数据驱动的医疗人工智能技术与应用落地，必须从源头解决数据持续问题、质量问题和安全问题，这需要依赖良好的数据治理来完成。在确保患者个人权益和公共利益的同时，应当赋予医疗机构对其产生的医疗数据以财产权，赋予其对医疗数据再次利用的决定权和管理权，以实现数据的开放和共享利用。

2022 年 12 月，“数据二十条”提出了以数据资源持有权、数据加工使用权、数据产品经营权等权利分置的新型产权运行机制，使得医疗机构作为数据控制和处理的主体权利得到更好的保护，更有利于医院数据要素的开发、利用和流通。

同时，通过对医院数据资源进行准确的评估、量化和估值，可以为医院数据的利用和流通提供参考，也是促进医院数据从资源化向生产要素转化的重要一环。李辉然提出，数据的价值只有在应用时才得以体现，应用价值是数据资产的核心价值；数据资产价值评估体系应包括以数据的完整性、正确性、一致性、重复性等维度构成的数据质量评估，以及以场景经济性、稀缺性、时效性、多维性等构成的数据应用价值评估。

1.1.3 研究意义

当前，数字经济蓬勃发展，全球经济正在进入以数字经济为强力“引擎”的增长新周期。当前社会已进入网络化、数据化和智能化时代，各种智能化分析工具的研发和应用，使医院数据资源演变为医疗机构的核心资源，使医疗机构走上以数据资源生产、分析和应用为竞争力的道路。同时，医院数据资源作为社会生产要素是一种全新的数据治理和应用视角和思路，将为社会数字经济和医疗行业发展注入新的动能和活力。医院数据转化为生产要素的路径研究对于推动数字经济发展，构建数字中国和智慧社会都具有重要的意义。

国家从政策层面以及相关标准制定层面，已为数据资源生产要素化相关领域提供了基础，但在数据资源如何转化成生产要素的实务层面和具体实施路径方面仍存在一系列的难点和痛点需要探索和突破。不同类型的数据资源更是具有不同的特点和特性，聚焦医疗行业，医院数据资源具有大体量、多模态、强敏感、难治理的特点，医院数据资源生产要素化路径的探索不可避免地面临以下五大痛点。

（1）医院数据资源治理在医疗机构中通常缺乏明确的管理组织主体；

（2）具有实务指南作用的医院数据资源治理管理规范标准尚未建立；

（3）医院数据资源合规保障体系尚待探索建立；

（4）医院数据资源估值方法体系尚未建立；

（5）医院数据资源管理复合型人才匮乏。

因此，对于医疗机构来说，在重视信息化建设的同时，必须顺应和融入数字化发展趋势、利用大数据等数字技术突破原有业务模式发展的桎梏，赋能医疗机构的管理优化，推动产业生态融合发展，在这样的情形下，对于医院数据资源生产要素化的实现路径探索和研究是势在必行的；探索建立合法合规的医院数据资源生产要素化路径，更是培育健康医疗数据要素市场、激发医院数据资源要素价值的重要基础。

1.2 研究思路

本研究主要以医院数据资源生产要素化路径探索为方向，采用文献分析、问卷调查、专家访谈、实地调研、数据分析等方法，结合医院管理、会计、法律、数据治理、IT 技术等跨学科的理论研究和实务探索，以国内主流数据交易平台为实务基础，构建医院数据资源生产要素化的全链条路径，形成具有实践指导性和可操作性的课题报告、论文以及标准规范草案等。

1.3 研究方法

1.3.1 调研内容

样本范围：国内 10—30 家大型医院。

样本期间：2020—2022 年。

样本分析内容：调研国内 10—30 家综合性医院数据资源管理模式及现状；梳理、总结和凝练目前医院在数据资源转化成生产要素的实务层面和实际路径中仍存在的难点和痛点；组织对医院数据资源生产要素化路径进行研讨，并在有条件的大型医院进行试运行，构建具有操作性的医院数据资源生产要素化路径。

1.3.2 研究方法

查阅文献：查阅医学数据资源生产要素化路径的相关资料及文献。

问卷调查、咨询专家：采用问卷、访谈、测量等方式对国内大型医院数据资源生产要素化的现状进行了解、考察，分析归纳影响医院数据资源生产要素化的各项因素和痛点，并对应形成策略。

2 研究的内容、成果及创新点

2.1 研究内容

通过研究目标的确定，构建医院数据资源生产要素化的全链条路径，覆盖数据治理、数据合规、数据估值等重要核心环节。探索激发医院数据资源生产要素价值的具体场景和路径，如辅助决策、药物研发、医疗保险、精准医疗、疾病预防、健康管理等方面。

2.1.1 构建医院数据资源生产要素化路径标准

本研究核心内容之一，是构建医院数据资源生产要素化路径标准。以全面落实数据作为生产要素的国家战略举措与产业发展的要求为目标，立足医院数据资源现状，聚焦医院数据资源“治理、合规、估值”三大核心环节为主线。以创造价值为导向，结合医院数据管理现状及面临的实际问题，探讨构建医院数据资源生产要素化路径，从而更清晰地展现医院数据资源价值、挖掘并释放医院数据的潜在影响力和社会价值，推动医疗机构的数字化转型。核心路径环节如下。

（1）建立医院数据治理的规范和标准。数据治理是数据转化为生产要素的重要基础。将从数据采集、数据存储、分类分级、数据清洗、数据分析等方面分析医院数据治理过程中存在的问题和解决方法。

（2）形成医院数据资源的合规保障方案。医院数据涉及个人隐私和公共权益，因此从法务专业视角有针对性地建立医院数据保护和使用策略，是进一步开发、利用医院数据资源的重要保障，也是后续更好地实现数据资源进一步释放能量的坚实基础。

（3）搭建医院数据资源估值方法与模型。估值是医院数据从资源化到生产要素化发展的重要环节。建立科学的估值方法和模型，根据医院数据的特性和应用场景，合理评估其贡献价值和产业价值，有利于促进医院数据要素的价值实现。

2.1.2 探索医院数据资源生产要素化的转化场景和模式

医院数据资源在生产要素化后，可在公共卫生价值、医院运营价值、公民健康价值等方面发挥作用，具体场景包括：

（1）为政府治理、应急响应数据决策提供数据要素基础；通过大数据分析为全民健康政策制定、调整提供数据决策依据。

（2）为区域医疗协同和卫生健康管理部门公卫管理提供数据底座。通过区域医疗大数据平台，实现检查检验结果互认、区域电子病历共享、区域业务协同、医疗资源共享、分级诊疗；通过大数据分析提升疾病特别是高风险传染病预防能力；通过大数据分析为公共卫生政策提供决策依据。

（3）为社会层面提供数据服务。通过大数据平台的数据分析，实现药物研究数据基础、数据分析架构的搭建，以及试验对象的精准匹配；通过大数据分析，实现患者导流、精细化管理；通过大数据平台，实现保险业务客户精准匹配，降低交易成本。

（4）为医院管理提供数据要素基础。数据资源可以精准匹配科研课题数据、数据分析需求；利用大数据分析，实现对患者服务流程改造，优化服务资源；通过人工智能加大数据分析，实现医院运营决策分析，优化供应链和管理效率，实现医院高质量、高水平发展；利用大数据实现个性化服务，提质增效。

（5）为患者服务提供数据要素基础。利用大数据实现精准医疗服务，使疾病早发现、早干预；利用大数据实现个性化医疗服务、提升服务质量。

2.2 研究成果

2.2.1 基于文献综述和持续追踪、开设主题文章专栏

通过收集、整理国内医院数据资源生产要素化相关文献、报道及资料，了解数据资源生产要素化发展历程，分析总结医院数据资源生产要素化发展的现状。目前已完成数据资源生产要素化的政策背景和法律基础方面的文献综述。

同时，基于对政策、文献和相关领域的持续追踪，在 HIT 专家网开设“医疗数据资产专栏”，分期发布以下主要内容。

（1）政策已为数据资源生产要素化奠定基础

在数字经济时代大背景下，随着政策的鼓励和互联网信息化技术的提升，医疗数据将发挥越来越重要的战略性基础资源作用。近年来，我国密切出台了政策文件，推动数据要素市场的培育和发展。在医疗领域，2022 年 11 月，国家卫生健康委发布的《“十四五”全民健康信息化规划》强调，采取“原始数据不出域、数据可用不可见”等方式，有序推动健康医疗大数据共享应用。2022 年 12 月，“数据二十条”发布，从数据产权、流通交易、收益分配、安全治理等方面构建数据基础制度，提出 20 条政策举措。“数据二十条”的出台，将充分发挥中国海量数据规模和丰富应用场景优势，激活数据要素潜能，做强做优做大数字经济，增强经济发展新动能。

（2）数据交易所为数据资产流通搭建平台

基于国家陆续出台的政策，各省市结合自身实际和特点，也相继制定数字经济相关条

例和管理办法，推动数据交易全链条产业建设。其中，在中央的多个政策文件中，均提出了要建立合规高效、场内外结合的数据要素流通和交易制度，通过政策引导多种类型的数据交易场所共同发展，可见，数据交易场所的建设已成为数据要素价值实现的重要方式。各地数据交易所、大数据交易中心等机构的设立，将在数据治理、确权、定价、交割等数据资产交易阶段提供服务，增加数据供给、需求侧活力，极大推动数据资产价值评估研究与发展，实现数据资产交易流动价值。国家工业信息安全发展研究中心发布的《数据要素白皮书（2022 年)》提道，在数据交易平台中，参与交易的数据类别逐步扩大，医疗、交通、工业用电数据等成为数据需求新热点。

（3）多学科视角下医疗数据资产化的可行性及难点探讨

如何有效推动医疗数据的共享流通，激发医疗数据价值，将医院数据资源向生产要素化转变进而形成医疗机构的数据资产，成为当前亟须解决的问题。课题组从法律、会计、资产估值三个层面，以不同视角对医疗数据资产化的现状、可行性和难点进行梳理分析，为医疗数据资产化提供解决思路。法律视角下，“数据二十条”通过实行数据资源持有权、数据加工使用权、数据产品经营权分置的产权运行机制，使得医院对医疗数据所享有的控制和处理权利得到充分保护，更有利于医疗数据要素流通。同时，依据国际咨询机构 Gartner 的数据安全治理框架，数据分类分级是数据安全治理过程中至关重要的环节，是数据安全保护工作开展的前置条件。财务视角下，财政部于 2023 年 8 月正式印发的《企业数据资源相关会计处理暂行规定》明确了企业数据资源适用于现行企业会计准则，解决实务中对数据资源能否作为会计上的资产确认、作为哪类资产“入表”的疑虑，并明确计量基础，以“入表”为契机推动了医疗数据要素资产化。资产估值视角下，于艳芳、陈泓亚认为，数据资产化可分为数据基础能力、业务数据化、数据资产化和数据资产管理四个环节，但目前现代企业大多停留在前两个环节，处于数据资产的形成阶段，数据资产化与管理处于成长的初级阶段，可通过对数据资产价值评估促进商业模式的完善、交易平台的发展以及行业的监督，以助力数据资产管理的发展。而在数据资产的价值评估方面，王蕾提出除了可采用成本法、收益法和市场法三种基本方法以及博弈法、实物期权法、基于 AHP 的评估法、人工智能方法等衍生评估方法外，还可结合模型进行综合评估，消除单一方法的局限性，实现对数据资产更加全面准确的评估。

（4）医疗数据资产化的重要前提——数据安全和价值视角下的分类分级

医疗数据分类分级能有效促进医疗数据的利用，是实现医疗数据资产化的重要前提和基础。课题组结合医疗数据具有数据量庞大、异构数据繁杂、隐私保护性强等不同于其他行业的特点，探析医疗数据分类分级的意义和难点、政策法规现状、分类分级的原则，并深入探讨医疗数据分类分级的规则与方法，提出实务建议。课题组通过问卷调查方式对全国范围内的几十家医疗机构进行调研，多数医疗机构对数据分类分级的认识尚处于初级阶段，尚未正式开展数据分类分级的体系建设工作，究其原因，在于与医疗数据分类分级相关的现行法律法规和标准规范不完善、缺乏有效的医疗数据分类分级工具和平台及专业领域的技术人员等。目前医疗数据的分类分级方面可供参考的规范、标准文件主要有《信息安全技术 健康医疗数据安全指南》（GB/T39725－2020）、《广东省健康医疗数据安全分类分级管理技术规范》（T/GDWJ 013—2022）以及《信息安全技术 个人信息安全规范》（GB/T35273－2020）等，但上述文件主要从数据安全保护角度出发，缺乏从医疗数据价值和潜力的评估和挖掘的角度给出指引性建议。因此，课题组基于数据管理能力成熟度评估模型（DCMM），结合医院数据特性提出医院数据分类分级的实施方案，包括建立组织保障、建立制度保障、建立数据资源目录、制定及实施分类分级规则等方面。在分类维度上，除了根据数据来源、数据类型、数据内容、数据格式进行分类外，还可以结合医疗数据资产的应用场景和用途，进一步增设“安全保密类”“管理应用类”“可流通交易类”等维度。在分级策略上，根据数据安全性和敏感性将医院数据分为1—5级，并考虑从使用价值角度将安全性可控的可利用的数据划分出来，结合数据完整性、准确性、时效性、一致性、规范性、可访问性等评估因素，进一步划分为高价值数据、中价值数据、低价值数据。对不同级别的数据采取相应的管理策略和利用策略。做好医疗数据分类分级，是从容应对数据安全风险与挑战、提高数据开发利用水平、促进医疗数据资产化的重要前提。课题组将继续深入探讨医疗数据分类分级的规则与方法并给予实务性建议，共同推进医疗数据资产化路径的探索进程。

2.2.2 组织问卷调研并形成结果分析

为了更深入了解不同类型医疗机构在医院数据资源生产要素化方面的实践情况，课题组对全国各地医疗机构的工作人员以及服务于医疗机构的法务人员分别开展问卷调查，收回有效问卷共103份，其中面向医疗机构工作人员的问卷共回收77份，面向服务于医疗机构的法务人员的问卷共回收26份，调查对象覆盖广东、北京、上海、浙江、江苏、四川、重庆、江西、福建、内蒙古等10个省（自治区、直辖市）的大型公立医院等医疗机构，涉及医院的行政管理、信息技术、财会经管、医药护技、法律顾问等岗位类别人员，包含医院各专业背景人员，样本来源广泛。问卷内容包括受访者基本情况、数据利用的基础条件、数据使用目的和利用情况、数据利用的合规认识、数据利用的问题和挑战。

（1）面向医疗机构工作人员的问卷统计分析

①受访者基本情况。在受访的医疗机构工作者中，85.71%来自三级医院工作人员，来自二级和三级医院的分别有11.69%和2.6%。受访医疗机构类别主要是综合医院（80.52%）和专科医院（15.58%），妇幼保健院和其他类型占比3.9%。受访工作人员的工作岗位类别以行政管理类、财会经管类、信息技术类为主，专业背景与研究方向主要是信息技术专业、财务管理/经济/金融专业、医学（含护理、影像、检验等）相关专业、医疗保障专业、统计和应用数学专业和其他专业。大部分受访者工作经验丰富，工作年限在

10 年及以上的占 88.31%。

②数据利用的基础条件。在数据利用的基础设施上，38.96% 的受访者所在医院建设了医学数据中心等具备统一汇总医院各类数据的部门，27.27% 的受访者表示正在筹建。14.2% 的受访者认为所在医院已经具备较为完善的数据利用技术和设备，61% 的受访者认为所在医院的相关技术和设备相较于行业内来说还有提升空间。这表明至少 66% 的受访医院在运营过程中已具备数据汇总的功能部门、技术和设备等基础条件。

在收集、存储、处理医院数据的方式上，96.1% 的受访医院都通过电子病历系统、HIS 系统等信息化系统对数据进行管理，仅 3.9% 的受访医院仍主要使用纸质病历和档案。虽然三级医院的信息化建设和应用较为成熟，但调查结果表明在数据处理方式上，少量医院仍然依赖纸质病历和档案，信息化建设和应用的覆盖面存在不足。

在信息化和数据互联互通水平方面，71.43% 的受访医院电子病历系统应用水平分级评价等级达到 4 级，即全院信息共享，处于初级医疗决策支持的水平以上；有 7.79% 仅达到 2 级，即仅在医疗信息部门内部交换；14.29% 仅达到 3 级，即在部门间进行数据交换。在信息互联互通标准化成熟度评测等级上，25.97% 的受访医院达到 4 级甲等，14.29% 达到 5 级乙等，仍有 24.68% 尚未进行测评。这表明虽然近 3/4 的医院电子病历系统应用水平达到 4 级以上，但信息互联互通水平还有待提升，数据孤岛现象仍存在，这将阻碍数据在全院乃至与其他机构的共享、交换和流通。

在开展医院数据资源开发利用的政策宣讲和培训方面，所有受访的医院工作人员中有 54.55% 表示听过医院数据资源向生产要素转变的概念或做法，但 49.35% 表示所在医疗机构没有开展过相关宣讲和培训，38.96% 表示开展过但次数不多，仅 9.09% 的受访医院对数据开发利用的重视程度高，经常开展宣讲培训。

③数据使用目的用途和利用情况。在医院数据流通应用需求和场景方面，49.35% 认为曾有其他机构（如科研机构、保险机构、大数据开发或交易平台、其他医疗机构等）向其所在医院提出过数据共享或流通的需求，且 19.48% 表示需求较为频繁。41.56% 认为其所在医疗机构本身在运营过程中也存在与其他机构主体共享、交换、流通数据的需求，且 36.36% 表示需求量大、频率高。这表明目前各类机构对于医院数据流通利用的需求旺盛，应加大探索医院数据生产要素化路径的实践探索。受访的医院工作者认为医院数据生产要素化主要应用在：促进医疗机构流程优化、质量改进、精细管理、绩效评估；为政府公共卫生政策和应急响应及优化医疗资源配置提供数据依据；为患者提供更精准和个性化的治疗服务等方面。

同时，受访者认为在其工作实践中对医院数据共享、流通和利用需求最大的机构依次是：政府主管部门、科研机构、保险机构、患者、人工智能医疗企业、医药和医疗器械企业。这些重点应用机构和场景将作为课题组下一阶段重点探索研究的方向。

从医院数据有效利用的实践情况来看，42.86% 的受访医院已经开始探索实践但还没有转化为成果，有15.58%表示其所在医疗机构已经探索了一段时间并取得了有效成果。因此，建议对已经取得部分成果的医疗机构予以激励措施，并鼓励通过举办创新应用比赛、评奖等方式将优秀的应用成果实践经验分享出来，为正在探索和尚未开始探索的医疗机构提供先进的技术和方法论。

④数据利用的问题和挑战。根据调查问卷的统计结果，目前医院通过数据资源有效利用向生产要素转变的痛点和挑战中，以下几个问题最为突出：缺乏统一的数据分类分级标准，异构数据多，标准化程度低；数据完整性、准确度不高；数据权属划分不明；缺乏相关专业性人才；数据治理模式落后，难以支撑数据利用；缺乏对数据共享、流通、利用场景的认识和了解。课题组将在下一阶段的研究中重点提出探索的建议和对策。

经过初步研究和分析，当前，在医院数据资源转化为生产要素过程中。最迫切需要尽快开展的措施包括：建立统一的数据标准规范；对相关人员开展合法合规利用数据的培训宣讲，解除担忧；设立激励措施鼓励医院人员开展相关实践并转化为成果；对相关人员开展数据流通利用的应用场景培训；加强数据利用技术和基础设备的配备。

在医疗数据资产质量与评估方面，受访的医院工作者对数据质量影响因素的重要性和权重排序依次为数据准确性、数据活跃性、数据稀缺程度、数据完整性。在数据应用管理影响因素的重要性和权重排序依次为数据应用维度、数据管理水平、数据挖掘程度。因此，在医疗数据质量评估和数据资产价值评估方法上，也应将这些因素予以权重区分并纳入重点评估因素考量。

（2）面向服务于医疗机构的法务人员的问卷统计分析

①数据利用的合规认识。在受访的医疗机构法务人员中，23.08%认为所服务的医疗机构具备能较清晰阐明数据治理的主要目标、相关工作人员职责、决策权利等的数据资源管理制度规范；34.62%认为虽然有相关制度但规定比较宽泛还不够明确；26.92%表示没有相关制度；15.38%表示对该情况不清楚。可以看出，仍有大部分医疗机构在数据管理制度上存在缺失或规定不明确的漏洞，对于实际管理的作用有限。

②在数据利用管理方面，仅34.62%的受访法务人员明确其服务的医疗机构在数据汇聚、分类、脱敏、清洗、处理、加工、分析、挖掘等利用环节有制定相关数据管理规范，剩余受访者则表示没有或不清楚情况。此外，只有11.54%的法务人员认为所在医院有制定和实施较为清晰、具备实操性的数据分类分级制度和指引，34.62%的法务人员认为虽然有但很宽泛对于实操缺乏指引性，超过一半的受访者表示所在医疗机构没有相关指引或不清楚情况。而数据分类分级是数据合法合规有效利用的前提条件，这表明大部分医疗机构因缺乏对数据分类分级的认识和有效指引，而难以开展数据利用的相关实践。

③在数据安全管理方面，42.31%的法务人员表示所在医疗机构有对数据使用目的和情况开展定期审查，以确保符合法律规定和患者隐私保护的要求；53.85%表示所在医疗机构具有数据访问和使用权限设置以及相关审计机制，以确保只有授权人员能够访问敏感

数据。在保护患者数据免受泄露的安全措施上，大部分受访者所在的医院采取了以下措施：对接触患者数据的相关岗位签署保密协议；对访问权限和人员进行严格控制；对员工进行安全培训和教育；采取脱敏或去标识化的措施；采取加密传输、存储措施；对患者的数据进行定期备份和恢复等措施。此外，有 87.01% 的受访者认为有必要对医疗机构形成的有效数据资产申请知识产权保护。

④在数据合规培训方面，30.77% 的法务人员表示所在医院曾开展过关于数据合法合规利用的讲座或培训，但次数不多；仅 11.54% 表示经常开展；仍有超过一半的法务人员表示医院没有开展数据合规培训或不了解。值得注意的是，高达 89.61% 的受访医院工作组和 76.92% 的法务人员认为所在医疗机构实践中存在员工对数据分类和使用的误解或培训不足的情况。可以看出，缺乏对医院数据如何合法合规利用的认识，严重阻碍了医院管理人员和法务人员对数据有效开发利用的意愿。

2.2.3 探索医院数据治理并构建医疗数据质量评价体系

医院在推进信息化建设过程中，系统越建越多，功能越来越复杂，因缺乏整体规划能力，各信息系统产生众多数据，造成数据质量不高的现状。但数据是医院精细化管理的重要载体，发挥着重要作用，面对这一现状，医院迫切需要构建数据治理体系，加快推动医疗数据的管理，提升数据质量，促进数据共享，发挥数据价值，做到用数据说话、用数据管理、用数据决策。

医院数据除具有传统大数据的数量大、种类多、产生速度快等特点之外，还具有多态性、时序性、复杂性、精确性、隐私性、异构性及封闭性等特点。医院数据治理作为提升数据价值的首要前提，面临着数据完整性不高、数据标准化程度不够、数据准确度不足、数据的整合性欠缺、缺乏对主数据统一管理等问题。因此，医院数据治理要立标准、理流程、清数据，需要对每个数据域、数据实体、数据条目、数据项进行梳理和标准化，甚至有时候需要人工逐条、逐字段地定义数据标准、核实数据质量。课题组已积极组织开展数据治理相关工作。

（1）确定医院数据治理内涵

①数据管理：医院数据管理是医院数据治理的基础，包括数据收集、存储、归档和检索等方面。医疗机构需要建立规范的数据管理流程和机制，确保医院数据的完整性、可靠性和及时性。

②数据标准化：医院数据标准化是为了使不同类型和格式的数据能够互相交流和共享。医疗机构需要采用统一的数据标准，比如 HL7、DICOM 等，对医院数据进行标准化处理，以便更好地整合和利用医院数据。

③数据质量管理：医疗机构需要建立数据质量管理机制，确保医院数据的准确性、完整性和一致性。这包括数据审核、数据清洗、数据验证等措施，以保证数据质量满足医疗

服务的需求。

④数据隐私与安全：医院数据涉及病人的个人隐私信息，医疗机构需要采取措施来保护数据的隐私和安全。这包括数据加密、权限控制、访问控制等手段，以防止未经授权的访问和使用，防止数据遭受黑客攻击和降低泄露的风险。

⑤数据共享与合规：医疗机构需要平衡数据的共享与保密的需求，确保在合乎法律法规和规定的前提下，医院数据的合理使用和共享。医疗机构需要建立数据共享政策和规范，明确数据的使用范围和权限，保证数据的合规性。

⑥数据分析与应用：医疗机构可以利用医院数据进行数据分析和应用，以支持医院管理决策和提高医疗服务的质量。数据分析和应用可以包括数据挖掘、模型构建、预测分析等，以发现潜在的病情趋势和提供个性化的医疗服务。

⑦数据监控与追踪：医疗机构需要对医院数据进行实时的监控和追踪，以便及时发现问题和异常。数据监控和追踪可以帮助医疗机构对医疗服务进行优化和改进，提高医疗服务的效果和满意度。

总体而言，医院数据治理包含数据管理、数据标准化、数据质量管理、数据隐私与安全、数据共享与合规、数据分析与应用、数据监控与追踪等多个方面的内容。通过有效的医院数据治理，医疗机构可以更好地管理和应用医疗数据，提高医疗服务的质量和效果。

（2）医院数据治理对策和实践

针对医院数据治理的痛点和难点，课题组组织团队经过长期探索实践，总结出了一套适合自身情况的数据治理方案。

①组建数据治理专项小组、加强对医院数据的掌控，定期对数据质量情况进行分析总结，持续提升数据质量，规范数据使用行为，以提供高质量的数据，为医院的管理决策分析、业务发展规划提供重要支撑。

②建立数据质量核查平台，制定数据质量评价指标，定期分析消息报错率、比对数据差异情况等，精准定位各类报错问题根源。配置与一致性、完整性、整合性、及时性相关的考查脚本，通过监控每个指标的合格率，逆向追溯上游业务系统，对数据缺失、字典项错误、逻辑或时序错误的数据，及时反馈业务系统进行查因，同时，数据治理专项小组成员共同沟通分析并切实解决问题，以提升数据质量。

③制定并推行信息项目供应商数据质量评价方案，对各信息项目供应商的数据质量提出要求并按周期进行评估，对各信息项目供应商派发数据质量整改工单，定期整改发现的数据质量问题，保障信息项目对数据治理工作的支持力度。

④制定并推行数据接入、使用等管理流程，规范各个业务系统的数据接入、数据使用等行为。

⑤贯彻落实《数据管理能力成熟度评价模型》国家标准，并通过数据管理能力成熟度评估，进一步掌握自身数据资源管理状况，找准问题和差距，明确数据管理能力改进方

向，提升数据管理能力。

2.2.4 拟定医院数据资源的合规保障方案

医院数据涉及个人隐私和公共利益，具有高敏感性和高价值性的特点。建立医院数据保护和使用策略，是进一步开发利用医院数据资源的重要保障，也是后续更好地实现数据资源进一步释放能量的坚实基础。课题组从数据新型产权制度下的确权设计、医院数据资源管理合规体系的建立、医院数据资源处理全生命周期合规保障三个方面提出建议。

（1）医院数据新型产权制度下的确权设计

数据确权是影响数据利用和数据资产化的重要因素之一。只有厘清医院数据资源的权利属性，才具备进一步开发、利用、共享、流通的法律基础。目前，我国在立法层面尚未对数据资产进行明确定义，仅在《民法典》第一百二十七条对数据权益的保护做了宣示性的规定，并未对数据权益进行进一步清晰认定。这导致医疗机构虽拥有海量的高价值数据，但往往因数据权利不明的问题阻滞了数据的有效开发利用和医疗数据要素的流通。从过往案例来看，数据权益需要通过财产权、著作权、专利权等路径来实现。企事业单位通常用反不正当竞争法、反垄断法和知识产权法等路径来维护数据权益。但由于采取这些保护路径均需要符合相应的要件，对举证程度要求高且只能在事后追究侵权方责任，难以形成数据权属自证的体系。

2021 年国家市场监督管理总局、国家标准化管理委员会发布的 GB/T 40685－2021 文件中，将数据资产定义为：数据资产是合法拥有或控制的，能进行计量的，为组织带来经济和社会价值的数据资源。可见，医院对其掌握的数据资源达到法律上“合法拥有或控制”的条件，是对数据资源进一步开发利用、形成可流通的数据资产的首要前提，也是自证医院对该部分数据享有权利的关键。

2022 年，“数据二十条”出台后对数据产权制度的构建提出了结构性分置的设想，即数据产权可以分置为数据资源持有权、加工使用权、产品经营权等。这一新兴数据产权制度也符合前述对数据资源“合法拥有或控制”的要求。该文件传递出一个信号，即国家正在研究探索为数据提供更为完善的权利保护路径，且已从国家层面为如何确定数据权利提供了政策指引。因此，医院可基于新的数据产权制度进行数据确权规划，以保障医院在后续利用和开发数据价值的过程中权益获得充分保护。

①数据资源持有权。数据资源持有权强调对合法“持有”这一状态的事实性认定，组织对自己合法控制的数据有权使用、存储及维护，而并不依赖所有权源。根据国家发展和改革委员会发布的《数据基础制度若干观点》，数据持有权的权能至少包括两方面：一是对数据自主管理的权利，即持有者在法律或合同允许范围内可自主决策数据的使用目的、应用场景等，有权防止侵犯持有者合法权利的行为；二是对数据处理授权同意的权利，即同意他人获取或转移其所产生数据的权利。医院在合法收集数据并存储的场景下，通过物

理手段如访问控制、身份认证等技术对数据进行自主管控从而形成该项权利。该项权利的存在，意味着权利主体有权合法合规地决定数据的使用方式，且未经权利主体同意，他人不得获取和使用被管控的数据。

②数据加工使用权。数据加工是指对数据进行筛选、分类、排列、加密、标注、聚合、分析、统计等一系列处理活动。“数据二十条”出台后，数据加工使用权的权利主体为数据处理者，在保护公共利益、数据安全、数据来源者合法权益的前提下，承认和保护“依照法律规定或合同约定获取的数据加工使用权，尊重数据采集、加工等数据处理者的劳动和其他要素贡献，充分保障数据处理者使用数据和获得收益的权利”。如果医院将依照法律规定或合同约定合法获取的数据，用于分析和投入实质性加工，就可以相应享有数据加工使用权。

③数据产品经营权。数据产品经营权主要是指对开发的数据产品进行运营、支配、交易、收益的权利。在“数据二十条”中，提出对数据产品经营权的保护，即“保护经加工、分析等形成数据或数据衍生产品的经营权，依法规范数据处理者许可他人使用数据或数据衍生产品的权利，促进数据要素流通复用”。当医院在将合法拥有和控制的数据投入实质性的人力物力运营数据产品时，在对外流通中可以享有数据产品经营权。

（2）医院数据资源管理合规体系的建立

医院数据资源的管理过程中常常会面临合规口径不规范、不统一、不透明等，导致数据资源的质量低下、安全风险高、利用效率低等问题。为规范数据资源的生命周期管理，保障数据资源的合法合理使用，提高医院对数据资源的管理水平，应建立全面的医院数据资源合规框架和管理体系。具体包括以下几个方面。

①构建医院数据资源合规管理的制度体系。具体包括制定医院数据安全管理总则和制度、数据资产管理制度、数据分类分级指引、数据安全审计评估制度、不良事件处置和应急响应规范、第三方数据管理制度（委托处理或共同处理）、员工数据访问权限管理制度、数据全生命周期场景的安全合规处理要求、数据安全技术应用规范等。

②制定医院数据资源利用、共享、流通的具体要求和流程。明确各相关职能人员的责任和任务，数据利用过程中超出访问权限的审批流程等。尤其是医院与外部合作机构开发基于医疗数据的产品应用时，可能涉及多种技术手段，如人工智能、区块链、云计算、大数据分析等，以及不同的创新商业模式。医院需要与合作机构建立有效的沟通和协调机制，通过技术措施和合作协议明确各方数据处理的目标、范围、方法、责任和风险，并制定合理的收益分配和风险承担机制。

③开展医院数据合规制度的宣讲和培训。通过定期宣讲和培训，提高医疗服务人员和管理人员对数据合规的认识水平，解决工作中不重视、不配合、不协作的问题，推动制度在医院充分重视的基础上落地实施。通过举办数据合规实务培训班等大力培养懂数据、懂业务、懂合规的医院人才。

④建立数据安全技术体系。明确医院内数据安全技术的基本能力要求和指标，包括数据边界防护、身份鉴别、访问控制、数据分类分级、数据脱敏、数据库审计、安全监测、数据加密、隐私计算等技术。保障数据安全防护机制的有效执行，以及在数据安全事件发生时能够及时发现、响应和处置。

⑤实施数据管理审计和监督。定期对医院数据资源管理的效果进行评估和监督，包括合规性、安全性、质量水平等方面，并根据评估结果进行反馈和调整，不断优化医院数据资源管理的水平。

（3）医院数据资源处理全生命周期合规要点

医院数据关乎公共利益和个人隐私，在数据处理过程中除了要满足医疗服务中对数据处理的要求外，在医院数据收集、存储、使用、共享、流通等全生命周期各环节中还要满足《网络安全法》《数据安全法》《个人信息保护法》等规定和相关国家标准的要求。

①数据采集。医院采集健康医疗数据时要遵守最小必要原则。将数据采集目的、使用范围、处理方式等在知情同意书中载明，获得数据主体的明确授权同意。属于个人敏感信息范畴的，数据处理还应取得单独同意。数据采集后的利用行为（包括使用、共享、流通等），如未在知情同意书中明确取得个人信息主体的合法授权或被撤回同意的，只能通过技术手段做匿名化处理后使用，从而保障无法单独或结合其他信息识别到特定自然人。

②数据存储。根据医院的数据分类分级规范，存储属于重要数据和个人信息等敏感数据时，应采用加密、安全存储、访问控制、安全审计等数据安全措施，保障数据的机密性、完整性和可用性，对未知和未授权的访问行为进行及时阻断和拦截。制定数据备份及恢复策略，定期进行数据备份，建立介质存取、验证和转储管理机制，介质特性对备份数据进行每年不少于 2 次的定期恢复有效性验证。

③数据使用。明确不同数据使用场景的审批流程、使用目的及范围，建立数据使用的申请及授权流程，根据岗位和职责设置不同的访问权限。根据医院数据安全级别，使用敏感数据和个人信息时需进行去标识化脱敏处理。应对脱敏后的数据集或其他数据汇聚后能否重新识别出个人信息的风险进行识别和评估，并采取相应保护措施。对于汇聚、分析、加工后产生的数据，应重新明确数据所属部门和安全保护责任，并重新确定相应数据安全级别。

④数据共享和流通。数据提供方与接收方应签订数据共享/流通协议，明确数据提供的范围、方式、使用目的、技术保护能力和措施、数据安全责任等条款。数据提供方和接收方主体之间应确保数据安全性，通过校验技术、密码技术保障健康医疗数据在传输过程中的保密性、完整性。

除了根据法律法规和主管部门要求的共享场景外，其他共享和流通场景应采用多方安全计算、联邦学习、可信执行环境等隐私计算技术，保障“原始数据不出域，数据可用不可见”。确有必要提供原始数据的，应委托法律专业机构或由合规委员会在共享流通前开展数据安全影响评估。采取离线传输方式的，应确保存储介质安全性，将数据加密和密钥分开存储，并及时记录数据导入和介质交接情况。采取非离线传输链路的，如专线、互联网线路和 VPN 等，应采用 TLS、IPSEC、SASL + SSL 等安全传输协议，保障传输链路安全性，防止网络监听、接口滥用等入侵攻击。建立可追溯的数据流通机制。对共享流通过程使用日志记录留存，包括流通的时间、数据属性、参与方、接收方、操作人等信息。记录存档需满足当地主管部门对流通交易记录保存的期限要求，确保可追溯性和可审计性。

2.2.5 设计医院数据资源估值方法与模型

估值是医院数据从资源化到生产要素化发展的重要环节。建立科学的估值方法和模型，根据医院数据的特性和应用场景，合理评估其贡献价值和产业价值，有利于促进医院数据要素的价值实现。

2023 年 9 月 8 日，中国资产评估协会印发《数据资产评估指导意见》（以下简称《指导意见》），自 2023 年 10 月 1 日起施行，是财政部推动数字经济落地“一体两翼”的政策实践，是以准确反映数据资产要素价值为目的，有助于规范数据资产评估执业行为。《指导意见》明确提出数据资产的三大属性、四大价值影响因素、五大特征，强调了数据资产的权利类型、应用场景和数据质量评价，提出的三种评估基本方法，充分考虑了数据资产的特点和当前市场环境下对数据资产评估的需求，具有较强的可操作性，为医院数据资源估值提供了参考。

医院数据资产，是指医院或医疗机构合法拥有或者控制的，能进行货币计量的，且能带来直接或者间接经济利益的数据资源。根据《指导意见》，数据资产价值的评估方法包括收益法、成本法和市场法三种基本方法及其衍生方法。医院可根据评估目的、评估对象、价值类型、资料收集等情况，分析上述三种基本方法的适用性，选择评估方法。

（1）收益法

①直接收益预测，是对利用被评估数据资产直接获取的收益进行预测的方式。通常适用于被评估数据资产的应用场景及商业模式相对独立，且数据资产对应服务或者产品为企业带来的直接收益可以合理预测的情形。

②分成收益预测，是采用分成率计算数据资产预期收益的方式。首先计算总收益，然后与在被评估数据资产和产生总收益过程中作出贡献的其他资产进行分成。分成率通常包括收入提成率和利润分成率两种。通常适用于软件开发服务、数据平台对接服务、数据分析服务等数据资产应用场景，当其他相关资产要素所产生的收益不可单独计量时可以采用此方法。

③超额收益预测，是将归属于被评估数据资产所创造的超额收益作为该项数据资产预期收益的方式。首先测算数据资产与其他相关贡献资产共同创造的整体收益，然后在整体收益中扣除其他相关贡献资产的贡献，将剩余收益确定为超额收益。除数据资产以外，相

关贡献资产通常包括流动资产、固定资产、无形资产和组合劳动力等。超额收益预测通常适用于被评估数据资产可以与资产组中的其他数据资产、无形资产、有形资产的贡献进行合理分割，且贡献之和与企业整体或者资产组正常收益相比后仍有剩余的情形。尤其是数据资产产生的收益占整体业务比重较高，且其他资产要素对收益的贡献能够明确计量的数据服务公司。

④增量收益预测，是基于未来增量收益的预期而确定数据资产预期收益的方式。该增量收益来源于对被评估数据资产所在的主体和不具有该项数据资产的主体的经营业绩进行对比，即通过对比使用该项数据资产所得到的利润或者现金流量，与没有使用该项数据资产所得到的利润或者现金流量，将二者的差异作为被评估数据资产所对应的增量收益。增量收益预测通常适用于以下两种情形下的数据资产评估：一是可以使应用数据资产主体产生额外的可计量的现金流量或者利润的情形，如通过启用数据资产能够直接有效地开辟新业务或者提高当前业务所带来的额外现金流量或者利润；二是可以使应用数据资产主体获得可计量的成本节约的情形，如通过嵌入大数据分析模型带来的成本费用的降低。

采用收益法评估数据资产时，可以通过以上四种方法获得收益预测，也可以结合数据资产的实际情况，对上述方法进行调整或者拓展。

（2）成本法

成本法是从数据资产的重置角度考虑的一种估值方法，即新建该项数据资产所需花费的成本，也即根据形成数据资产的成本进行评估。尽管无形资产的成本和价值先天具有弱对应性且其成本具有不完整性，但一些数据资产应用成本法评估其价值，存在一定合理性。

（3）市场法

市场法是基于相同或相似数据资产的市场可比交易案例的一种估值方法，也即根据相同或者相似的数据资产的近期或者往期成交价格，通过对比分析，评估数据资产价值。根据数据资产价值的影响因素，可以利用市场法对不同属性的数据资产的价值进行对比和分析调整，以反映被评估数据资产的价值。

数据资产作为一种独特的无形资产，具有容量大、多样、复杂等特点，因此数据资产价值评估具有复杂性。同时，由于数据资产评估中存在成本难以衡量、使用年限难以确定、价值密度与质量难以确定等问题，利用传统方法对数据资产价值进行评估具有难度，还有许多亟待解决的问题，目前已有的评估方法和估值模型，都未能实现对数据资产价值的精准评估，因此，未来该领域还需进行深入研究探索。

2.2.6 构建医院数据资源生产要素化路径标准

以全面落实数据作为生产要素的国家战略举措与产业发展的要求为目标，立足医院数据资源现状，聚焦医院数据资源“治理、合规、估值”三大核心环节主线，以创造价值为导向，结合医院数据管理现状及面临的实际问题，探讨构建医院数据资源生产要素化路径。

数据资产化是指数据采集、开发利用并通过流通和交易给使用者或所有者带来经济利益的过程。基于对医院数据的分析以及要素化影响因素的探讨，课题组把医院数据资产化路径分为六个步骤。

（1）医院数据治理

以课题组所在单位实践为例，从临床数据中心数据治理切入，探索形成医疗机构数据治理方法和体系，通过一系列工作，把控数据质量贯穿数据资源生产要素化的整个过程中，探索出有效的治理路径和体系，为医院数据资源生产要素化奠定基础。

（2）医院数据资源合规化

数据合规是数据管理的基本保障，对数据资产的全生命周期管理起到基础性支持作用。数据合规管理就是识别合规风险，制定防范策略，建立相应的规范和管控机制等一系列活动，合规管理的根本目标是为数据作为生产要素能够顺畅加速流通提供底线规范。

（3）医院数据资源确权

一个数据集要被作为数据资产，首先要持有一定的数据权属，这个权属可以是所有权、使用权等，只有拥有了数据资源的数据权属才有可能让其成为数据资产。医院数据资源确权是其分级分类合规处理后的重要一步，也是保护医院数据拥有者权益不受侵害的关键步骤。根据全国多地的实践，数据产权登记制度大致可分为两种路径：一种是行政机关主导的知识产权体系下的数据产权登记；另一种是在数据交易的过程中进行数据权属确认并登记。

（4）医院数据价值估值与质量管控

完成一个数据集的数据资源确权后，就需要对这个数据集进行价值确认并确保其具有一定的数据质量，即对这个数据集进行数据价值确认与质量管控。数据价值确认不仅要判断数据集是否有价值，还需要判定其具有多少价值。一般来说，判断一个数据集是否有价值相对比较容易，但要判定其价值大小就存在一定难度，主要由于数据集的价值大小与数据质量好坏相关，因此，重点就是要对数据质量进行管控。

（5）医院数据资源装盒入库和计量

对于医院已完成合规、确权、数据价值评估与质量管控的有用数据集，下一步工作是将其进行规范化整理，形成标准的计量单位，使医院数据资源得以被准确计算，从而在医院内建立数据资产管理目录并对其进行入库管理，即所谓的装盒入库和计量。目前，课题组正在试点数据知识产权登记，在登记过程中需对数据集进行梳理，并确定数据集的数据量，为数据资源装盒入库和计量提供依据和参考。

（6）医院数据资源达到可进入交易平台标准

当数据资源达到计量立场中立、计量基础选取合理、价值评估结果真实三个标准时，就满足了数据资产确认的可靠计量及可交易条件，可通过数据交易平台流通交易，实现医院数据资源生产要素化。

2.2.7 探索医院数据资源生产要素化的转化场景和模式

（1）医疗机构商业保险核保方案

医院数据资源生产要素化后，可在公共卫生价值、医院运营价值、公民健康价值等方面发挥提升作用，具体场景包括为社会层面提供数据服务、实现与保险业务客户精准匹配、降低交易成本。课题组基于传统医疗商业保险的核保现状，结合国家近年陆续发布鼓励商业保险融入全民医疗保障体系的政策，探索构建契合医疗机构医疗业务场景、融合商业保险险种风控模型的核保方案。本方案场景基于参保人健康医疗状况，通过健康医疗大数据的研究，充分分析医疗费用使用和疾病发生情况，解决传统医疗商业保险核保面临的问题。

为解决医疗数据在医疗机构、商业保险公司之间安全、可信的数据传输问题，本方案采用“EID + 区块链 + 风控模型”的技术路线，通过数据要素市场化的运作支撑整个服务生态链可持续运营。在完成数据探查、数据治理、数据分析、模型训练等环节后，风控模型可实现对参保人医疗大数据的综合判断，有助于参保人获取商业保险定制化的全面风险保障。核保数据模型作为数据模型算法，后续可进一步探索成为数据产品的具体路径。这不仅有助于促进商业保险服务模式的完善、交易平台的发展与行业的监督，更有助于数据要素管理的发展。基于《信息技术 大数据 数据资产价值评估》（20214285 – T – 469），核保数据模型的价值评估可分为数据评价与价值评估两个部分。

（2）医技要素资源智能化调度体系

医技资源作为重要的医疗资源，在患者就医体验、医院运行效率方面起着举足轻重的作用。课题组以患者历史检查数据为基础，识别资源要素、凝练规则要素，借助基因表达式编程、集约化医技能力均衡等算法完成优化建模和调度寻优，实现患者检查需求与医技资源的科学、合理配置。

医技要素调度涉及的系统多、接口多、业务场景多，传统的要素调度模式存在数据要素多源异质不能直接利用、敏感数据要素不敢直接共享、数据要素跨系统互操作利用率低等问题，课题组以数据、本体双驱动，构建多源异质数据库间的概念对其与内容互译技术体系；以同态加密、安全多方计算、差分隐私、联邦学习、沙箱技术等多种隐私保护技术为基础，结合区块链技术设计面向多场景应用的数据要素隐私保护方案和路径；以国家互联互通标准为基础，构建符合国情的基于资源对象的层次化的多级标准接口方案；最终构建一套面向医技要素资源智慧化调度应用的跨系统数据互操作理论算法，后续可进一步探索该理论算法在其他医疗要素中的应用。

根据评估依据，在确保评估安全和提供评估保障的前提下，对核保数据模型以及医技要素资源智能化调度模型进行数据评价，获得可供价值评估使用的数据评价参数，再采用收益法、成本法或市场法完成价值评估，生成数据资产估值。完成数据评价工作后，由专业的资产评估公司基于数据评价报告完成价值评估，为数据模型流通交易提供定价依据。

同时，根据《广东省公共数据管理办法》，省和地级以上市公共数据主管部门应当加强公共数据开发利用指导，创新数据开发利用模式和运营机制，建立公共数据服务规则和流程，提升数据汇聚、加工处理和统计分析能力。省和地级以上市公共数据主管部门可以根据行业主管部门或者市场主体的合理需求提供数据分析模型和算法，按照统一标准对外输出数据产品或者提供数据服务，满足公共数据开发利用的需求。鼓励市场主体和个人利用依法开放的公共数据开展科学研究、产品研发、咨询服务、数据加工、数据分析等创新创业活动。相关活动产生的数据产品或者数据服务可以依法进行交易，法律法规另有规定或者当事人之间另有约定的除外。

目前，根据《广东省数据要素市场化配置改革行动方案》（粤府函〔2021〕151号）和《广东省公共数据资产凭证试点工作方案》有关要求，为规范数据模型交易流程，课题组设计了数据模型在正式上架之前的合规审核流程。

2.3 研究的创新点

2.3.1 探索医院数据安全和价值视角下的分类分级

《“十四五”全民健康信息化规划》、“数据二十条”等政策的陆续出台，建立健全了健康医疗数据管理制度，培育健康医疗数据要素市场，激发数据要素价值，推动健康医疗大数据在疾病预防、健康管理、辅助决策、药物研发、医疗保险、精准医疗等方面产业化、规模化应用已经是大势所趋。传统的医疗数据应用场景，已逐步从医院内部运营管理的视角，拓展至医疗数据资产化的维度。然而，由于医疗数据具有不同于其他行业的特征，如数据量庞大、异构数据繁杂、隐私保护性强，将医疗数据作为资产进行管理并实现资产流通甚至交易，面临着巨大的现实困难和挑战。其中，医疗机构缺乏成熟的医疗数据管理制度体系、尚未形成科学合理的数据分类分级等，已成为阻碍医疗数据资产化的重要因素。

（1）医疗数据分类分级的意义

从法律法规层面看，我国已经对医疗数据分级分类提供了相应的法律支持。《中华人民共和国数据安全法》第二十一条、《中华人民共和国个人信息保护法》第五十一条，明确要求组织对数据实行分类分级保护，对个人信息进行分类保护。因此，对医疗数据进行分类分级，既是满足现行数据相关法律法规要求，也是探索数据资产化的合法合规保障。医疗数据分类分级是指根据医疗数据的特征、敏感性、价值等因素，将医疗数据划分为不同的类别和等级，以便对医疗数据进行有效的管理。无论是从数据安全的角度还是医疗数据价值挖掘的角度来说，对医疗机构收集、存储的数据进行分类分级体系建设有着重要意义：一是可以提高医疗数据的安全性。通过对医疗数据进行分类分级，可以明确哪些数据需要重点保护，哪些数据可以开放共享，以及如何保护和共享。这样可以有效降低数据的泄露、篡改、丢失等安全风险，保障数据的保密性、完整性和可用性。二是可以促进医疗数据的有效利用，这是实现医疗数据资产化的重要前提和基础。通过对医疗数据进行分类分级，可以更好地识别数据的价值和潜力，以及满足不同业务场景和需求的数据。这样可以有效提升数据的开发利用和共享交换的效率和效果，支持医疗质量、创新应用等方面的发展。

（2）医疗数据分类分级的难点和挑战

随着全国范围内数据要素市场建设工作的推进，许多省市组建了数据交易所均在不同程度上进行探索。从公共数据共享开放的角度来看，各地政府借助公共数据开放平台也在积极探索健康医疗数据的共享和开放。但在实践中，医疗数据的开放利用效果似乎并未达到预期，医疗数据要素市场尚未形成规模化数据产品或应用。究其原因，主要在于医疗数据的隐私敏感性，其对合规要求高，在实务中医疗机构虽然很明确医疗数据具有巨大价值，但对于哪些数据可以开发形成数据产品，仍存在大量的困惑。另外，医疗机构的系统繁杂，导致异构系统之间的数据难以实现互联互通，限制了数据的开放、共享和利用。而对于医疗机构收集存储的数据进行分类分级体系建设，是解决以上难点的重要手段和途径之一。但通过对全国几十家医疗机构的调研情况来看，多数医疗机构对数据分类分级的认识尚处于初级阶段，多数机构尚未正式开展数据分类分级的体系建设工作。从被调研对象的反馈来看，医疗数据分类分级的难点挑战主要集中在以下方面。

①法律法规和标准规范不完善。目前，我国已经出台的《数据安全法》《个人信息保护法》虽然明确要求对数据进行分类分级保护，但对于医疗数据的分类分级具体要求和细则，在法律上尚未明确，导致医疗机构在实施过程中存在法律风险和合规难题，难以实操落地。虽然，医疗行业目前在对数据分类分级可参考《信息安全技术 健康医疗数据安全指南》（GB/T 39725－2020）、《信息安全技术 个人信息安全规范》（GB/T 35273－2020）等文件，但这些文件更多是从数据安全保护的角度出发，即根据数据的重要性、敏感性、风险等级等因素进行划分，没有充分考虑数据的价值和潜力。需要建立对医疗数据价值和潜力的评估和挖掘机制，根据数据的内容、用途、来源等因素进行划分，为数据的开放、共享、利用提供更精准的数据服务。

②缺乏有效的医疗数据分类分级工具和平台。目前，医疗数据分类分级工作主要依靠人工进行，工作量大、效率低、准确性差。需要开发有效的医疗数据分类分级工具和平台，利用人工智能、大数据、云计算等技术，实现对医疗数据的自动化或半自动化的发现、识别、打标、监控等操作，从而提升医疗数据分类分级工作效率和效果。

③数据质量和可信度不高。医疗数据是由多个异构系统产生或收集的，数据的格式、结构、标准、语义等可能存在不一致、不完整、不准确等问题，影响了数据的质量和可信度，也影响了数据的互联互通。这些问题需要通过数据治理的手段进行发现、清洗、整合、质量监控等操作，以提升数据的完整性和可信度，但这些操作也需要投入大量的人力和时间成本。

④专业领域的技术人员缺乏。医疗数据分类分级是一项涉及多个领域的综合性工作，需要具有医学管理、信息技术、数据治理、数据安全、数据分析、法律合规等方面专业知识和技能的人员，才能够从业务出发，科学系统地对数据进行分类分级，明确数据的定义、属性、含义、格式、结构、语义等要求，统一各个异构系统的数据标准和规范。另外，医疗数据往往包含着大量个人敏感信息，如何合规地处理个人信息、如何从法律角度对数据进行合规的分类分级打标签，医疗机构往往面临着工作人员“懂技术的不懂法律、懂法律的不懂技术”的尴尬。需要有复合型人才或多个领域的专业人员配合，才能够对不同类别和等级的数据进行安全合规的分类分级保护，防止数据的泄露、篡改、丢失或非法利用。

（3）医疗数据分类分级的参考规范现状

如前所述，目前医疗数据的分类分级可参考《信息安全技术 健康医疗数据安全指南》（GB/T 39725－2020）、《广东省健康医疗数据安全分类分级管理技术规范》（T/GDWJ 013－2022）以及《信息安全技术 个人信息安全规范》（GB/T 35273－2020）等文件。但遗憾的是，这些文件主要是从数据安全保护的角度出发，而从数据流通利用、价值挖掘和实践操作角度来看，仍难以起到比较全面的指引作用，具体表现在以下几个方面。

①缺乏从医疗数据价值和潜力的评估和挖掘的角度给出指引性建议。其主要是根据数据的重要性、敏感性、风险等级等因素进行分类分级，但没有从支持医疗业务、质量、创新等角度，给出对医疗数据价值和潜力进行评估和挖掘的方法和指导，也没有明确不同类别和等级的数据在不同场景的应用策略和价值评估。

②缺乏对医疗数据开放、共享、利用的具体规范和要求。上述文件虽然提出了健康医疗数据应当在符合法律法规、保护个人隐私、保障国家安全和公共利益等原则下进行开放共享利用，但没有给出具体的规范和要求，如数据共享机制或协议的制定、数据使用者的资格认证、数据使用目的和范围的限制、数据使用效果和影响的监测等；也没有明确不同类别和等级的数据在不同场景的开放、共享、利用的条件和限制。

③缺乏对医疗数据分类分级工具和平台的推荐和引导。上述文件主要是从理论层面给出了健康医疗数据分类分级的原则和框架，但没有给出具体的实施方法和步骤，没有推荐或引导使用有效的医疗数据分类分级工具和平台，如利用人工智能、大数据、云计算等技术，实现对医疗数据的自动化或半自动化的发现、识别、打标、监控等操作；也没有给出对医疗数据分类分级工具和平台的评估和认证标准。

④缺乏与地方性数据立法文件中关于公共数据管理内容的衔接指引。虽然目前从法律层面仍未对“公共数据”作出明确定义，但是多地的地方性法规及政府规章中对公共数据的定义已基本趋于一致，即“公共数据是指政府或者公共机构在履行职责或提供公共服务过程中收集或者产生的信息”。而对于公共数据的管理，《广东省公共数据管理办法》第十条规定：“公共数据资源实行统一目录管理。目录编制指南由省公共数据主管部门统一制定。公共管理和服务机构应当根据指南编制本机构公共数据资源目录，报本级公共数据主管部门审定”；《浙江省公共数据条例》第十三条规定：“公共管理和服务机构应当按照统一标准，编制本部门公共数据子目录，并报同级公共数据主管部门审核”；《贵州省数据流通交易促进条例（草案）》（征求意见稿）第十四条规定：“县级以上人民政府数据管理部门负责统筹管理本级公共数据。除法律、法规明确规定外，县级以上人民政府有关部门应当向同级数据管理部门归集公共数据，教育、医疗、公共交通等公共事业单位应当通过行业主管部门向同级数据管理部门归集数据”。这就意味着医疗机构在提供公共服务或履行公共职能时，属于公共数据的部分需要按照规定向主管机关编制数据目录或汇聚数据。那么到底哪些属于提供公共服务过程中或依法履职过程中收集的数据？医疗机构如何判断和识别公共数据？如何制作公共数据资源目录？如何对这种类型的数据进行分类？目前在法律法规和标准文件层面基本未有相关明确指引。

（4）医疗数据分类分级的实施原则

医疗机构可结合自身具体情况，借鉴和参考现有的数据分类分级标准文件，除了从安全性角度，还可从数据价值挖掘、数据流通利用、满足监管要求等角度对数据进行分类分级。一般在对数据进行分类分级前，需要根据自身所处行业的特性以及未来业务发展的需求，先确定数据分类分级原则，这是因为分类分级原则的确立应作为具体实施方法需要达到的整体目标，也是分类分级具体实施方法的指导性准则，比如将“就高不就低”作为数据分级的原则，在对无法判断某类数据应属于哪个保护级别时，可以基于前期确立的原则，将此类数据定义为风险级别高的数据，以达到防范安全风险的目的。科学合理地确定数据分类分级原则，对后续开展数据分类分级工作具有重要意义，可以避免数据分类分级的随意性和盲目性，导致后期重复性分类或冲突性分级，保证分类分级的一致性和准确性，提高数据分类分级的效率和质量，促进数据分类分级的管理和监督，增强数据分类分级的可靠性和安全性。在《广东省健康医疗数据安全分类分级管理技术规范》（T/GDWJ 013－2022）这份标准文件中，给出了比较全面的分类分级原则可作为参考。其中包括合法合规性原则、综合性原则、规范性原则、可执行原则、稳定性原则、时效性原则、明确性原则、自主性原则、就高不就低原则、关联叠加效应原则。医疗机构在进行数据分类分级前，可参考该标准确立一些原则，结合自身情况予以确立自身相应的数据分类分级制度。但就该标准确立的原则来看，也仍是关注安全性、数据质量等方面。本文尝试从数据流通利用和医疗数据资产化的角度，补充提出以下几个原则供参考。

①价值导向原则。应根据医疗数据的价值特征和价值潜力，对其进行合理评估和划分，以促进医疗数据的有效利用和合理流通，实现医疗数据资产化。

②保护优先原则。应在充分保障医疗数据安全和个人隐私的前提下，推动医疗数据的开放和共享，遵循最小化、最必要、最适当的原则，对不同级别的医疗数据采取不同程度的保护措施。

③协同创新原则。应鼓励各类主体在遵守法律法规、尊重知识产权、保护商业秘密、维护公平竞争的基础上，通过合作共建、联合开发、资源共享等方式，实现医疗数据的跨界融合和协同创新。

（5）医疗数据分类分级规则与方法

数据管理能力成熟度评估模型（Data management Capability Maturity Model，DCMM）是我国首个数据管理领域的国家标准，为组织提供了全面的数据管理能力评估框架。DCMM 定义了数据战略、数据治理、数据架构、数据应用、数据安全、数据质量、数据标准和数据生存周期 8 个核心能力域及 28 个能力项，以组织、制度、流程和技术作为 8 个核心域评价维度，旨在评估组织在数据管理方面的能力和成熟度，帮助组织识别自身数据管理中的优势和不足，并提供改进的指导。

数据分类分级是数据管理过程中的重要环节，DCMM 中明确将数据分类分级作为数据管理能力第 2 级（受管理级）至第 5 级（优化级）的基本要求，在进行数据分类分级时，组织可参照 DCMM 所定义的数据管理标准和要求，结合自身的实际情况，制定适合自身业务需求的数据分类分级方案。

在确立医疗数据分类分级基本原则后，医疗机构分别设立分类与分级的具体规则与方法是落实数据保护与数据利用的重点和难点，需要同时考虑法益保护和技术功能方面的需求。数据分类分级工作是一个系统化工程，可以将其细分为 4 个工作步骤，分别为建立组织保障、建立制度保障、建立数据资源目录、制定及实施分类分级规则。

①建立组织保障。建立组织保障是指为确保数据分类分级工作有足够的人力、物力和技术支持，以及明确的责任分配和协调机制。组织保障是数据分类分级工作的基础和前提，也是实施有效管理和保护措施的关键。从医疗数据分类分级推进来看，在医疗机构内建立组织保障需要至少完成以下几个方面的工作。

第一，组建专门的数据分类分级团队。由于数据分类分级工作涉及多个部门和系统，需要有专门的团队来负责统筹协调和执行。该团队应由具有相关专业知识和经验的人员组成，包括但不限于以下角色。

数据分类分级负责人：负责整个团队的领导和管理，制定工作计划和目标，监督工作进度和质量，解决工作中遇到的问题和冲突。

数据资产管理员：负责数据资产的登记、归档、更新、维护等管理工作，保证数据资产的完整性和时效性；负责数据资产的访问控制、使用控制、共享控制等工作，保证数据资产的合法性和安全性；负责数据资产的备份、恢复、销毁等工作，保证数据资产的可用性和可持续性；负责数据资产的监测、审计、评估等工作，保证数据资产的质量和效果。

数据分类分级技术人员：负责开发或使用专门的数据资产发现工具和数据资产分析工具，对每个数据资产进行分类分级打标；负责生成医院的数据资源目录和敏感数据资产目录，以便后续进行管理和保护；负责根据不同的数据安全等级制定相应的保护措施，对数据进行加密、脱敏、访问控制、审计监控等防护策略配置和部署。

数据分类分级法务人员：负责研究和分析国家标准和行业规范，了解数据分类分级的相关要求和指导；负责结合医院的业务特点、数据特性、发展战略，制定适合医院的数据分类分级规则；负责结合医院的资源条件和技术能力，制定相应的数据安全等级定义和保护措施。

结合医院实际业务情况，数据分类分级负责人和技术人员，大部分情况下由医院信息或数据管理部门人员承担；但数据资产管理员，则需要从医院各类数据主管部门中产生，不能仅局限在医院信息或数据管理部门。

第二，制定工作流程和制度。为了保证数据分类分级工作的规范性和有效性，需要制定相应的工作流程和制度，明确各个环节的输入、输出、标准、方法、责任、时间等要素。工作流程和制度应包括但不限于以下内容。

数据分类分级工作计划：包括工作目标、范围、内容、方法、步骤、时间表、资源需求等；数据分类分级工作报告：包括工作结果、问题分析、改进建议等；数据分类分级工作评估：包括工作质量、效率、效果等指标的评估方法和标准；数据分类分级工作审批：包括工作计划、报告、评估等各个环节的审批流程和权限；数据分类分级工作监督：包括工作进度、质量、风险等方面的监督机制和措施；数据分类分级工作考核：包括对团队和个人的绩效考核方法和标准。

第三，与各个相关部门和医疗软件供应商进行沟通协调。由于数据分类分级工作涉及多个部门和系统，需要与各个相关部门和医疗软件供应商进行沟通协调，以确保数据分类分级工作的顺利进行和有效实施。具体来说，需要进行以下方面的沟通协调。

与医院各个业务部门进行沟通协调：了解各个业务部门的数据需求和使用情况，获取数据的业务属性和价值，征求数据分类分级的意见和建议，解决数据使用和共享的问题和需求；与医院信息安全部门进行沟通协调：了解医院的信息安全政策和规范，获取数据的安全属性和风险，征求数据安全防护的意见和建议，解决数据安全事件的问题和需求；与医院信息技术部门进行沟通协调：了解医院的信息技术架构和规划，获取数据的技术属性和特征，征求数据技术支持的意见和建议，解决数据技术问题和需求；与医院外部的医疗软件供应商进行沟通协调：了解医疗软件的功能和性能，获取数据的来源和格式，征求数据接口和兼容性的意见和建议，解决数据交换和集成的问题和需求，协同推进数据质量提升。

以笔者所在单位为例，通过探索建立信息项目供应商数据质量评价体系，向各信息项目供应商明确数据质量要求并按季度进行评价，以保障信息项目对数据治理工作的支持力度，从而构建数据质量管理闭环。

②建立制度保障。为保障数据分类分级工作的实操性和有效性，医院数据分类分级管理制度应包括数据分类分级的总体原则和目标、总体要求、工作流程、数据分类分级清单、实施人员的操作规程、定期更新维护机制、绩效考评和评价机制等。从制度上对数据分类分级工作实施进行细化要求，保障工作“按章行事”、有序进行。

③建立数据资源目录。数据资源目录是指对医院内部的所有数据资产进行盘点和识别，获取数据的基本信息和属性，形成完整的数据资源目录。数据资源目录是数据分类分级工作的前提和基础，也是实现有效管理和保护的工具。基于医疗行业特性，医疗数据通常分散在 HIS、PACS、LIS 、EMR 等系统中，这些数据包括结构化数据，如临床业务数据（HIS、EMR、LIS）、运营管理数据（HRP、财务、药品、物资）；半结构化数据，如心电图数据、脑电图数据等；非结构化数据，如医疗影像（CT、MRI 、X 光）、医疗图片（胃镜、喉镜、病理）、历史病历文书（PDF、TXT）等。这些异构系统接口之间通常互不通畅，并且各个系统产生的大量异构数据增加了数据分类分级的难度和工作量。传统的人工梳理已远远不能满足医疗数据识别的需求，需要对这些数据从技术上进行识别，最终汇总形成医院数据资源目录，具体包括以下几个方面。

一是使用专门的数据资产发现工具。为了快速和准确地对医院内部的所有数据资产进行盘点和识别，需要使用专门的数据资产发现工具，使用配置的医疗信息系统数据库账号、数据库 IP、实例等信息，连接数据库进行自动化的数据资产扫描。数据资产发现工具是指能够自动识别和收集数据库中的各种数据资产信息的软件或平台，包括但不限于以下功能。

数据库连接：能够支持多种类型和版本的数据库，如 Oracle、MySQL、SQL Server 等，并能够通过配置文件或界面输入数据库账号、数据库 IP、实例等信息，建立安全和稳定的数据库连接。数据库扫描：能够对连接的数据库进行全面和深入的扫描，获取数据库 schema、数据表、视图、数据表字段、存储过程、触发器等信息，并能够识别出涉及健康医疗数据或个人信息的数据资产。数据库分析：能够对扫描得到的数据资产进行分析，获取数据资产的基本信息和属性，如数据类型、数据长度、数据格式、数据内容、数据来源、数据用途等，并能够根据预设的规则或模型对数据资产进行分类分级打标。数据库展示：能够对分析得到的数据资产进行展示，生成可视化的数据资源目录，包括数据资产的层次结构、分类类别、分级等级等，并能够提供查询和导出功能。

使用这些专门的数据资产发现工具，可以帮助医院快速和准确地对医院内部的所有数据资产进行盘点和识别，避免出现遗漏或误判的数据资产，最终形成数据资源目录。

二是进行人工审核和验证。为了保证数据资源目录的准确性和完整性，需要进行人工审核和验证，与各业务科室、信息部门、技术部门沟通核验数据资源目录的准确性和完整性，对运用专门的数据资产发现工具得到的结果进行定期检查和修正，避免出现错误或不一致的数据资源目录。

三是生成数据资源目录。通过对医院数据资源的识别，生成包括数据字段内容描述、数据量、保存位置、保存期限、数据处理目的、所涉及的信息软件系统、数据对外提供情况（包括共享转让、公开披露、数据出境等）、数据全生命周期各环节安全措施匹配情况等信息。根据医疗服务的业务节点逐个梳理，形成全院统一的数据资产目录。以笔者所在单位为例，从临床数据中心数据治理切入，形成了基本的医疗数据资源目录，并实行数据调用管理机制，制定并推行主数据接入申请、临床数据中心数据对接使用申请等流程，规范各个业务系统接入、数据使用的操作与行为。

四是更新医院的数据资源目录。更新医院的数据资源目录是指根据人工审核和验证得到的结果，对原有的数据资源目录进行修改和补充，修改错误或不一致的数据资产信息，补充缺失或不完整的数据资产信息，删除多余或无效的数据资产信息等，使之更加符合医院的实际情况。

④制定及实施分类分级规则。分类分级规则是指根据一定的分类分级标准，对每个数据资产进行分类和分级，并打上相应的标签，以便后续进行管理和保护。分类分级规则是数据分类分级工作实施和执行的依据，也是实现有效数据管理、保护和利用的依据。

关于分类分级的标准制定可以参考前面提到的几个标准文件，进而结合医院自身业务和管理特点，先选择数据分类维度，建立数据资源分类目录树，再根据数据的重要程度和敏感程度确定数据资源的安全等级。

第一，医疗数据分类维度。根据《信息安全技术 健康医疗数据安全指南》（GB/T 39725－2020）以及《广东省健康医疗数据安全分类分级管理技术规范》（T/GDWJ 013－2022），健康医疗数据可以分为个人属性数据、健康状况数据、医疗应用数据、医疗支付数据、卫生资源数据以及公共卫生数据等类别。

其中，个人属性数据是指能够单独或者与其他信息结合识别特定自然人的数据。健康状况数据是指能反映个人健康情况或同个人健康情况有着密切关系的数据。医疗应用数据是指能反映医疗保健、门诊、住院、出院和其他医疗服务情况的数据。医疗支付数据是指医疗或保险等服务中所涉及的与费用相关的数据。卫生资源数据是指可以反映卫生服务人员、卫生计划和卫生体系的能力与特征的数据。公共卫生数据是指关系到国家或地区大众健康的公共事业相关的数据。

前面提到，《信息安全技术 健康医疗数据安全指南》提供的数据分类示例更多的是从数据安全的角度来考虑的，医疗机构可在结合该份文件的基础上根据自身业务情况从多维度对数据进行分类，即不必局限于上述的分类规则。

例如，医疗机构还可以根据数据的来源，分为内部数据、外部数据等；根据数据的类型，分为基本信息、诊疗信息、检验检查信息、药品处方信息等；根据数据的内容，分为个人基本信息、个人敏感信息、个人特殊信息等；根据数据的格式，分为文本文件、图像文件、音频文件、视频文件等。

又如，医疗机构还可以结合医疗数据资产的应用场景和用途，进一步增设三个类别：安全保密类、管理应用类、可流通交易类。其中，可流通交易类的数据内容一般指通过技术措施严格保障个人隐私，符合医疗伦理规范要求，并已经获取用户完整授权且经过确权后的数据。但是需注意的是这类数据的合规义务要求更高，且可用于流通交易的数据一般都不包含原始数据的交易，通常是通过隐私计算等技术手段实现“数据可用不可见、数据不出域”，以数据核验产品等方式进行共享和流通。

另外，为满足监管需求以及公共数据的开放、共享要求，医疗机构宜设立“公共数据”类别数据。“公共数据”并不单纯等同于“公共卫生数据”。医疗机构对公共数据的分类，最主要的难点在于对“履行职责或提供公共服务过程中收集或者产生的信息”的判断。虽然目前多个省市已出台的公共数据管理的相关规定中，基本都提出了由省级数据管理部门统一制定公共数据目录指南，但是目前实际出台目录文件并落地的为数不多，且从实践角度来看这些文件也存在一定的模糊性，对于拟开展数据分类分级的医疗机构来说比较尴尬。

课题组尝试从公共数据的法律属性对其进行分类，具体包括：医疗机构作为具有公共职能的企事业单位，在依法履行职责或提供公共服务过程中产生的政务数据或公共服务数据，如医疗卫生统计数据、医疗质量监测数据、医疗保障数据等；在公共利益相关领域内收集或获取的具有公共价值的数据，如基础医学研究数据、临床试验数据、流行病学调查数据等；掌握的与重大公共利益相关的数据，如突发公共卫生事件应急响应数据、重大疾病防控数据、医疗救助数据等；在提供公共服务过程中收集或产生的涉及公共利益的数据，如健康教育宣传数据、健康咨询服务数据、健康管理服务数据等。

当然，上述的分类维度可能会与其他数据分类维度存在交叉之处，但是如果想不极大增加工作量，可新建该分类标签，以备不同的业务场景之需。

第二，医疗数据分级实施框架，该框架可通过以下几个方面实现。

一是从数据安全角度分级。确定数据的分级依据：数据的分级依据是指对数据进行分级的主要属性或特征，通常包括数据的重要程度、风险级别、可能造成的损害以及影响的级别等。例如，根据数据的重要程度，可以考虑数据对医院的业务目标、运营效率、核心竞争力等方面的影响；根据数据的风险级别，可以考虑数据被泄露、篡改、滥用等情况下医院的法律责任以及在声誉损失、经济损失等方面的影响；根据数据可能造成的损害，可以考虑数据涉及的个人信息主体的隐私权、人格权、财产权等方面的影响；根据数据影响的级别，可以考虑数据涉及的个人信息主体的数量、范围、敏感程度等方面的影响。

确定数据的分级维度：数据的分级维度是指对数据进行分级的具体方面或角度，通常包括数据的保密性、完整性、可用性等。例如，根据数据的保密性，可以考虑数据是否需要限制访问和披露，以及访问和披露需要满足的条件和授权；根据数据的完整性，可以考虑数据是否需要保持正确和一致，以及保持正确和一致需要满足的标准和验证；根据数据的可用性，可以考虑数据是否需要被及时和有效地提供和使用，以及提供和使用需要满足的时间和质量。

确定数据的分级等级：参考《信息安全技术 健康医疗数据安全指南》（GB/T 39725－2020）国家标准，根据数据重要程度和风险级别以及对个人健康医疗数据主体可能造成的损害以及影响的级别进行分级。

根据制定相应的数据安全等级定义采取不同的保护措施：数据安全等级定义是指对不同等级的数据的安全要求和目标进行明确和量化，包括数据的保密性、完整性、可用性等方面的具体指标和标准。数据安全保护措施是指对不同等级的数据采取相应的管理和技术手段和方法，以实现数据安全等级定义中的要求和目标，包括数据的加密、脱敏、访问控制、审计监控等方面的具体策略和措施。制定适合医院的数据安全等级定义和保护措施：根据国家标准和行业规范以及医院的资源条件和技术能力，制定适合医院的数据安全等级定义和保护措施。数据安全等级定义和保护措施应具有以下特点。

适度：数据安全等级定义和保护措施应与数据分类分级结果相匹配，既不能过高也不能过低，既要保证数据安全又要保证数据可利用；灵活：数据安全等级定义和保护措施应根据数据形态的动态变化、环境变化和政策变化进行定期调整和优化，既要保持稳定性又要保持灵活性；统一：数据安全等级定义和保护措施应在医院内部形成统一的标准和规范，既要保持一致性又要保持协调性；可行：数据安全等级定义和保护措施应在医院现有的资源条件和技术能力下可以实现和执行，既要保持可行性又要保持可操作性。

参考前述相关国家标准和行业规范，可以帮助医院建立符合国家要求和行业水平的数据安全等级定义和保护措施，避免出现过于宽松的数据安全等级定义和保护措施导致的数据安全事故或过于严苛导致的数据难以利用和流通现象。划分数据安全等级可以参考以下定义和保护措施。

一级：保密性要求最低，完整性要求最低，可用性要求最低。保护措施包括使用基本的身份认证和访问控制机制，使用基本的数据备份和恢复机制，使用基本的日志记录和审计机制。二级：保密性要求较低，完整性要求较低，可用性要求较低。保护措施包括使用强化的身份认证和访问控制机制，使用强化的数据备份和恢复机制，使用强化的日志记录和审计机制。三级：保密性要求较高，完整性要求较高，可用性要求较高。保护措施包括使用加密技术对数据进行加密存储和传输，使用脱敏技术对数据进行脱敏处理，使用高度可用技术对数据进行冗余备份和容灾恢复。四级—五级：保密性要求最高，完整性要求最高，可用性要求最高。保护措施包括使用多因素身份认证和细粒度访问控制机制，使用多层次加密技术对数据进行加密存储和传输，使用多维度脱敏技术对数据进行脱敏处理，使用多节点分布式技术对数据进行冗余备份和容灾恢复。

二是从使用价值角度分级。数据从安全性和敏感程度的角度进行分级是法律规定的基本要求。笔者认为将安全性可控的可以利用的数据从中划分出来，再从使用价值角度进行分级，可以更好地保障医疗数据。数据资产化角度的分级和安全角度的分级并不是对立的，而是相互补充和协调的，二者可形成一个完整的医疗数据资产分类分级体系。

经过安全角度的数据分级后，医院对于哪些数据资产不能对外共享、转让、流通，在对外提供过程中不同风险等级的数据采取不同程度的保护措施，都会有较为清晰的认识。以上述第一级至第五级为例，我们建议第五级数据应仅限于医院内部主治医护人员访问使用，或在必要情况下经伦理委员会或数据主管部门审批才能在内部使用；第四级数据通常由于可以直接标识个人身份，不得直接对外提供原始数据，确有必要进行共享、流通的应采用隐私计算等技术手段保障“原始数据不出域，数据可用不可见”；第三级及以下的数据，在明确告知患者用途且获得有效授权的情况下可以用于共享、流通。

数据资产化角度的分类分级是从医疗数据的使用价值出发。对于从安全角度划分为可以对外共享、转让、流通的数据，可在使用价值层面进一步分为高价值、中价值、低价值三个层次，并采取相应的管理和利用策略。同时，可以结合医疗机构自身的战略目标、高频应用场景需求等，参考国家数据质量评价标准中数据规范性、完整性、准确性、一致性、时效性、可访问性等评估指标进行评估。

医院数据治理是一项复杂的系统性的长期工程，医疗数据资产的价值实现是数据治理工作的新目标和新动能，需要提升到医院发展战略高度予以重视。医疗数据分类分级对医院数据资产的形成、利用和流通等具有重要意义。通过对医疗数据进行分类分级，更好地保护医疗数据的安全性，确保医疗数据的合法使用和合规流通。同时，只有对医疗数据进行分类分级，才能有助于医疗机构自身提升医疗数据管理能力，提高医疗数据的利用效率，促进医疗数据的使用、共享与流通，释放医疗数据潜在价值，反哺医疗行业和医疗服务高质量发展。

2.3.2 探索形成具有医疗行业特色的数据管理能力成熟度评价体系

提升数据管理能力是组织数字化转型的关键，是推动数字经济健康发展的基础。2022年4月，工信部印发了《企业数据管理国家标准贯标工作方案》，指导各类组织落实“数据管理能力成熟度评价模型”，推动数据管理能力成熟度评估（DCMM），以提升组织数据管理能力，激发数据要素潜能。此外，公立医院电子病历系统应用水平、智慧服务以及智慧管理“三位一体”的智慧医院评价体系对医院数据管理也提出了相关要求。

医疗机构需要管理海量的数据，做好数据管理是数据转化为生产要素的重要基础。DCMM 模型可以帮助医疗机构评估其数据中心的成熟度，提高数据存储、共享和安全保护的能力，加强患者信息的隐私保护，并促进医疗研究和以数据为基础的医疗决策。截至2023 年 5 月，全国已有 345 家企业获得 DCMM 贯标认证，涉及大数据基础设施、大数据服务、大数据应用等领域的17个行业。其中，医疗行业获得DCMM贯标认证的企业数量为18家，而医疗机构只有1家，在医疗行业，数据管理还有很大的提升空间。

目前，课题负责人所在单位正在贯标数据管理能力成熟度评级模型，经初步自评，拟申请数据管理能力成熟度评估稳健级（三级）测评，并委托专业第三方评估机构提供数据管理能力成熟度评价模型贯标支持服务，从数据战略、数据治理、数据应用、数据安全、数据质量、数据标准、数据生存周期等8个方面完善组织架构和制度规范，形成科学有效的数据管理理念和方法，以便完善医院数据管理体系。现已完成数据战略、数据治理以及数据安全3个域的情况分析，进一步按贯标流程推进评估工作。

（1）解读标准：召开讨论会，详细解读标准的内容，理解标准意义和要求。梳理标准要求，将标准中的要求点梳理出来，结合医疗机构特色形成清晰的标准要求列表。审核现状，通过对医疗机构的现状进行审核，确定现有的管理模式和实施情况。发现差距，通过将标准要求与现有情况进行比对，发现现有模式和实施情况与标准要求的差距。

（2）制定改进计划：根据差距分析结果，制订相应的改进计划和措施，以满足标准的要求。

（3）实施改进措施：按照制订的改进计划，逐步实施改进措施，并根据实际情况进行调整和优化。

（4）检查评估：对改进措施进行检查评估，确保满足标准的要求，并持续改进和优化。

（5）完善：在贯标过程中，不断完善技术和管理体系，提高运营效率和质量。

通过本次数据管理能力成熟度评估，课题组将结合医疗行业的实际情况和特点，制定并完善适用于医疗机构的评估模型，确保评估模型的客观性、全面性和可操作性。后续，也将持续不断更新和改进评估模型，以适应医疗行业的发展变化，探索形成具有医疗行业特色的数据管理能力成熟度评价体系。

2.3.3 积极参与省内首批医疗数据知识产权登记试点工作

数据要素市场正处于快速发展阶段，然而，确权难、流通交易难等问题成为数据要素市场发展面临的瓶颈。其中，“确权难”一直是数据要素市场发展的难点。当前，数据确权可促进数据流通、推动数据交易、激活数据资产已成为行业共识。数据知识产权是数据资产识别和保护的重要组成部分。数据知识产权登记对于确保数据资产的合法承认、促进创新以及促进向数据驱动的未来平稳过渡至关重要。国家和地方通过数据资产入表、数据知识产权登记、数据要素进场交易等方式，探索从财务、法律、市场等不同路径明确数据权属、推动数据交易的新方向，目前这些工作都处于初步开展的阶段。

构建数据基础制度，有利于充分发挥数据要素作用。2022年12月，中共中央、国务院印发《关于构建数据基础制度更好发挥数据要素作用的意见》明确要“探索建立数据产权制度”。《知识产权强国建设纲要（2021—2035年）》提出要“研究构建数据知识产权保护规则”。国家知识产权局通过在8个地方开展数据知识产权工作试点，着力推动地方数据知识产权在制度建设、登记实践、权益保护、交易使用等方面先行先试。

广东省作为8个地方试点之一，积极围绕数据知识产权保护客体、登记要求等关键性问题开展理论研究和实践探索，建设广东省数据知识产权存证登记平台，制定《广东省数据知识产权登记服务指引（暂行）》（以下简称《服务指引》）。旨在规范数据知识产权登记活动，推动将数据知识产权登记作为具有初步效力的证据和数据交易的依据。

根据《服务指引》，数据知识产权登记是指登记机构通过审核，对已存证数据集合的相关事项进行登记，并向登记主体发放登记证书的行为。数据知识产权的登记对象是依法依规获取的、经过一定规则处理形成的、具有商业价值的数据集合。数据知识产权的登记主体是数据处理者，包括对数据集合作出创造性劳动和其他要素贡献的自然人、法人或非法人组织。广东省市场监督管理局（知识产权局）负责管理全省数据知识产权登记工作。广东省知识产权保护中心是数据知识产权登记机构。

为推进数据知识产权保护工作，课题组根据《服务指引》，基于医院实际数据应用，积极组织数据知识产权登记，目前已初步形成了“广东省人民医院医技要素资源一体化预约结果数据集”等10项登记申请，已提交广东省知识产权保护中心初审，后续将按流程完成审核登记，该批申请如成功获批，将成为广东省首批登记的医疗行业数据知识产权。

2.3.4 参与推动广东省企业数据资源会计处理典型案例研究

2023年10月18日，为推动《企业数据资源相关会计处理暂行规定》（以下简称《暂行规定》）在广东省顺利落地实施，在广东省财政厅、广东省政务服务数据管理局的组织下，广州数据交易所联合厦门国家会计学院、暨南大学、广东财经大学、广东中职信会计师事务所组成专家组正式启动广东省“2023年度企业数据资源会计处理典型案例研究”，本课题负责人作为专家组成员积极参与案例研究。

专家组将对首批24家试点企业通过调查问卷、实地走访等方式，了解企业数据资源管理机制，企业数据资源的应用场景、业务模式，对企业创造价值的影响方式，根据参与研究企业反馈的问题为企业提供培训及技术支持服务，并对实施情况进行总结梳理，帮助企业顺利开展数据资源相关会计核算工作，并编制可供实务参考的案例研究报告。

本次案例研究工作的开展，是对企业根据《暂行规定》进行数据资源会计处理适用的准则、数据资源确认、计量、列示和披露要求等重点问题进行研究，并形成可推广、可复制的做法和经验，形成可供实务参考的案例研究报告。与此同时，通过案例研究，反向推动企业加强数据治理，推进企业数字化转型，用数据经济赋能实体产业。课题负责人已加入本次案例研究工作专家组，后续将以此次调研为契机，借鉴企业数据资源入表路径，推进医疗机构数据资源“入表”的实务性探索，进一步夯实医疗数据要素资产化路径。

3 研究结论

本研究旨在探索医院数据资源生产要素化的路径，通过深入访谈、问卷调查和实地观察等方式收集数据，深入调研分析目前医院数据资源管理模式及现状，梳理、总结和凝练目前医院数据资源在转化成生产要素过程中实务层面和实际路径存在的难点和痛点，组织对医院数据资源生产要素化路径进行研讨。

研究结果表明，医院数据资源生产要素化能够提高数据利用效率，促进数据共享和流通，可在公共卫生价值、医院运营价值、公民健康价值等方面发挥提升作用，是数字经济社会发展的必然趋势，有着广阔的发展前景。目前，对医院数据资源生产要素化的相关研究主要仍集中在理论层面，如数据质量管理、信息安全管理、数据挖掘和分析等方面，而针对医院数据资源生产要素化的全路径研究尚不充分，缺少医疗行业数据资源生产要素化的实践案例，导致理论方法对于医院实际开展数据资源生产要素化的指导性有限。

因此，本研究在基础理论研究的基础上，提出了医院数据资源生产要素化的路径，聚焦医院数据资源“治理、合规、估值”三大核心环节，构建具有操作性的医院数据资源生产要素化路径，更清晰地展现医院数据资源价值，激发医院数据的潜在影响力和社会价值，推动医疗机构的数字化转型发展，也为未来研究提供了新的思路和方法。

4 研究不足与展望

医院数据资源生产要素化的路径研究虽然取得了一定的成果，但仍需进一步深入研究。数据资源生产要素化是一项复杂而重要的工作，需要解决数据整合、质量、隐私和安全、利用以及人才等方面的问题。只有克服这些难点，才能实现医院数据资源的最大化利用，激发医院数据资源要素价值，为公共卫生、医院、个人提供更加准确和及时的数据支持。

未来，课题组将以此研究为起点，持续探索医院数字化转型路径，基于所在单位的实践，打造医药行业数据要素化路径的新样板。

主要参考文献

[1] 周建伟. 浅析智慧医疗数据合规要点 [J]. 今日科技，2021 (11)：43 - 45.

［2］高富平．论医疗数据权利配置——医疗数据开放利用法律框架［J］．现代法学，2020，42（4）：52－68.

［3］叶雅珍．数据资产化及运营系统研究［D］．东华大学，2022.

［4］曹硕，廖倡，朱扬勇．数据要素证券化的“类知识产权”方法［J］．清华金融评论，2021（5）：42－45.

［5］叶雅珍，刘国华，朱扬勇．数据资产化框架初探［J］．大数据，2020，6（3）：3－12.

［6］王毛路，华跃．数据脱敏在政府数据治理及开放服务中的应用［J］．电子政务，2019（5）：94－103.

［7］王志勇，吴骋，王立鹏等．医疗大数据背景下的数据治理与质量监管［J］．中国数字医学，2021，16（4）：92－96.

［8］赵新蓉．在健康数据助推健康产业发展环境下医疗数据安全开放应用框架研究［D］．北京协和医学院，2018.

［9］浙江省公共数据和电子政务管理办法［N］．浙江日报，2017－04－24（9）.

［10］张放，陈兆强，李文菲等．邮储银行数据治理体系优化对策研究［J］．邮政研究，2021，37（5）：65－70.

［11］梁艳．互联网企业数据资产价值评估［D］．河北经贸大学，2020.

［12］吴敏，甄天民，谷景亮等．健康医疗大数据国内外发展及在卫生决策支持中的应用展望［J］．卫生软科学，2019，33（2）：76－79，89.

［13］王进江．数据资产收益和期限量化及其折现率确定方法［J］．中国资产评估，2021（9）：64－72.

［14］万方，周西平．基于DCMM的我国警务数据管理能力成熟度评估［J］．云南警官学院学报，2021（1）：90－96.

［15］童云峰．证立与提倡：读者个人信息的民法分类分级保护［J］．现代情报，2021，41（12）：97－106.

［16］邵佩．电商企业数据资产价值评估方法研究［D］．长安大学，2022.

［17］戴炳荣，闭珊珊，杨琳等．数据资产标准研究进展与建议［J］．大数据，2020，6（3）：36－44.

［18］娄培，刘莉，陈先来等．基于问卷调查的医疗数据分类分级研究［J］．中华医学图书情报杂志，2018，27（6）：22－27，80.

［19］郝娜．个人健康医疗数据匿名化的法律规则重塑——从场景理论的视角来探析［J］．医学与法学，2020，12（3）：93－98.

［20］耿小雪．论个人数据财产权［D］．吉林大学，2022.

［21］徐良辰，郭崇慧．智慧医院建设背景下的电子病历分析利用框架［J］．大数据，

2021，7（4）：141－156.

［22］郑静，王爽，林德南等．深圳市智慧医疗监管体系关键技术研究［J］．中国数字医学，2020，15（2）：28－29，55.

［23］颜亮，刘栋，董贵山等．政务信息资源共享安全保障体系研究［J］．通信技术，2020，53（9）：2276－2282.

［24］杜专家，王爱丽．论健全国家公共卫生应急管理体系——以社会治理智能化提升为视角［J］．学习与探索，2020（9）：31－37.

［25］陈鹏宇．公共数据精细化治理的浙江实践［J］．中国信息化，2021（7）：36－39.

（2023年课题）

智慧财务体系助推医疗机构提质增效研究

李雪辉[①]

1 绪论

1.1 选题背景及意义

1.1.1 选题背景

智慧财务体系是驱动医院运营管理提质增效、高质量发展的关键。公立医院作为公益性事业单位，掌握着大量的优质医疗资源，承担了为人民健康保驾护航的社会职责。新形势下，如何用好信息技术，建设智慧财务体系，促进公立医院优化资源配置、履行社会职责，实现运营管理的提质增效，成为当前理论界和实务界共同关注的重点。

（1）政策背景。

近年来，国家出台了一系列关于深化医院运营管理、促进医院提质增效的规范性文件。为有效缓解广大人民群众“看病难、看病贵”问题，我国于 2009 年开启了新一轮医药卫生体制改革，初步建立了覆盖全体城乡居民的基本医疗保险制度，引入竞争机制，鼓

① 课题负责人：李雪辉，上海交通大学医学院附属瑞金医院财务处处长兼党支部书记，正高级会计师，全国先进会计工作者，全国高端会计人才，全国会计信息化标准化技术委员会咨询专家，中国医药会计学会医药财务政策分会会长，上海领军人才，上海优秀会计人才，上海市会计系列正高级职称任职资格评审委员会专家，上海市审计系列正高级职称评审委员会专家，上海交通大学、上海财经大学等九所高校校外硕士研究生导师。

主要执笔人：崔梦迪，上海交通大学医学院附属瑞金医院财务处科员，会计师，卫生健康行业经济管理领军人才，瑞金医院先进员工。

课题组成员：汪绪良、陈仪琛、潘悦华、崔梦迪、梁文静、王蕾、王骥。

励办医主体多元发展，破除以药补医，取消药品加成。公立医院的竞争和发展环境发生了巨大变化，过去粗放的运营管理模式已不再适应新形势的要求，精益化管理、高质量发展成为公立医院发展的主旋律。在此背景下，公立医院应围绕核心竞争优势配置资源，实施差异化竞争。

2017 年，国家正式推进 DRG 支付方式改革，目的是引导公立医院将资源向优势服务项目聚集，推动临床项目的标准化建设，促使公立医院清晰地认识不同专业科室之间的成本费用差异和经营创效差距。

2021 年 6 月 4 日，国务院办公厅印发《关于推动公立医院高质量发展的意见》（国办发〔2021〕18 号）（以下简称《意见》），提出以建立健全现代医院管理制度为目标，促进公立医院高质量发展，力争通过 5 年努力，使公立医院发展方式由规模扩张向提质增效转变，运行方式由粗放型管理向精细化管理转变，资源配置由注重物质要素向注重人才技术要素转变，为健康中国建设提供坚强支撑，为提升公立医院高质量发展新效能。《意见》提出下好“四招棋”：一是健全运营管理体系，健全以经济管理为重点的科学化、规范化、精细化运营管理体系，引导医院回归功能定位；二是加强全面预算管理，完善内部控制制度，提高资源配置和使用效率；三是完善内部控制制度，强化成本消耗关键环节的流程管理，推广医院后勤“一站式”服务；四是健全绩效评价机制，持续优化绩效考核指标体系，提高医疗质量、运行效率、可持续发展能力和患者满意度。

一系列相关政策的出台，对医院的现代化治理能力提出了新的考验，从这些文件中反复提及的“数字化转型”“流程管理”“运营管理”“质量管理”等关键词，不难看出医院智慧管理的重要性。

（2）行业环境。

第一，医院运营压力增加。随着医药卫生体制改革的进一步深化，药品耗材加成全面取消，公立医院必须快速形成新的补偿机制，这对公立医院的规范化、精细化运营管理提出了更高的要求。2019 年 6 月，国家医保局开始推进疾病诊断相关分组（Diagnosis Related Groups，DRGs）试点工作，以落实医保支付改革任务。2020 年，国家医保局着力推广按病种分值付费（Diagnosis－Intervention Packet，DIP），力求在两年内将统筹地区医保总额预算与点数法结合，实现以 DIP 分值付费为主的住院多元复合支付方式。DRGs、DIP 等支付方式改革，药剂部门从利润中心转变为成本中心、不可收费药品成本和药品管理成本成为影响医院收支平衡的重要因素。这些因素倒逼医院由“以药补医”的运行方式向精细化运营管理转型升级；2020 年新一轮新医政策提出了新的要求：带量采购指示药品价格将持续下行，医药企业进入微利时代，公立医院的成本结构优化水平将决定医院的竞争地位。客观环境要求医院加强成本控制、提高管理效率、降低消耗，因此医院必须改变以往粗放型的管理方式，完成向精细化管理的转型，实现规模扩张向提质增效的转变。

第二，我国不少大医院均已告别“单院区”发展态势，迈入“多院区”时代，但多院区医院在一体化管理、运行成本、医疗质量、医院文化、学科布局等方面还存在诸多问题，规范化多院区管理，提高运营效率，成为医院高质量发展的关键因素。

在上述背景下，本研究以医疗行业内智慧财务体系建设处于领先水平的RJ医院为研究对象，分析RJ医院智慧财务体系促进医院提质增效的管理效果，并进一步研究其借助智慧财务体系实现提质增效的路径。

1.1.2 选题意义

（1）理论意义。

本研究在梳理医院运营管理相关研究、医院财务智慧化建设、提质增效等研究的基础上，探索如何运用智慧财务体系实现医院提质增效。本研究提出了以战略目标为导向，合理利用信息技术，基于医院财务运营管理平台（Hospital Resource Planning，HRP），兼顾短期目标与长期目标，以预算管理与成本管理为核心着力点，提高财务管理和服务的能力水平，同时促进医院整体运营效率提升，助力医院提质增效的路径。现有文献对公立医院智慧财务建设目标的阐述较少，对智慧财务体系全流程建设的研究相对较少且没有很强的实践性和可操作性。因此，本研究基于公立医疗机构提质增效理念，聚焦智慧财务体系促进降本增效，梳理RJ医院智慧财务体系建设过程，提出了通过短期目标和长期目标建设公立医院智慧财务体系（通过建设以预算管理和成本控制为核心的智慧财务体系促进降本增效是短期目标；建设大集成、大共享、大管理的智慧财务是长期目标），总结符合我国公立医院发展实际的智慧财务管理经验，丰富学术界的理论研究。

（2）实践意义。

随着医院业务规模的逐渐扩大，对医院精细化管理的要求不断提升，智慧财务已成为公立医院普遍认可的提质增效管理工具，医院急需创立一套业财深度融合的智慧财务体系。本研究结合公立医院特点，总结RJ医院建设智慧财务体系过程中存在的问题和成功经验，提出医院通过建设智慧财务体系实现提质增效的有效路径（可行的功能模块、现代信息技术的应用、流程再造、数据治理等），明确智慧财务体系建设的保障机制以及核心着力点，为提升医院经济运营管理水平提供新思路、新方法、新见解，为其他医院实现提质增效提供借鉴，加快同行业智慧财务建设进程。

1.2 研究思路

基于一定的理论基础，主要采用案例分析方法，以上海地区大型综合性三甲医院RJ医院为研究案例，结合调查研究方法进行具体分析。首先，阐述RJ医院的财务信息化建设基础和智慧财务体系建设情况，并进一步分析RJ医院当前建设智慧财务体系存在的问题以及管理流程上的堵点，寻找问题存在的根源。其次，结合理论研究、问题分析，定位建设智慧财务体系的核心着力点（人才、技术、观念、流程等），有针对性地提出智慧财务体系推动公立医院提质增效的实施策略，并配套提出所需要的保障机制。最后，总结智慧财务体系可行、有效的建设路径，实施的阶段，并对医院智慧财务未来的发展方向进行预测。

1.3 研究方法

（1）描述性方法。归纳并分析公立医院传统财务管理模式存在的问题与弊端。

（2）文献研究法。本研究通过整理国内外文献与相关研究进展，在大量阅读国内外相关文献的基础上，对理论层面进行梳理并汇总网络公开的数据资源，然后重点吸收前人对智慧财务特别是医疗行业智慧财务研究成果，总结医院智慧财务体系建设的相关内容和特点，将最前沿和可靠的研究成果作为本研究的理论基础，使本研究更加科学完善。

（3）调查研究法。针对 RJ 医院开展财务管理现状评估，并针对研究中需要用到的数据进行实地走访与调查。

（4）案例研究法。选取课题负责人所在的 RJ 医院为样本，阐述 RJ 医院财务信息化建设基础和智慧财务体系建设情况，分析 RJ 医院智慧财务体系建设前和建设过程中存在的问题以及管理流程上的堵点，寻找问题的根源；结合理论研究、问题分析，定位建设智慧财务体系的核心着力点（人才、技术、观念、流程等），从智慧财务相关信息系统梳理、智慧财务体系框架设计、智慧财务体系模块功能设计、智慧财务体系系统模块集成方案等方面探索智慧财务体系建设可行、有效的实施路径，分阶段的实施策略，为其他各级别、各类型医院的智慧财务体系建设提供借鉴，为公立医院全面提质增效作出贡献。

2 智慧财务体系建设实践研究

2.1 智慧财务相关研究综述

本研究主要关注智慧财务对医疗机构提质增效的影响作用，主要的检索过程分为以下两个步骤：首先，在 CNKI、Elsevier 以及 Pubmed 上初步筛选，设定检索条件，条件为“（篇名＝智慧 and 财务）or（摘要＝智能 and 财务）or（关键词＝智慧财务）or（关键词＝智能财务）”。时间范围为 2017 年 1 月 1 日—2023 年 8 月 23 日。其次，对上一步骤所得文献进行手工筛选，筛除掉与本研究内容无关的文献（如算法应用的可行性及优化研究、案例优化研究、审计相关研究等），手动添加相关未选中的重要文献。

2.1.1 智慧财务内涵

国外智能技术发展更早，但对于“智慧财务”这一概念尚未提出一致的名称。Erik E. Lehmann（2017）等对智慧财务的“智慧”作出详细阐释，所谓智慧就是创造力、自我发现和企业家精神，而智慧财务是基于现有的财务资源，能够将思考转化为创新和有价值的产出与服务。Irena P. Pramono（2020）等指出在工业4.0时代，以“区块链”为代表的智能技术将深刻影响和改变传统财务工作，更多的人力将从重复的工作中释放出来，着手于更具创造力的事务。Mahlindayu Binti Tarmidi（2018）提出一个人工智能会计系统（Artificial Intelligence Accounting System - ALIAS），可以办理会计事项，而需要特定的会计师在软件中记录交易，将最大限度地减少会计师的参与度，让人工智能处理记录过程。

国内正处于财务管理的智慧化阶段，各行各业都开始把”大智移云物”等智能技术用于财务领域，并衍生出智慧财务。我国学术界对智慧财务有明确的定义，说法不同但都包含三个关键要素：一是对”大智移云物区”等新一代智能信息技术的利用；二是对传统财务管理工作模仿、延伸和扩展、革新；三是所取得的最大效果，都是为了优化传统财务管理工作。孟乾坤和裴潇（2018）等提出，智能财务管理就是运用以人工智能为代表的新兴技术，深入整合传统财务管理职能，推动业财融合，从而完成传统财务管理自动化的过程。李闻一（2018）等提出了智慧财务是基于新时代的商业模式，通过运用智联网、大数据分析、云计算等技术，实现相关系统自主采集、汇聚、运算、处理、报告以及自主修正会计数据，支撑智能决策，控制数字员工的算法和思维逻辑的共享系统。刘美玲、黄虎（2020）认为智慧财务是将以人工智能为代表的“大智移云物区”等新技术运用于财务工作中，采集最细颗粒度的交易数据和过程数据，实现基层业务单元层面和流程环节层面的精细化管理。

2.1.2 智慧财务建设实践

Frank Helbing（2013）认为建立共享服务中心能推动会计工作效率的提高，降低成本。这种方式能够有效实现财务管理智慧化，获取明确的利益，降本增效。Christian Wrage（2014）指出由于公司结构分散、规则各不相同，大量重复性财务工作导致高成本低效率，企业开始通过将业务流程集中化、工业化，进行跨部门组织，建设财务共享服务中心，将知识集中、资源集合，实现统一的组织管理，提高服务质量，优化流程，降低劳动力成本。Y. Yan（2021）等认为组织越复杂，财务共享服务中心建设越有成效。企业在建设前需要充分认知环境压力，从组织架构、人员转型、实施方式、制度优化以及民族文化和其他方面入手建设，在建设过程中要极度重视信息系统的打造，才能为后面工作的开展奠定基础。

刘梅玲等（2020）以我国一家大型国企省级分公司智慧财务建设内容为例，指出基于智慧财务的创新财务管理平台需要建设智慧财务会计、管理会计、大数据分析三项应用平台。充分运用财务机器人实现自动采集、实时反馈、自动归集，达到业务财务互相驱动、业务由管理规范统一、数据驱动管理决策的建设目标。张群慧（2020）认为将以人工智能技术为载体的专家系统运用到智慧财务建设中，打造拥有专家理解水平和运行能力的程序系统，能够赋予智慧财务自主表达知识、自行开展逻辑推理、自发进行知识搜索、主动进行深度学习和数据分析以及自然语言理解和自主设计程序等能力。肖师茂（2020）指出将大数据技术应用到企业财务工作中是建设智慧财务的有效途径，需要依次从完善数据共享机制、促进业务财务融合、搭建数据应用平台、优化财务管理平台、强化监督力度、培训专业人才方面开展工作。陈虎和郭奕（2021）通过研究总结出一个驱动、两个中心、四个能力、三种职能。数据作为驱动企业发展的引擎，当之无愧成为智慧财务建设的动力源泉，在建设智慧财务前，首先需要梳理企业各个系统的数据，基于信息系统，打破数据孤岛，形成重要底层基础，实现从过程驱动到数据驱动的转化。其次是两个中心，打造企业财务共享中心和数据中心，为形成四项能力和三种职能提供保障。

2.1.3 医院智慧财务建设

赵昕昱和操礼庆（2020）等总结某省级医院建设智慧财务的过程，该医院首先搭建“业务层—核算层—管理层—决策层”的统一财务信息系统，在统一规范财务流程基础上再优化医院管理体系，最后实现医院内外部数据互联，促进智慧财务落地；周敏和冯珍慧（2020）总结某城市公立医院智慧财务建设路径，该医院为满足政府会计制度的要求，更换会计软件，搭建财务核算体系，设置智慧分类账，更新财务核算系统以处理账务，通过建设全成本核算系统和运营管理决策分析平台实现运营管理一体化，提高经济运行管理效率。高婧扬（2021）则指出 Z 医院将通过升级财会信息系统，根据新财务制度的有关规定增加原预算财务报表模块以及自动生成功能，并在编写了新财务会计凭证后自动关联更新原预算会计凭证，以缓解两套账对财务造成的工作压力，从而提升效率。

总体来看，国内外学者或提出采用人工智能技术和大数据技术赋能财务工作的概念，或详细阐述一个具象的专家系统模式，或结合具体案例提出智慧财务建设的优化意见，少有学者从微观角度深度研究一个成功通过建设智慧财务体系实现提质增效的公立医院，并深入探索案例对象的智慧财务体系建设目标、基础、路径与成功经验，同时从技术路径和管理模式上总结公立医院建设智慧财务体系进而提质增效的具体应用过程。

2.2 智慧财务相关概念

2.2.1 智慧财务

智慧财务的概念最早可以追溯到 2011 年，此后，越来越多的企业开始关注该领域，并将其作为企业发展的重要战略。现在，智慧财务主要是指利用数字技术和数字化思维，对传统业务模式和流程进行改造和创新，从而提升效率、创新能力和竞争力。

RJ 医院通过科学的设计和有效的智慧财务实践，取得了财务管理工作创新性的发展。财务团队先后赋予智慧财务一个定义、一个公式：智慧财务的定义是运用财务广义的专业知识和技能，迅速、灵活、正确地理解事务和解决问题的能力；智慧财务公式，即智慧财务 = 智慧的人 × 智能技术 = 实践 + 理论 + 创新。

2.2.2 智慧财务体系

智慧财务体系是指利用多种数字化新技术建立的深入医院战略、预算、成本、运营、风险管理的各个方面的财务管理新模式，智慧财务体系下，医院财务管理的定位已不再局限于账务处理和报税等核算职能，而是开始向服务职能延伸，与运营管理协同作业，不断融入业务流程并优化财务工作流程，强化财务部门服务属性，提升自身洞察、决策辅助、模拟预测能力，为医院经营和管理赋能。

在实践过程中，RJ 医院也根据自身经验形成了一种基于 RJ 模式的智慧财务体系，即在财务具体实践过程中，通过培养智慧全面综合的财务人才，勇于创新实践和研究，能有效运用智能技术工具，解决业务发展难题，总结梳理形成创新成果，逐步形成从实践到理论，从理论到创新，从创新再到实践的正向循环，从而形成真正有效的智慧财务体系。

2.3 智慧财务体系促进医疗机构提质增效的主要原因

2.3.1 智慧财务体系与医院战略目标的协同性

通过支撑运营管理、提升业务价值来促进医院战略目标的实现，真正推动财务人员、业务模式、管理理念的转型，做到业财融合，进而实现医院战略目标。

2.3.2 智慧财务体系与医院提质增效目标的协同性

智慧财务体系涵盖医院战略、预算、成本、运营、风险管理的各个方面，业务流程完备、功能模块完整、数据实时交互。其中，新技术的应用是手段，扎实精细的数据是基础，敏捷有效的流程是核心，为财务管理参与医院规划、决策、控制、评价活动并实现价值创造奠定基础。智慧财务体系结合医院高质量发展，立足服务患者、服务员工、服务医院、服务社会的工作理念，以服务串联起业务、财务流程，结合流程优化、新技术应用、打通数据流转壁垒，在财务管理的准确率、响应速度方面均有非常大的提升，同时实现了更快速的财务洞察与更智能的决策辅助，实实在在做到了在精细化管理中一直谈到的降本增效，真正助力医院高质量发展。

2.4 智慧财务体系建设的必要性

2.4.1 解决流程断点，简化数据处理过程的需要

流程断点是业务流程上下游涉及的系统间不连贯的部分，其特点是需要人工介入或者干预，抑或可以在数据传输过程中通过人工干预的方式拦截，或修改部分数据。流程断点的存在会导致效率降低、风险增加。流程断点形成的原因包括但不限于系统不兼容、信息媒介不一致、数据标准不统一、权责不明确等。在医院传统的以职能为中心的管理模式下，医院各管理部门条块分割，流程运作复杂，易形成流程断点，导致流程管理功能不畅，业务管理深度不足，影响医院整体运营效率。

目前医院财务的大部分数据处理依然靠人工（使用 Excel 表格）等完成，处理过程冗长且容易出错，耗时耗力。繁复的数据统计和处理加大了财务人员的工作负荷，影响工作效率，财务管理亟须数字化赋能。除了内部信息使用，医院财务需要定期或不定期向医保、财政、卫健委等上级主管部门提供报表、数据。不同的统计需求口径不一，对数据的精细程度要求不同，没有强大的数字化、信息化支持，医院财务管理将面临瓶颈，因此，推进医院财务向智能化、数字化转型显得尤为必要和迫切。

2.4.2 解决数据孤岛，提高数据质量的需要

医院各信息系统间的数据孤岛问题已经是“老生常谈”，由于信息化建设时间跨度大，信息系统的硬件、软件、数据库之间的互通性受阻，这些孤立的系统不能简单集成为医院信息总系统，系统间数据的传递还要借助手工操作，无法有效地实现信息共享与交换。数据孤岛问题具体表现在三个方面：第一，医院业务与业务之间、业务与财务之间数据缺乏贯通，形成大量信息孤岛；第二，不同系统之间的存储结构存在一定的差异，不同系统对数据的命名、业务含义、取值范围等定义不同，比如同名不同义、同义不同名等，涉及多系统间数据调用时，容易出现数据无法直接关联、共享的问题；第三，数据缺少统一的标签，难以识别系统内、系统间数据的关联和逻辑，进而无法充分挖掘数据的价值。

2.4.3 转变会计职能，解决决策辅助功能缺失问题

一方面，传统的财务管理主要是按照政府会计制度的既定规则进行账务规范化处理，最前端的业务数据经过层层处理以及筛选，当其流转到财务系统时，大部分与业务相关的数据已经被压缩或过滤，造成会计信息质量受限，未能包含大部分对医院运营决策有价值的信息数据，导致无法从财务管理的角度提供精确的运营决策支持信息；另一方面，在管理会计推广之前，财务管理与业务流程存在脱节现象，导致财务管理洞察全局能力不足，

分析业务经济深度不够，不能精准、高效响应医院运营决策的需求。如何适应内外部环境变化需求，如何及时获取所需数据，快速有效处理并形成建议方案已成为财务管理的必修课，医院财务管理的职能需要进行深度调整。利用数字技术赋能财务管理，实现前瞻性财务分析、项目化的预决算测评、精细化财务管理，需要通过深化数字化转型并拓宽财务职能的边界，为医院高质量发展提供可实现路径。

此外，医院通过财务报表数据揭示经营风险的时效性、全面性不足，不能动态监测风险并采取措施。外界环境复杂多变、舞弊手段不断升级等使得财务审核和风险管理体系难以高效精准定位并应对风险。

2.4.4 强化财会监督，提升风险识别预警能力

医院财会监督体系存在内部控制建设不到位、财务管理功能发挥不充分、财务管理手段落后于技术进步等问题。具体体现为：一是监督体系方面，数据、管理、业务、体系化服务不协调；二是内部控制过程中人工干预过多、流程复杂、监督覆盖范围有限；三是数智化技术、动态监督能力、智能化水平不高。在这种情况下，利用流程再造以及新技术应用，将财会监督从意识到内容再到手段融入智慧财务体系，可以大大提高财务风险识别预警能力，推动财会监督更好地从事后监督向全过程监督转变。

2.4.5 加强人才培养，解决专业人才匮乏问题

财务管理的智慧化对人才提出了更高的要求，不仅需要了解财会相关专业知识，还需要掌握医院业务流程、信息技术、经济分析、资源配置等非财务专业知识，更需要具备医院长期战略发展视野和支持医院高效安全运营管理的全局观，通过建设并实施医院智慧财务系统，能有效促进复合型专业人才的培养和发展。

2.5 智慧财务体系促进提质增效的总体思路

2.5.1 基于业财融合的基础框架搭建

以预算管理、成本管理为核心建立医院财务运营管理平台，以此为支点链通医院其他业务信息系统，优化流程、治理数据、制定规则，解决业务条线之间逻辑不通、业务口径不一、数据壁垒等问题，让数据在业务条线和智慧财务体系内流动起来，将业务数据、财务核算和流程管理有机结合，初步建立由业务驱动的智慧财务管理框架，开创医院业财融合的好局面。

2.5.2 基于管理会计的战略决策支持

管理会计与战略财务合并提供理论支持与实践工具，在精益化流程以及大量积累标准

化数据的基础上，形成数据的自动预警、预测，并建立数据与经营之间的关联对应，便于快速提炼出对决策有用的数据，为制定新的战略提供数据支持。智慧财务战略决策支持背后的逻辑是以核心数据为战略实施的主要依托，为达到预设的核心数据目标而生成决策支持数据，并按照所输入的参数模拟预测的结果是否能够最终达成，具有较强的预测能力和环境调整能力。

2.5.3 基于智能财务的数据深层应用

聚焦基于智能财务的数据深层应用，合理利用机器视觉、机器学习、云计算以及超级人工智能等技术，在财务管理中引入数字孪生、建模、思维逻辑等智慧化要素，实现数据的深层次应用。例如，结合数据标签技术，将海量内外部数据标签化，实现实时查询业务报表、源头追溯异常数据、多维度数据下钻挖掘、精准获取用户画像等，促进医院层面业财融合达到一个新高度。

3 RJ 医院智慧财务体系框架模型

本部分选取课题负责人所在的 RJ 医院为样本，阐述 RJ 医院的财务信息化建设基础和智慧财务体系建设情况，分析 RJ 医院智慧财务体系建设前和建设过程中存在的问题以及管理流程上的堵点；通过梳理智慧财务相关信息系统、设计智慧财务体系的整体框架、设计智慧财务体系模块功能，确定智慧财务体系系统模块集成方案；提出智慧财务体系助推医院提质增效的路径以及政策建议，以“数据 + 技术 + 流程”优化，完善系统平台建设，推动传统财务管理向数据共享、信息自动传输、数据自动处理以及机器学习预测等智慧化财务变革，即实现医院从业务端发起到预算管理、线上审批、智能审核，从电子票据到银医直联，自动对账智能制单，形成电子会计档案后开放数据共享的多业务平台全链条线上管理，构建覆盖医院所有部门、流程、内外部相关者的业财融合型、价值管理型的智慧财务体系，从而实现提升财务工作效率、改善会计信息质量、提供管理决策支持、促进医院提质增效等管理目标。

3.1 RJ 医院财务体系“七加七框架模型”

RJ 医院智慧财务体系“七加七框架模型”，主要是为了达到七个目标，实现七个功能。七个目标分别是：服务患者、服务员工、服务医院、服务社会、技术应用、风险防控、人才培养；七个功能分别是：数智化的转型、业务流程再造、智能决策支持、自动预警功能、集团化多院区、前瞻性的预测、持续自我优化。此外，还包括一种态度：主动财务的态度，以专业的能力结合主动的态度，将财务专业能力和作用发挥得更为广泛和有效；一种文化：RJ 医院财务团队的文化是"RJ 财务、诚信专业、追求卓越、永续前茅"，从而形成了一种基于 RJ 模式的"智慧财务体系"（见图 4－1）。

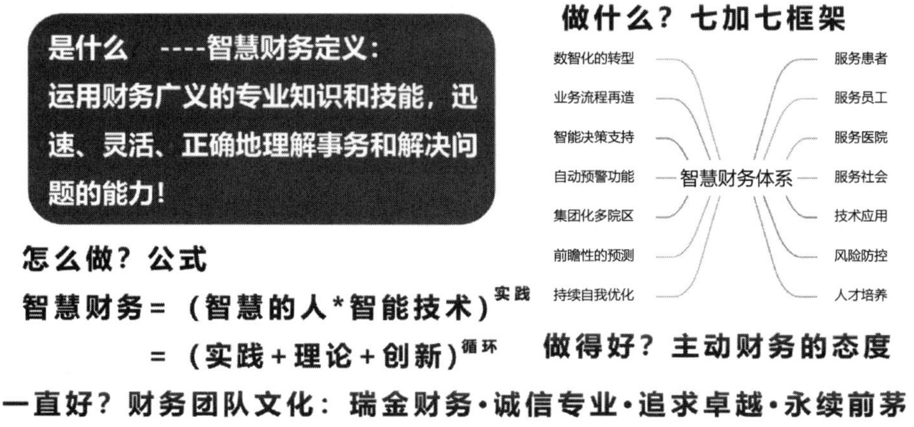

图 4－1　智慧财务体系

3.2　RJ 医院智慧财务体系的建设内容

3.2.1　医院财务运营管理平台（Hospital Resource Plan，HRP）

（1）全面预算管理。以 HRP 系统为依托，结合 RPA、财务共享、AI 等技术，打造智慧财务路径，从预算测算、编制到执行，从调整到控制，从分析到绩效目标考核，对预算全流程实施精细化控制，预算管理结果还可通过移动端进行反馈与展示，加速财务与业务部门的沟通，提升预算管控能级，持续提高预算管理工作的质量和效率。HRP 内置报销管理模块，与 HIS 系统、物资管理系统、会计核算等系统对接，业务从起点到终点都嵌入全流程中，使预算管理全流程可视化、可追踪，达到控制费用、明确责任、提高效率的目的，对医院的经济活动进行全面管控，及时洞察运行风险，促进医院各类资源科学、高效优化配置。

（2）成本管理。依托 HRP 系统，综合使用项目叠加法、系数分摊法、成本费用率法进行成本核算。成本核算及管理工作可大致分为基础信息管理、数据采集、成本计算、报表管理以及数据分析五大步骤。其中，数据采集和成本计算需要以大量的数据归集与核算为基础，数据归集和计算的难度和复杂程度与核算精度和统计数据的应用深度呈正向关系。通过建立数据接口，实现病案信息系统、HIS 系统、HRP 系统、成本管理信息系统的互联互通，初步满足了基础信息管理和数据采集的需要。成本计算，通过将基础数据根据对应的公式和逻辑进行计算，得出成本、收益、收益率指标，为成本报表和数据分析提供支持。成本管理结果也可通过移动端进行反馈与展示，加速财务与业务部门的沟通，提升成本管控能级。

（3）报销应付便捷化。报销和应付模块通过 OCR、RPA 技术对发票自动验真验重，后续审批流程通过内置管控规则，自动验证费用的预算控制情况，同时支持多种审批方式，并对超标、不合规的报销单据进行提醒或退回说明，助力员工快速完成报销。2022 年 11 月，RJ 医院成为上海公立医院首个自助完成区块链电子发票报销业务的医院。

（4）专项经费流程化。专项模块通过把重复的、简单的、大量的工作模板化，加快专项经费业务流转速度，提高工作效率；同时，可提供专项经费的多维度项目信息，助力项目推进与发展。

（5）药品发票自动入库。2020 年 1 月，RJ 医院建成上海公立医院首个财务机器人项目。借助 RPA 与 OCR 技术，打通医院的 HIS、HRP 以及国家税务总局的发票查验系统，实现药剂发票处理流程的自动化，使得工作效率显著提升。

3.2.2 电子会计档案管理系统

2021 年 4 月，建成上海公立医院首个电子会计档案管理系统，实现自动采集会计档案资料，为会计档案的电子化管理提供统一的采集、分类、归档、借阅及数据访问平台，同时推动会计凭证等原始会计档案资料的无纸化建设。

3.2.3 电子票据应用

（1）实现开具医疗收费电子票据及管理。2020 年 4 月，RJ 医院开出上海首张医疗收费电子票据。医疗收费电子票据管理系统全面覆盖电子票据的申领、开具、核验、管理、传输、查询、存储等票据管理全流程业务。

（2）实现开具资金往来结算电子票据及管理。实现领用、开具、交付、保存等各环节全电子化流转，往来票据正式迈入“无纸化”时代。

（3）实现全面数字化的电子发票（数电票）及管理。积极响应财政部关于电子凭证会计数据标准的试点工作，全面实现医院多业务类型自动批量开票、批量交付，数电发票的开具和管理功能，迈出了票据无纸化重要的一步，对智慧财务体系建设具有重大意义。

3.2.4 就医结算系统

（1）门急诊全流程支付闭环管理，包括门急诊患者线上及线下就医过程中的挂号、付费、退费以及电子票据等系统，实现线下就医和互联网门诊的全流程支付闭环管理。2022 年 6 月，RJ 医院成为上海首家全面上线数字化人民币的公立医院。

（2）出入院自助结算，包括出入院结算系统、床边服务机器人和自助结算机具，为患者提供更好的结算体验。2019 年 9 月，医院推出上海首个床边自助服务机器人项目。

3.2.5 集团化多院区核算模式

支持医院多院区管理模式下的多组织架构管理，满足多账簿、多核算体系。实现多组织集中管控。支持各医院日常凭证处理，流程上包括复核、审核、过账等操作。支持日常数量核算、辅助账核算的业务处理。凭证录入、打印操作简便快捷，支持个性化录入和打印设置。与各业务系统紧密集成，业务数据自动生成凭证。符合 2019 年政府会计制度的要求，能平行记账，既能支持单凭证又能支持双凭证，系统支持差异项智能指定，一键完成所有凭证差异项的自动指定，无须手工指定差异项，并自动生成符合新制度要求的差异项报表。

3.2.6 财务智能预测模型

2021 年 12 月，建成上海首个医院财务智能预测系统，系统内置的数学模型基于历史数据，结合各项影响因素，运用无监督机器学习和强化学习等人工智能技术，训练各类智能预测模型的构建方法，通过对比分析 ARIMA 模型、PROPHET 模型和灰色预测模型等，顺利完成医院财务智能预测模型的建设。模型采用“宽进严出”的原则，对所能采集到的院内外各种因素的历史数据，逐一与业务量及收入历史数据进行轨迹相似度计算，将轨迹相似度高的因素识别为主要因素。基于数以百计的业务量及收入波动主要因素，医院财务智能预测模型通过模型误差和显著性等指标建立评估体系，运用强化学习方法自动运行，直到预测模型动态参数调整完成。通过构建数学模型，运用无监督机器学习和强化学习等人工智能技术，系统可自动在几秒内完成对医院未来三个月某院区的门诊、急诊、住院的业务量及收入进行预测，为医院提供运营管理的参考数据。

3.2.7 非医疗缴费平台

2022 年 4 月，建成上海首个医院智慧缴费数字化管理平台，打造轻松缴费模式，优化了医院非医疗业务缴费流程，同时全面提升了医院结算的工作效率。

3.3 智慧财务体系促进提质增效的管理成效——经济效益

3.3.1 管理 + 技术，预算管理质效提升

RJ 医院设有各类预算单元 473 个，HRP 上线后大大提升预算测算、编制、审批、执行、调整、分析等工作的效率。在预算测算方面，HRP 与 HIS 系统对接自动获取收入数据，并形成模式凭证以进行会计核算，通过收集过去 12 个月的预算执行数据及预置的测

算规则，对下一年度各院区、业务条线、预算单元的业务预算编制进行多维度测算，复杂性测算时间较之前节约近 87.5%，大大减少了财务人员的手工统计工作；在预算审批方面，增加不同维度的汇总批量审核功能，可以分别通过预算院区、预算条线、预算单元、预算项目等维度进行审批，实现了预算数据的精细化和高效化管控，审批效率提升 70%；HRP 中的全面预算管理模块运用信息技术构建了智慧化的预算控制策略，同时融合了授权审批、内部控制、预算稽核、会计核算等多重功能。在预算控制方面，如果预算支出超 80%，则提示“预算执行已超 80%，请注意!”；如果超 100% 则禁止报销单据提交，必须经预算调整增加预算额度后方可提交，全面实现预算管理的精细化、信息化、智慧化。

3.3.2 精细化核算，成本管理更加高效

HRP 成本管理模块上线后，通过梳理成本结构及控制点，实现科室、项目、病种、DRG 成本核算的精细化分析。目前成本管理核算对象涵盖 5 个院区，900 余个明细四级科室，近 5000 个医疗服务项目。成本核算数据覆盖了全院 20 万种药品、材料与设备信息，年收入明细数据达 1.2 亿条，年成本明细计算结果超 300 万条。对 5 个院区全部科室的各成本明细项目，按“谁受益谁承担”原则先进行院区间分配，之后在各院区内分别进行四类三级分摊，从而更真实准确地反映各院区、各科室的资源实际消耗情况，以便根据各院区不同发展阶段进行资源配置和实施成本管控策略。持续升级因科制宜的精细化分摊方案，共细分 200 余个成本子项、20 余种分摊参数，提高了成本核算结果的准确性、科学性、系统性。

系统上线后，月末科室成本分摊效率提升了 84%，每月仅 4 小时即可完成 964 个各类管控单元超 1000 万条收入数据、近 200 万条成本分摊数据的核算工作；系统每月对 16819 项不可收费材料、112332 台固定资产进行精细化核算；同时，对 4635 个院级医疗服务项目，33117 个科室级医疗服务项目进行精细化成本核算及分析；实现了 149 个科室级病种，792 组 DRG 的精细化核算及分析。同时，通过成本专题小组跟踪管理的方式，仅 2023 年前三个季度就节约了 2700 多万元的相关费用，有效促进了医院整体运营的降本增效。

通过财务预算成本中心移动端对预算与成本管理结果进行反馈与展示，加强财务与业务部门的沟通，有效提升了预算与成本的管控能级，持续提高预算和成本管理工作的质量和效率。

3.3.3 技术赋能，财务管理流程自动化

借助 RPA 与 OCR 技术，实现药剂发票处理流程的自动化。在原有流程下，200 张发票入库需要 6—7 小时，而新流程通过机器人处理仅需要 20 多分钟，整个工作处理时间缩短 90% 以上，显著提高了工作效率及工作准确性，大大降低了人力的投入；通过 RPA 对 POS 机收退款核对流程进行优化，银行 POS 机收退款对账效率提升 47.22%，平均对账时

间降低了94.44%。

3.3.4 电子化管理，经费报销高效便捷

实现专项经费与行政经费报销业务全流程电子化管理，避免报销人员为报销签字而多次往返于审核部门和财务部门，减轻了报销业务工作量和管理成本，实现报销速度和效率的双提升，用时较原来线下流程缩短85%。

3.3.5 线上交付，电子票据降本增效

电子票据全面上线，患者可以通过微信小程序或医院微信公众号等获取票据，减少排队取票等候时间，简化了就医流程。2020年4月26日，RJ医院成功开出上海市第一张电子收费票据，并于2020年7月30日和31日分别上线门急诊医疗收费电子票据和互联网医疗收费电子票据系统，实现了医疗收费电子票据全覆盖，患者缴费后即可线上领取医疗收费电子票据，医院的票据购买、打印成本年均降低了81.12%。

3.3.6 非医缴费，提高缴费结算效率

非医缴费实现零排队，结算工作效率提升90%以上。

3.3.7 电子档案，管理效益显著提升

电子会计档案系统上线1年内累计存储开具的医疗收费电子票据13256485张，报销入账的纸质票据影像件和电子发票153976份，节约了大量纸质票据打印、传递、整理和存储成本。会计档案资料的查询、获取及提供时间较之前缩短了85%以上。

3.3.8 因类施策，耗材管理更加有效

（1）持续梳理包含在收费项目的不可收费耗材，并确定8个重点跟踪耗材，关注耗材采购量、采购成本及开单、执行收入是否匹配。通过对2023年1—7月9种支撑医疗服务项目的耗材采购、对应执行收入的分析，通过沟通协调，加强业务科室的管理重视度，优化消耗管理流程，此种类型对应的医疗服务项目结余较2021年增长明显。

（2）对手术室一次性手术衣、手术包、胶片等医用消耗材料开展重新议价，并定期分析成本管控是否在预期节约范围内，以实际手术量，实际领用量，平均每台手术消耗为主要监测指标。2023年1—7月重新议价后的手术用一次性消耗品的成本占手术收入的4.08%，低于2022年的5.53%和2021年的4.47%。

3.3.9 业财联动，药品管理更有依据

第一，通过协同临床科室，梳理应收未收药品目录并优化业务流程，更科学地设置科

室备药库存数，减少了药品储存成本及损耗风险；第二，通过组织科室公药盘点培训、定期开展盘点、协助护士优化 HIS 药品盘点界面，深化业财融合，提升财务主动服务水平；第三，通过 HRP 系统接入 HIS 药品数据，直接获取公药数据，实现药品成本逐月精准分析与管控优化。

3.3.10 强化监管，提升智能监督水平

（1）在经费报销方面，智慧财务体系针对传统财务报销流程中普遍存在的提单环节手工录入信息多、失误率高、报销标准把握不清、附件要求不了解，审批环节存在的线下审批耗时长、审批流冗长、重复审批，财务审核环节存在的发票验真查重效率低、标准把控主观性强、制度理解存在差异等问题，围绕优化用户体验、提高核算效率、提升核算准确度三个维度对报销流程进行了优化调整。业务提单层面，一是业务经办人员通过选择标准业务事项即可弹出预置的附件上传要求，经办人按要求进行必要附件的上传，从报销开端即规范报销内容；二是通过 OCR 影像识别技术对经办人上传的票据进行智能识别填单，帮助报账人员减负的同时提高了制单信息的准确性，也避免和限制了报销发票的重复提交。审批流程层面，通过信息技术实现线上审批，审核人员可以通过电脑端和移动端实现实时审批，缩短审批时间，提高报销效率。稽核规则层面，一是与税务系统对接关联，业务人员上传发票后实现系统自动验真查重，防止出现假票、错票、重复报销等不合规行为；二是将预算批复数和定额标准嵌入系统内，业务人员通过选择标准业务事项报销时，系统可以实现与预置标准的对比，对超预算或者超定额的报销单不予通过，防止超预算、超标准报销；三是设置人工柔性控制作为系统智能审核的补充，将一些存在个性化差异或者审核标准不统一的稽核规则设置成柔性控制，在财务初审环节由人工进行判断并选择是否进入下一审核环节，增强了报销的包容度，审核流程更加合理有序。

（2）在预算管理方面，建立标准业务事项与预算指标对应关系，业务人员在录入单据时，只需选择标准业务事项，系统则依据相关事项自动匹配相应类型的报销单据并提供对应预算指标，确保预算管理对全业务事项的有效控制。

3.3.11 精益管理，管理决策更加科学

智慧财务体系通过整合衔接医院多个业财系统，实现临床与管理系统间的互联互通，建立了医院整体的及区分独立院区的 2 套分摊结构，同时满足对外提供成本报告，对内深化成本管控的需求，推进了多院区业务协同和数据贯通共享模式的构建，降低了财务管理成本。HRP 系统中的科室成本分析指标体系支持全层级成本单元核算与分析，可面向医院自上而下、多层级地向管理者提供成本分析报告，不论是临床业务部门还是行政职能部门都能按其管理权限和管理需求，在电脑端或者移动端查阅成本核算数据和统计分析结果，为管理决策提供有力的数据支持，同时也能及时地进行风险预警。

3.4 智慧财务体系促进提质增效的管理成效——社会效益

智慧财务体系应用的智能技术包括但不限于移动支付、数字货币、电子票据、区块链、电子会计档案、OCR、RPA、人工智能、业务仿真、数据挖掘。RJ 医院财务团队充分发挥个人主观能动性，积极应用新技术，结合业务工作发展需要，拓展会计对内职能和对外延伸，取得了明显的成绩。近年来，RJ 医院使“智慧财务体系”结合医院高质量发展目标，立足服务患者、服务员工、服务医院、服务社会的工作理念，通过研究推动信息技术应用和财务人才队伍建设，一共取得了 4 项软件著作权和 2 项专利权，14 项工作成果位于行业领先水平，取得了显著的成绩。

3.4.1 14 项工作成果

（1）国内公立医院首台 PET/MR 收费标准定价（2018 年 3 月），成功申报并通过国内第一台 PET/MR 收费价格标准。

（2）医院财务运营管理平台（Hospital Resource Plan，HRP）（2018 年 6 月），依托医院财务运营管理平台，与多个系统集成，支持系统间的数据交互及共享，极大地促进了业务数据和财务数据的融合，为提升医院运营管理的深度、广度提供了技术支撑。

（3）上海公立医院首个财务处微信公众服务号（2019 年 3 月），建设兼具结算服务、党建宣传、专业交流、员工互动功能的财务处特色微信公众号并在行业内处于领先地位。

（4）上海首个床边自助服务机器人项目（2019 年 9 月），在行业内率先推出基于 5G 技术的床边自助服务机器人项目，为创造良好的就医环境和体验提供了创新实践。

（5）上海公立医院首例财务机器人项目（2020 年 1 月），通过 OCR 技术和 RPA 技术，2019 年 12 月，成功设计开发行业内领先的财务机器人项目——药品发票自动入库登记。该项目在 2020 年 11 月获得 CHIMA 2020 人工智能创新应用二等奖。2023 年 4 月，牵头发起《医院药品发票自动处理数字机器人应用指南》团体标准。首例财务机器人项目成功落地后，RJ 医院财务团队将财务机器人项目亲切地取名为“瑞财小智”，通过 RPA 技术将业务流程再造，显著提升工作效率，目前已经成功开发上线 15 个应用场景，形成一支重要的财务数字员工团队。

（6）上海首张医疗收费电子票据（2020 年 4 月），率先在行业内试点开展医疗收费电子票据单轨制应用，获得财政部的点名表扬，电子票据应用后综合使用成本下降约 81%，降本效果明显。

（7）上海公立医院首个电子会计档案管理系统（2021 年 4 月），行业内率先上线电子会计档案建设，极大地提升了工作效率，降低了运营管理成本。同时，成功通过国家档案局、财政部、商务部和国家税务总局四部委联合组织开展的电子发票电子化报销入账归档试点验收。并在国家档案局官网上进行报道。

(8) 上海首个医院财务智能预测系统 (2021 年 12 月), 运用无监督机器学习和强化学习等人工智能技术，成功建成行业内领先的医院财务智能预测系统。

(9) 上海首个医院智慧缴费数字化管理平台 (非医疗缴费) (2022 年 4 月), 对医院非医疗缴费业务提供了人性化服务。该平台的建立，为医院在职员工、退休员工、来院进修的医生和护士、实习学生、就医患者等服务受众提供了良好的缴费体验，同时也极大地提升了财务结算和管理效率。

(10) 上海公立医院首次全面上线数字化人民币 (2022 年 6 月), 积极响应中国人民银行对于数字人民币推广和普及的要求，医院在门急诊、出入院、计划财务科全面上线数字人民币结算功能。

(11) 上海公立医院首次自助完成区块链电子发票报销业务 (2022 年 11 月), 成功实现了这张区块链电子发票的识别、查验、查重及报销，以及后续入账、归档、保管的路径设计，助力员工高效便捷地完成了报销工作。

(12) 国内医院首例个性化定制员工薪酬短信 (2022 年 11 月), 开创国内首个医院个性化定制薪酬发放短信，既体现了薪酬服务的个性化和人性化，又提升了财务管理的内部控制程度，同时通过移动端自助多功能查询和窗口双服务模式，提升医院员工获得感和幸福感。

(13) 上海医院首张 “行政事业单位资金往来结算电子票据” (2023 年 7 月), 实现领用、开具、交付、保存等各环节全电子化流转，往来票据正式迈入 “无纸化” 时代。

(14) 上海唯一一家入选财政部电子凭证会计数据标准深化试点单位，打通电子凭证应用及入账报销 “最后一公里”, 实现电子凭证、档案数字化升级。

3.4.2 有效的智慧财务体系推广

RJ 医院财务团队在做好财务管理专业工作的同时，也通过接待国内医疗和非医疗领域财务同行的参访交流，如中宣部办公厅财务管理处、中国气象局气象发展规划院财务团队、同济大学财务处、中国医学科学院附属协和医院、华西医院、湖南湘雅医院等单位；与上海国家会计学院 (亚太财经与发展学院) 共建现场教学基地；和上海国家会计学院联合举办 “公立医院财务管理与高质量发展” 系列案例教学——RJ 医院智慧财务体系建设助力现代医院高质量发展专题研修班 (第 1 期和第 2 期) 及跟岗培训；多次举办中国医药会计学会医药财务政策分会 “医院智慧财务实践应用专题培训班”; 举办国家级继续医学教育项目——公立医院智慧财务体系建设与实践。教学相长，在教学过程中同时也提升了财务团队的工作总结和教学能力。RJ 医院财务团队通过科研、教学以及行业论坛等方式，在为全国医疗行业公立医院财务管理提供借鉴经验的同时，也为整个国家会计人才的培养贡献出 RJ 的点滴力量，体现了 RJ 财务团队强烈的社会责任感。

3.5 智慧财务体系建设促进医院提质增效的核心着力点

3.5.1 流程优化及数据治理

（1）减少人工干预，对流程进行数字化优化，提高流程自动化程度，达到“三流合一”，即打通业务流、审批流、财务流，实现流程融合。

（2）数据治理问题主要存在于元数据（数据来源去向及责任界定不明，数据属性及计算逻辑不清）、主数据（名称、维度、分类结构等定义不统一或缺失，维护不规范或不及时）、交易数据（数据一致性、正确性、时效性、完整性不满足业务或管理需求）三个层面，通过数据清洗和治理可以让财务数据和业务数据、结构化数据和非结构化数据、内部数据和外部数据、动态数据和静态数据在不同网络、不同系统、不同形式、不同流程之间自由流转。解决流程冗余和数据治理问题是财务数字化转型的基础，也是数字化应用的保障。

3.5.2 数字技术以及数据资产应用

（1）重视移动支付、数字货币、电子票据、电子会计档案、OCR、RPA、数据挖掘等新技术的应用，通过技术升级，释放生产力，提高财务工作效率。利用新技术还可在一定程度上改善由于业财融合水平不足而导致的数据“无用”现状。

（2）数据资产是智慧财务体系的价值增长点。数据资产是指通过数据驱动业务，提高数据可用性和可见性，通过贯通医院内外部数据，不断沉淀并转化为医院数据资产，精细化数据运营和数据管控，进而拓展数据智能、数据服务场景应用，锁定管理者的需求，强化数据分析与预测能力，提升财务在战略决策辅助、业务支持等方面的作用，为业务决策主动提供事前预测与数据洞察，让数字资产成为智慧财务驱动医院提质增效的核心驱动力。

3.5.3 以预算和成本管理为抓手

医院的预算目标是战略目标的分解，通过预算测算、编制、批复、执行、调整、审批、分析以及绩效目标考核，一方面，可以控制医疗费用不合理增长、规范医疗行为、加强医疗成本管理，在有限的医保定额内调整收支结构；另一方面，可以切实提升业务部门的工作效率，使资源得到有效的优化，实现精益运营，提质增效。

3.5.4 将财会监督融入智慧财务体系

财务共享平台的建立加强了信息的交互，使业财融合更加紧密，推动财会监督更好地从事后监督向全过程监督转变。首先，开展标准集成与在线管控，实现全程追踪，强化事中、事后监管，推动监管到位；其次，建立智能识别管理异常信息系统，实现异常信息的闭环管理，通过信息化强化监督和制约来提高执行力，信息化可使管理过程处处“留痕”，责任可追溯，提高问责的针对性和精准性；最后，健全监督数据共享机制，建立对重点领域和重大事项的信息联动平台，实现重要信息、监管情况的及时共享，打通信息孤岛和数据壁垒，深化数据利用，整合信息资源，加强跨部门团结协作，促进联动监督过程中信息、人员、监管结果充分共享。

3.5.5 人才培养与文化

（1）加大财务人才培养力度，实现由核算型会计向管理会计转变，要纵向理解和掌握专业知识，积极横向扩展知识的跨度和广度，具备互联网思维、创新与合作意识，学习财务、预算、成本、项目管理、IT 等多方面知识，形成“T”形知识结构，与业务深度融合。

（2）形成“主动财务”文化，提升财务主动专业解决问题能力，拓展工作边界，展示财务管理重要性。

4 研究结论、思考与展望

4.1 研究结论

智慧财务体系涵盖医院预算、成本、报销、核算、票据、医疗及非医疗缴费、会计档案管理的各个方面，业务流程完备、功能模块完整、数据实时交互，有效促进业财融合，提升财务管理效率。

（1）体系突破时间、空间限制，让员工可以充分利用碎片化时间通过电脑和手机办理财务相关业务，大大提高业务办理效率，与临床部门深度沟通进一步打通业务与财务间的通道，让财务管理流程更为贴合业务与管理实际，推动业财融合。

（2）智慧财务体系整合衔接医院多个业财系统，如 HRP 系统、上海公立医院首例 RPA 财务智能机器人、上海公立医院首个电子会计档案管理系统、上海医院首个财务智能预测模型，真正做到临床与管理系统间的互联互通。

（3）智慧财务体系建立了医院整体的及区分独立院区的 2 套分摊结构，同时满足对外提供成本报告，对内深化成本管控的需求，推进了多院区业务协同和数据贯通共享模式的构建，降低了财务管理成本。

（4）智慧财务体系通过集成会计核算中心和 HRP 系统采集的数据，为医院在战略规划、运营预测、决策判断、流程优化、风险管控等不确定领域提供决策参考和依据，推动医院经济运行精细化水平的提升。

4.2 研究的创新点

4.2.1 形成可推广的财务管理模式

RJ 医院创新建立智慧财务体系“七加七框架模型”，通过对外宣传、接待参观交流、举办论坛、组织培训、现场教学、申报专利及软件著作权、制定团体标准、申请局级以上研究项目、发表核心期刊论文、出版专著等方式，总结 RJ 医院智慧财务体系“七加七框架模型”的建设经验，并形成典型模式进行推广应用。

4.2.2 改善业务、财务管理工作流程

系统可从财务流程和业务流程中抓取事件日志，进而通过财务视角和流程视角对业务数据进行深度洞察。通过发现“效率瓶颈”并提供策略和建议优化效率低下的流程节点。

（1）在费用报销中，数字化财务洞察可以通过测量报销各个审批环节的平均时间来定位导致报销效率无法提升的根本原因。

（2）挖掘自动化业务场景，利用数字化财务洞察可以让财务人员发现交易自动化的可能性并筛选出能从自动化中受益的流程，提高财务运营效率。

（3）风险预警及下钻，对于流程节点清晰的业务，数字化财务洞察可以提供流程异常预警并通过层层下钻发现原因，减少风险。

（4）提升员工体验，利用数据分析定位到超长时间报销单据，通过分析原因并主动予以解决改善员工体验。

4.2.3 创新建设行之有效的评价体系

RJ 医院以医院经济运行精细化管理为基础，通过德尔菲专家咨询法和层次分析法构建公立医院经济运行综合评价指标体系，所构建的指标体系包含运营管理、风险管理、费用控制、成本管理、预算管理、发展能力 6 个一级指标，下设 41 个二级指标，指标体系的设计兼顾公立医院的生存和发展、公立医院公益性的功能定位两个方面，能较好地评价公立医院的经济运行效果，可用于智慧财务体系对于公立医院提质增效的实证研究。

4.3 研究未来展望

4.3.1 研究不足

本研究聚焦RJ医院智慧财务体系建设，分析智慧财务体系医疗机构提质增效的原因以及实现路径，详细阐述RJ医院智慧财务体系的框架模型及建设内容，并总结智慧财务体系促进医院提质增效的核心着力点，但还存在以下不足之处。

（1）本研究选择的样本医院——RJ医院属于大型综合三甲医院，其智慧财务体系框架模型及建设模式是否适用于其他规模和类型的综合性医院以及专科医院有待进一步拓展研究。

（2）由于时间和资源的限制，在智慧财务体系建设实践中未能对财务机器人的深度应用、数据中台建设进行理论和实证研究，研究的深度和广度有待进一步挖掘。

（3）本研究未对财务数字化转型的投入成本和取得收益进行深入探讨，未来可以从财务数字化转型的成本收益的角度分析财务数字化转型的成果。

4.3.2 未来研究展望

基于以上不足之处，后续将从以下研究方向进行拓展。

（1）进一步总结分析综合性医院和专科医院的特点和共性，总结不同类型医疗机构适用的智慧财务体系框架模型和实施路径。

（2）探索财务机器人的深度应用。财务报表机器人能够通过对业务处理的反复学习掌握报表数据的相关处理工作，将机械、重复性高的工作交由财务机器人完成，在一定程度上可以取代人工，降低人员成本，提高运营效率。下一步计划探索在资金管理、账务管理等多个业务领域引入资金核对机器人、银行回单机器人、业务自动处理机器人等，解锁更多业务场景下的财务机器人创新应用模式，利用财务机器人的工作基础，提高决策分析效率，更准确、有效地辅助决策，为医院数字化转型提供有力支撑。

（3）探索建设数据中台，深化智慧财务体系建设。当前，医保支付、DRG支付标准、诊断编码、集采等方面的政策变化，对数据分析与数据洞察能力提出了更高的要求，数据中台通过建立清晰的数据标准，可以满足多种模式的数据分析场景，因此，下一阶段将探索研究数据中台的建设，通过与技术平台和业务平台结合，形成完整的数据中台系统。

综上所述，本研究将持续开展有关RJ医院智慧财务体系在促进医院提质增效方面的理论与实证研究，未来将在本研究的基础上进一步探索更宽广范围和更多元视角的智慧财务体系建设方案。

主要参考文献

[1] C. B. Frey, M. A. Osborne. The future of employment: How susceptible are jobs to computerisation? [J]. Technological Forecasting & Social Change, 2017 (114): 254-280.

[2] M. B. Tarmidi, et al. Artificial Intelligence Accounting System (ALIAS) [J]. Global Business and Management Research, 2018, 10 (3): 1116.

[3] Christian Wrage. Controlling in der Konsumgüterindustrie [J]. Konzeption und Einführung von Shared Service Center Finance, 2014 (8): 123-142.

[4] Jeschke S., Brecher C., Meisen T., et al. Industrial Internet of Things and Cyber Manufacturing Systems [J]. Springer International Publishing, 2017: 3-19.

[5] 孟乾坤，裴潇. 智慧财务管理：本质、形式及实施路径 [J]. 财会月刊，2018 (3): 59-64.

[6] 李闻一，李栗，曹菁，陈新巧. 论智慧财务的概念框架和未来应用场景 [J]. 财会月刊，2018 (5): 40-43.

[7] 刘梅玲，黄虎，佟成生，刘凯. 智能财务的基本框架与建设思路研究 [J]. 会计研究，2020 (3): 179-192.

[8] 张群慧. 人工智能下智慧财务管理研究 [J]. 当代会计，2020 (6): 52-53.

[9] 操礼庆. 基于ODR的医院智慧财务与运营管理信息化建设 [N]. 中国会计报，2021-02-05 (13).

[10] 周敏，冯珍慧，李芸达，王涛，陈筱艳，章倩. 大型公立医院智慧财务信息化建设规划实践路径及探讨 [J]. 现代商贸工业，2020，41 (36): 92-95.

[11] 高婧扬，李芳. 公立医院智慧财务发展的研究与探索 [J]. 会计之友，2021 (2): 128-132.

[12] 胡海波，卢海涛. 企业商业生态系统演化中价值共创研究 [J]. 经济管理，2018 (8): 55-71.

(2023 年课题)

公立医院全面预算管理优化策略与实施路径研究
——以上海样本医院为例

陈仪瑢①

1 引言

提升新效能是促进公立医院高质量发展的六大举措之一。2021 年 6 月 4 日，国务院办公厅印发《关于推动公立医院高质量发展的意见》（国办发〔2021〕18 号）（以下简称《意见》），提出以建立健全现代医院管理制度为目标，促进公立医院高质量发展，力争通过五年努力，使公立医院发展方式由规模扩张向提质增效转变，运行方式由粗放型管理向精细化管理转变，资源配置由注重物质要素向注重人才技术要素转变，为健康中国建设提供坚强支撑，为公立医院高质量发展提供新效能。《意见》提出下好“四招棋”：一是健全运营管理体系，健全以经济管理为重点的科学化、规范化、精细化运营管理体系，引导医院回归功能定位；二是加强全面预算管理，提高资源配置和使用效率；三是完善内部控制制度，强化成本消耗关键环节的流程管理，推广医院后勤“一站式”服务；四是健全绩效评价机制，持续优化绩效考核指标体系，提高医疗质量、运行效率、可持续发展能力和患者满意度。2021 年 12 月，《关于推进上海市公立医院高质量发展的实施方案》（沪府办发〔2021〕31 号）发布，瑞金医院、中山医院作为首批两家试点医院，通过健全以经济管理为重点的科学化、规范化、精细化全面预算管理体系，以点带面，促进全市公立医院高质量发展取得实效。

---

① 课题负责人及主要执笔人：陈仪瑢，上海交通大学医学院附属瑞金医院财务处副处长兼支部纪检委员，高级会计师。

课题组成员：李雪辉、汪绪良、潘悦华、崔梦迪、王蕾、赵哲锋、范嘉琦。

一是随着医药卫生体制改革的进一步深化，药品耗材加成全面取消，公立医院必须快速形成新的补偿机制，这对公立医院的规范化、精细化运营管理提出了更高的要求。2019年6月，国家医保局开始推进疾病诊断相关分组（Diagnosis Related Groups，DRGs）试点工作，以落实医保支付改革任务。2020年，国家医保局着力推广按病种分值付费（Diagnosis - Intervention Packet，DIP），力求在两年内将统筹地区医保总额预算与点数法结合，实现以DIP分值付费为主的住院多元复合支付方式。DRGs、DIP等支付方式改革的倒逼，也使得加强公立医院精细化运营管理成为必然之举，而强化公立医院全面预算管理则是前提。二是随着国家层面明确取消药品、耗材加成，药品及卫生材料加成和收入等补亏方式逐渐减少，进一步倒逼成本控制。三是国家卫健委于2019年5月印发《国家三级公立医院绩效考核操作手册》，其中，经济管理指标42—43特别提出："公立医院要逐步实现全面预算管理，需按照医院战略规划和经营目标，采用预算方法，层层分解落实一系列医院管理活动"。四是新冠疫情的出现给医药卫生系统带来巨大的挑战，患者就诊量骤降背后，是对公立医院收入的冲击，加强全面预算管理迫在眉睫。

本研究基于一定的理论基础，主要采用案例分析方法，以样本医院为研究案例，结合调查研究法对案例进行具体分析。第一，阐述公立医院高质量发展的必要性和核心内涵，分析公立医院预算管理现状，并进一步分析样本医院当前实施全面预算管理存在的问题以及管理流程上的堵点，寻找问题的根源；第二，结合理论研究、问题分析，定位实施全面预算管理优化的核心着力点（人才、技术、观念、流程等），有针对性地提出公立医院建立基于高质量发展、成本控制、效率提升视角的全面预算管理实施策略，并配套提出实施优化策略所需要的保障机制；第三，总结全面预算管理可行、有效的实施路径，为公立医院走上高质量发展的精细化管理之路提供经验借鉴。

本课题研究，具有如下两个方面的研究意义。

（1）理论意义。

本研究在梳理医院预算管理相关研究、医院财务信息化建设、预算绩效评价等研究的基础上，探索如何对医院全面预算管理体系进行优化。提出了以战略目标为导向、基于医院财务运营管理平台（Hospital Resource Planning，HRP）系统、兼顾预算绩效评价的全面预算管理体系，使体系中预算预测、编制、执行、控制、分析、预算考核与反馈模块形成闭环，从而持续优化医院全面预算管理。目前，学者们在全面预算管理相关研究领域主要关注预算管理的理论分析、绩效考核、体系构建以及系统建设等方面。然而，对预算管理的流程优化等研究相对较少且没有很强的实践性和可操作性。因此，本研究基于业财融合理念，聚焦全面预算管理信息化流程再造方面的研究，提出了预算管理全过程优化的策略和路径。本研究还着眼于医院预算管理体系建设和预算管理优化策略的相关研究领域，具有重要的理论意义。

（2）实践意义。

在竞争激烈的市场环境中，公立医院管理者必须面对如何既保证医院公益性的角色定位，又维持公立医院运营效率，保证医院高质量发展的挑战。全面预算管理在医院经济管理活动中扮演着至关重要的角色，它不仅可以控制成本费用，还能让管理者在保持医疗服务质量、不降低管理效率的同时，科学合理地配置医院有限的资源。因此，推进全面预算管理对于促进公立医院高质量发展至关重要。本研究以上海地区一家规模和管理模式具有代表性的三级甲等公立医院——样本医院为研究对象，研究公立医院全面预算管理优化策略以及具体的实施路径、保障条件。优化预算管理可以为同类型医疗机构提供参考，避免走弯路，提高全面预算管理水平，以期在医院经营管理方面提供更多科学建议和指导，推动公立医院实现高质量发展。

2 预算管理国内外研究进展

2.1 国外预算管理研究进展

20 世纪，预算管理就在国外得到了广泛的关注和研究，各国学者提出了不同的理论和实践方法，以提高预算管理的效率和质量。Frederick Winslow Taylor 在 1911 年出版的《科学管理原理》中第一次提出预算管理的概念，自此以后，预算管理的理论和实践研究不断发展、深入。1921 年，美国政府颁布《预算与会计法案》，美国联邦预算系统正式建立；1922 年 James Mckinsey 出版《预算控制论》，并在 20 世纪 40 年代逐步应用于企业管理领域。预算管理是管理学中的一个重要分支，其理论的发展经历了传统预算管理、新公共管理、绩效管理等阶段。传统预算管理主要是以控制为主，强调预算编制的精度和合理性，忽略了预算执行的效果和绩效评价；新公共管理强调以市场化、竞争化和民主化的方式来管理公共部门，将预算管理作为公共部门改革的重要手段；绩效管理则是在新公共管理的基础上，强调以绩效为导向，提高管理效率和效果。在预算管理理论的基础上，针对医院的特殊性，学者们提出了医院预算管理理论。医院预算管理理论主要包括预算编制、预算执行和预算绩效评价三个方面。预算编制需要考虑医院的特殊性，根据医院的实际情况和需求，制订合理的预算计划；预算执行需要注重过程管理，建立健全内部控制制度，确保预算执行的合规性和效果；预算绩效评价是预算管理中的关键环节，需要建立科学的绩效考核体系，对预算执行的效果进行评估和反馈。

Kato K 等（2006）运用平衡计分卡建立比较医院绩效的测量模型，并对中国和日本两国医院绩效进行了全面比较，他们认为平衡计分卡在定位医院预算管理现有问题和指出改进方向方面是有效的，同时平衡计分卡还揭示了医院对国家卫生系统绩效改善的贡献。

Kornai J.（2009）讨论了不同所有制类型（国有、非营利性、营利性、非国有）与预算软约束（Soft Budget Constraint，SBC）之间的关系，并认为预算软约束是造成医院超支和债务负担的主要因素，同时建议国家对公立医院的资助支持应建立在详细调查的基础上，以减少医院的过度支出倾向。Kardakis T（2014）对瑞典公立医院的预算管理进行了实证研究，提出组织文化、管理风格和员工参与度是影响医院预算管理有效性的因素，并指出预算参与和控制是影响预算管理有效性的关键因素。Vaseva V（2016）通过对保加利亚医院2013—2014 年数据的分析发现，当决策正确时，可以用更少的资源取得更好的医疗服务效果，预算成本控制不一定会引起医疗服务效果的下降。Jakobsen（2017）通过对丹麦公立医院的研究发现，预算绩效制度可以缓解医院在增加活动和控制成本之间的矛盾，但预算绩效制度的有效性有一定的制约性。Oliveira T C 等（2017）研究了预算参与对医院员工工作满意度的影响，发现预算参与既能提高员工的服务效率，又可以提高员工满意度和工作成就感，还能提高保健服务雇员的福利。Scott K W（2017）研究发现，公立医院采用全面预算管理工具后，可以进一步激发人员的积极性，降低成本，显著提升管理水平。Love P. E. D.（2022）通过对医院项目预算的研究发现，项目预算经常出现超支、延期、质量不佳和效益低等问题，他强调了预算管理需要与临床实践相结合。

2.2 国内全面预算管理研究进展

我国公立医院的全面预算管理历史可以追溯到新中国成立之后的 20 世纪 50 年代。当时政府对医疗卫生事业的投入非常有限，医院的收入主要来自患者的缴费和医疗保险基金。在这种情况下，医院的预算管理主要是为了确保医院的运营资金能够满足医院的基本运营需求。随着中国经济的发展和医疗卫生事业的改革，公立医院的预算管理也逐渐得到了重视和改善。2003 年，国务院发布了《公立医院管理条例》，明确规定了公立医院应当制定预算和财务报告，建立财务制度，严格控制医疗费用和药品费用，加强财务监督，确保医院运营的财务稳定性和透明度。随着 2009 年深化医疗卫生事业的改革和公立医院的现代化转型，预算管理也变得更加重要，国家陆续发布《中华人民共和国预算法》《中共中央　国务院关于全面实施预算绩效管理的意见》《政府会计准则制度》等多项文件，要求公立医院加强预算管理、落实预算约束。《中共中央　国务院关于深化医药卫生体制改革的意见》（中发〔2009〕6 号）要求公立医院强化预算管理、财务监管和运行监督。《行政事业单位内部控制规范（试行）》（财会〔2012〕21 号）要求医院建立健全预算编制、审批、执行、决算和评价等管理制度，推行全面预算管理。这些预算管理制度文件的相继出台，表明我国越来越认识到预算管理的重要性。2020 年，国家卫健委发布《关于印发公立医院全面预算管理制度实施办法的通知》，进一步对公立医院的预算管理工作作出了规范，强调公立医院要实施全面预算管理工作，严格预算管理，强化预算约束，规范公立医院经济运行，提高资金使用和资源利用效率。现在，公立医院的预算管理不仅关注医院的基本运营需求，还需要考虑医院的效益和盈利能力，为医院的可持续发展提供支持。同时，政府也对公立医院的预算管理进行了更加严格的监管和审计，以确保公立医院的财务合规性和透明度。

经过国内学者对公立医院预算管理的多年研究，我国公立医院预算管理的理论和实践研究取得了丰硕的成果。张欣玥（2019）认为，通过加强全面预算管理的全流程控制，可以提高公立医院管理的精细化水平，扩大其发展空间，提高预算管理的质量和效率，从而确保医院能够快速发展。李萍等（2020）研究认为，信息技术的应用可以使公立医院设计更为合理、规范、科学的全面预算管理流程。周岚（2021）通过分析公立医院在预算管理流程中存在的问题，借助 BRP 流程再造理论以及信息化技术建立公立医院预算管理流程体系，对预算管理流程进行优化。韩冬青（2022）提出，公立医院应该根据其战略发展定位，确定预算绩效目标，并加强全过程的监管，以确保预算绩效目标的实现。此外，还应推行综合评价机制并深化预算绩效结果的应用，以推动公立医院的运营质量提升和效益增加。张豪和王成（2022）在对公立医院预算管理现状的调查过程中发现，公立医院的预算管理存在与战略管理脱节、组织体系不完善、编制方法粗放等问题，并提出公立医院应优化预算编制方法、创新评价考核体系、推进预算信息化建设。

2.3 公立医院全面预算管理的必要性和可行性

通过对国内外的文献综述可以看出，随着全球各国对预算管理的重视，国内外医院预算管理领域的研究取得了许多进展，各国学者都提出了不同的理论和实践方法，预算管理的职能已经从简单的收支控制扩展到分析、考核等多个方面，其管理范围也越来越广泛。随着全球预算管理研究的不断深入，现已形成一套完整的体系，其中包括编制、执行、调整、考核和分析等多个环节。目前，全面预算管理已广泛应用于公立医院的运营管理中，有助于提高资源配置效率，降低各项运行成本，为公立医院的高质量发展夯实根基。因此，全面预算管理已成为医院管理理论界和实践界的重要研究和实践热点。

2.3.1 理论研究方面

国外在公立医院全面预算管理领域有充分的研究，且实证研究较多。而我国对公立医院全面预算管理的有关研究多处于理论层面，实证的方法还在探索阶段。不同的预算管理方法和预算管理模式对预算管理的效果有较大的影响，预算管理策略和实施方面的失误将会导致运营管理效果出现极大差异，影响公立医院的可持续发展，给公立医院的高质量发展和全国公立医院全面预算管理实施策略的标准化带来极大困难。因此，亟须探索出一套适用于大部分公立医院的、具有可操作性的全面预算管理实施方案，以提高预算管理的科学性和精度，推动公立医院管理的持续改进和发展。

2.3.2 实践运用方面

虽然在公立医院的全面预算管理领域已经有相关的理论研究，但在实践中，这些理论的应用还不够广泛。公立医院在预算管理研究领域依然面临很多挑战和问题，比如预算编制和执行中出现的不合理性和浪费现象，以及缺乏客观、科学、公正的预算绩效考核体系等。在实际工作中，大部分公立医院的管理者仍没有把全面预算管理上升到“一把手工程”战略高度，对全面预算管理的重要性和实践意义还没有足够的认识，只是机械地应用，而没有针对公立医院具体情况进行改进和优化。这也导致了控制不严和考核分析流于形式等问题，进一步降低了全面预算管理在支持公立医院的高质量发展方面的作用。因此，对公立医院预算管理需要进一步深入研究和探讨，提出更加科学和有效的公立医院预算管理优化策略与实施路径，为公立医院的高质量发展和医药卫生事业改革提供有力的支持和保障。

3 公立医院全面预算管理的现状及问题分析

公立医院作为我国医疗卫生体系的主导力量和关键组成部分，承担着保障人民健康的重要使命。然而，长期以来，公立医院在预算管理方面存在一系列问题，制约了其发展。

3.1 公立医院预算管理存在的问题

3.1.1 全面预算管理全面性不足

首先，临床科室对预算编制参与程度不足。临床科室把预算当作上级分管领导和财务部门分配的工作任务，而预算的制定只限于归口管理部门，且预期目标未下发至责任科室。这导致编制结果片面化，执行效果不尽如人意。临床科室的主要关注点都聚焦于医疗、教学、科研等业务工作上，忽视了预算编制的重要性，只是机械地填报和使用预算，没有把预算管理和科室实际运行发展结合起来，也没有进行充分的论证。此外，申报预算时只考虑了局部需求而没有考虑全局，造成成本费用的增长，而实际效益却远低于成本增长值。这使得预算的管控作用大打折扣。其次，预算编制内容不够全面。预算编制存在固定化、机械化的倾向，缺乏针对性和灵活性。收支及项目预算的框架一直限制着预算编制，而全面预算并非只有收支预算，还包括物资预算、筹投资预算、结余预算等，这些内容也没有被细化。预算编制主要基于历史数据和经验进行，缺乏科学性和预见性，无法适应医疗市场需求的不断变化。医院的短期目标和全局战略目标在预算编制时也未被充分考虑，全员预算意识不够强，这导致预算编制无法完全体现医院的战略方向。

3.1.2 资金预算管理意识不强

在预算执行过程中，管理者只关注预算资金的使用情况，而忽略了资金与绩效目标的相关性。此外，监管力度不足、监管手段不完善、监管人员专业水平不高等问题也存在。在支出财政资金时，管理者只注重是否符合法律法规，而忽略了资金支出所带来的实际收益，对资金使用效率的关注不够。

3.1.3 预算考核功能没有充分发挥

全面预算绩效评价是全面预算管理中不可或缺的环节。建立科学完善的考核机制可以激发员工执行预算的积极性，进而更好地实施全面预算管理，降低成本，提高收益，推动医院可持续发展。然而，目前我国许多公立医院在制定全面预算绩效考核指标时，主要关注财务指标，而忽略了与医院长期发展相关的非财务指标，如学习与成长相关指标。因此，这些医院的预算绩效考核体系并未全面体现预算管理工作的各个方面。为了确保全面预算管理的高效进行，必须建立完善的预算绩效考核制度和体系，这样才能促使科室重视全面预算管理工作，并推动其稳步实施。

3.1.4 缺少预算绩效评价相关奖惩机制

医院缺乏完善的预算绩效评价相关奖惩机制，这导致对于那些完成预算绩效评估工作较好的科室没有具体的奖励，同时也没有对于那些完成预算绩效评估工作较差的科室实施具体的惩罚措施。在这种情况下，医院的预算目标没有得到实质性的落实，预算管理的激励作用非常有限。此外，考核体系过于形式化，预算执行效率低、分配的预算经费被浪费或滞留、医院项目不能如期完成的情况也时有出现，这些问题都会对医院的服务质量和效益产生不利影响。

3.1.5 缺乏专业的预算管理专业人员

从有效实施全面预算管理的角度出发，医院除了要建立健全相关的全面预算管理制度，还需要储备掌握预算管理专业知识和医院业务知识的高素质人才。然而，全面预算管理委员会的主要领导全部为医疗业务条线工作人员，并不具备全面的预算管理专业背景。另外，财务人员缺乏对临床业务的深入了解。这种情况可能导致在制定预算管理年度目标和预算收支方案时，为了短期利益而牺牲长期规划和整体战略布局，与医院的实际情况产生较大的偏差。此外，对预算执行结果的分析也需要财务人员具备专业基础和数据分析能力。

3.1.6 预算管理信息化水平有待提高

随着“一院多区”管理模式的不断深入，医院在医疗、教学、科研方面的工作量成倍增加，加上政府对公立医院的审计频率以及审计要求的提高，仅通过对预算总额进行控制已经无法满足医院运营管理的要求。如果全面预算管理工作全部通过手工方式开展，非常容易在信息的传递过程中产生偏差，相关人员的沟通成本也很高，将耗费大量人力和精力，无法达到医院对预算管理公正性、时效性和准确性的要求。目前，大部分医院都已建立全面预算管理信息系统，但与医院其他业务系统之间缺乏有效连接，存在严重的信息孤岛现象。此外，预算管理信息系统在预算分析、绩效考核和评价等方面还存在短板，这些不足给信息的共享、提炼和加工带来了很大的阻碍。

3.2 公立医院预算管理现状分析

3.2.1 国家政策环境不断优化

随着国家医疗卫生事业的不断发展，公立医院预算管理政策环境也正在不断优化。国家出台了一系列支持医疗卫生事业发展的政策，如加大医疗卫生投入、优化预算管理机制、提高医疗资源配置效率等。

3.2.2 预算管理机制逐步多元化

公立医院预算管理机制正在逐步多元化，强化了预算编制、执行和监管的全流程控制。医院制定了更加科学、合理的预算编制方案，建立了预算执行监督机制，加强了预算执行的效率和透明度。

3.2.3 预算管理信息化水平不断提高

随着信息技术的不断发展，公立医院预算管理信息化水平也不断提高。医院采用各种信息化手段，如 HRP 系统、财务管理系统等，提高了预算管理的效率和准确性。

3.3 提升预算管理水平的研究方向

3.3.1 分析预算管理流程中的堵点

通过问卷调查、实地调研、实证分析等方法深入分析公立医院全面预算管理的现状，从预算组织架构、预算编制内容与方法、预算执行与控制、预算评估与考核等方面对公立医院在全面预算管理的实施过程中存在的主要问题以及管理流程上的堵点进行调查分析，进而探讨问题出现的根源。

3.3.2 定位预算管理优化核心着力点

结合理论研究、问题分析，从人才、技术、观念、流程等方面定位实施全面预算管理优化的核心着力点，有针对性地提出公立医院建立基于高质量发展、成本控制、效率提升视角的全面预算管理实施策略，并针对管理流程中的堵点，探讨如何通过配套优化策略及保障机制确保全面预算管理优化的顺利实施。

3.3.3 总结全面预算管理实施路径

以课题研究对象为案例，针对样本医院全面预算管理流程中出现的堵点及其成因，运用全面预算管理的相关理论，并结合样本医院的实际情况和战略定位，设计一个可行且有效的全面预算管理实施路径，涉及预算管理的各个方面，包括组织架构、编制、执行、控制、监督、分析和考评等环节，并提出完善公立医院全面预算管理制度的思路，提升公立医院的全面预算管理水平，合理配置医院有限的资源，促进公立医院的可持续发展，为公立医院走上高质量发展的精细化管理之路提供经验借鉴，也为同类别、发展模式相近的公立医疗机构提升预算管理水平提供参考。

4 样本医院全面预算管理体系建设的案例分析

随着现代医院管理内涵的不断拓展，全面预算管理在医院经济管理中的重要性愈发显著，要实现全面预算管理的优化，不仅需要具有足够深度的理论依据，还需要完善的方案设计。全面预算管理不可能一下子就实现优化，知识、观念和数据的积累也需要时间。因此，在全面预算管理优化的推动过程中，要有规划、有步骤，不同阶段有不同的任务、不同的侧重，逐步实现体系完整、数据准确、职责明确、制度科学目标。在设计全面预算管理的优化方案时，需要在以下两个方面下功夫：首先，需要转变财务工作人员原来传统的财务管理思维，以及医院管理层和医务人员对预算管理的认识；其次，在顶层设计过程中需要借助新一代信息技术，构建预算管理流程与业务流程。因此，医院全面预算管理优化方案的设计需要同时从理论和实践两个方面入手，即一方面建立全方位的全面预算管理框架，另一方面辅以先进的信息化技术支持，以实现全面预算管理的优化。

4.1 全面预算管理体系的设计思路

结合前面所述预算管理中存在的问题，探索实施以“资源有效配置”为核心、“战略目标实现”为导向的全面预算管理优化策略及实施路径，通过建立涵盖预算组织架构、预算管理制度、预算管理目标、预算管理系统、智慧司库管理以及预算绩效评价的全面预算管理体系，从树立预算管理文化、强化预算过程控制、强化预算考核力度、重视预算人才培养等方面优化全面预算管理，有效提升医院精细化管理程度。

全面预算管理体系以医院战略目标为前提，以财务管理准则为标准，以流程优化为抓手，以信息技术为手段，建立基于智慧财务的全面预算管理体系，优化医院全面预算管理，为医院管理者的战略决策提供财务数据支持（见图5－1）。

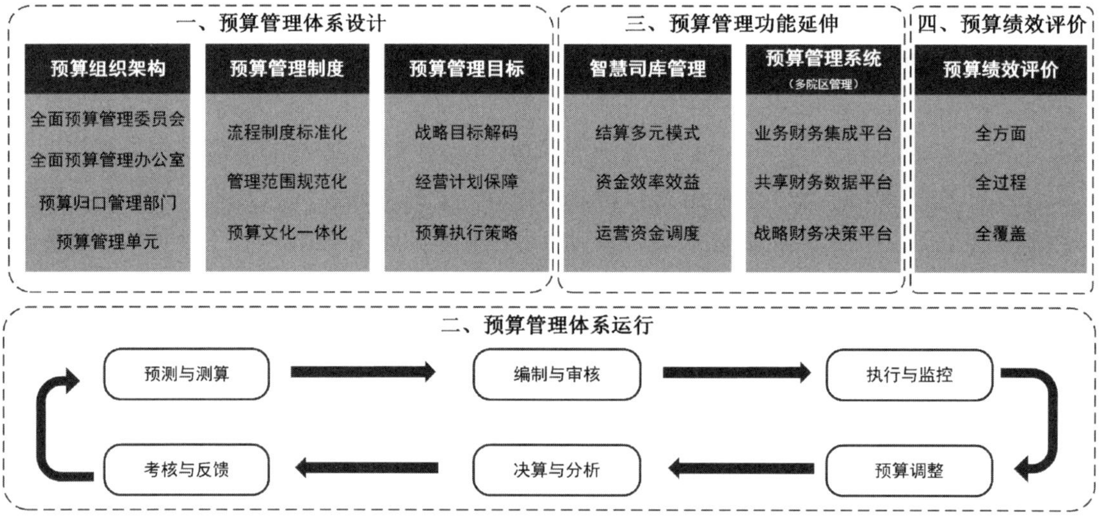

图5－1　全面预算管理体系

4.2 全面预算管理体系的标准设计

作为医院财务管理的最核心的工作，全面预算管理应该采用规范化、标准化的操作流程，同时制定精细化的操作标准，确保流程中各环节、各岗位都能按照规定要求进行操作，将操作风险最小化。除了规范预算管理流程外，还应将标准化、规范化操作拓展到业务流程方面，使预算管理的业财流程更为畅通。

全面预算管理体系的标准设计应当以医院制度和相关会计准则为基准，以业务、财务指标为取数口径，制定精细化的操作要求。全面预算管理体系的标准设计范围不仅限于预算编制审批、预算执行控制、医院业务报销、资金支付、票据管理等活动，还应考虑业财数据统计分析、管理报表制作、财税政策更新等方面。

精细合理的全面预算管理体系标准设计可以更清晰、更简便地向管理者、预算参与者呈现全面预算管理体系，使医院业务人员能够轻松地将业务活动转化为财务操作。这将增加医院员工对全面预算管理体系的认可，并方便他们接受和理解全面预算管理体系，从而促进业务和财务的融合。

全面预算管理体系标准化是全面预算管理信息化建设的基础，通过完善标准设计，各种财务数据都能够实现标准化。全面预算信息系统能够实时收集并准确转换数据，利用大数据、人工智能以及云计算等信息技术对业务、财务数据进行深度挖掘，为管理者的决策提供准确、及时的数据支持。

4.3 全面预算管理体系的阶段建设

全面预算管理体系涉及财务管理的方方面面，是一个全方位、全流程的综合财务管理体系，其建设过程是循序渐进的，但在变革过程中，需要自上而下的支持，比如对管理理念变革的迅速响应，再比如承担一系列制度变革带来的沉没成本。因此，应通过分阶段建设的方式，尽量降低全面预算管理体系建设期间的成本和风险。同时，在每个阶段完成建设测试后，应直接进行实际操作，在实践操作中积累数据和经验，并同时开始进行下一个阶段的设计和建设。

样本医院全面预算管理的优化路径分为三个阶段：第一阶段为打好基础，确定预算组织架构和预算管理制度；第二阶段为进一步拓展，结合新一代信息技术，建设财务综合运营信息系统平台和智慧司库模块，搭建医院全面预算管理体系框架，通过 HRP 系统无缝衔接院内其他业务信息系统，此外，通过聚焦医院价值管理，利用大数据、人工智能、自然语言处理等信息技术进行数据的深度挖掘与分析并在运营管理实际中应用，为医院运营管理决策提供多角度、全方位的数据支持；第三阶段，以医院的战略目标为中心，建立全面预算绩效评价体系，优化全面预算绩效管理，加强预算约束作用，提高资金使用效率。

4.3.1 第一阶段：设立组织架构及管理制度

（1）设立全面预算管理组织架构。

结合医院各科室业务活动情况及机构设置，建立由“全面预算管理委员会—全面预算管理办公室—预算归口管理部门—预算责任单元”四个层级组成的预算管理组织架构，包括决策层、管理层、执行层和考核层。

① 全面预算管理委员会：全面预算管理委员会负责医院全面预算的编制、调整、监督执行和评价。预算管理委员会主任由院长和党委书记以双主任方式兼任，副主任由党委副书记、总会计师兼任，委员由各职能部门负责人组成。

② 全面预算管理办公室：全面预算管理委员会下设全面预算管理办公室，主要处理医院层面的预算管理工作，并负责定期召开全面预算管理工作小组会议，全面预算管理办公室设在财务处，便于处理与预算相关的日常管理事务，负责汇总、协调、平衡、编制预算等。

③ 预算归口管理部门：预算管理最关键的环节就是预算归口管理部门对预算结果进行汇总，因此医院应该重点完善预算归口管理部门的工作制度和相关内容。预算归口管理部门主要负责审批院内经济业务或活动的预算申请，并在审核完成后立即向上级领导部门报告。最后，该部门通过归口支出预算部门审批后，执行预算方案。

④ 预算责任单元：预算责任单元是医院内全部的预算责任科室，是预算管理的最小单元，负责科室内部的预算管理具体工作，并根据归口部门的安排，结合科室的实际发展情况填报科室收支业务预算和资源需求预算。

（2）建立全面预算管理制度。

公立医院要制定符合医院实际的全面预算管理制度，明确预算编制与预算执行审批流程，科学制定全面预算管理制度，明确界定财务处、信息中心、科学发展处、人力资源处、院长办公室、资产管理处、后勤保障处、教育处等各部门在预算管理工作中的职责，并根据预算编制、执行和考核等流程，完善各个环节的管理制度，为公立医院的预算工作提供指导。

4.3.2 第二阶段：建设全面预算管理信息化系统

全面预算管理优化的第二阶段以第一阶段的组织架构和管理制度为基础，基于“流程再造”理论和业务实际，对预算管理流程和方法进行优化，然后依托“样本医院综合管理平台”实现全面预算管理信息化，同时利用 RPA 技术，实现预算管理中简单、重复的工作自动化和智能化。第二阶段的建设包括预算管理系统和智慧司库管理模块两个部分。

（1）预算管理流程与方法的优化。

预算管理信息系统建设前，应先对预算管理流程进行优化，通过流程优化设计明确系统建设需求，避免信息系统建设过程中出现流程冗余。全面预算管理流程优化应把握以下原则：“把握源头、业财融合、控制过程、责任落实、降本增效”，通过规范预算的预测、编制、执行、控制、分析和反馈环节，实现预算管理的良性循环。全面预算管理强调的“全”，需要通过“全面贯彻、全程控制、全面覆盖、全员参与”来实现。具体来说，科学的预算管理需要全面贯彻医院发展战略，并对每一业务活动进行全流程控制，全面覆盖每项业务事项，让所有职工都参与其中。

预算管理流程包括测算、编制、审批、执行、调整、分析等步骤，预算编制数据经审定后，批复至各预算编制单元，结合各预算编制单元的预算执行程序，将收入预算的执行和 HIS 系统及金蝶系统相衔接，基本支出预算与费用报销模块相衔接，并在预算编制基础上跟进医院预算执行情况并据此进行及时的调整，形成预算管理工作的基础结构。

①预算测算：预算测算是预算管理流程的出发点，是在科学地对内部、外部环境进行分析和预测的基础上，通过将战略目标、中长期规划、年度目标结合，战略目标转化为院区、科室的目标，使得各预算责任单元的目标和医院的战略发展规划相一致，并兼顾长期目标和短期计划。搭建了预算测算框架功能，通过 HIS 系统对接实现收入数据的集成与自动获取，便于进行医疗收入预算测算，大大减少了财务人员的手工统计工作。

②预算目标：首先根据医院的战略规划明确具体的整体发展规划和关键指标要求；其次通过对业务计划的各科室编制和整体管控，制订各科室认可、可以实现战略目标的业务计划；最后通过业务和财务的转换逻辑将业务计划分解细化并转换为财务预算，在预算的执行控制环节落实计划。

③预算编制：预算编制流程是指将医院战略目标细化、落实到各责任预算责任单元。预算经过“二上二下”的论证、审批过程，院领导、归口负责人以及财务部门根据医院战略发展目标，结合以前年度执行情况对预算编制内容逐条分析讨论，确保下层目标、上层目标的纵向统一，各部门、各科室之间的横向协调。预算编制的完整流程包括预算编制、预算审批、预算批复、查阅，可对收入预算、支出预算、资本化预算进行编制全流程管理。具体功能包括设立清晰的编制结构、多维编制模式，进行清晰的预算进度展示，提供预算参考数查询报表、预算编制汇总报表、预算执行汇总报表作为编制和审核参考。

④预算审批：各个科室预算编制完成后，均支持通过定义工作流进行预算审批；审批通过的预算才正式下达。在预算审批时，提供不同维度的汇总审核功能，分别在预算责任单元维度和预算项目维度，实现数据汇总平衡时的补充参考。预算审批同时也在分级负责、分级管控的预算管控体系下实现汇总审核的分级数据屏蔽。

⑤预算执行：按照各明细科室/职能科室/预算管理科室的多个维度实时查询预算执行情况。

⑥预算调整：预算执行过程中，如果卫生经济政策或医院内外部环境发生变化，导致预算管理的前提条件和假设发生重大调整，又或者出现不可抗力的重大事件，可以根据实际情况适当进行预算调整或者追加，按原编制程序报经预算管理委员会批准。支持各科室根据自身开展业务的具体情况，结合整体形势变化，进行相应调整。系统需记录医院因内外部政策变化引起的预算调整流程，支持科室自行发起创建调整单据，并按照调整金额幅度分为预算外调整和预算内调整场景。

⑦预算分析：将预算执行结果和预算目标进行对比，寻找预算偏差，分析偏差原因，帮助院方定位营运中可能出现的问题，并及时采取解决措施，针对不同预算层级，引导决策者用数据说话。

（2）建立“一院多区”一体化全面预算管理系统。

在预算管理流程优化以及“一院多区”管理的基础上，依托样本医院财务运营管理平台（Hospital Resource Planning，HRP），以全面预算管理功能的实现为切入点，建设“一院多区”一体化全面预算管理系统，实现HRP系统与全面预算系统的高效对接，进而实现各业务、财务系统与全面预算管理体系的数据互联互通，实现对业务事前、事中、事后的全面覆盖，消除信息孤岛，打造一个“专业财务、业务财务、战略财务”三驾马车并行的全面预算管理系统。其中，专业财务涉及全财务核算流程，包括智能结算、资金核算、收支、预算、成本、报表、薪酬、报销、合同管理、电子档案等方面；业务财务聚焦业财融合，整合资产、人力、绩效、采购、合同、科研、教学等系统内容；战略财务支持医院运营管理，通过实时的业务及财务数据可视化分析结果，辅助院领导决策，为运营管理创造价值，助力卫生健康行业高质量发展。

①完善预算管理流程，预算管理全流程可追踪。打造全面预算路径，从编制到执行、从调整到控制、从分析到考核，对预算全流程实施精细化控制。目前正同步研究财务机器人在全面预算管理工作的具体应用场景，结合微信公众号的技术功能，充分运用新信息技术，与医院信息系统（Hospital Information System，HIS）、资产管理系统、HRP系统等系统进行对接，将业务贯穿于全流程中。这样做可以使预算管理的全流程可视化、可追踪，达到控制费用、明确责任、提高效率的目的，对医院的经济活动进行全面管控，及时洞察运行风险，促进医院各类资源科学、高效优化配置，为医院的长期、健康、有序发展贡献更多财务力量。

②完善预算管理体系，加强预算控制和预算执行反馈。通过将预算控制与RPA、财务共享、AI等技术结合，制定智慧化的预算控制策略。基于全面预算管理理念的信息系统实现方案促进了预算的刚性执行，将医院的历史标准与行业先进标准进行结合实现标准化管理，并在监控过程中采用灵活、实时的规则，将预算监控的预警信息实时发送，建立起了良好的预警机制。对各预算单元商品和服务支出预算进行刚性控制，预算编制细化至具体的预算事项。对于线上业务，报销支出时需选择对应的事项进行支出，支出时实时校验预算可使用额度，如超80%则提示“预算执行已超80%，请注意!”如超100%则禁止单据提交，预算调整后方可提交。对于线下业务，每月通过总账凭证获取执行数并进行预算扣减。预算执行情况可通过预实分析表进行实时查询。业务预算按天获取预算执行数，不做控制，用预实对比表实时展示预算执行情况。各预算主管可在预算概览中实时查看预算执行概览，为管理决策提供高质量、高效率的数据支持。

③完善预算测算体系，基于历史执行数对下一年预算进行合理预测。对于业务预算，通过过去12个月的执行情况及预置的测算规则，对下一年度各院区业务预算编制情况进行多维度测算。其中，医疗收入预算可以细分为门急诊收入、住院收入，在此基础上对特需业务进行单独测算，测算指标包括预算人次、预算均次费用、预算药占比、预算卫生材料占比。各院区测算完成后自动汇总形成全院测算单据，期望目标设定后，可根据指标分配将全院预算总目标分配至各预算编制单元，并作为编制默认数展示在编制单据上，

为各编制人员提供编制参考。对于医疗支出预算，通过上一年度总账支出金额及预设测算规则，对下一年度预算编制目标进行科学、合理测算，测算内容包含：人员经费、药品费、卫生材料费、折旧与摊销、医疗风险基金、商品和服务支出，为下发编制提供参考。

④完善预算数据分析，助力医院运营管理和高质量发展。利用预算管理系统及其他业务系统记录统计的数据辅助医院运营决策，全面预算管理体系通过数据采集、数据分析、数据预测、数据处理，形成“数字神经网络”，用可视化的图形或图像呈现动态、实时、直观的数据分析结果（运营效率、收益分析、成本管控、资源利用率等），实现运营管理从“粗放型”到“精益化”转变，从医院运营管理角度出发，推进优化业务流程，推进医疗资源有效配置，实现多角度、全方位、有深度的决策支持。此外，采用专题分析和定期分析，设置数据风险标准进行数据校验的方式，强化医院财务风险管控职能。通过对医院财务数据进行深度挖掘，可以及时预警医院的运营风险，并加强对其管控。

（3）智慧司库管理平台。

借助智慧司库管理平台的建立，与资金预算管理模块对接，实现预算全流程管控，包括预算周期设置、预算项目定义、预算编制上报、预算资金审批、预算调整、预算执行监控及预算分析对比等。这样做可以约束资金，确保“量入为出、以收定支”，严格控制资金风险。同时，通过打通预算管理系统和智慧司库管理平台之间的数据接口，可以按自定义维度分析资金的流动性情况，比如，可按照月度、季度、半年、全年等时间节点分析医院资金的流动性、业务收支净额、业务收入、业务支出，根据预算执行进度自动提醒资金支付并进行实时账务核对，预测医院未来的资金体量，降低资金管理风险。此外，智慧司库管理平台还支持生成智能分析报告，为战略决策提供数据依据。

4.3.3 第三阶段：建立预算绩效评价体系

预算绩效考核和评价包括对预算执行情况和绩效目标实现情况开展定期跟踪调查、数据统计分析和定期监控。同时，还需强化绩效评价结果应用，比如将其作为预算资金分配的重要考核因素，并作为辅助医院战略管理的重要依据。

在此过程中，医院预算绩效考核和评价应坚持以下原则：第一，社会效益与经济效益相统一原则，以维护群众利益，体现公立医院的公益性和非盈利性特征，保证医疗卫生事业的高质量发展。第二，系统性和导向性原则，体现公益性和服务性的发展导向，全面系统地反映公立医院的发展水平。第三，可操作性，以确保指标的统计数据直观、核算和统计方法一致、易于操作。第四，定性与定量分析相结合原则。基于以上原则，本研究从收入预算、费用预算、项目预算三个维度初步构建了预算绩效评价体系（见图 5－2）。

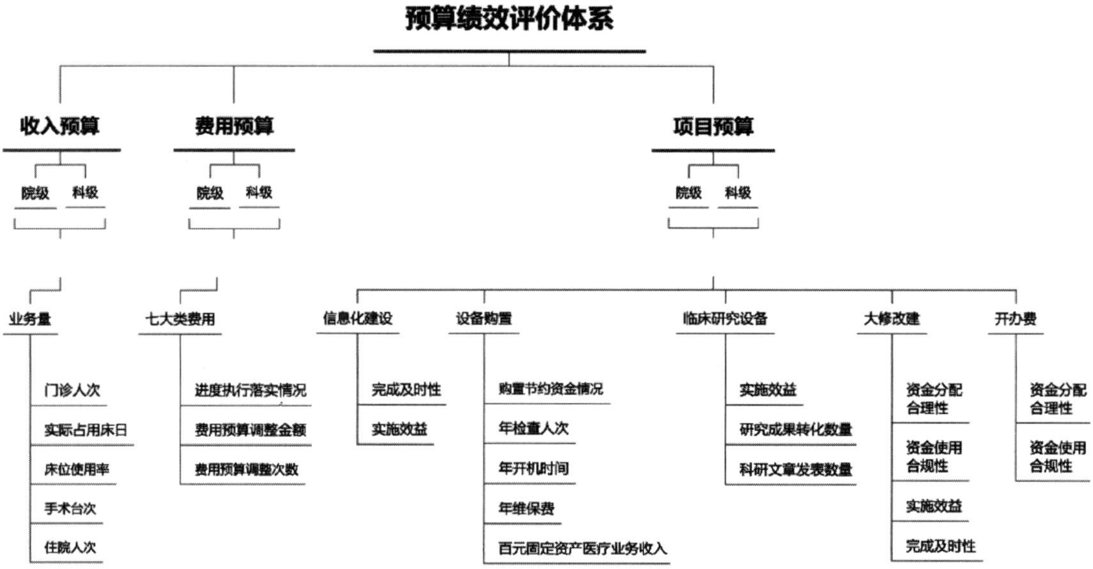

图5－2　预算绩效评价体系

5　优化公立医院全面预算管理的若干建议

5.1　全面预算管理优化的保障和基础条件

通过对样本医院的实践案例分析可以看出，全面预算管理的成功与否，有赖于医院领导和中层管理者的共同努力。医院领导要高度重视全面预算管理的优化，中层管理者要把全面预算管理的精细化和科学化程度提高到新的高度。管理层必须制定切实可行的优化策略，并将其落实为常态化工作。同时，财务人员也要发挥其智慧和能力，积极处理各种财务业务关系，保证财务与业务目标的协同。应完善管理理念、组织架构、运行制度，投入必要的技术和设备，提升财务人员技能与素质，加大资金投入力度，为全面预算管理的优化提供保障和基础条件。

5.1.1　思想保障

全面预算管理优化的实施，是要求每个人、每项工作“先预后立”“谋定而后动”，要顺利实施预算优化，财务人员需要从理念上、方法上、行动上都作出改变：一是预算管理应该为医院的决策管理、战略目标实现提供数据支持服务；二是预算管理应成为业务的伙伴，为业务的运营管理效率提升与价值实现服务；三是预算管理应加强财务管控，合理保证财务信息的服务质量。同时，需要加大对全面预算管理的宣传力度，增强员工的参与度和认同度，增强其主动性，从而减少全面预算管理优化过程中的阻力，为全面预算管理的流程优化打好内部基础。此外，利用全面预算管理优化的契机，优化财务对员工的服务，将全面预算管理与员工的切身利益相连，充分获得员工的认可，提高其参与预算管理的积极性，在医院内部形成合力，推动全面预算管理优化的顺利实现。

5.1.2 组织保障

在建设全面预算管理制度时，公立医院应加强顶层设计和总体规划，提高医院管理层和执行层的全局意识。制定整体规划时，应考虑宏观环境和医院实际状况，按照实用性的原则确定工作目标，争取获取更多有效资源。外部环境包括各项政策、医疗保险控费措施、上级主管部门对医院信息化建设的整体规划等；内部环境则包括医院的未来发展规划、分院区的财务管理模式、财务信息化管理状况等。在医院内部，应增强重视程度，推进多部门协同一体化，实现共建、共享。医院各部门要打破信息孤岛，重新梳理和整合业务流程，以攻坚克难的决心和团结一致的行动力推进工作。在开展优化全面预算管理工作流程的过程中，可能会遇到一定的阻力，因此必须重视管理协调方面的问题，确保体系能够尽快建设完毕。

5.1.3 制度保障

为确保全面预算管理工作的顺利进行，可以建立项目负责制，组建全面预算管理优化专项小组。项目组需要明确职责和定位，发挥统筹管理职能。这样做不仅能够确保系统建设自上而下的统一目标，也可以形成自下而上的反馈机制。在建设期间，专人负责解决出现的具体问题，并及时反馈给上级领导。如果遇到权限内无法解决的问题，上级领导可以协调解决。

5.1.4 人员保障

在提升医院预算管理水平和决策分析能力方面，人员保障也不可或缺，有两个方面需要重点关注：一方面，需要加大投入力度，引进综合型财务管理人才，这些综合能力较强的人才不仅需要熟悉财务管理系统，还需要有利用系统开展各项管理工作，并为医院领导层提供更具参考价值的管理决策信息的能力。另一方面，需要根据医院的管理需求和战略导向，建立合适的人员培训管理机制，参与培训的对象不仅应包括财务人员，还应包括信息技术方面的专业人才。在培训过程中，需要重视业务能力方面的提升，以建设预算管理人才队伍。

5.1.5 技术保障

全面预算管理优化建立在流程与现代信息技术的基础之上，换言之，数字技术是全面预算管理优化的关键因素之一。需要充分了解这些技术和手段能解决哪些关键问题，并对其加以灵活有效的运用，加快推动预算全流程管理与HRP系统的融合，以智慧财务体系为切入点实现对传统预算管理活动的革新和再造。一方面，可以通过数字技术巩固预算管理基础，对现代信息技术等手段加以灵活运用，比如充分利用RPA、OCR等数字技术实现部分预算管理功能的自动化与智能化，形成更为高效便捷的预算管理模式；另一方面，为促进信息传输效率的提高，预算管理系统与医院其他财务管理系统可以通过设计数据接口标准进行有机整合。在设计过程中需要考虑其他系统数据的导入，同时在预算管理信息系统中设置取数公式，导入其他系统的数据，实现系统间的整合管理。这样做可以提高系统的整合性，使不同系统间的数据能够相互传递和共享，实现信息的无缝连接。但无论是RPA、OCR还是机器学习技术，全面预算管理优化很难靠单一的技术去解决所有的问题，可以先尝试在小场景应用，摸清数字技术能解决什么问题，再结合自身的业务场景进行推广应用。目前大部分医院都有初级的财务信息化系统，如何在此基础上进行全面预算管理优化，对现有的系统实现有效集成，达到经济节约的效果，对于整体的全面预算管理优化具有非常重要的意义。

5.1.6 资金保障

资金投入可以保障全面预算管理优化的有序推进。在进行全面预算管理优化的过程中，需要投入大量的资金来支持技术、组织和人员等多方面的变革，以保证全面预算管理优化工作能够有序推进。因此，医院应该在战略分解执行的各个阶段，按照发展规划的需求，留出足够的资金用于支持全面预算管理优化的推进。但管理者应注意，全面预算管理优化的目的是支撑医院战略目标的落地。因此，在全面预算管理优化的资金投入上，应注意充分利用全面预算管理优化与医院运营管理优化的协同效应，避免重复建设和资源浪费。

5.2 全面预算管理优化策略

5.2.1 建机制——完善预算管理工作基础

完善组织架构、工作模式、权责分工、工作流程、工作表单、激励约束措施等方面的设置。一是明确与预算管理相关的部门和岗位应该如何分工、如何协作、如何处理矛盾，各层级、各岗位职权、职责等。二是明确预算管理的内容和流程，包括预算编制、预算执行、预算分析、预算调整、预算考核工作的步骤和先后顺序，以及每个环节的工作内容、工作依据和工作标准，形成预算工作环环相扣的闭环，让预算工作运行到轨道上，从而使相关部门好理解、便实施，不易脱轨。三是明确激励约束措施，机制应根据人性中“趋利避害”“注重群体地位”“追求价值实现”的本能设计，采取合适的措施对团队和个人进行激励和约束，使个人目标和组织的目标同步。例如，完成预算会被奖励，否则会有经济、声望等方面的损失。

5.2.2 塑流程——打通业务财务信息传递通道

减少流程中的人工干预环节，确保实现业务财务之间的流程贯通，保证信息双向顺畅传输。同时，还需要权衡流程效率与控制的关系，在方案可行、成本可控的情况下，通过一定的流程再造，减少流程断点、非增值节点和冗余环节，提高运营效率。要实现流程端到端的贯通，需要从业务流程入手，找到流程断点背后的根源，重新梳理系统布局，通过流程再造，借助信息技术，有效解决业务流程断点问题。

5.2.3 搭系统——打造预算管理数智化平台

先进的预算管理系统是支撑管理理念的载体。医院全面预算管理的优化，不仅体现在预算管理的组织架构、管理制度和业务流程层面的优化与提升，还需要转变预算信息化管理思路，以数据为核心，技术为支撑，重塑预算管理系统架构，借助 HRP 系统打造预算管理数智化平台，从传统的独立预算信息系统向应用集群的平台化预算管理转变，加强预算管理数智化平台与医院 HIS、账务管理、HRP 等系统的对接，实现内外部数据连接、复用，构建数据共享、共用的内部数字网络化体系，最后基于模型算法实现预算分析与预测。

（1）多元化的数据处理逻辑

首先，建立多元数据库，让预算管理数智化平台成为一个开放的数据存储、计算和连接平台，以应对预算管理信息化后数据量不断增多、数据类型不断丰富以及对接系统逐渐增加的情况，满足海量数据的存储、计算与分析需求，让预算管理数智化平台能够通过简单的操作方式调用多种数据库的资源，减少数据转换操作，解决数据流转难题，推进预算管理数据资产化、分析数智化；其次，基于 HRP 系统，构建多套预算管理模型，以预算单元、预算科目、业务类型、项目管理等作为核心维度，结合其他自定义维度，在多维预算体系上构建各种业务模型，如业务归口模型、固定资产折旧模型、成本分摊模型、滚动预测模型等，为预算分析和预测打好基础。

（2）可视化的预算流程管理

通过在预算管理数智化平台中设置预算管理流程，引导各预算管理单元按预算管理流程完成预算编制，预算管理员通过平台可实时监控各预算管理单元的填报状态，保证预算的编报能按计划顺利完成。同时，为了保证预算的严肃性，通过内嵌控制逻辑，对预算调整进行严格的流程管控。

（3）实时化的预算控制中台

通过预算控制中台实现实时的、灵活多样的预算控制，实现不同维度的控制规则自由组合，控制类型支持预算编制的所有维度，如组织、项目、科目、期间（按年、季、月）等；控制方法支持刚性控制、柔性控制等；控制额度支持按年度预算数、调整后的年度预算数、预发布预算数和滚动预测数等。在时效性方面，通过打通系统间数据传输，预算控制中台会将相关的控制结果信息返回HRP系统，实现对业务的实时控制，保证纳入预算管理的业务都在预设的预算控制策略下执行。

（4）智能化的管理决策支持

预算管理数智化平台不仅要实现资源配置、成本管控的职能，更多是为管理者提供数据驱动的预测与决策支持以及更有效的风险控制，用数据支持医院的高质量发展。在预算预测方面，以国际经济环境、国内经济环境、历史数据和医院战略规划目标为基础，结合目标影响因素建立预测模型，并依托实际经营目标对预测模型进行不断优化，为经营决策提供支持。

5.2.4 练内功——为全面预算管理优化保驾护航

（1）建设综合型人才队伍

财务人员需要进行思维转换，将数字化和信息化思维融入自己的工作中，不能仅局限于财务知识的培训。此外，还需要学习前沿的信息技术知识，全面提高自己的业务能力。要理解预算管理这个工具的本质，以及不同条件下预算管理的重点，有序、有节奏地推动工作，不能就工具而用工具，就预算而推预算。要丰富知识形成“米”字形知识结构，提高知识的广度、宽度、深度和精度，要理解业务、理解管理，提高专业素养。

（2）培养全员预算管理意识

加强和决策层、职能部门以及业务单元的沟通，理解各个团队的需求，寻求利益共同点，在分享中促进工作，在科普中形成共识，在助力中引导思维和行为。预算意识和预算习惯的养成并不容易，要采取各种措施，让大家从熟悉预算相关的表单、工作的内容和程序、各部门的职责开始，逐步掌握预算管理的实质。为了有效实施预算管理，需要采取以下措施：首先，组织不同层级的培训会，向员工灌输预算管理知识，培训信息化操作要点，并指导具体的预算工作。在实施初期，应该确保培训的覆盖面和密度足够。其次，定期举办预算分析会议，通过分析工作任务和预算完成情况，提高员工对预算工作的重视，同时也可以不断丰富对预算管理的理解。

5.3 全面预算管理优化的核心着力点

5.3.1 流程走得通

第一，减少人工干预，对全面预算管理流程进行优化，提高流程自动化程度，达到

“三流合一”，即将管理流、业务流、财务流中的审批流程打通，实现流程融合。第二，设计数据接口标准，为了实现全面预算管理的数智化应用，需要设计数据接口标准，将预算管理系统与医院的其他财务管理系统以及业务系统有机地集成和融合。由于内部管理信息化会涉及多个模块，如总账、报表、固定资产、应收账款和应付账款等，而预算系统的数据主要由其他系统提供，所以系统之间需要设计标准的数据接口，以实现信息传递。在预算系统中设置取数公式，将其他系统的数据导入，因此，在预算管理信息系统设计时应该考虑其他系统数据的导入情况，实现系统间的一体化管理。解决流程冗余和系统间衔接问题是全面预算管理优化的基础，也是全面预算管理数智化应用的保障。

5.3.2 数据控得住

数据治理问题主要存在于元数据（数据来源、去向及责任界定不明，数据属性及计算逻辑不清）、主数据（名称、维度、分类结构等定义不统一或缺失，维护不规范或不及时）、交易数据（数据一致性、正确性、时效性、完整性不满足业务或管理需求）三个层面，通过数据清洗和数据治理可以让财务数据和业务数据、结构化数据和非结构化数据、内部数据和外部数据、动态数据和静态数据在不同网络、不同系统、不同形式、不同流程之间自由流转。

5.3.3 问题拎得清

预算结果分析报告是预算管理结果的重要反馈，但以往投入很大的精力做出来的预算分析报告却没有受到足够的重视，导致预算管理与决策直接脱节，因此，预算分析也是全面预算管理优化的关键。一是要提高分析报告的可读性和通俗性，要尽量用通俗的语言、用业务人员熟悉的语境深入浅出地撰写报告，除非有必要，尽量少用晦涩的财务指标，非要使用的话，一定要解释清楚。二是要避免就数字谈数字，要善于揭示数字背后的业务活动、业务规律和业务措施。三是要图文并茂，要善于使用那些生动形象的分析工具，直观地反映状况和问题。四是要深入一线，要深入相关部门一线了解其工作流程、工作内容、工作状况、存在的问题和亮点、各种影响因素，真正做到业财融合，对业务活动保持深刻洞察，实现预算分析报告的真正价值。

5.3.4 人才跟得上

第一，加大财务人才培养力度，实现由核算型会计向管理会计转变，要纵向理解和掌握专业知识，积极横向扩展知识的跨度和广度，具备互联网思维、创新与合作意识，学习财务、预算、成本、项目管理、IT 等多方面知识，形成“T”形知识结构，与业务深度融合。第二，形成“主动财务”文化，提升财务主动专业解决问题能力，拓展工作边界，展示预算管理重要性。

6 研究结论

随着经济的发展、人民对医疗质量要求的不断提高、国家医药卫生体制的改革，尤其是医保支付方式改革的快速发展，医院管理特别是全面预算管理必须加速构建完整的管理体系，实现全面预算管理优化，以满足国家政策与市场发展的要求。为了达到优化公立医院全面预算管理流程的目标，本研究选取上海地区一家综合性三级甲等公立医院——样本医院作为研究对象。基于全面预算管理的相关理论，针对样本医院在全面预算管理过程中存在的问题，如资金预算管理意识不强、预算管理全面性不足、预算考核功能未充分发挥、缺少预算绩效考核评价相关奖惩机制、预算管理信息化水平有待提高以及缺乏综合性预算管理人员等问题，研究团队深入分析了问题根源，并结合样本医院的实际情况提出以下几点优化建议，以优化医院的全面预算管理体系和系统。

第一，建机制——完善预算管理工作基础。一方面，合理地对预算管理相关的部门和岗位分工、协作、处理矛盾，各层级、各岗位职权、职责等问题进行设计；另一方面，明确全面预算管理的流程和具体内容，形成预算工作环环相扣的闭环，让预算工作运行到轨道上，从而使相关部门好理解、便实施，不易脱轨。

第二，塑流程——打通业务财务信息传递通道。减少流程中的人工干预环节，确保实现业务财务之间的流程贯通，保证信息双向顺畅传输。同时，还需要权衡流程效率与控制的关系，在方案可行、成本可控的情况下，通过一定的流程再造，减少流程断点、非增值节点和冗余环节，提高运营效率。

第三，搭系统——打造预算管理数智化平台。借助 HRP 系统打造预算管理数智化平台，从传统的独立预算信息系统向应用集群的平台化预算管理转变，为管理者提供数据驱动的预测与决策支持以及更有效的风险控制方式。

第四，练内功——为全面预算管理优化保驾护航。一方面，建设复合型人才队伍，要提高管理人员知识的广度、宽度、深度和精度，要理解业务、理解管理，提高专业素养；另一方面，培养全员预算管理意识，采取各种措施，让大家从熟悉预算相关的表单、预算工作流程、预算管理内容、各部门的职责开始，逐步掌握预算管理的实质，逐渐养成预算意识和预算习惯。

全面预算管理体系和系统的优化将有助于提高医院的全面预算管理水平和运营管理能力，让流程走得通、数据控得住、问题拎得清、人才跟得上。数智化时代，全面预算管理的职能不仅局限于优化医院资源配置，还要为管理者提供数据驱动的预测、深入业务的管理决策支持以及更有效的风险控制方式，引领医院的高质量发展。

7 研究不足与展望

本研究聚焦样本医院的全面预算管理优化，分析了医院全面预算管理优化的时代背景、实施策略、路径和核心着力点，但存在以下不足之处。

首先，由于时间和资源的限制，未能够深入其他医院做调查，研究的深度和广度有待进一步提升，暂时无法从管理角度获得全面预算管理优化的数据。其次，本研究选择的样本医院——样本医院属于大型综合三甲医院，其全面预算管理优化的深度与广度是否适用于其他规模和类型的综合性医院以及专科医院有待进一步拓展研究。最后，本研究未对全面预算管理优化的投入成本和取得收益进行深入探讨，未来可以从全面预算管理优化的成本收益的角度分析全面预算管理优化的成果。

基于以上不足之处，后续将从以下研究方向进行拓展。

第一，进一步总结分析综合性医院和专科医院的特点和共性，总结出医疗行业普遍适用的全面预算管理优化策略和路径。从行业而不是单家医院的角度来进一步研究全面预算管理优化将会带来新的思考。例如，全面预算管理优化的目标不再仅是某个医院的发展，而是医疗行业整体的可持续发展、医院间的共同进步，以及医院与员工、患者之间的良性互动。第二，本研究重点关注公立医院全面预算管理的优化策略和实施路径，未来的研究可以从更多角度来探讨如何优化全面预算管理。例如，可以从信息流、现金流管理（司库管理）等多个角度来建立全面预算管理优化路径，为其他医院的全面预算管理提供样本和借鉴。这些研究成果能够为医疗行业的全面预算管理优化提供有益的参考和指导。

综上所述，本研究将推动样本医院全面预算管理优化的成功实施，推动医院高质量发展，未来研究可以在本研究的基础上进一步探索范围更宽广和视角更多元的全面预算管理优化方案。

主要参考文献

[1] 国务院．中共中央　国务院关于深化医药卫生体制改革的意见［EB/OL］. http：//www. gov. cn/govweb/jrzg/2009 -04/06/content_1278735. htm，2019.

[2] 财政部．《行政事业单位内部控制规范（试行）》（财会〔2012〕21 号）（财会〔2015〕24 号）［EB/OL］. http：//www. mof. gov. cn/gkml/caizhengwengao/wg2016/wg201602/201606/t20160601_2116322. htm，2015.

[3] 国家卫健委．关于印发公立医院全面预算管理制度实施办法的通知［EB/OL］.

http：//www. nhc. gov. cn/caiwusi/s7785t/202101/28b018f8fc2749d3aa050822c72ab709. shtml，2020.

［4］韩冬青．公立医院预算绩效管理提质增效路径探析——以G省省属肿瘤医院为例［J］．卫生经济研究，2022，39（12）：81－83.

［5］李萍，解雨辰，谢峰．信息系统下公立医院全面预算管理模式探索［J］．中国卫生经济，2020，39（11）：83－86.

［6］周岚．基于BPR理论的公立医院预算管理流程优化研究［J］．卫生经济研究，2021，38（6）：69－71，75.

［7］张豪，王成．公立医院预算管理问题与优化研究——基于管理现状的问卷调查分析［J］．财务与会计，2022，670（22）：70－72.

［8］张欣玥．全面预算管理系统开发与业务流程重构——以公立医院为例［J］．中国总会计师，2019，194（9）：88－89.

［9］Chen X，Yamauchi K，Kato K，Nishimura A，and Ito K. Using the balanced scorecard to measure Chinese and Japanese hospital performance［J］. International Journal of Health Care Quality Assurance，2006，19（4）：339－350.

［10］Jakobsen M. L. F.，Pallesen T. Performance Budgeting in Practice：The Case of Danish Hospital Management［J］. Public Organiz Review，2017，17：255－273.

［11］Kardakis T，Tomson G，Brommels M，Hansson J. A Balanced Budget with Side Effects—A Case Study of Implementation of a Hospital Cost Savings Program in Sweden［J］. International Journal of Public Administration，2014，37（11）：781－790.

［12］Kornai J. The soft budget constraint syndrome in the hospital sector［J］. Society and Economy，2009，31（1）：5－31.

［13］Love P E D，Ika L A. Making Sense of Hospital Project Mis Performance：Over Budget，Late，Time and Time Again—Why？And What Can Be Done About It？［J］. Engineering，2022（12）：183－201.

［14］Oliveira T C，Raposo V，Holland S，De Carvalho F. E. L. Green and lean managemen. 1st ed［M］. Germany：Springer International Publishing，2017：161－187.

［15］Scott K W，Orav E J，Cutler D M，Jha，A. K. Changes in hospital－physician affiliations in US hospitals and their effect on quality of care［J］. Annals of Internal Medicine，2017，166（1）：1－8.

［16］Vaseva V，Voynov L，Donchev T，Popov R，Mutafchiyski V，Aleksiev L，Kostadinov K，Petrov N. Outcomes analysis of hospital management model in restricted budget conditions［J］. Biotechnology & Biotechnological Equipment，2016，30（2）：411－417.

（2022年课题）

基于业财规则引擎技术的公立医院数智化财会监督的探索与实践

张海斌①

1 绪论

1.1 研究背景与意义

1.1.1 研究背景

财会监督思想在我国有着深厚的沉淀，中国共产党成立初期财会监督思想已经萌芽，当时主要指监督财务的权利。自红色政权创建后，我国财会监督制度逐步建立。新中国成立后，特别是党的十八大以来我国财会监督制度进一步完善。近年来，我国经济发展进入新常态，发展方式、经济结构、增长动力处于关键时期，在此背景下，进一步强化财会监督工作对推动经济社会高质量发展，提升监管效能意义重大。2020 年 1 月 13 日，习近平总书记在十九届中央纪委四次全会上强调“要以党内监督为主导，推动人大监督、民主监督、行政监督、司法监督、审计监督、财会监督、统计监督、群众监督、舆论监督有机贯通、相互协调”，首次将财会监督纳入党和国家监督体系。2022 年 4 月 19 日，习近平总书

---

① 课题负责人：张海斌，上海申康医院发展中心委派上海交通大学医学院附属瑞金医院，总会计师，正高级会计师。

主要执笔人：王晶晶，上海大学，副教授。

课题组成员：徐俊、林琼菁、蒋云鹏、高涛、顾一欣、高垚、王晶晶。

记在中央全面深化改革委员会第二十五次会议上再次强调，要严肃财经纪律，维护财经秩序，健全财会监督机制。2023 年 1 月 10 日，习近平总书记在二十届中央纪委二次全会上对推动完善各类监督贯通协调机制作出部署，强调要发挥党内监督主导作用，促进党内监督与审计监督、财会监督、统计监督等有机贯通、形成合力。2023 年 2 月 15 日，中共中央办公厅、国务院办公厅印发的《关于进一步加强财会监督工作的意见》（以下简称《意见》），从构建财会监督体系、健全工作机制等方面，搭建了财会监督的“四梁八柱”，为新时代财会监督工作做好了顶层设计，其中包括加强对行政事业性国有资产管理、政府采购等相关制度实施的监督，加强对财务管理、内部控制的监督等。2023 年 9 月 26 日，陕西省卫生健康委员会发布《陕西省卫生健康行业财会监督工作实施方案》，进一步推动健全卫生健康行业财会监督体系，提高财会监督效能。

新时代，财会监督范围及规模不断扩大，涉及国家财经政策执行和资金运行的各类单位和个人的经济活动，并非只是财政、财务、会计监督三者的简单加总。从医院层面来看，财会监督作为公立医院防范和管控风险、提升医院运营合规水平的重要手段，意义巨大。2012 年 11 月 29 日，财政部印发《行政事业单位内部控制规范（试行）》，要求行政事业单位提高内部管理水平，规范内部控制，加强廉政风险防控机制建设。2015 年 12 月 21 日，财政部印发《关于全面推进行政事业单位内部控制建设的指导意见》（以下简称《指导意见》），要求各地区、各部门和各单位要把制约内部权力运行、强化内部控制作为重要工作来抓，切实加强对行政事业单位内部控制建设的组织领导，紧密结合单位实际情况建立健全内部控制体系。2020 年 12 月 31 日，国家卫生健康委员会和国家中医药管理局发布《公立医院内部控制管理办法》（以下简称《管理办法》），要求公立医院规范经济活动及相关业务活动，有效防范和管控内部运营风险，建立健全科学有效的内部制约机制，促进公立医院服务效能和内部治理水平不断提高。

相关监管法规的出台表明公立医院运营已进入强监管时代，公立医院财会监督的范围也越来越广。然而，在实践过程中，很多财会监督工作却没有发挥应有的职能作用，部分医院在会计控制、资产管理、资金管理、物资采购等方面还存在很多问题，如会计信息传递不及时、财务活动缺乏有效监督、财务预算审批与控制不力等。此外，公立医院普遍的财会监督体系建设都是参考以往财务监督体系建设的经验，大多以制度、流程、手册等文本性文件的整理为主，通过对流程、权责、制度、表单、控制矩阵的梳理，实现各类资金、资产、资源的标准化管理。通过近十年的财务监督的体系建设发现，传统的文本性监督机制建设虽然对普及医院的财务监督和风险防控理念、明晰医院的业务流程、明确医院的权责有一定的帮助，但在监督体系的真正落地上效果还差强人意。一是因为单位人员的流动，造成制度的宣贯成本过高；二是很多业务人员对制度的理解有偏差，还是经常按照自己的认知来操作业务；三是制度执行的监督评价的客观性和全面性受到制约，无法实现对问题的持续性监督和全覆盖监督。因此，公立医院在建设财会监督体系的过程中，亟须采用新技术、新方法加强财会监督工作、完善财会监督体系，规避和防范重大运营风险的发生。

针对公立医院财会监督建设的现状及存在的问题，国家相关部门也深切意识到要将财会监督真正落地，必须要实现信息化、数字化转型，要将控制监督要求从文本落实到系统。《管理办法》指出："医院应当充分利用信息技术加强内部控制建设，将内部控制流程和关键点嵌入医院信息系统；加强信息平台化、集成化建设，实现主要信息系统互联互通、信息共享，包含但不限于预算、收支、库存、采购、资产、建设项目、合同、科研管理等模块；应当对内部控制信息化建设情况进行评价，推动信息化建设，减少或消除人为因素，增强经济业务事项处理过程与结果的公开和透明"。《意见》也指出，要统筹推进财会监督信息化建设，深化"互联网+监督"，充分运用大数据和信息化手段，切实提升监管效能，构建财会领域重大风险识别预警机制。同样，《陕西省卫生健康行业财会监督工作实施方案》要求推动财会监督信息化，提出依托全民健康信息平台，统筹整合有关财务数据资源，加强预算管理一体化和业财融合，分级分类完善财会监督基础数据库，提高信息质量。在这样的数智化时代背景下，公立医院为加强经济业务、财务管理、会计行为的日常监督，提高内部控制效能，财会监督数智化转型恰逢其时。然而，进入数智化时代，财会监督的成效在一定程度上取决于数智化的推广应用。

目前，公立医院财会监督的数智化建设虽然取得了一定成绩，已经开始信息化、数字化，为财务人员提供了便利，但依然存在医院内各系统间的信息孤岛、人工比对各控制点工作较多、业务规则逻辑与代码高度耦合、现有的监督管理信息系统和监督检查工作软件信息化水平不高等问题。规则引擎是根据规则作出业务决策的引擎，其主要思想是将应用程序中随着时间、空间动态易变的业务决策部分从应用程序代码中分离出来，使用预定义的语义模块编写业务决策。它于 2003 年 11 月正式推向市场，实现了将业务规则逻辑从业务代码中分离开来，对业务规则进行集中有效管理的功能，目前，规则引擎技术已经应用于财务智能审核、对账等方面。针对公立医院数智化建设存在的问题，规则引擎的引入可以消除信息孤岛，实现不同系统之间的数据互通，还可以节约时间和人力，减少编写硬代码业务规则的成本和风险，推动公立医院财会监督向数智化的方向发展，提高财会监督工作的质量和效率。

因此，无论是从公立医院自身来看，还是从时代机遇来看，公立医院都应抓住数字化转型的机遇，进一步探索、深化和拓展信息化建设。本课题在全面分析财政部、卫健委等相关监管部门发布的大数据智能监督的法规要求基础上，综合总结以往数智化技术及规则引擎的研究文献，并通过对大数据、人工智能等技术在财会监督信息化转型中运用价值和意义的分析，以及对上海交通大学医学院附属第九人民医院（以下简称"上海九院"）和清华大学附属北京清华长庚医院（以下简称"清华长庚"）这两家采用不同信息建设模式的公立医院数智化业财监控规则和引擎系统建设的全过程案例研究，归纳公立医院财务部门开展数智化财会监督的思路、步骤和方法，全面剖析和总结数智技术在财会监督信息化上的作用和成效，为推动公共卫生系统财会监督的信息化和数字化变革以及规则引擎技术的应用提供有益的借鉴。

1.1.2 研究意义

（1）理论意义。

从理论角度来讲，基于规则引擎技术进一步探究健全和深化公立医院数智化财会监督的体系建设。当前我国公立医院数智化财会监督的概念界定模糊、监督主体不明确、标准有待确立、财会监督体系建设有待进一步探索。另外，通过查阅国内对于财会监督的相关文献也可以发现，现阶段很少有学者研究规则引擎技术在数智化财会监督领域的应用。目前，规则引擎技术已经被广泛应用于各个领域，其产品已经融入了人们生活。然而，由于目前已有的规则引擎产品往往没有考虑通用性，大都是为满足某个特定的行业领域的需求而设计，不能适应数智化财会监督领域中要求规则的特点。因此，本文着重研究适用于数智化财会监督领域的规则引擎，通过对财会监督领域中业务逻辑的分析结合对规则引擎中规则的分析，以便更好地满足公立医院经营管理的需要，促进多层面完善财会监督体系建设，并协调其他监督融合发展，为后续财会监督的研究提供了一定的参考价值。

（2）实践意义。

本研究为公立医院加强财会监督、规范管理、挖掘内部管理潜能提供重要参考，同时也可以为其他机关事业单位建立有效的内部财会监督提供借鉴价值。从实际角度来看，目前公立医院普遍的财会监督建设基本都是以制度性、流程性的文件整理为主，这种文本性的监督机制建设虽然对普及医院的财务监督和风险防控理念、明晰医院的业务流程、明确医院的权责有一定的帮助，但是在监督体系的真正落地上效果一般。正因如此，国家相关部委也意识到要将财会监督真正落地，必须要实现信息化、数字化转型，要将控制监督要求从文本落实到系统。另外，在大数据、人工智能等新一代数字技术蓬勃发展和数字化转型的背景下，公立医院各业务条线应抓住数字化转型的机遇进一步探索、深化和拓展数智化建设，进一步利用大数据、云计算、人工智能等技术，彻底改变“人防人控”思路，实现向“技防技控”的转型升级。因此，本课题研究公立医院基于规则引擎技术的数智化财会监督的探索与实践，可以对公立医院加强财会监督，防范经营风险提供重要参考，也有助于为其他机关事业单位建立有效的内部财会监督提供参考借鉴。

1.2 研究内容与方法

1.2.1 研究内容

本文对公立医院基于业财规则引擎技术的数智化财会监督建设进行研究，探讨公立医院财会监督数智化转型的现状和问题，以上海九院和清华长庚为研究对象进行案例研究，对公立医院基于业财规则引擎技术进行数智化财会监督转型提供思路，并提出进一步的对策建议。本文的研究框架可分为如下几个部分。

第一部分为绪论。基于数字化时代背景，论述了公立医院进行数智化财会监督转型的背景和研究意义；对研究内容、研究方法与创新点进行说明。

第二部分为理论基础和文献综述。首先，对数字化转型理论和管理信息系统理论进行介绍，作为后续案例分析的坚实理论基础；其次，通过整理归纳相关资料，总结出财会监督的定义，并对专家学者在医院财会监督、数智化、规则引擎方面的相关研究进行梳理，并作出文献评述。

第三部分为公立医院财会监督的现状和问题分析。通过问卷设计了解目前公立医院数智化财会监督的现状，总结出其存在的问题，包括对数智化财会监督的理解不清晰，重视程度不够、信息系统间的协同性较差，基于业财规则引擎技术的数智化财会监督较弱和缺少大数据和人工智能技术平台，数智化财会监督专业人才匮乏等方面。

第四部分为数智化财会监督的核心要义。对财会监督经历的从流程化到信息化再到数智化的三个发展阶段进行总结；从数据结构化和经验规则化的角度对数智化财会监督进行概念界定；对数智化财会监督的特点和意义价值进行阐述。

第五部分为业财规则引擎在公立医院数智化财会监督中的应用。本部分阐述了业财规则引擎的价值，指出其本质是将业务系统中的监督规则从业务系统中解耦出来，形成独立管理的平台，通过和业财系统的对接，实现对数据的抓取、清洗和整理，并将监督的经验形成量化的函数规则，从而实现各业务条线的事前、事中、事后的实时动态的风险监控。

第六部分为业财规则引擎的数智化财会监督落地实践。本部分以上海九院和清华长庚为研究对象，介绍了异构系统（上海九院）和同一系统（清华长庚）两种信息化环境下规则引擎的运用方式，对业财规则引擎落地条件和落地效果进行了比较分析和阐述。

第七部分为思考与建议。阐述了业财规则引擎在数智化财会监督实施上的注意事项，并提出了未来的研究方向。

1.2.2 研究方法

基于数字化技术和业财规则引擎技术的智能化财会监督体系的建设和应用，必须充分依赖对实际信息技术运用案例的解剖和分析。本课题采取理论与实务相结合、论述与案例相结合、成果与成效相结合的方法，按照“发现问题，理论联系实际，解决问题”层层递进的思路开展课题研究。

本课题在全面分析财政部、卫健委等相关监管部门发布的大数据智能监督的法规要求基础上，综合总结以往数智化技术及规则引擎的研究文献，尝试性地给出了数智化财会监督的概念定义并指出业财规则引擎技术在财会监督数智化转型中的运用和价值，之后以上海九院和清华长庚这两家公立医院为案例，分析了不同信息建设模式下公立医院数智化财会监督和业财规则引擎系统的建设思路和效果，归纳公立医院财务部门开展数智化财会监督的思路、方法和步骤，全面剖析和总结业财规则引擎技术在财会监督数智化上的作用和成效，为推动公共卫生系统财会监督的数字化变革及规则引擎技术的应用提供有益的借鉴。本课题使用的具体方法如下。

（1）文献研究法：通过阅读分析有关财会监督数智化转型的期刊、图书及相关研究报告，掌握相关知识，了解财会监督技术创新的研究动态及成果，指导本课题的研究方向和思路。

（2）问卷调查法：通过问卷的设计，了解医院不同科室对财会监督数智化转型的认识和理解，深度分析和调查财务部门在业财数据集市的建立、业财监控模型的建设、智能工具的运用等技术革新上的认知。

（3）案例研究法：以上海九院及清华长庚的数智化财会监督系统建设和运用为案例，跟踪规则引擎和监督规则在各业务信息系统中落地和运用的具体实施过程，归纳总结和深度剖析大数据、人工智能等技术在财会监督中的定位认知、运用的方式、达到的效果以及存在的不足。

（4）实地调查法：实地调查上海九院及清华长庚，医院财务资产管理部、其他职能处室以及院领导在开展财会监督数智化转型中面临的各种问题，产生的各种想法，达到的各类效果，并对此进行归纳总结。

（5）对比分析法：对比了上海九院与清华长庚在数智化财会监督上的建设差异，并比较它们在业财规则引擎应用前后，财务人员对于风险问题发现和识别的效率、样本覆盖的范围、问题定位的精准度等维度的差异，证明规则引擎在内财会监督技术提升上的价值。

1.3 研究创新

本课题的创新点包括以下四个方面。

（1）研究理论的创新。本课题坚持问题导向的原则，通过论证规则引擎技术在财会监督体系上的运用，充实财会监督的数字化转型以及财会监督理论的研究，将规则引擎技术变革上升到财会监督价值转型的层面，有利于公立医院财会监督体系由价值保护向价值创造、由重点防控向全面覆盖、由事后监督向事前防范的系统性升级。

（2）研究视角的创新。本课题不局限于传统的信息化技术，而是以基于大数据、人工智能等新兴技术的规则引擎为研究对象，指出公立医院在财会监督信息技术变革的真正方向和运用场景，为财会监督数智化技术不断提升的实务研究提供新的视角。

（3）研究方法的创新。本课题在案例论述中坚持数据导向，以实地的田野研究和数据分析研究为方法，论述业财规则引擎技术的价值和意义，增加技术革新的数据说服力。

（4）路径探索的创新。本课题为公立医院数智化财会监督系统建设提供了思路和步骤，形成可借鉴的方法论和操作指南，为其他行政事业单位的财会监督信息技术的转型和提升提供可行的路径。

2 理论基础与文献综述

2.1 理论基础

2.1.1 数字化转型理论

Gartner 在 2011 年提出数字化转型的概念，即通过数字化的技术，驱动企业转型。到 2015 年，许多国外的信息技术及软件公司开始大规模使用这个概念。在我国，国务院发展研究中心对于数字化转型给出的定义是：数字化转型是指利用新一代信息技术，构建数据的采集、传输、存储、处理和反馈的闭环，打通不同层级与不同行业间的数据壁垒，提高行业整体的运行效率，构建全新的数字经济体系。数字化转型理论是一种把传统组织转变成围绕数字交互的社会创新的过程，以应对数字社会所提出的挑战，转型有助于组织更充分地利用数字技术，从而创造出新的价值。其本质其实就是将大数据、云计算、人工智能等新型数字技术融入传统行业的生产、经营、管理活动中，新型数字技术应用于传统行业，让传统产业实现数字化、智能化，通过数据流、信息流等提升组织内部运作管理效率。

当下，我国正在经历数字化时代，数字技术的发展使得财务活动的各个环节都可以运用数字化手段进行优化。在公立医院传统的财会监督过程中，业务结构逐渐固化，基本都是以制度、流程、手册等文本性文件的整理为主，通过对流程、权责、制度、表单、控制矩阵的梳理，实现各类资金、资产、资源的标准化管理。借助数字化转型理论，公立医院可以利用业财规则引擎技术开展数智化财会监督工作，可以加快内部业务流程的变革，也有助于培养数据对于公立医院的意义，从而具备更加强大的数据收集、分析和处理的能力；同时，数字化转型还可以加快信息化、数字化在公立医院系统中的普及，公立医院可以通过在信息系统中嵌入规则引擎打破各系统间的数据孤岛，实现院内信息数据的共享，减轻财会人员的工作负担，减少系统中的人工操作，也可以降低经营管理过程中的人为性风险。数字化转型理论的应用带来了公立医院财会监督业务流程和运行机制的深刻变化，把以往文本性的工作进行了缩减，转换成储存在信息系统中的财务数据信息，提高公立医院数据利用的效率，促使财会监督向数智化转型升级。

2.1.2 管理信息系统理论

20世纪60年代，美国经营管理协会及其事业部第一次提出了建立管理信息系统的设想，目的是使各级管理部门都能了解本单位的一切有关的经营活动，为各级决策人员提供所需要的信息，但由于当时硬件、软件水平的限制和开发方法的落后，效果并不明显。1970年，瓦尔特·肯尼万给刚刚出现的管理信息系统一词下了一个定义："以口头或书面的形式，在合适的时间向经理、职员以及外界人员提供过去的、现在的、预测未来的有关企业内部及其环境的信息，以帮助他们进行决策。"在这个定义里强调了用信息支持决策，但并没有强调应用模型，没有提到计算机的应用。进入20世纪80年代以后，随着各种技术特别是信息技术的迅速发展，管理信息系统得到了进一步发展。1985年，管理信息系统的创始人、明尼苏达大学卡尔森管理学院的著名教授高登·戴维斯给出了管理信息系统的一个较完整的定义，即"管理信息系统是一个利用计算机软硬件资源、手工作业，分析、计划、控制和决策的模型，记忆数据库的用户－机器系统，它能提供信息支持企业或组织的运行管理和决策功能"。这个定义全面地说明了管理信息系统的目标、功能和组成，而且反映了管理信息系统在当时达到的水平。

目前，管理信息系统理论处于不断发展之中，其定义随着计算机技术和通信技术的进步也在不断更新，现阶段普遍认为管理信息系统是一个以人为主导，利用计算机硬件、软件、网络通信设备以及其他办公设备，进行信息数据的收集、传输、加工、储存、更新、拓展和维护的系统，它可以支持企事业单位，通过组织内部的机制改革，明确组织管理的模式，做到管理工作程序化、管理业务标准化、报表文件统一化和数据资料完整化与代码化。在本课题中，公立医院数智化财会监督转型的目标之一就是要充分发挥云计算、大数据、人工智能等数字技术在财务数据集中、整合、加工、存储中的作用，以更好地服务于公立医院的运营和管理工作。基于该理论，公立医院应该积极建设财会监督数智化平台，形成各个信息系统之间的有效连接，统一数据统计口径，打破医院内部各系统间的数据孤岛现象，实现不同系统间的数据互通，以积极应对业务及环境变化，防范运营风险，提高财会监督工作的质量和效率。

2.1.3 规则引擎理论

规则引擎的本质是基于规则的专家系统，专家系统作为人工智能的一个分支，分为神经网络、基于规则系统和基于案例推理等部分，其中基于规则系统由三部分组成：知识库（Rule Base）、工作内存（Working Memory）和推理引擎（Inference Engine）。

推理引擎包括三个部分：模式匹配器、议程和执行引擎。模式匹配器决定执行哪个规则；议程确定模式匹配器匹配到的规则的执行次序；执行引擎负责实际的规则执行，以及其他动作。首先，事实数据通过推理引擎决定触发哪些规则；其次，通过一定策略设置规则的优先级；最后，在议程当中加入满足事实的规则。

规则引擎将商业的决策从应用程序中独立出来，由推理引擎、规则库和事实集三个部分构成。规则引擎通常实现推理引擎中的前向推理方式，前向推理将一组先前确定的规则应用于知识库中的事实以查看它们中的任何一个是否触发并由此生成新事实的过程。本质上，所有可导出的知识都是在前向推理中导出的。规则引擎执行匹配和产生结果的来源规则集都是存在于规则库中，一条规则形式上通常分为两部分：包含多个条件语义组合而成LHS（Left - Hand - Side）和触发规则所需执行的动作 RHS（Right - Hand - Side）。匹配所需的事实数据则是在事实集（Working Memory）中储存，包含对执行中的事实的新增、修改、查询、删除等操作。公立医院利用业财规则引擎技术开展数智化财会监督工作将事实和规则的约束条件进行匹配，采用将规则解析并构建成算法网络的方式用于匹配事实数据，以空间换取时间的方式提升匹配效率，提升公立医院数智化财会监督推理效率。

2.2 文献综述

2.2.1 财会监督概念界定

2020 年 1 月 13 日，习近平总书记在十九届中央纪委四次全会上指出，要完善党和国家监督体系，以党内监督为主，推动包括财会监督、审计监督在内的多项监督有机贯通、相互协调，这是财会监督首次在国家层面正式提出。2023 年 2 月 15 日，中共中央办公厅、国务院办公厅印发《关于进一步加强财会监督工作的意见》，明确财会监督为党和国家监督体系的重要组成部分，为推进新时代财会监督工作高质量发展指明了前进方向、提供了根本遵循。自此，关于财会监督的文献越来越多，但是从现有文献来看，理论界和实务界对财会监督内涵的认识，尚未形成明确一致的概念。杨雄胜（2020）认为经济活动可以划分为财政、金融和财务三个部分，财会监督是指财政活动与管理的会计监督、金融活动与管理的会计监督、财务活动与管理的会计监督。张先治（2020）将财会监督理解为财务监督和会计监督的统称，认为财务监督是指对财务活动及财务成果的监视督促和监察督导；会计监督则是对会计确认、计量、记录与报告的监视督促和监察督导，二者相结合以提高财务活动与会计活动的合规性、有效性、相关性和可靠性。周卫华和高天美（2020）认为财会监督作为党、国家和人民赋予的一种责任和权力，是对财政、财务和会计等经济活动进行监视、督促和管理，财政监督、财务监督和会计监督的活动各有侧重、相辅相成，共同构成财会监督体系。李昌振（2021）认为财会监督的内涵应该从狭义和广义两个角度去认识和理解，狭义的财会监督主要是指会计监督，是对会计主体的经济活动的合法性和合理性进行的监督；广义的财会监督即国家治理视角下的财会监督，是实现对财政政策、财政收支、财务活动及会计信息质量等宏观、微观业务活动的全方位监督。史朔（2022）对行政事业单位财会监督的内涵进行了探讨，认为行政事业单位的财会监督是一个复杂性和多层次性交互融合的体系，具体包括财政监督、财务监督和会计监督。杨璇（2022）认为财会监督包含财政监督和会计监督两个方面，财政监督是指财政部门对财税政策法规和预算执行、财政资金使用情况等政府收支和财政管理事项的监督；会计监督是指对会计核算资料、资产财务状况等进行的监督，以保证经济活动合法、会计信息真实完整。

梳理相关文献可知，虽然现阶段学者们对财会监督的内涵有不同的理解，但会计监督被一致认为是财会监督内涵的一部分，财会监督较会计监督、财务监督等的内涵更加丰富，监督的视角也在由微观向宏观转变。因此，综上所述，本文认为财会监督是依法依规对国家机关、企事业单位、其他组织和个人的财政、财务、会计活动实施的监督，它是一个复合、多层次的概念，是财务监督、会计监督、内部控制、财务稽核的综合体，既包含财务监督、会计监督的内容，也包含内部控制、财务稽核的功能。

2.2.2 医院财会监督方面的相关文献

从医院这个微观层面来看，现有文献主要分析了财会监督在医院运行中的作用和存在的问题，并为医院构建财会监督体系提出了建议，还有学者从内部审计和内控监督的角度对医院的监督现状进行分析，并提出了改进措施。

王娟（2021）结合实际分析了财会监督在医院经营管理中的重要性，在此基础上指出医院经营管理中财会监督的范围包括监督全面预算管理、监督财务管理、监督固定资产管理、监督绩效管理和监督融资风险，并在医院如何监督方面提出建议，使财会监督能更好地服务医疗行业，为医院实现健康、可持续发展的目标奠定坚实的基础。向炎珍等（2021）分析了目前财会监督在公立医院财务治理中存在的主要问题，指出公立医院存在定位不清晰的问题，财会监督未能充分发挥公益性；财会监督对费用结构以及病人负担的合理性关注不够；很多大型公立医院未设立总会计师或者总会计师未能参与“三重一大”决策，导致财会监督未能从源头上起到把关作用。针对以上问题，他们提出了加强财会监督的相关建议。

在医院财会监督体系构建方面，程启巧（2020）通过分析医院财会监督体系构建的必要性，提出医院在构建财会监督体系时要注意明确各个科室、部门、分支机构和财务部门在财务方面的从属关系，结合当前的事业单位制度和新会计制度准则，充分优化体系建设，与时俱进；同时，还应重点关注医院的预算管理，完善医院财务管理的资金集中支付制度；最后对完善医院财会监督管理的体制机制提出了合理建议。钱有华（2021）在公立医院内部财会监督体系完善探究中指出，当前部分公立医院财会监督面临定位不明确、财会监督未能保障公益性、财会监督缺乏全面性、财会监督未从源头把控等问题，建议公立医院的财会人员要深刻认识到财会监督的价值，并明确监督职责，充分发挥财会监督的职能作用；公立医院的财会部门要积极履行其监督权限，可以以完善内控制度为切入点，进一步细化和分解各类事项的决策机制，通过形成内部的相互制约体系，以发挥财会监督作用；公立医院要健全财务管理制度、完善内部控制制度、加快推动业财融合，打通业财壁垒，改变传统的事后监督模式，逐渐向医疗工作全过程监督覆盖转变，以监督赋能管理和服务，保障公立医院提质增效，更好地履行公共医疗服务职能。

在医院内部审计和内部控制方面，杨仕娟（2022）认为，当前医院存在内部审计的监督效果无法充分体现的问题，控制工作无法体现系统分析效果；同时，她认为医院现在的内控岗位合理性有所缺失，难以实现科学化管理；建议管理人员充分认识大数据的优势，重塑财务部门的工作模式，全面推进医院财务风险防范与内控工作有效开展，真正发挥出医院管理工作的效能。张丽丽（2022）围绕医院财会内控监督机制建设的目标，分析内控监督机制建设现状，指出医院财会内控监督机制在运行阶段存在财务控制不规范、缺乏风险评估、信息沟通机制不健全等问题，最终为医院内控监督机制的完善提供有效建议。

2.2.3 数智化方面的相关文献

（1）数智化

“数智化”一词最早由北京大学“知本财团”课题组于 2015 年提出，是对“数字智商”的阐释，最初的定义是：数字智慧化与智慧数字化的合成。这一定义有三层含义：第一层指“数字智慧化”，是将人的智慧融入大数据之中，实现数据增值增进，进而促进大数据效用的提升；第二层指“智慧数字化”，是通过对数字技术的科学、妥善应用对人的智慧的管理，实现“人工”向“智能”的提升，大大减轻人在劳动中的工作量，提高工作效率；第三层是将“数字智能化”和“智能数字化”进行有机融合，其目的是形成人和机器之间的深度对话和深度学习，形成人和机器互融、智能协同以及虚实同构等新型生态。

近年来，随着数字技术的不断发展，应用程度的快速提高，“数智化”的概念也在不断地丰富与扩展。陈剑和刘运辉（2021）认为，数字化和智能化结合就是数智化，是数字化向数字智能化发展的更高形态，可以反映数字化和智能化的融合趋势。付建华（2021）认为数智化是指以培育和发展数据这一新的生产力为目标，在数字化的基础上，以数据为核心生产要素，充分利用“数据（物联网、传感器与大数据等）+算力（云计算与边缘计算等）+算法（流程模型与人工智能等）”的数智技术。董红杰和谢香兵（2022）认为数智化是指在新一代数字与智能技术环境下，组织通过数据溯源、内容识别、主题画像、精准定位、提升优化和预测预警等功能，实现价值链流通效率提高，商业模式创新和战略决策能力提升，以便更好达成既定组织目标的过程。刘国斌和祁伯洋（2022）认为数智化是数字化和智能化的合称，是指通过利用大数据、人工智能、5G、区块链等现代信息技术，培育数字经济、智慧经济、信息经济等新的增长点，满足经济社会发展过程中信息数据智能化处理、分析和管理需要，实现经济社会数字化、智能化发展的一种发展模式或过程。刘长明（2022）指出数智化的主要特征有两个方面：一是在大数据、云计算等数字技术的基础上，开始应用机器学习、深度学习、知识图谱、RPA 等人工智能技术，实现多技术融合发展；二是数智化更注重数据的应用，数字化的重点是用数据来体现业务，而数智化的重点是让数据反馈业务，赋能业务和管理。

综上所述，自北京大学“知本财团”课题组率先提出“数智化”一词后，各学者在对数智化原始认识的基础上不断拓展和丰富数智化的内涵，尤其是现在正进入以大数据、人工智能驱动的数智化时代，学者们普遍认为数智化是以数字化和智能化为基础，利用大数据、人工智能、区块链等现代先进信息技术，发掘数据价值的过程，在这个过程中培养自主决策行动与自我学习提升能力，继而促进经济社会发展的转型与进步。

（2）医院数智化财会监督

目前，公立医院的财会监督工作没有全面实现数智化，学术界关于医院层面数智化财会监督的文献也较少。结合财会监督的范围，本文梳理医院财务监督、会计监督、内部控制、财务稽核四个方面的内容，对医院层面数智化财会监督的现状进行阐述，具体包括在大数据、智能化背景下医院的会计信息化建设和内部控制建设方面的情况。

随着会计信息化建设的不断推进，会计记账、审核、复核等工作都不再使用手工的方式，大多通过财务软件等进行操作，财务软件设计及落地中蕴含了监督的思想，公立医院也不例外，因此开展医院财会监督工作时应关注医院会计信息化建设。杨鑫和王海涛（2021）认为当前财务智能化背景下公立医院会计信息化建设存在信息系统更新慢，融合度低、思想落后，缺乏创新意识、缺乏专业的复合型人才、缺乏安全和保密措施等问题，建议公立医院加快财务业务一体化进程，实现信息共享、提高对会计信息化建设工作的重视程度，以此增强公立医院竞争力，促进医院可持续发展。王玉擎（2022）同样针对财务智能化背景下医院会计信息化建设存在的一系列问题，如重视不足、财务系统更新不及时、财务人员培训与管理不到位等，建议医院顺应财务智能化的要求，实现会计工作的优化与升级，提升对财务智能化技术的重视程度，完善财务智能工作，提升财务人员的专业水平与综合素质，只有这样才可以提升会计工作的规范性与精确性，充分发挥财务智能化的优势与作用，提升医院的财务管理效率。

在医院内部控制建设方面，张秀莲（2019）针对智能化背景下医院内部控制建设存在的各种问题，如内部控制环境较差、缺乏风险评估机制、内控制度不完善等，建议医院建立全面内部控制，同时实施精细化管理，确保医院在日常工作中做到稳定运行，获取更多的市场资源。夏嘉（2020）认为，医院管理与内部控制体系的运行结合，借助智能信息化推动业务流程自动化，能降低人为疏漏，防止舞弊行为，进而提升医院整体的运营效率，更好地制定战略、绩效评价以及运营监控；结合 F 公立医院内控体系建设工作的经验，提出公立医院形成“共建、共管、共享”的三共模式体系，保证内部控制环境的科学，使用行政、经济、信息的方法来实现和建立健全完整的内部控制体系。丘翠英（2021）则认为，当前公立医院系统内部控制的主要问题是普遍存在重业务、轻管理的思想，然后随着智能化的应用，公立医院内部控制呈现出新的特点，如内部控制的深度和广度得到了拓展、内部控制的效果得到了提高、内部控制问题的追踪得到了加强等；同时，针对以上变化，提出了智能化背景下公立医院优化内部控制有效途径，如加强资产管理内部控制、加强药品管理内部控制、加强财务管理内部控制、加强信息安全管理内部控制。除此之外，强调智能化的出现能够提高医院内部控制效果与精细化管理水平，同时，也给传统管理模式下的内部控制带来一定的挑战与冲击，因此建议公立医院建立新时代的内部控制管理理念，顺应智能化背景下开展相应的业务流程，提高对智能化系统的测试与开发，最终培养出合格的内部控制人才。祝桂芳（2021）以广州市某区级公立医院为例，通过分析现存的内控问题，提出在智能化背景下，区级公立医院应引入信息管理系统，完善医院综合管理系统，进一步实现业财融合；将医疗业务与银行财务系统连接，建立统一对账平台，减少人工核对的工作量，提高财务工作效率，并有效减少违法违规行为。邓睿淇（2022）紧扣公立医院精细化内控管理要求，提出智慧财务体系的设计思路、总体框架及实施路径，以期实现业务层面动态定位和全流程管理；同时，结合新兴技术，以 COSO 内控框架为指引，搭建“一枢纽三平台”智慧财务体系，促进公立医院运营管理提质增效。

2.2.4 规则引擎方面的相关文献

（1）规则引擎

目前，规则引擎技术的研究在理论界和实务界已经得到了充分的认识和实践。刘伟（2005）指出规则引擎技术是一项很有吸引力的技术，在业务控制的灵活性上将发挥重大作用；他在介绍了规则引擎的相关概念及其实现原理后，重点介绍了 Java 规则引擎技术的规范和一个采用 XML 和 Java 语言实现的规则引擎——Drools，并给出了利用 Drools 解决实际问题的范例及其发展前景。同样，缴明洋和谭庆平（2006）论述了 Java 规则引擎是一种嵌入在 Java 程序中的组件，它的任务是把当前提交给引擎的 Java 数据对象与加载在引擎中的业务规则进行测试和比对，激活那些符合当前数据状态下的业务规则，根据业务规则中声明的执行逻辑，触发应用程序中对应的操作。赵志伟（2018）也指出规则引擎是一种嵌入在应用程序中的组件，它是由用户或开发者在需要时进行配置、管理，接受业务系统的数据输入，解释业务规则，并根据规则作出业务决策的引擎，其主要思想是将应用程序中随着时间、空间动态易变的业务决策部分从应用程序代码中分离出来，使用预定义的语义模块编写业务决策。陈逸聪（2021）认为规则引擎起源于基于规则的专家系统，其本质是一种推理引擎，主要比较使用者提交的数据对象与引擎中的业务规则，触发符合条件的规则，并比对规则中的逻辑，最终规则引擎会根据规则对数据进行处理并给出结果；同时，他指出规则引擎具有易于理解、可以使得代码与业务解耦合、灵活和高效等优点。

（2）规则引擎在财务中的应用

规则引擎技术在数智化财会监督中的应用尚不广泛，但有一些学者将规则引擎技术应用于解决财务问题，马雪莲（2013）针对企业审批系统中的业务规则经常发生改动的问题，提出了一个基于规则引擎的企业业务审批系统解决方案，将规则引擎相关技术和机制与企业的审批业务需求进行结合，对系统进行了架构设计与详细设计，定义了整个系统的技术路线、构成系统的各个组件模块，各个组件之间的层次关系，相关的数据结构设计以及各个功能模块的执行逻辑，实现了一个可行的基于规则引擎的企业业务审批系统，通过应用该系统，企业能简化流程、节省成本、创造价值。祝志飞（2014）为解决志飞天下公司交易量大、需要适时自动记账的功能需求，基于 Drools 规则引擎设计了一套管理会计系统，在平台、程序设计和功能等方面具有明显的特点，包括自动高效实时记账、与现有管理会计系统数据可以无缝对接、业务逻辑与代码可松耦合、系统扩展性好、数据精确完整，这不仅满足了公司的需要，还解放了会计人员，并实现实时提供会计报表给公司管理人员，帮助管理人员及早作出商业决策。何凡（2016）针对当时企业面临的对账复杂、没有完善的账务系统的问题，借助了开源的 Drools 规则引擎设计了一个适用于账证核对以及账实核对的系统，实现降低人力对账成本，使会计从业人员能真正从烦琐的日常对账工作中解放出来，并且可清晰反映账务的情况，避免企业、账务从业人员虚假做账，使账务符合会计监管要求；同时，动态的规则引擎可以搭建动态、灵活的账务对账配置规则，满足不同场景、不同业务条件下特定的会计结转规则，将会计核算工作的人工成本降至最低，并具有高效、可靠、监管性高的特点。朱龙梅（2019）从管理会计的实际需求出发，研究了 Drools 规则引擎在管理会计系统设计中的应用，完成了系统整体软件结构的设计，阐述了主要模块的功能，对单笔及批量交易数据的接收与处理过程进行了软件设计，实现了会计凭证及会计分录的自动生成和存储过程，并通过实验检测表明该系统能够有效地提高会计记账的自动化水平，具有较高的实用性。蒋坚强等（2021）分析了 A 公司财务智能审核建设案例，A 公司面对财务审核风险高、效率低，人力成本高、人员管理难等问题，借助规则引擎、机器学习和 NLP 技术等智能技术构建符合管理需求的智能审核平台，他们对 A 公司合同智能审阅平台建设、单据智能审核平台建设进行了详细分析，为其他公司利用规则引擎等智能技术进行财务改革提供了有用参考，帮助企业充分利用人机协同的优势，在提升财务审核准确率的同时降低了财务运营成本、优化了财务风险管控。虞富荣和陈叶明（2021）通过在财务共享项目实施中收集的各用户需求信息，结合具体的差旅费制度进行研究，针对规则引擎机器人自动化快速审核差旅费制度尚未统一的财务共享中心各业务单位差旅费报销问题，通过规则引擎对制度规则的可视化配置，显著降低了规则配置的难度，减少了规则配置的错误，有效地支持了制度的在线管控，降低了财务审核人员的管理难度，提高了整体的工作效能；同时，为后续进行自动填单机器人、审单机器人的探索提供了实践经验，为企业进行智能财务的探索构建了良好的基础。

（3）规则引擎在医院业务中的应用

经过查阅发现，几乎没有医院利用规则引擎技术开展数智化财会监督，可见规则引擎在医院财会监督工作中的应用少之又少，仅有几位学者利用规则引擎技术设计解决医院某些特定业务。冷金昌等（2014）针对医院医保审核的业务需求，采用规则引擎技术开发了一套面向医疗保险患者的医保智能审核信息系统，对各类医保的医疗费用进行全面审核及监控管理，减少出错与医保拒付，提升医院医保的综合管理水平，具有较强的现实意义。陈蒙（2019）根据某院门诊和住院不同的业务特点，基于医保规则引擎库，通过改造HIS、EMR，在各就医环节中接入医保规则引擎费用审核，实现了多环节的医疗过程费用审核体系，并通过信息系统与临床工作人员进行费用违规的交互，同时为医保办等相关部门提供了医保费用违规信息的实时监控软件，便于与临床及时沟通费用违规情况，以尽量减少医保基金的违规支出。

综合以上研究可以发现，现阶段学者对于财会监督已经有了一定的认识和理解，能够分析目前医院层面财会监督存在的问题并提出有效建议，但现有研究往往基于管理视角进行数智化技术变革的探索，受制于对信息技术的认知，并没有深入分析财会监督作为一个系统性的业务控制手段，在技术层面需要什么样的工具。反观信息技术领域，软件工程方面的专家虽然对规则引擎有深入的研究，也对一些应用领域进行了阐述，然而都是针对一个个具体的问题点的规则引擎的应用，没有系统性地论述规则引擎在数智化财会监督方面的价值。

3 公立医院财会监督的现状和问题分析

3.1 公立医院财会监督现状

为了更全面地了解我国公立医院数智化财会监督的现状，课题组设计了调研问卷，并于2023年7月25日到8月6日通过微信平台进行了问卷发放和回收。期望通过对这些数据的收集和分析，更加全面地了解公立医院对数智化财会监督的认知现状、开展现状、资源投入现状等情况，为课题的顺利开展以及国内公立医院、公共卫生系统下一阶段合理、科学地制定数智化财会监督的指导性要求提供参考依据。

3.1.1 问卷设计

在内容设计上，本次问卷共设计了16个问题，主要涉及与公立医院数智化财会监督现状相关的六个方面：①对财会监督的内涵和价值的认识；②对数智化财会监督的认识与理解；③数智化财会监督的制度建设现状；④基于规则引擎的相关系统的建设和使用现状；⑤数智化财会监督建设的资源投入和难点；⑥财会监督的效果和对数智化财会监督的预期效果。

3.1.2 样本情况统计

为收集公立医院财会监督建设整体情况，本次问卷的调查对象为各公立医院财务管理人员，为防止样本的重复问题，原则上一家公立医院只选择一名人员填报，他们需要填报其所属单位名称、财务处人数以及本人的工作职务。通过问卷调查，最终共有 162 家公立医院提交了调查问卷。从参与问卷的公立医院所属地区来看，共涉及 26 个省份。其中，河北省公立医院最多，共 38 家，其次是上海地区，共 20 家。问卷样本涵盖我国大部分省份，具备一定的合理性和科学性。

3.1.3 现状分析

下面我们将从问卷设计所涉及的六个方面详细地分析公立医院数智化财会监督现状。

（1）对财会监督内涵和价值的认识

目前绝大部分公立医院（125 家，77.16%）的财务人员认为已经有一些医院层面财会监督的研究，但是对于医院财会监督的概念还没有形成系统化、清晰和成熟的认识；甚至有 21 家公立医院的财务人员认为医院财会监督的概念和框架很不清晰。这一认识和目前的研究基本一致，也验证了本课题文献综述的结论。

对于医院财会监督的内涵，以开放式的问题进行了询问，大家普遍认为医院财会监督就是对医院财务和会计活动进行监督，聚焦全面预算管理、资金资产管理，以提高会计信息质量，保证内部控制设计的合理性和执行的适当性为目标，确保医院财务运作的合法性、规范性和透明性；有小部分公立医院的财务人员认为医院财会监督已不仅局限于内部的财务监督、会计监督、内部审计、内部控制等，还包括外部财政监督、行业监督、社会监督等，呈现全方位、系统性、全流程等特点。

进一步了解大家对于医院财会监督与单位风险管理关系的认识，一半以上公立医院的财务人员（83 家，51.23%）认为医院财会监督是单位风险管理的第一道防线；小部分（44 家，27.16%）认为医院财会监督是单位风险管理的第二道防线；少数（27 家，16.67%）认为医院财会监督是单位风险管理的第三道防线；还有 8 家公立医院的财务人员表示不清楚。张亚兵等（2022）在对国务院国资委 2006 年发布的《中央企业全面风险管理指引》中风控体系原三道防线深入分析的基础上，提出了风险管理的新三道防线，分别以业务执行单位、业务主管部门以及风控内审部门为主体。公立医院的财务处属于单位业务主管部门，其中审核凭证、审核费用报销等业务是财务监督和会计监督审核工作之一，医院财会监督涵盖了财务监督、会计监督的内容，因此，公立医院的财会监督应属于风险管理的第二道防线。由此可见，大部分公立医院的财务人员对于财会监督和风险管理之间联系的认识并不清晰。

而在了解大家对于审计数智化和财务监督、会计监督、财务稽核、内部控制及内部审计的范围关系认识时，接近一半公立医院的财务人员（80 家，49.38%）认为财会监督包括财务监督、会计监督、财务稽核、内部控制及内部审计，而主要分歧在于财会监督是否包括内部控制和内部审计：25.93% 的公立医院的财务人员认为财会监督包括内部控制但不包括内部审计；16.67% 的公立医院的财务人员认为财会监督不包括内部控制和内部审计；还有 5.56% 的公立医院的财务人员认为财会监督既不包括内部控制也不包括内部审计。因此，大部分医院认同财会监督包括财务监督和会计监督，对是否包含其他监督存在疑义。

（2）对数智化财会监督的认识与理解

对于财会监督数智化和信息化的关系认识，大部分公立医院的财务人员（129 家，79.63%）认为两者存在差异，而主要分歧在于财会监督数智化和财会监督信息化哪个范围更广：有 26 家公立医院的财务人员认为信息化包含数智化；而有 52 家公立医院的财务人员认为数智化包含信息化；还有 28 家公立医院的财务人员认为财会监督数智化就是信息化，这说明大多数公立医院的财务人员认为数智化比信息化更加高级，但对于二者之间区别的理解仍然存在不确定性。

进一步了解大家对数智化财会监督特点的认识，其中信息化的认同比例达到了 90%；数字化和一体化的认同比例均超过 85%；全景化的认可比例达到 77.16%；还有 105 家和 103 家公立医院的财务人员分别认为主体化和敏捷化也是数智化财会监督的特点；有 1 家公立医院的财务人员补充说明可比性也属于数智化财会监督的特点之一。这说明大家认同数智化财会监督应具有信息化、数字化、一体化、全景化、主体化、敏捷化和可比性等特点。

（3）数智化财会监督的制度建设现状

在数智化财会监督的制度建设方面，目前绝大部分公立医院（155 家，95.68%）没有制定针对数智化财会监督的相关制度；仅有 7 家公立医院的财务人员表明本单位针对数智化财会监督专门建立了相关制度，具体制度包括财会监督办法、智慧财务管理制度、结算中心管理制度、一体化管理制度、财务管理制度和审计制度。针对数智化财会监督的制度建设现状的总结，一方面说明公立医院需要梳理相关制度，通过制度建设来引导数智化财会监督的工作规范；另一方面，根据公立医院已经建立的数智化财会监督制度可以看出，数智化财会监督的范围较广，涉及财务监督、会计监督、审计监督等方面，这也与本课题对财会监督的界定不谋而合。

（4）信息系统平台的建设和使用现状

首先，对医院信息系统繁杂程度进行调查，发现目前一半以上的公立医院（84家，51.85%）信息系统不是很繁杂，只有几套核心系统；小部分的公立医院（61家，37.65%）信息系统非常繁杂，说不清楚到底有多少套系统；样本中仅有10家公立医院只有统一的一套信息系统。由此可见，公立医院现有信息系统的繁杂程度并不高，实务中应用涉及多套信息系统，多套信息系统的存在容易导致系统间存在异构情况，会进一步引起系统间的数据信息无法共享、财务人员的业务操作较为烦琐等问题。

其次，进一步了解公立医院现有信息系统的协同性，发现大部分公立医院的财务人员（103家，63.58%）表示现有信息系统实现了一定程度的协同，但仍然存在很多信息孤岛，且人工比对各控制点的工作较多；小部分公立医院的财务人员（33家，20.37%）认为信息系统间的协同性很差；还有小部分公立医院（21家，12.96%）的信息系统实现了较高程度的协同；仅有4家公立医院的财务人员表明本单位各信息系统间能够做到完全协调，不存在信息孤岛且人工比对情况，审核工作非常少。由此可见，绝大多数公立医院的信息系统协同性不高，存在很多信息孤岛，给财务及相关人员带来了繁重的工作。

对于信息系统中业务控制点的数量和控制点集中管理平台的问题，45.68%公立医院的财务人员表示本单位没有单独的集中管理控制点的平台；23.46%的公立医院有单独的集中管理平台，但不知道信息系统中一共有多少个控制点；然而在清楚知道控制点个数的公立医院中，有将近2/3的公立医院没有单独的集中管理平台。这说明大多数公立医院对于控制点没有单独的集中管理平台，目前控制点管理较为分散，一定程度上增加了管理难度。另外，大部分公立医院业务管理人员不清楚相关的控制点数量也说明其对规则数量不甚清晰。

最后，进一步了解目前公立医院如何对系统中业务控制点进行管理的问题，发现绝大部分的公立医院（122家，75.31%）通过业务管理人员告知开发人员进行系统内设置来实现对控制点的管理；另有21家公立医院由业务管理人员自行进行系统内的设置来管理控制点；还有19家公立医院不清楚控制点的管理方式。由此可以看出，目前公立医院业务信息系统中的控制点主要由开发人员进行系统内设置，结合大多数公立医院对于控制点没有单独的集中管理平台，可知现阶段的业务规则管控主要通过业务管理人员告知开发人员在业务信息系统中进行业务规则设置实现，大多数医院没有基于规则引擎建立专门的规则系统以实现对控制点的集中管理。

而在对各业务审批系统内控制要点的审核方式和效率方面，超过一半的公立医院（91家，56.17%）采用人工审核的方式，且审批效率较低；还有22家公立医院虽然是人工审核，但是审批效率较高；有小部分（36家，22.22%）公立医院采用系统审核的方式，且审批效率较高；极少数（7家，4.32%）公立医院应用系统审核但审核效率较低。由此可见，即使存在相关的业务信息系统，大多数公立医院通过人工的方式对控制要点进行审核，信息系统数智化程度较低，审批效率不高。另外，在实现信息系统审批的公立医院中，大多数医院的审批效率较高，因此业务处理数智化可在一定程度上提高业务审批效率，减轻业务人员工作负担。

（5）数智化财会监督建设的资源投入和难点

在数智化财会监督的资源投入上，一半以上的（97 家，59.88%）公立医院资金投入在 100 万元以内；100 万—500 万元的占到了 29.01%；500 万—1000 万元的有 11 家；1000 万元以上的有 7 家。由此可见，大多数公立医院对于数智化财会监督建设的投入额较少，医院相关部门对数智化财会监督的重视程度还不够。

而在了解数智化财会监督建设的难点时，发现缺乏大数据和人工智能技术平台、各职能部门业务数据标准不统一、各职能部门业务数据不共享、缺乏专业的大数据财会监督人才、各职能部门信息化程度不高、在财会监督信息化建设上的投入资金不足、数智化财会监督建设理念不清晰等都是现阶段公立医院数智化财会监督建设中的难点，而大家认为排在前三的原因依次是缺乏大数据和人工智能技术平台、缺乏专业的大数据财会监督人才和各职能部门的业务数据标准不统一，因此公立医院在建立大数据和人工智能技术平台、统一业务数据标准及专业人才培养方面十分欠缺。

（6）财会监督的效果和对数智化财会监督的预期效果

在财会监督工作效果方面，极少数（11 家，6.79%）公立医院的财务人员认为单位目前开展的财会监督十分有效果；11.11% 的公立医院的财务人员认为财会监督效果较大；一半以上的公立医院的财务人员（86 家，53.09%）认为财会监督效果适中；小部分的财务人员（45 家，27.78%）认为效果偏小；还有 2 家公立医院的财务人员认为目前的财会监督工作完全没效果。可见，绝大部分公立医院目前财会监督工作的效果并不明显，处于适中或偏低的水平。

进一步了解公立医院对应用规则引擎技术开展数智化财会监督的预期效果，多数公立医院的财务人员提到，构建一体化财会监督体系，打破各系统间的数据孤岛，实现各部门的协调统一和数据共享；将各业务信息系统中的风险控制点应用数智化手段进行有效的、全面的监督，实现互联网和内网互通 + 财会监督线上线下全覆盖的业财融合的监督体系；建立统一的财务管理平台，实现业务数据共享，能够随时查询和调用，简化流程，实现财务自动化，主要依靠系统审核，减少人工操作；应用规则引擎技术，构建内部监督体系，建立预警系统，实现事前、事中、事后的全流程管理，能够及时发现问题、解决问题。此外，还有少数财务人员提到要提高各环节透明度，起到公众监管效果。另外，极少数公立医院对于开展数智化的财会监督持谨慎和观望的态度，只期待能够实现基本的、简单的监督控制和辅助决策即可。因此，总体而言，大多数医院期望通过应用规则引擎技术打破系统间的信息孤岛，应用数智化手段对风险控制点进行高效、全面的管控，提升财会监督监管效能。

3.2 公立医院财会监督存在的问题

（1）对数智化财会监督的理解不清晰，重视程度不够。首先，大多数公立医院对于数智化财会监督的理解不清晰，主要表现在两个方面：第一，公立医院财务人员对医院财会监督的内涵没有一个统一且清晰的观点，有的财务人员认为财会监督是对医院财务和会计活动进行监督；有的认为财会监督是对内部控制流程的建设与监督；还有的财务人员认为医院财会监督的范围很广，不仅包含内部的财务监督、会计监督、内部审计和内部控制，还包括外部的财政监督、行业监督、社会监督。第二，公立医院财务人员对财会监督数智化与信息化之间的区别认识不清晰，有的认为数智化包含信息化，数智化比信息化更加高级；有的认为信息化包含数智化；还有的财务人员认为数智化就是信息化，二者都是数字化＋智能化。其次，从目前公立医院对数智化财会监督的制度建设和资源投入方面来看，多数公立医院对数智化财会监督的重视程度不够。在制度建设方面，调查样本中超过九成的公立医院没有针对数智化财会监督建设专门的管理制度；在资源投入方面，半数以上的公立医院在数智化财会监督建设上的资金投入在100万元以内，投入额较少，说明公立医院对数智化财会监督的建设重视程度还不够。

（2）对财会监督和其他各个监督体系之间的关系认识不清。公立医院财务人员对财会监督和财务监督、会计监督、财务稽核、内部控制及内部审计范围的界限不明确，对财会监督和其他各个监督体系之间的关系认识不清。具体表现在，有的财务人员认为财会监督包括财务监督、会计监督、财务稽核、内部控制及内部审计五个方面的内容；而有的财务人员认为财会监督仅包含财务监督和会计监督的内容。对于财会监督与内部控制和内部审计的关系大部分医院仍存在疑义，有的财务人员认为财会监督包括内部控制但不包括内部审计；有的财务人员认为财会监督不包括内部控制和内部审计；还有的财务人员认为财会监督既不包括内部控制也不包括内部审计。因此，目前大部分医院对于财会监督的范围以及财会监督和其他监督体系之间的关系认识不清晰。

（3）财会监督更多依托人的管理，技防技控手段缺失。公立医院目前普遍的财会监督建设做法基本都是以制度、流程、手册等文本性文件的整理为主，通过流程、权责、制度、表单、控制矩阵的梳理，实现各类资金、资产、资源的标准化管理。这就导致了公立医院的财会监督工作更多地停留在制度流程层面，很多工作依赖人工操作，例如公立医院现有信息系统中存在较多信息孤岛，人工比对控制点的工作较多；在对业务控制点进行管理时，大多依赖开发人员进行系统内设置；而在对各业务审批系统内控制要点进行审核时，大部分公立医院仍采用人工审核的方式等。因此，以上情况说明公立医院目前的财会监督工作仍依托人的管理，且信息系统不完善，技防技控手段缺失，缺少技术手段的刚性控制。

（4）信息系统间的协同性较差，数智化程度较低。虽然公立医院现有信息系统的繁杂程度并不高，但在实务应用中只有一套核心信息系统的公立医院占少数，大多数公立医院都是多套信息系统在运行，这就容易导致系统间存在异构情况，信息孤岛较多，进一步引起系统间业务数据不共享、信息系统间的协同性较差等问题。目前公立医院对于异构信息系统中控制点的管理大多依赖人工操作，要么是由业务管理人员告知开发人员进行系统内设置，要么是由业务管理人员自行进行系统内的设置，而且由于没有集中的控制点管理平台，现阶段公立医院的业务规则管控也主要通过业务管理人员告知开发人员在业务信息系统中进行业务规则设置实现，大多数公立医院没有基于规则引擎建立专门的规则系统以实现对控制点的集中管理。由于没有基于规则引擎的专门规则系统，公立医院对各业务审批系统内控制要点的审核有的采用人工审核的方式，也有的采用系统审核的方式，在实现系统审核的公立医院中，大多数医院的审核效率较高；但多数医院主要是采用人工审核的方式，信息系统数智化程度较低，审核效率不高，说明大多数公立医院基于规则引擎技术的数智化财会监督建设并不完善。

（5）控制点数量不足，缺少控制点集中管理平台。目前公立医院信息系统中的控制点比对审核工作主要依靠人工，其中大部分医院的业务管理人员不清楚相关的控制点数量，结合人工审核的效率可知，公立医院信息系统中的控制点数量可能并不多，业务管理人员对规则的数量也不甚清晰。对于信息系统中业务控制点的管理，大部分公立医院缺少控制点集中管理平台，具体体现在公立医院对于控制点的管理方式上，大部分医院主要通过业务管理人员告知开发人员进行系统内设置来实现对控制点的管理；另有少部分医院由业务管理人员自行进行系统内的设置来管理控制点。由此可以看出，目前公立医院业务信息系统中的控制点主要由开发人员进行系统内设置，没有单独的集中管理控制点的平台，控制点较为分散，大多数医院没有基于规则引擎建立专门的规则系统以实现对控制点的集中管理。

（6）信息技术手段应用不足，缺少数智化财会监督专业人才。针对现阶段公立医院在数智化财会监督建设中存在的难点，公立医院普遍提到它们目前缺乏大数据和人工智能技术平台以及专业的大数据财会监督人才。具体体现在大多数公立医院对于控制点没有单独的集中管理平台，控制点的管理较为分散，对于控制点的审批工作也主要依靠人工，审批效率不高，不仅给医院增加了管理难度，也给财务人员增添了工作负担。同样，钟晖（2022）指出财会监督领域的专业人员数量较少，专职监督力量相对薄弱，且财会监督信息化程度较低，大数据、云计算等手段几乎未使用，缺乏专门的财会监督系统，监督效率不高；蔡勇等（2023）以中国石油大数据财会监督平台为例，也指出财会监督面临信息化程度低的问题，特别是各类管理信息系统对大数据、人工智能等新技术引入和应用不够，在很大程度上制约了财会监督业务工作的质量和效率；王慧娟（2023）对数字化转型背景下企业财会监督的转型阶段进行分析，指出数字化财会监督在开展过程中存在财会监督专业人才短缺的问题，相关人员的整体业务素质和水平有待提高。总体来说，在数智化财会监督建设过程中，对大数据、人工智能等信息技术手段的应用不足，导致缺少大数据和人工智能技术平台以及缺乏财会监督领域的专业人才不仅是公立医院也是其他行业单位普遍面临的问题。

4 数智化财会监督的核心要义

4.1 财会监督方式的发展历程

财会监督作为一个独立的内部监督手段，在风险防范和内部监督的方式上经历了从制度化、信息化到数智化的三个阶段。

第一阶段：财会监督的制度化。这一阶段财会监督的定位是基于监管要求和管控要求的流程规范和制度建设，医院管理者和财务内控人员希望通过制度的梳理、流程的建设来明确风险管控的要点。因此，很多公立医院往往聘请知名会计师事务所开展内控和风险管理建设，由外部咨询专家指导医院各职能部门形成风险防控和内部控制操作规范和手册，以业务流程图、权责体系表、风险控制矩阵等样式满足管理的规范性要求。这个阶段的好处是很好地推进了财会监督的理念在医院各层级和各业务部门的普及，让大家认识到了风险防控的重要性，并初步形成了风险的标准化管理文本。然而，这个阶段最大问题就是成果的落地性，因为大量的本文建设看似严谨和规范，却加大了业务人员的理解困难，而且短期内（一般一年左右）的全面流程和制度建设让大家完全没有时间对成百上千个风险控制要点进行充分的消化吸收，很多风控和内控手册最终成为一种漂亮的合规摆设，无法真正让业务人员将其内化于心、外化于行。

第二阶段：财会监督的信息化。有些医院在开展了几年的风险管理和内部控制体系建设后，开始考虑财会监督的信息化建设。很多医院认为既然文本化的制度要求无法真正落地，那么通过信息化手段就可以解决风险防控的执行层面问题。而风险防控在制度梳理中的一个重要表现就是业务操作流程和权限审批流程，所以很多医院开始运用 OA 或者 BPM 等软件，从流程引擎的角度考虑财会监督的落地，它们希望将制度规范的业务操作流程固化到 OA 或者相关的业务系统中，实现业务操作和审批流程的强制化，从而保证风险管控的有效执行。这个阶段的好处是通过软件实现了操作流程的固化，所有人员的操作必须按照系统步骤进行执行，保证了流程的严肃性。然而，在深入执行后大家发现，OA 的流程固化虽然保证了每个人都按照规定的要求来操作，但却只是实现了风险操作流程的形式符合，做到了人人签批，而没有做到风险的实质审核，每个操作环节的风险要点还是要依托人的经验判断来进行控制点的结论输出，并以人工输入的方式进行流程中的风险提醒。这个时候，所有的系统操作环节的有效性依赖于操作人的责任心、精力和能力，如果这个操作人马虎一点，粗心一点，随意一点，流程的风险还是无法管控，很多医院领导最终的审批只能依赖于对前面审核人的信任，甚至比线下纸质审批更难发现过程中的问题。

第三阶段：财会监督的数智化。面对医院风险防控的数字化、智能化、精细化的转型要求，医院风险管理和内部控制的实施者们也认识到风险管理并不是制度文件，也不是信息化流程，而是对业务流程中风险的有效监管。而这个监管就是基于数据和规则的风险管理，即在对业务风险经验进行规则化提炼的基础上，实现跨部门、跨岗位的数据交叉比较和校验。因此，数智化财会监督就是基于业务理解和行业 Know—How，构建风险监管规则与模型，从而实现风险的量化识别、分析和评价，并将风险的分析结论嵌入流程，实现无感化、嵌入式监督，赋能医院财会监督的真正落地。

4.2 数智化财会监督的概念和特点

数智化财会监督迄今为止还没有一个明确的学术界定。大部分的学术论文和研究都在探讨财会监督数字化转型建设。例如，周卫华和高天美（2020）提出，财会监督数字化建设实质上是数据采集与分析的闭环过程，做好大数据治理，通过数据标准化实施，对数据的获取、处理、使用进行持续监督，建立有效的财会监督大数据体系，将是财会监督数字化建设的核心和方向。由此可见，很多的研究都是从数字化思维的角度进行数字化财会监督的建设探讨，而没有对数智化财会监督的理念本源从数智化思维的角度进行深入的探究。大量学者将数智化财会监督与大数据财会监督、智能化财会监督、信息化财会监督等概念混同使用。结合前面对财会监督和数智化的界定可知，数智化财会监督是指运用互联网、大数据、云计算等技术转变财会监督的工作模式、流程和手段，实现对财会数据的实时监督和分析，提高财会监督的精度和效率，从而实现财会监督全流程、全业务、全周期、全利益相关方的数字化和智能化。其中：财会监督数字化是指通过数字化手段对财会监督的业务对象、实施主体、工作流程、过程文档、管理事项的各类信息进行全面的结构化处理，即将获取的电子化信息转化为结构化字段，提高财会监督在数据采集、分析、传输、共享和应用等方面的效率，减少监督数据冗余，降低监督成本；财会监督智能化就是在“数据”的基础上，通过计算智能、感知智能和认知智能的技术运用，实现财会监督工作的自动化、实时化。比如，通过 RPA 技术（流程机器人）实现财会监督工作的自动化执行；通过 OCR（图像识别）和 NLP（语义分析）技术实现非结构化数据的结构化处理和采集；通过机器学习实现财会监督模型的智能构建和运用等。

数智化财会监督的本质内容就是监督数据结构化和监督经验规则化，其特点主要表现在以下四个方面。

（1）主体化。主体化是指通过一定的作用，使客体的形态或者内容变成主体的一部分或者为主体所用。对于单位数智化财会监督建设来说，实施单位是主体，数智化财会监督是客体，主体化的特点强调实施单位要发挥数智化财会监督的主观能动性，发挥财会服务业务的主体意识，将数智化财会监督嵌入单位业务的风险管理的全过程，赋能财会监督工作由传统的独立的人、财、物等业务系统信息化管控向基于各业务系统数据互联互通的数智化在线动态监管转型升级，实现异构系统下的嵌入式财会监督管理。

（2）全景化。数智化财会监督的全景化不仅在于把财会监督的所有相关职能、相关流程和相关信息进行量化处理和规则比较，而且在于财会监督在职能范围、领域范围、时间范围上的全覆盖，财会监督作为经济活动监督的细化和升级，在流程上，将事后监督延伸到事前、事中监管，贯穿至经济活动、资金运行的全生命周期，在监督主体上具有广泛性，涉及财政部、证监会、国务院国资委等各个部门，通过打通监管通道，畅通数据共享，实现全流程、全方位、无死角监管。

（3）敏捷化。敏捷化是指利用大数据分析灵敏感知和回应市场需求，实时掌握动态海量数据，通过大数据挖掘来发现市场需求和发展趋势，并搭建智能的协同创作平台。数智化财会监督采用数智化的手段建立财会监督智能分析监控系统，以实现对财会数据的收集、分析和监控，实现财务管理实时化以及风险监测的动态化，有助于在经营决策服务中的快速响应，体现出敏捷化的特点。

（4）数字化。数字化是利用数字技术，对企业、政府等各类组织的业务模式、运营方式，进行系统化、整体性的变革，关注数字技术对组织的整个体系的赋能和重塑。财会监督数字化的特点体现在其通过对信息的结构化处理，打破了信息在职能、部门、流程上的壁垒，实现了跨业务、跨部门、跨流程的不同信息之间的共性特征的提炼，并将这些信息分解为若干最小颗粒度的字段，以结构数据的形式进行汇总、清洗、分析和管理，推动财会监督从流程驱动向数据驱动转变，从而实现管理层级扁平化、管理颗粒精细化、管理视角多维化。

4.3 数智化财会监督的意义价值

财会监督作为单位经营管理的一个重要环节，面对内外部数据的爆发式增长，受到了数智化的巨大冲击。传统的财会监督模式也暴露出更多风险点和薄弱环节，使得传统的财会监督模式并不能够满足于这个时代发展的需要，也跟不上时代发展的潮流。这就需要对财会监督进行不断的优化和完善，推动财会监督向新兴技术驱动的数智化发展，以应对数字化转型所带来的一系列挑战。开展数智化财会监督建设的意义价值体现在以下方面。

（1）开展数智化财会监督建设有利于监督成效的落地。医院目前常见的风险监控以个人经验主义为主，风险识别、分析、评价和监控依赖于财务和风控人员以及各部门的风控专员的个人紧盯，受制于人的精力、经验和能力，受制于个人的情感化影响，无法实现风险管理的客观化和全面化，且各医院在风险管理的知识和能力的传承上面不够系统。通过风险管理数智化平台的构建，搭建风险数据的自动抽取和分析平台，充分利用大数据扩展风险信息来源，一方面使风险管理人员可以面对更多潜在体现风险因素的信息，从而增加风险分析的维度，更加快速地识别和防范风险，另一方面可以实现基于数据的风险自动化监控，优化“以目标为导向，以组织为保障，以制度为基础、以流程为脉络、以岗责为主体、以表单为载体、以标准为前提、以风险评估为手段”的风险内控体系，从而让风险管理从效果和效率上得到大幅提升。

此外，医院之前的风险识别和防控在国家卫健委相关指引和规定的指导下，主要以定性的风险事件识别为主，没有建立全面的定量的风险分析模型，没有系统性地从数据角度建立风险诊断和识别机制。通过财会监督的数智化体系构建，可以实现风险预警规则的阈值设置，并依靠数据挖掘、人工智能等技术进行数据层面的风险模型的开发和建立，将所有风险尽量实现量化评价，实现纵向、横向两个维度的比较和对标，可以更加客观地进行“查不足，找短板”，帮助医院领导实现对风险的量化监控。

（2）开展数智化财会监督建设有利于监督模式的转型。随着管理层对风险管理和内部监督要求的日趋严格，财会监督工作需要从“事后监督”向“事前预警”转变，实现财会监督对管理问题和业务风险的“前置预警”。数智化财会监督通过技术手段实现风险要点的规则化、固化，从而可以通过实时的数据抓取和规则分析，在业务开展的过程环节中就进行风险识别和预警，并在第一时间提醒相关的职能部门和高层管理者，确保他们能够对风险作出及时的应对，将风险能够有效的防范在业务的第一线，真正推动财会监督从检查监督的事后价值保护向咨询服务的事中价值增值转型。

（3）开展数智化财会监督建设有利于风控智慧的组织沉淀。在以往财会监督中，通过财务稽核、内控风控、内部审计的工作开展，实现了对风险问题的汇总和总结。然而，这些知识的沉淀是以文本的形式沉淀在了“老专家”身上，财会监督的成效主要依赖于财务和风控人员的能力和经验，所以在业务中很多风险的发现还是需要依靠“老法师”们的敏锐而灵活的沟通和丰富的现场经验；风控知识、风控模型、风控程序的实施经验都固化在个人身上，没有形成单位化的沉淀和传承。数智化财会监督体系可以将“老法师”的经验和知识形成量化的规则，变为整个组织的风控智慧，让所有财务和风控人员都能够快速的掌握和使用以往的风险防范方面的经验和知识，促使财会监督工作长效化发展。

（4）开展数智化财会监督建设有利于监督方法的革新。首先，开展数智化财会监督可以实现“数据校验数据”的监督方法，采用对财务、合同、招采、资产等内部交易数据的交叉验证，以及与税务、工商信息、征信、涉诉等外部信息的实时交叉验证等，实现对单位经营管理全链条数据的多维度、多角度的互验互证，支持经营管理风险动态监控；其次，开展数智化财会监督可以实现“流程比对流程”的监督方法，采用将单位经营管理活动产生的流程数据与财会监督设计的标准流程数据进行实时监控与比对，实现对经营活动全过程执行有效性的实时监管；最后，开展数智化财会监督可以实现“系统监控系统”的监督方法，通过系统间管理数据的交叉判断、关联分析等，对各类独立业务系统的信息化风险进行实时在线监管，及时发现潜在风险并管控。

5　业财规则引擎在公立医院数智化财会监督中的应用

5.1　业财规则引擎的设计思路

数智化财会监督强调的是数据结构化和经验规则化，通过基于数据的规则比对来实现风险的提示和预警。在这一逻辑下我们将数据和处理规则的管理这些功能从业务系统中解耦出来，搭建了独立的业财规则引擎。业财规则引擎并不是一个独立的业务系统，而是在医院已有的业务系统中解耦风险规则体系，在各业务系统之间架设“数据规则关联”系统，各业务系统的数据在发生的时候进入业财规则引擎进行数据清洗和规则运行，并将运行完的风险结果通过接口的方式返回给业务系统，从而对业务系统进行实时的风险预警和提醒。业财规则引擎赋能医院财会监督工作可促进由传统的独立的人、财、物、产、供、销等业务系统信息化管控向基于各业务系统数据互联互通的数智化在线动态监管转型升级，构筑医院异构系统下的嵌入式风险管控服务平台。

业财规则引擎起源于基于规则的专家系统（RBES），其主要思想是将应用程序中随着时间空间动态变化的业务决策部分分离，使用预定义的语义模块编写业务决策由用户或开发者在需要时进行配置和管理。作为一个嵌入在应用程序中的组件，业财规则引擎的任务是把提交给引擎的数据对象与加载在引擎中的业务规则进行测试和比对，激活那些符合当前数据状态下的业务规则，根据业务规则中的执行逻辑触发应用程序中对应的操作。规则引擎包括工作存储器（Working Memory），包含规则集容器（Rules Container），匹配器（Pattern Matcher），执行器（Genda）等功能模块。工作存储器用于存储当前应用系统环境提供的应用对象。规则集容器用于存放规则库中的规则集。匹配器是用来关联工作存储器和规则集容器的，将工作存储器中的应用程序对象与规则集容器中的规则进行匹配并将匹配成功的规则放入执行器中。最后由执行器将匹配成功的规则实例用来执行规则的动作部分，并将执行结果回传给应用程序。相比于传统的配置文件和脚本语言定制的方式，规则引擎不仅更加灵活，而且在大规模规则集的情况下，也能够较快地完成规则匹配，不会有系统性能的瓶颈。

业财规则引擎以“数据—规则—系统”为技术路径，做到“以数为基重同步、以智为用重预警”，充分运用大数据、人工智能、机器学习等手段，打通医院内部和外部两套数据资源、整合医院线上和线下两类管理信息，将医院内部重点领域、关键部门、重要岗位从“人、财、物”“资金、资产、资源”，以及权力行使、经营管理、业务流程等不同角度、不同节点，以“在线串并”和“交叉穿透”方式进行实时监管，实现医院健康评估、风险预警、漏洞扫描和疑点初筛。

5.2 业财规则引擎在公立医院数智化财会监督中的必要性

数智化财会监督要求公立医院必须将风险事项和防控措施以数据规则的形式进行量化转化，从而在业务系统中进行嵌入式的预警和监控。对现阶段大部分公立医院的信息化管理和风险管理现状来说，业财规则引擎的应用是公立医院实现财会监督从“人防人控”转为“技防技控”的必然路径。

业财规则引擎是医院面对异构系统下开展低成本的跨业务监督的必然选择。公立医院在长期的经营发展中，为了解决各条线的流程和数据问题，针对诊疗、检验、财务、资产、采购、预算、行政办公、合同、人事等各业务和管理职能，由各部门牵头上线了不同的信息系统。这些系统常常数据库各异、数据标准各异、操作系统各异、硬件要求各异、网络环境各异，我们称之为异构系统。随着医院内部信息化的逐步深入，异构化系统越来越多，系统自身的独立性越来越强，系统之间的关联性却越来越弱，这导致了一系列普遍性问题：内部信息分发渠道杂乱、业务数据和审批流程分散、重点业务信息未能集中管理等。这些异构系统虽然从各条线的管理来说能较好地满足各自的需求，但是从医院的风险管理角度来说却存在很大问题，因为医院的财务、运营、法律、合规等风险的防范并不是依靠各条线的独立的数据监管就可以应对的，而是需要跨职能、跨部门、跨条线的业务交叉比对才能更有效地进行风险识别、分析和应对。这就要求医院在建立风险监督系统的时候必须建立一个可业务数据横向比对的机制。一方面要统一各业务系统的数据口径，实现数据的有效关联；另一方面要通过监督规则实现数据的协同校验。而医院因为前期已经投入了大量的资源建立了各个异构化的业务系统并处于良好的运行中，它们不可能为了财会监督的监管要求推翻这些已有的系统，进行医院所有业务系统的架构和功能重建，即使在各业务系统中进行零星的修补和接口开发也不能系统化地构建全面的财会监督体系，而且会让各系统交叉，显得杂乱无章。所以只能通过业财规则引擎这一独立的中间系统，通过业务和监督相解耦，以多个业务系统对一个规则引擎的方式，来抓取、清洗和整理各业务系统的数据以及配置和运行各监督规则，从而实现各业务系统之间的有序的、高效的、清晰的数据校验和风险预警。这种利用业财规则引擎进行数智化财会监督的系统实现方式在成本、时间、效能上是最为经济和现实可行的。业财规则引擎是医院面对风险实时动态变化下能够作出敏捷响应的必然选择。在传统的管理辅助系统开发和实施过程中，业务监督规则是在系统需求分析阶段就由财务、审计等监督部门提供出来，通过 IT 技术人员内嵌在程序代码中的。这些监管规则一旦开发完成，相对固定不易改动，在应用系统中的呈现缺乏柔性和可维护性。当医院 IT 部门在面对监管要求变化而需要调整监管规则时，需要将业务监管规则在程序的源代码层面予以重新编译和部署，维护工作量大、维护成本高、系统不稳定，难以及时响应医院不断变化的管理要求。而如今，医院的经营环境变幻莫测，外部监管要求的随时调整以及医院内部管理模式的不断变化，需要医院不断调整各业务和管理条线的管控方式、流程制度以及监督的广度和深度，因而支撑医院运作的管理系统中的监管规则也要求能够跟着内部外部环境和监督要求的变化而实时调整。业财规则引擎作为解耦的风险预警工具将各类监督的风险定义为了字段的错配关系，可以在医院风险和监管规则变化时，通过字段间的规则函数的快速调整实现对变化中的风险及时敏捷的响应。相比于传统的程序语言、配置文件和脚本定制的方式，业财规则引擎不仅更加灵活，而且在大规模规则集的情况下，也能够较快地完成规则匹配，不会有系统性能的瓶颈。

业财规则引擎是医院财会监督人员能够实现监管规则实时自主调整的必然选择。数智化业财监督虽然依托于数据和规则进行风险的量化预警，但其本质还是风险监管的经验沉淀，所以所有的风险监管规则首先来自风控人员对业财风险的理解和认识。然而，由于风控人员并不懂计算机语言，所以他们在整理了风险规则后，在进行系统具体落地时往往需要与技术开发人员相互配合：风控人员将监管经验和规则告诉技术开发人员，技术开发人员将理解的业财监督规则转化为计算机代码。由于风控人员与技术开发人员的专业知识体系、语言体系不一致，在相互的信息传递中经常会出现偏差，容易造成技术开发人员不理解风控人员的专业术语，开发业财监督规则的时间长、成本高、错误多，甚至南辕北辙。而业财规则引擎技术打破了风控人员与技术开发人员沟通的断点，将规则的配置过程变成了低代码甚至无代码的编译过程。风控人员不需要会写代码和 SQL 语句，可使用预定义的可视化模块，仅需要通过逻辑判断以对图形拖拉拽的方式，就可以在需要的时候自主灵活地进行规则和模型的实时配置和管理，大大减少了从风控人员到技术开发人员的信息损耗，提高风控人员风险分析的效率，降低风险规则搭建和运行的成本，实现了规则管理的半自动化甚至自动化，提高了规则编译的效率和效益。

5.3 业财规则引擎的运作逻辑框架和核心功能

业财规则引擎在现有的医院各个业务系统中以接口的方式嵌入，通过直接从业务系统或者从数据平台获取数据，然后对数据进行映射和清洗，形成风险数据集市所需要的数据，再结合各业务的监管规则进行比对校验，将风险数据的校验结论通过接口提供给前端的业务系统或者审计监督部门，从而帮助业务人员和风险监督人员在流程流转和决策时查看相关数据和事项的合规性和合理性，即通过系统间的业务关联、流程关联、数据关联分析实现对各业务之间的风险控制。

5.4 业财规则引擎对公立医院数智化财会监督的价值

第一，业财规则引擎可以实现财会监督从零散化到一体化的协同整合。医院的财会监督和风险防控以往散落在财务、内控、内审、风控、法务等多个职能中，依靠财务部、审计部、院办、法务等多部门进行各自的风险事项管理。基于业财规则引擎的财会监督数智化平台建设可以助力实现治理协同、风控协同和价值协同，建立以违规追责为核心，打通风险管理、内部控制、合规管理、审计管理、法务管理等维度的工作机制，实现内部风险管理职责的一体化运作和协同。同时，基于业财规则引擎的财会监督数智化平台可以结合各部门和内外部的数据资源和行业相关分析模型，对公立医院不同院区、时期、主题的数据进行风险监控的结果总览，为医院了解风险运行情况、各职能部门开展风险监督的情况，以及各岗位的风险执行情况提供数据支持。通过数据的可视化展现，实现整个资源的“风险监察一张屏”，实现每家医院财会监督管理水平的直观比较，大大提高了财务监督结果的数字影响力。

第二，业财规则引擎可以实现财会监督方式从单一的流程制度模式向“数据—流程—系统”的联动模式转型。首先，实现“数据校验数据”的监督方法，采用对医院财务、合同、招采、资产等内部交易数据的交叉验证，以及与税务、工商信息、征信、涉诉等外部信息的实时交叉验证等，实现对医院经营管理全链条数据的多维度、多角度的互验互证，支持经营管理风险动态监控。其次，实现“流程比对流程”的监督方法，采用将医院经营管理活动产生的流程数据与“内规”设计的标准流程数据进行实时监控与比对，实现对经营活动全过程执行有效性的实时监管。再次，实现“系统监控系统”的监督方法，通过系统间管理数据的交叉判断、关联分析等，对医院系统内各类独立的业务系统的信息化风险进行实时在线监管，及时发现潜在风险并管控。最后，实现智能风险决策。从基于主观的、经验的、定性的决策，转型为基于客观的、大数据驱动的预警和量化模型分析的智能决策。

第三，业财规则引擎可以实现财会监督规则的集中化管理。在没有开展数智化财会监督建设前，各类业务风险的管理措施散落在各个部门，各部门从各自的职责出发建立相应的规则事项和指标，这些事项和指标虽然能够实现部分的风险预警，然而它们之间没有实现有机的联动，较为孤立，没有形成一个整合的体系化的业务规则模型框架。而且各个系统中的嵌入式控制点只是存在于各系统内，并以代码形式的隐形化存在，没有一个部门和岗位可以掌握一共在各个业务系统中嵌入了多少控制点。通过基于规则引擎的财会监督数智化平台的构建，可以实现业务的所有风控要点和监管规则的集中展示、集中配置、集中管理，每个系统中的业务规则是否完整，是否生效，阈值是否合理都一目了然，所有的业务监督规则都以显性化的管理模式展示给医院的所有管理者，帮助公立医院财务部门更加体系化地进行业务规则的思考和整理。

第四，业财规则引擎可以实现财会监督规则的灵活配置和自动化监督。通过基于规则引擎的财会监督数智化平台的构建，搭建风险数据的自动抽取和分析平台，充分利用大数据拓展风险信息来源，一方面使财会人员可以面对更多潜在体现风险因素的信息，从而增加风险分析的维度，更加快速地识别和防范风险，另一方面可以实现基于数据的风险自动化监控，优化“以目标为导向，以组织为保障，以制度为基础、以流程为脉络、以岗责为主体、以表单为载体、以标准为前提、以风险评估为手段”的财会监督体系，从而让财会监督从效果和效率上得到大幅提升。

第五，业财规则引擎可以实现财会监督中的风险防控流程的简化和优化。医院财务、费用、资金、资产、采购、外包等各个业务流程中的风险审核环节原本需要依赖于相应的岗位人员进行人工判断，而在引入了规则引擎之后，这些人工判断的经验转化为了系统自动运行的规则，减少了人的精力、能力、责任心等因素造成的失察风险，对于一些繁杂的业务判断事项的审核节点完全可以进行优化和简化，从而提高了审核审批的效率。

第六，业财规则引擎可以实现财会监督的敏捷化和延展性。将规则引擎与应用系统分开，可以实现一个引擎协同多个系统控制规则的高延展性场景。规则引擎技术使项目在未来不仅可以服务于财务经营风险的识别，还可以进一步深入业务端、财务端等各个系统，协助管理者在系统中嵌入控制规则、监控点。另外，规则引擎可以随业务、风险的不断变化提供开源的开发平台，便于单位根据需要迭代，开发控制规则和控制模型。将信息技术中的敏捷思想引入单位管理，为控制规则、控制模型的开发和嵌入提供了强大支持和广阔的可能性。

5.5 业务规则引擎实施落地的主要内容

业财规则引擎的落地建设，包括了监督规则梳理和系统实施落地两部分。其中，监督规则梳理是根据特定业务场景中风险防控发现的问题，进行经验的结构化，将风险防控要点转化为清晰的监督规则，明确各风险要点的数据字段和规则表达式；系统实施落地则根据数据实时采集、规则灵活配置、风险自动运行的要求进行系统的上线运行，打通业务系统、数据集市和规则系统，实现风险规则的全覆盖和实时预警。

5.5.1 在数据治理方面

业财规则引擎的落地需要通过数据工程建设实现风险管理大数据的整合和归集。首先，在数据的标准化方面，以风险视角对医院财会监督的各类数据进行资源目录的梳理，建立风险数据的体系和标准，实现对各类财会数据的全面采集、清洗、整合与处理，真正打通医院各部门之间的数据孤岛，克服财会数据的零散化、烟囱化，形成基于风险的数据应用集。其次，在数据的汇聚抽取方面，可以采用云计算平台技术、数据计算引擎技术、数据分析技术、数据可视化技术、数据安全技术等搭建医院的数据抽取平台，统一风险数据质量、风险数据格式、风控数据库及数据接口、数据运行机制等标准和规范，实现对数据抽取、清洗、存储、分析的效率和安全。最后，在数据清洗方面，基于风险管理的要求，梳理风险数据集市，整理风险标准表和标准结构化字段，做好原始数据表和标准数据表的数据映射工作。通过数据工程的建设，形成医院的四类风控数据管理能力，即全方位的监察数据接入能力、全生态的监察数据存储能力、全流程的监察数据管理能力、多层次的监察数据分析能力，实现风险数据资源“可知、可查、可管、可用”，打破数据应用壁垒，加强风险数据与应用场景的融合度，解决好风险大数据“用起来”的问题。

5.5.2 在规则梳理方面

风险规则引擎通过风险规则模型建设，实现不同场景疑点的自动化预警和跟踪处置。首先，在规则建设上，公立医院结合内控、内审、风控等监管法规的要求，将医院的业务管理场景分为财务、预算、采购、资产、合同、收支、工程、科研等各维度，从横纵分析、主题分析、专题指数、预测模拟、经济指标监控等多方面进行风险监管规则的梳理。各个场景下的风险规则可以来自卫健委等监管部门的法规要求、医院自身的流程制度要求、以往审计发现的问题，也可以来自其他监管机构要求医院作出的整改事项。通过对这些风险问题的字段化和函数化梳理，实现管理思想的量化沉淀，将以往的内控要点清单、审计问题清单、监管问题清单转化为风险规则清单。其次，在规则配置上，使用预定义的可视化模块来搭建风险分析规则，风控人员不需要会写代码，仅需要在规则页面通过逻辑判断下的字段函数的拖拉拽方式，就可以自主灵活地进行规则和模型的实时配置和管理。最后，在规则运行上，系统通过引入自动机器人（RPA），实现对监察规则的自行运行和监控，大大提升对特定风险的监察和识别的效率和效果。

5.5.3 在系统对接方面

为了让原始数据从业务系统传递到规则引擎，然后将规则引擎的风险结论传递回业务系统，业财规则引擎采用了 API 数据接口和 RPA 机器人两种方式进行系统数据之间的交互。API 接口是通过与各业财系统统一数据传递的标准，建立后台的数据传递的内容、频率和方式，实现各系统之间稳定的数据传输。API 的好处是可以实现数据的稳定传输，但是不足之处是需要两边开发人员进行代码开发和联调配合。而 RPA 机器人则通过前端的页面字段的自动化抓取，实现数据从业财系统向规则引擎的写入，并将风险结论写回到业财系统。RAP 的好处是可以灵活快速地进行数据抓取，不需要业财系统的任何改造，而不足是不能根据业财系统业务的变化需要随时作出调整。

6　业财规则引擎的数智化财会监督落地实践

6.1　上海九院科研管理场景的业财规则引擎应用

6.1.1　上海九院科研管理的现状

上海九院创建于 1920 年，是一所以口腔、整复外科和骨科为特色的，内、外科为基础的，具有较强综合实力的，集医、教、研为一体的三级甲等综合性教学医院。1989 年年底，上海九院成立科研办公室负责全院的科研管理工作，科研工作已有三十余年历史，形成了纵向科研项目、横向科研项目、自建科研项目等多种的科研项目形式。

2019 年，上海九院的国家自然科学基金项目数量首次突破 100 项，SCI 论文发表数量在全国的医疗机构排名中进入了前十。在上海市三甲医院科研竞争力排行榜中，上海九院位列上海市第二（并列）。同时，上海九院也是该年国内专利授权数量最多的单位，共计 239 项。2020 年，上海九院获得国家自然科学基金项目 102 项，在上海市三甲医院科研竞争力排行榜中，位列上海市第三。2021 年，上海九院共获纵向科研项目（课题）236 项，科研经费共计 9721.29 万元。其中，获得国家自然科学基金项目 113 项，资助直接费用合计 5447.4 万元，在上海市三甲医院科研竞争力排行榜中，位列上海市第四。2022 年，上海九院国家自然科学基金项目立项 121 项。截至 2023 年 8 月 24 日，上海九院国家自然科学基金项目立项 110 项。

上海九院科研项目管控共涉及 5 个部门，分别是科研管理部门、财务处、资产管理处、院办和成果转化办公室。其中，财务处承担了对科研管理全过程的主要风险的审核，包括立项的规范性、预算的合理性、供应商的有效性、采购和支付的合规性、成果的完整性等，这些风险监督要点也成为我们规则梳理的主要来源。

课题组进一步梳理了上海九院在科研项目管控上的全流程信息化情况。目前上海九院的科研立项、预算、支付都是在科研自助系统中执行，而采购、招标、合同目前没有相应系统，所有合同在签订后会在科研自助系统进行电子化的台账登记。

6.1.2 上海九院科研管理中的数据和规则梳理

根据上海九院科研项目管控的实际情况，结合卫健委对公立医院科研相关的监管要求以及医院以往的财会监督要点，经过与医院的财务处、科研处等充分沟通，针对科研管理的项目立项、物料采购、费用支付和结项验收这4个子场景，进行了监督规则的初步梳理，共梳理出26条财会监督规则。针对每一条风险规则，从规则函数、涉及字段、涉及系统、预警频率、取数方式等维度，进行业务风险规则的详细设计，形成基于数据和规则的详细说明文档。通过规则的详细说明文档对每个风险的数据来源、接口标准、运行方式进行了系统层面的共识。

在梳理完基于科研场景的上海九院数智化财会监督规则的基础上，将其中涉及的字段进行汇总、合并和整理，并与业务系统进行字段比对后，形成了数智化财会监督规则的标准数据宽表。通过对26条规则的梳理，共形成7张数据标准宽表：采购基础表、合同基础表、财务凭证基础表、课题基本信息基础表、课题经费预算基础表、课题费用报销基础表、征信信息基础表。这些宽表也成为数智化财会监督数据集市的标准表。

通过对数据集市表的梳理和建设，实现了对科研场景的风险字段的数据治理，确保数据资源“可知、可查、可管、可用”，打破数据应用壁垒，加强了风险数据与应用场景的融合度，解决了风险数据“用起来”的问题。

6.1.3 上海九院科研管理的业财规则引擎落地

（1）明确不同规则的风险预警模式。根据科研风险规则在科研预警的不同阶段，课题组将财会监督的风险预警模式分为事前预警、事中预警和事后预警。事前预警主要是在科研立项方面，进行课题名称比对，防止项目重复申报；通过调用外部第三方的征信接口，对合作单位的合作方资质进行审查；事中预警则是与现有的财务平台中的付款、报销等业务流程进行对接，在审批过程中，实时地将风险结果推送至审批页面，进行风险提示；事后预警则是在科研项目全部完成之后，通过定期获取历史数据，对周期内发生的所有资金、财务等业务进行风险排查，及时地进行风险监控。

（2）部署规则引擎产品。规则引擎产品包括数据采集、规则配置、审核分配和风险预警四个功能，由医院信息部门提供独立的服务器进行产品的部署。对于事中的监督审核，我们主要针对的是科研费用支付环节，通过RPA技术将规则引擎嵌入科研系统的审批节点之中，实现对每一笔支付的事中风险审核。

（3）数据采集。将科研场景整理的7个业务宽表的所有标准字段配置到数据集市表中，建立科研基础表，并根据不同数据的获取方式，以RPA录入、批量导入、接口对接等方式进行数据采集、清洗和整理。以事中审核的规则嵌入为例，当业务人员在提交一个待审核的业务单据之后，RPA 会将该单据的基础数据自动填入业财规则引擎的科研基础表中。

（4）规则实施。根据前述整理的 26 个规则的设计文档，进行数智化财会监督规则在业财规则引擎的自定义配置，设定风险名称、风险类型、风险等级、风险表达式、风险阈值以及风险预警表述，实现系统中规则的集中化管理和灵活化管理。之后，将配置好的监督规则分配到具体的审核单据上，明确合同、报销等不同事项单据需要运行的具体规则。这一过程需要在系统中明确触发规则运行的关键字段。

（5）风险预警。通过对医院科研相关的业财数据的规则比对，形成风险预警事项列表。对于事后风险管控事项仅需要在数智化财会监督平台证实预警结论即可；但是对于事前、事中管控事项，当业务人员在提交一个待审核的业务单据之后，RPA 会将该单据的基础数据自动填入业财规则引擎的科研基础表中，在规则运行后再将相应的预警结论返回到业务系统的审核人页面，帮助其进行风险的判断和提醒。因此，对于事前、事中规则的风险预警，规则引擎在部署时需要明确和业务系统交互的标准接口以及最终风险在业务审批单据上的展示区域。

6.1.4 业财规则引擎在上海九院科研管理落地的成效

（1）立足合规，切实落地监督措施。通过科研业务管理与内控规则引擎的融合，实现科研立项、预算、采购、费用、结项等子流程中的数据自动、有效、实时的比对和分析，解决流程审核中的风险点关注依赖于人工、审核风险出现遗漏、审核效率低、审核工作量大等管理问题，显著提高管理精度和深度，将科研管理上的监管要求和内部制度真正做到落地。

例如，在科研的采购和费用支付上，通过嵌入供应商资质审核、费用概预算审核、采购金额和数量审核、“三重一大”审核等规则，实现系统在流程上的自动化审核，对于低风险事项进行审批提醒控制，对于高风险事项直接进行驳回控制，优化了审核的效率和效果。除了事中审核效率的提升外，事后还可以通过对科研支出的汇总分析、各类费用的异常波动分析、供应商资质变化的分析等规则，进行科研监督的实时监控，减少舞弊行为发生。

（2）优化流程，做到全过程可管控。通过引入规则引擎，一方面，对科研系统、报销系统的流程各节点可以进行重新设计，一些依靠人员来把控的基础审核点以及对应的审批节点可以被优化掉；另一方面，将规则引擎嵌入科研、报销系统后，可以对跨系统的数据对接中的程序规范性、数据一致性实现有效比对和监管，保证了科研管理全方位、全过程的风险有效可控。

（3）释放精力，有效提质增效。将科研流程的财务监督经验和风险模型固化到系统中，大幅减少人为干预，使财务风险管理实现标准化、自动化、无纸化和实时化，释放财务人员精力，进而可以投入到价值创新工作中去。同时，经过一段时间的动态分析后，可以通过积累的数据，对科研风险进行汇总，形成医院科研风险画像，更好地指导医院的科研工作开展。

6.2 清华长庚科研管理场景的数智化监督应用

6.2.1 清华长庚科研管理的现状

清华长庚成立于 2014 年 11 月，位于北京市昌平区立汤路 168 号，由清华大学与北京市共建共管，是一所集医疗、教学、科研、预防、康复于一体的北京市属大型综合性三级公立医院，是清华大学附属医院，也是北京市医疗保险 A 类定点医疗机构。医院现有 1 个院区，一期工程编制床位 1000 张，二期工程正在建设中，编制床位 500 张，医院总建筑面积 131248 平方米。

清华长庚拥有一支 45 余人的信息系统开发团队，以长庚纪念医院信息系统为基础并结合公立医院制度要求，不断致力于实现病患就诊流程的便捷、医务人员操作步骤的优化、管理流程风险管控点的系统化等，本着“管理制度化、制度表单化、表单电脑化”的原则，从各项业务流程导向出发，逐步将内部控制体系嵌入信息系统中。目前医院已经形成了请购订购审批线上线下同步；采购、供应、会计、出纳相互稽核的资金支付管控流程；财务部门、资产管理部门、资产使用部门联动的物资收发存管系统；报销就源输入系统等，尽量减少或避免人为操作因素的干扰，保证数据安全。

为深入贯彻落实中共中央办公厅、国务院办公厅《关于进一步完善中央财政科研项目资金管理等政策的若干意见》（中办发〔2016〕50 号）、国务院《关于优化科研管理提升科研绩效若干措施的通知》（国发〔2018〕25 号）等文件精神，清华长庚借助信息化手段，逐步搭建覆盖医院科研活动全过程的管理与服务信息平台，支撑医院科研管理体制机制改革，优化管理，简化报表和流程。

科研项目管理信息系统主要用于科研信息收集和管理，包括科研项目、经费、合同、成果、人员等信息的录入、修改、查询、统计等功能。其中，科研经费管理工作，管理流程链条长，且与医院的采购、物资、医疗收费、财务会计、出纳密切关联，往往存在预算与支出脱节、经费明细含糊、缺乏统一管理的问题。针对这些问题，清华长庚科研经费管理信息系统亟须满足内控信息化的需求，对科研经费从来源、到账登记、概算预算到收支控制、经费调整、决算汇总进行规范管理，做到预算审批有标准、经费支出有控制、决算审计有明细。

清华长庚科研项目经费信息管理系统主要包括以下功能模块：①项目信息维护，实现科研项目基础信息、科研项目组成员、科研项目预算信息的查看、维护，项目立项结项等功能；②项目到账管理，项目经费入账后，项目负责人在系统内填写缴款单，出纳确认到账，在缴款时，系统完成管理费、税费相关的计提；③经费支出管理，在费用报销、暂借款、物资请购、科研津贴、医疗记账等模块，均可以实现科研经费的支出，当发起合同付款、采购申请、差旅报销等科研相关费用支出时，与科研预算进行校验，根据预算控制经费支出，并在经费支出后，进行科研经费归集，确保科研经费使用合理、规范，科研项目费用明细清晰可查；④科研经费账务管理，对于经费到账和支出，在前端业务系统发起后，最后汇集到财务系统进行会计记账，生成正确的记账凭证分录；⑤科研项目经费实时汇总，实时汇总科研项目费用相关情况，在项目信息中呈现科研经费的预算执行状态，使用了多少、结余多少、经费构成、经费分布等一目了然。按照科研项目管理相关要求，统计各年度收支明细，按项目、预算科目汇总收支明细数据，方便进行科研项目结题及审计。

6.2.2 清华长庚科研管理数智化财会监督的需求

随着科研管理“放管服”改革推进，系统在科研精细化管理、线上业务办理、数据共享以及智能化等方面对信息系统提出越来越高的要求。清华长庚在科研项目内控信息化建设过程中主要面临的问题可以概括为以下四点。

第一，科研项目信息系统与已有预算管理信息系统间的业务融合问题。清华长庚在2018年上线覆盖医院全部资金支出的预算管理系统，涵盖从预算编制、预算执行、执行监督到执行分析一体化的预算管理全过程，实现预算管理与预算执行完整生命周期的全过程控制。主要包含以下功能：预算编制，系统设置了一套预算科目体系，预算按照收入、支出项目进行细分，在做支出预算时，用款计划细分到12个月；预算事中控制，用户登录系统后，可以使用被授权的预算并可看到预算的下达金额、预占金额、已用金额、可用额度；预算查询，系统支持数据下钻分析，比如点击预占金额、已用金额，可查看资金使用明细；预算调整，包含单个预算项目的额度调增、调减，两个预算项目之间的额度调整，以及新增预算等；预算分析，每月预算执行差异率超过设定比例时，会提示异常，需要进行预算执行分析说明。

将科研经费纳入医院财务统一进行管理后，也需要按照同样的流程，每年编制院内预算，在采购、费用报销等环节进行预算管控。而科研项目本身在立项之时，已经存在一套自身的预算内容，用于管控项目的分类支出。因为在科研项目中期检查、结题等环节都需要预算的明细收支数据，所以科研项目自身的明细预算系统必须要运行，而院内预算管理也无法跳过。如果跳过，既使得全面预算管理名不副实，也无法满足医院管理者统筹安排医院全年资金的使用规划和了解资金使用进度的需求。如果两者都兼顾，那么两套预算的编制无疑增加了科研项目责任人和医院预算管理员的工作量。

第二，不同用户个性化的数据需求问题。在科研经费管理的全生命周期中，对经费收支密切关注的人员包括：科研项目负责人、科研项目课题组成员、科研项目经费使用经办、财务会计经办、财务预算经办等不同的角色。

科研项目负责人在科研项目中期检查、项目结题阶段关注经费的合规使用；科研项目课题组成员对科研经费可能不关注，更关注科研成果、论文发表、评审指标等；科研项目经费使用经办负责科研经费的日常使用，最为关心项目的经费预算执行进度，使用便利度；财务会计经办负责科研经费支出的最终审核以及会计记账工作，最关注记账凭证的正误；财务预算经办则在规划每年全院预算时，将科研预算项目经费纳入全院预算项目的编制下达，最为关注相关预算的执行情况。在科研经费的全生命周期，不同角色在不同阶段关注相同或不同的信息。这对科研经费管理信息系统提出了巨大的挑战。

第三，科研项目管理信息系统与其他相关系统的数据同步问题。科研项目的立项、包含预算的项目计划书、项目组成员信息等都存在于科研项目管理信息系统中，但这些信息在科研经费使用时，医院的财务系统、预算管理系统等也同样需要；科研经费的收入、支出发生在财务系统、请购系统甚至人力资源系统，但项目负责人、项目课题组成员等日常主要使用科研项目管理信息系统。科研项目信息、项目预算信息等如何同步到财务系统，财务系统的收支信息如何实时准确地同步到科研系统等都是在信息系统开发过程中面临的难题。

第四，科研项目管理信息系统的实现难度问题。科研项目经费支出可能发生在费用报销、借款、物资采购、科研津贴、医疗记账等不同经济业务中，这些经济业务往往隶属于不同的信息系统。例如，医疗记账发生在门诊住院患者收费系统，科研津贴发生在人力资源系统，物资采购发生在采购系统。科研项目经费何时确认预占、何时确认支出、能否全部在记账凭证中有所体现等问题都是系统设计时需要考虑的问题，这就要求系统运行过程中既要保证资金内控管理的合规性，又要保证数据的准确性和及时性，还应该尽可能地减少用户的工作量，避免大量重复的手工作业，这无疑增加了系统信息化实现的难度。

6.2.3 清华长庚科研管理数智化财会监督的方案

科研项目的经费管理和医院日常运营经费的管理需要在一套系统内集成，对于信息系统的设计开发提出了巨大挑战。

针对以上四点问题，结合科研项目经费的客观需求，清华长庚对经费收支相关的信息系统进行了重新规划设计。总体设计理念是全院所有经费都按项目进行收支管理，采用“项目+项目预算”的两层组织结构。在全部经费使用环节都与项目信息进行关联，同时按照项目预算和院内预算进行双重预算管控。

清华长庚改进后的经费收支信息系统能够很好地满足医院 HRP 系统内各个角色对经费收支管理的不同需求，在采购物资、人力资源、费用报销、医务收入、会计出纳等经济业务数据流转过程中，项目编号、项目预算、院内预算贯穿始终。

对于以上提到的四个问题，具体解决方式如下。

一是与医院现有预算管理模式的融合。对于科研项目来说，独立维护项目信息和项目预算信息，并每年维护医院预算项目，需要在经费使用的各处选择科研项目、科研预算科目和院内预算项目，这无疑增加了预算编制人员和经费使用人员的工作量。为此，在科研项目信息维护页面新增院内预算对照关系，为每一个项目每年匹配一个院内预算项目，医院预算管理员在编订科研相关预算时，不需要为每个科研项目每年编订一个预算，可以按照自身资金预算管理的需求，每年汇总编制一个或几个科研预算。这样既满足了医院预算管理的需求，也实现了科研项目收支按项目计划书中的预算管理。

二是不同用户按角色提供数据展示。针对每一个项目，开发项目资源授权人员的维护页面，项目负责人或财务管理人员可以对项目进行授权管理，明确项目授权信息后，系统可以为任何一个用户，根据其被授权的项目信息，在统一的页面展示项目的基础信息，收支明细等。

三是与其他系统数据同步。通过每日同步的形式，在各业务系统中同步项目信息、项目组成员信息和项目立项预算信息；通过实时推送的形式，将科研经费到账、采购、费用报销、科研津贴支出等信息推送到科研系统，以实现在科研系统可以掌握科研项目的经费收支情况，同时在业务系统可以获得科研项目信息而又不需要增加重复维护的工作。

四是内控时点的信息化实现。科研项目结项时，需要依据会计记账凭证的明细数据作为项目经费收支的权威数据来源，因此，项目的实际收支情况应以会计凭证数据为准，但若仅依据记账凭证信息，则项目资金的占用、支出情况会存在明显的时延，一笔资金从开单到实际付款可能需要长达几个月的审核传签过程。为此，针对项目经费的支出，在业务系统如费用报销、采购、人力资源等开单时，即根据开单人授权的项目信息，选择项目和项目预算信息，同时在项目的经费收支管控中，对资金第一时间进行预占。而当实际生成记账凭证时，释放预占资金，确认项目的资金支出。这样既避免了项目经费的超支，也保证了经费收支数据的准确性和权威性。

6.3 两家公立医院的数智化监督手段比较

从以上两家医院的信息化建设的特点来看，数智化财会监督的嵌入方式存在较大的差异。清华长庚成立年限较短，是一家较新的公立医院，而且依托于长庚纪念医院已有的信息化基础，在全院信息化建设之初就由信息部门牵头做了完整的全局规划，所有的信息化模块都由信息部门自己设计、自己开发，所以系统中的各业务模块的一致化程度较高，数据结构和主数据标准化的基础较好，其数智化财会监督的要点嵌入完全可以在统一的信息化平台上进行统一开发，实现数据打通和交互。

而上海九院已有百年历史，医院的信息化是伴随着医院的发展，由各部门逐步建立起来的，在信息化的建设之初并没有也不可能有完整的全局规划，所以医院的各个业务系统更多的是异构系统，数据格式、数据标准化的一致性程度较低。因此，对于上海九院来说，在强化业务信息中的监督控制要点时，推倒重建各业务系统从而进行控制点的代码嵌入是不现实的，只有通过业财规则引擎的手段，将各业务系统的控制点从业务系统中解耦出来，实现各系统之间的数据交互进而在规则引擎平台上进行规则比对才是一个现实可行的做法。

由此可见，对于成立历史较久、系统全局规划相对较弱、各业务管理系统以异构系统为主的公立医院来说，要实现财会监督的数智化，运用业财规则引擎是最佳的技术路径。

7 思考与建议

本课题在全面分析财政部、卫健委等相关监管部门发布的大数据智能监督的法规要求基础上，总结以往数智化技术及规则引擎的研究文献，尝试性地给出了数智化财会监督的概念定义并指出业财规则引擎技术在财会监督数智化转型中的运用和价值。然后以上海九院和清华长庚这两家公立医院为案例，分析了不同信息建设模式下公立医院数智化财会监督和业财规则引擎系统的建设思路和效果，归纳了公立医院财务部门开展数智化财会监督的思路、方法和步骤，全面剖析和总结了业财规则引擎技术在财会监督数智化上的作用和成效，为推动公共卫生系统财会监督的数字化变革及规则引擎技术的应用提供有益的借鉴。

7.1 规则引擎在数智化财会监督中的实施思考

基于规则引擎的财会监督的数智化转型作为一个新兴事物，资源投入大，建设周期长，因此，公立医院在实施中必须要做到谋定而后动、充分规划、循序渐进，并把握好以下关键要点。

第一，积极推动数字化理念转型。数字化转型不是简单的信息系统建设，本质上是信息技术驱动下的一场业务、管理和商业模式的深度变革重构，是观念、组织、人员、流程、系统的再造。技术是支点，业务是内核，数据是动力。虽然医院整体的科学规划、稳健推进的策略，包括在系统端的用户思维以及用户广泛认同的理念给到中心建设许多加持，但是在业务的推进过程中仍然遇到医院多层级、多业务、多系统、多标准、多监管要求等一系列的具体问题。如何有效推动数字化转型，就需要根据实际情况作出具体的解决方案，包括顶层设计战略上的定位、平台建设的功能、数据融合的规范以及运营体系的搭建等。

第二，持续加强数据治理与应用。在数字化转型过程中，持续加强数据的治理与应用也需始终关注，只有确保数据质量和数据安全的基本前提，并充分发挥数据的价值，构建数据资产，才能持续加强数据治理与应用，促进数字化转型。无论是对于共享建设抑或数字化转型，充分发挥数据价值，构建数据资产是重中之重。未来上海九院将在以下两方面持续推进：一是从数据的采集、处理、运用构建全生命周期数据治理体系；二是从看见数据、洞见业务到预见价值，实现数据赋能和价值创造。

第三，营造场景化和数字化的监管思维，打造公立医院财会监督的数字化文化。一方面，要通过对各部门业务场景的深入分析以及过往案例的全面剖析，将所有疑点问题数据化、指标化、规则化，实现风险数据标准表和风险分析规则的系统化梳理，营造全新的风险管理技术氛围；另一方面，要加大风险管理人员的数字化经验沉淀和分享，用数字化项目评选、风险模型评优等形式，不断分享数字化风险管理的方法，从而克服财会人员对数字化技术应用的恐惧、迷茫和抵触，从理念意识上实现数字化转型。

第四，稳步推进组织与人员转型。数智化财会监督作为一个跨业务、财务、技术、法律、信息系统的融合职能，不能寄希望培养一个全才，而是要做好混编团队的搭建，实现各领域人员的协同作战。公立医院要构建财会监督专业团队、数据团队、建模团队、技术团队、资源协调团队，实现风控团队内业务专家、数据专家和技术专家的持续有效的知识交换，让业务专家具有结构化思维和技术思维，让数据专家和技术专家了解风控场景和业务逻辑，通过建立去中心化的工作团队和敏捷组织的方式，形成财务、业务、数据、建模、系统人员的协同工作机制，培养出具有数据分析能力、技术实施能力、业务理解能力的复合型人才，从而推动财会监督数字化工作的不断深入。

第五，积极拥抱新技术，并强化管理规范和智能工具的整合运用。财会监督的数智化转型及新一代数字技术的运用，是内部管理，尤其是数据管理、流程管理、职责管理的再造。公立医院必须做到“软硬两手抓”，在梳理内部信息流程、规范内部管理报表、统一内部管理文档的基础上，通过部署结构化数据抽取和清洗工具（ETL）以及非结构化数据处理工具（OCR 和 NLP 等），为不同来源的风险数据的整合奠定基础。

7.2 未来研究展望

在实际应用开发中，引入规则引擎的架构模式使得公立医院具有更好的可维护性和可操作性，成为解决实际工程中复杂业务规则问题的有力工具。但不可否认的是作为开创性的尝试，目前基于规则引擎的财会监督数字化应用，虽然能够提供高效能、模块化搭载业务规则的解决方案，但是也存在版本不稳定、文档不完善以及缺少可视化等一些缺点。未来我们将在规则引擎的稳定运行、持续完善，以及规则函数的不断扩展、大数据运行的效率提升上不断进行新的探索和优化。

主要参考文献

［1］杨雄胜．财会监督需要新的认识视角［J］．财务与会计，2020，609（9）：8－9.

［2］张先治．完善财会信息披露是强化财会监督的根本［J］．财务与会计，2020，614（14）：4－6.

［3］周卫华，高天美．数字财会监督体系构建的探讨［J］．财政监督，2020，478（16）：12－16.

［4］李昌振．国家治理视域下财会监督体系构建的逻辑与路径［J］．会计之友，2021，664（16）：1－7.

［5］史朔．新形势下加强行政事业单位财会监督路径建设的思考［J］．国际商务财会，2022，426（24）：33－36.

［6］杨璇．关于强化事业单位财会监督的思考［J］．营销界，2022（8）：101－103.

［7］王娟．试析财会监督在现代医院经营管理作用及建议［J］．西部财会，2021，461（8）：73－76.

［8］向炎珍，陈嘉惠，陈隽．加强公立医院财会监督的思考［J］．财务与会计，2021，628（4）：6－7.

［9］程启巧．医院财会监督体系构建与运行分析［J］．中国乡镇企业会计，2020（12）：204－205.

［10］钱有华．公立医院内部财会监督体系完善探究［J］．会计师，2021，369（18）：106－107.

［11］杨仕娟．大数据下医院财务风险防范与内部控制［J］．大众投资指南，2022（11）：158－160.

［12］张丽丽．医院财会内控监督机制的现状及完善措施［J］．中国管理信息化，2022，25（24）：13－15.

［13］王姣．数智化转型下智慧共享财务管理体系建设的探讨［J］．商讯，2022（12）：41－44.

［14］陈剑，刘运辉．数智化使能运营管理变革：从供应链到供应链生态系统［J］．管理世界，2021，37（11）：227－240，14.

［15］付建华．财务数智化基础研究［J］．会计之友，2021（18）：2－8.

［16］董红杰，谢香兵．数智化会计专业硕士人才培养课程体系建设研究［J］．财会通讯，2022（15）：171－176.

［17］刘国斌，祁伯洋．县域城镇数智化与信息化融合发展研究［J］．情报科学，

2022，40（3）：21－26.

［18］刘长明．从数字化到数智化，智能技术赋能出版融合创新［J］．出版广角，2022（6）：33－36.

［19］杨鑫，王海涛．财务智能化视角下公立医院会计信息化建设研究［J］．会计师，2021，366（15）：115－116.

［20］王玉擎．财务智能化视角下公立医院会计信息化建设探讨［J］．中国总会计师，2022，228（7）：109－111.

［21］张秀莲．智能化背景下的医院内部控制研究［J］．现代经济信息，2019（16）：29－30.

［22］夏嘉．基于智能化信息体系下的内部控制建设理论及实践［J］．财经界，2020（36）：86－87.

［23］丘翠英．智能化背景下的公立医院内部控制研究［J］．财会学习，2021，317（36）：195－196.

［24］祝桂芳．智能化背景下区级公立医院内部控制研究［J］．行政事业资产与财务，2021（13）：76－78.

［25］邓睿淇．基于内部控制精细化的公立医院智慧财务体系建设［J］．卫生经济研究，2022（39）：90－93.

［26］刘伟．Java 规则引擎——Drools 的介绍及应用［J］．微计算机应用，2005（6）：79－83.

［27］缴明洋，谭庆平．Java 规则引擎技术研究［J］．计算机与信息技术，2006（3）：41－43.

［28］赵志伟．智能化规则引擎技术研究［J］．软件，2018，39（8）：65－69.

［29］陈逸聪．基于 Drools 规则引擎的业务规则管理平台的设计与实现［D］．西安电子科技大学，2021.

［30］马雪莲．基于规则引擎的某企业业务审批系统的设计与实现［D］．北京工业大学，2013.

［31］祝志飞．基于 Drools 规则引擎的管理会计系统设计与实现［D］．复旦大学，2014.

［32］何凡．账务软件中基于规则引擎的银企对账系统设计与实现［D］．南京大学，2016.

［33］朱龙梅．Drools 规则引擎在管理会计系统设计中的应用研究［J］．微型电脑应用，2019，35（10）：148－151.

［34］蒋坚强，郭奕，黄仁芬．人工智能助力财务智能审核——以某通信运营公司 A 为例［J］．财务与会计，2021，643（19）：19－22.

[35] 虞富荣，陈叶明．规则引擎财务机器人技术驱动下的财务共享智能化升级运用研究——以差旅规则的自动化控制为例［J］．商业会计，2021，715（19）：98－101.

[36] 冷金昌，彭坤，孙晓玮．基于规则引擎的医保审核系统研究［J］．中国数字医学，2014，9（12）：4－5，16.

[37] 陈蒙．基于规则引擎的过程化医保费用审核［J］．中国管理信息化，2019，22（9）：147－149.

[38] 张亚兵，张伟，肖春颖等．企业构筑风控体系新三道防线组织结构的探索与实践［J］．航空财会，2022，4（2）：46－50.

（2023 年课题）

基于高质量发展的公立医院“一院多区”财务管理策略探析

潘悦华[1]

1 绪论

1.1 选题背景及意义

1.1.1 选题背景

随着“健康中国”战略的推进、医疗服务领域供给侧结构性改革的深入以及公立医院高质量发展进程的推进，“一院多区”的发展模式如火如荼，如何看待和正确引导这一模式将成为公立医院高质量发展时期多院区管理的主要课题。2021 年 6 月，国务院办公厅印发了《关于推动公立医院高质量发展的意见》（国办发〔2021〕18 号），提出加快优质医疗资源扩容和区域均衡布局，2022 年 12 月，国家卫生健康委办公厅制定了《国家卫生健康委属（管）医院分院区建设管理办法（试行）》（国卫办规划发〔2022〕15 号），对公立医院的分院区建设提出规范性要求。

我国大型公立三甲医院建设时期通常较早，选址一般为市中心区域，随着数十年甚至上百年的发展建设，主院区单体规模已经很大，难以持续扩大院区规模，也造成了病患的聚集，大型三甲医院周围往往都存在交通拥堵现象，同时单院区的服务模式，也容易产生

---

① 课题负责人及主要执笔人：潘悦华，上海交通大学医学院附属瑞金医院财务处副处长，高级会计师。
课题组成员：李雪辉、汪绪良、陈仪瑢、崔梦迪、梁文静、王潇逸、赵哲锋。

医院辐射范围不够广的问题。因此，高水平医院通常选择以建设分院的方式实现优质医疗资源扩容下沉，满足人民群众日益增长的对优质医疗服务的需求，多院区管理也因此成为新形势下推进公立医院高质量发展的重要手段。然而，受管理理念、技术条件、医院文化等多方面因素的影响，多院区管理在推进过程中普遍面临诸多管理难题，政策引导、规范管理的必要性和紧迫性凸显。

1.1.2 选题意义

（1）为医院多院区财务管理提供新思路、新方法、新见解。

多院区发展是公立医院未来的发展方向，也是新形势下推进医院高质量发展的重要手段，公立医院通过“一院多区”建设实现优质医疗资源扩容，以满足人民群众日益增长的对优质医疗服务的需求。当今的研究多集中在对多院区管理的优缺点进行理论分析，“一院多区”发展模式在我国大型公立医院已较为普遍，对于其实践效果的探索正在进行中，公立医院应该如何有效推进“一院多区”发展，“一院多区”发展给公立医院的效率带来了什么影响，这一领域的理论、实践研究还不到位。本研究主要围绕多院区财务管理的具体实践效果，探索有效的多院区财务管理策略，以弥补现有研究的空白，促使公立医院建立同质化管理、差异化战略的多院区财务管理模式。

（2）为多院区财务管理模式的完善以及医院效率的提升指明方向。

一是解决院区间管理定位不明确的问题。公立医院主要通过新建、合并、托管或合作共建等途径开设多院区，院区间定位和学科布局与新院区大小、开设形式、所属区域、辐射范围相关。新院区设立后主要以主院区资源作为支撑，院区间职能定位不明确、协同性不足，导致学科布局和发展受到影响，同时造成院区间竞争和资源浪费。

二是实现各院区财务管理模式、数据传送的一体化。一方面，确定医院整体财务管理架构、岗位设置、部门人员统筹等管理模式；另一方面，借助数字化手段，制定科学、健康、可持续的一体化管理措施，实现运营、财务、信息、业务、设备、药品和耗材的统一管理，有效整合医疗、教学、科研等资源。

（3）为市级医院层面提供指南，支撑医院高质量发展。

本文研究对上海市级医院层面后续展开公立医院多院区财务规范管理具有一定的参考意义，为不断深入推动宏观政策提供有效的支撑，同时也为高水平医院高质量发展提供了可借鉴的经验。

1.2 研究思路

本文旨在通过阐述公立医院高质量发展的必要性和核心内涵，分析公立医院多院区管理模式类型，总结样本医院财务管理现状，选取上海市大型公立医院为研究对象，建立基于高质量发展、混合型“一院多区”管理模式下、效率提升视角的多院区财务管理策略。进一步分析“一院多区”管理的有效性、可操作性，不断完善实施路径，为公立医院以高质量发展为目标的精细化管理提供经验借鉴。

1.3 研究方法

（1）文献检索与分析。运用文献法，对国内外单体“一院多区”医院发展与管理的相关概念进行总结和概述，收集单体“一院多区”医院发展宏观环境分析所需的政策文件、统计数据，为本文各环节的开展提供有力支持。

（2）专家访谈法。根据研究目的，采用专家访谈的方式对单体“一院多区”医院管理和发展的现状进行梳理，分析当前单体“一院多区”医院发展的基本情况。

（3）问卷调查法。结合文献研究以及专家访谈的结果，采用问卷调查法，对单体“一院多区”医院管理现状进行研究，分析问题，明确方向。

（4）数据分析法。相关基础性数据运用 Excel 进行整理并进行描述性统计分析。

1.4 研究主要内容

本文的基本内容为数字经济背景下公立医院多院区管理模式的优化，聚焦“混合型”“一院多区”管理模式，拟从一体化运营管理、成本控制、全面预算管理等方面对公立医院的多院区财务管理模式优化进行研究。

（1）运用战略管理分析工具——PEST 分析方法，从政策（Policy）、经济（Economic）、社会（Society）、技术（Technology）四个方面对我国“一院多区”医院发展的宏观环境进行分析，明确多院区管理模式的分类并对各种管理模式进行对比分析。

（2）综合利用相关统计年鉴、卫生行政部门信息平台收集的相关资料，从上海市三级公立医院建立分院的形式、建立分院的数量、分院的规模/类型、“一院多区”医院的数量、院区的行政区域分布等方面对“一院多区”医院发展现状进行综合描述。

（3）采用专家访谈与问卷调查的方法，从组织结构、人员流动、运营管理、学科建设、文化融合等方面对“一院多区”医院管理现状进行研究，为进一步优化“一院多区”医院管理指明方向。

（4）聚焦“混合型”“一院多区”管理模式，总结“混合型”“一院多区”管理模式下多院区财务管理策略，为医院“一院多区”优化运行效率提供依据。

（5）采用文献研究与专家访谈的方法，在前面研究的基础上，根据“一院多区”医院运行特点，从卫生经济学的角度设计多院区财务管理优化思路和策略。

2 研究概念界定及文献综述

2.1 “一院多区”管理相关概念

本文所指“一院多区”医院是指拥有两个或两个以上院区，并且院区以“核心医院名称+分院/院区/分部”方式命名或冠名的医院（以下统称一院多区医院）。一院多区医院可以分为紧密型、松散型、混合型三种类型。

2.1.1 紧密型

紧密型一院多区医院一般通过迁建、新建、兼并等方式组建而成，院区通常以“核心医院名称+分部/院区/分院”方式命名，由主院区统一管理，分院区为主院区的组成部分，院区之间的关系为非独立法人组织，医院领导层负责制定发展规划，统筹学科建设、人权、财权、管理权、绩效工资、分配权。该类型的医院有上海市儿童医院，目前其拥有法定代表人相同的北京西路院区和泸定路院区。

2.1.2 松散型

松散型一院多区医院一般通过托管、共建等方式组建而成，分院区通常以“核心医院名称+分部/院区/分院”方式冠名，各院区法定代表人不同，具有独立的法人地位，在主院区的统一管理下，分院区作为一个或多个相对独立的医院，院区之间的关系为独立法人组织，有各自独立的运营和管理体系，上至职能部门，下到医技临床科室等，具有管理独立性。该类型的医院有上海市中医院，该医院拥有经卫生行政部门批准的以其医院名称冠名的上海市中医医院静安分院（2016年更名为上海市静安区中医医院、上海市中医医院静安分院）。

2.1.3 混合型

混合型一院多区医院既拥有与核心医院同一法定代表人的紧密院区，也拥有相对独立的、与核心医院法定代表人不同的院区，主院区由于自身发展的需要，在本部之外建立一个或多个院区，院区之间的关系包括独立法人以及非独立法人组织，主院区对分院区实行财务集中管控或财务管理模式输出，在分院区干部任免和财务管控方面具有决定权。该类型的医院有上海交通大学医学院附属瑞金医院，目前其既拥有与核心医院法定代表人相同的徐家汇路院区、嘉定北部院区，还拥有与核心医院法定代表人不同但经卫生行政部门批准冠名的上海交通大学医学院附属瑞金医院远洋分院（上海远洋医院）、上海交通大学医学院附属瑞金医院（古北）（民航上海医院）、上海交通大学医学院附属瑞金医院卢湾分院（上海市卢湾区中心医院）。

2.2 一院多区管理相关研究综述

2.2.1 国内研究概况

20 世纪 80 年代初，我国卫生领域为解决医疗资源短缺、偏远地区基层医疗力量薄弱等问题，以“医疗协作联合体”的形式进行医疗资源重组，医疗联合体开始兴起。80 年代中期，全国各地医疗联合体发展到一定规模。但由于受到外部医疗市场环境变化的影响，再加上医疗联合体自身联结组带的不稳定，这一阶段医疗联合体模式最终瓦解。2009 年新医改以来，为落实分级诊疗模式，整合区域医疗卫生资源，各地重新进行了区域医疗联合体的探索，北京、上海、广东、湖北、江苏、河南等地均成立了区域医疗联合体。2013 年，全国卫生工作会议精神第一次明确支持医疗联合体，区域医疗联合体进入全新的发展阶段。

20 世纪 80 年代初期，沈阳市成立的国内第一个医疗协作联合体被视为我国医院集团发展的雏形，沈阳市中心医院联合铁西区八家企业职工医院和两家街道卫生院，创办了全国第一个医疗协作联合体，具有自愿组合、不受行政干预、优势互补、协作形式多样、协作双方平等互利等特点。此外，在 90 年代初，民营医疗集团也取得了很大的发展，建立起许多跨地区的分院，如淄博万杰医院。而公立医院集团化则肇始于 1996 年南京鼓楼医院集团的成立。1996 年南京鼓楼医院与口腔医院、儿童医院协作成立南京鼓楼医院集团。在集团的管理层面，3 家医院共同组建了管理委员会，轮流担任主任委员，各家医院在管委会的统一协调下开展工作。但在医院层面，各家医院在党政关系上不存在隶属关系，均在市卫生局统一领导下工作。自此之后，各种形式的医院集团纷纷出现。从 2000 年开始，医院联合现象在我国医疗卫生领域越来越常见，医疗集团在各地纷纷涌现。按照组合形式可以分为协作型医院集团、连锁型医院集团、兼并型医院集团、资产重组型医院集团，按资源整合的方向可分为纵向医院集团和横向医院集团。在我国医疗卫生事业发展过程中，民营医院得到不断发展，成为我国医疗服务领域的重要力量。民营医院集团化的现象也越来越突出，目前规模较大的民营医院集团有凤凰医院集团、爱尔眼科医院集团等。

区域医疗联合体可以分为松散型和紧密型两种。目前大多数区域医疗联合体属于松散型医疗联合体，该种类型的医疗联合体多以技术联合的形式组建而成，所有权较为分散，成员单位拥有各自独立的法人地位，行政隶属关系较为复杂，财政补偿渠道来源不一，有北京朝阳区的中日友好医院医疗联合体。紧密型医疗联合体比较少见，该种类型的医疗联合体表现出成员单位所有权和管理权的集中统一，其内部运行机制较为顺畅，实现资源调配的效率较高，江苏镇江康复医疗集团便属于紧密型医疗联合体。

区域医疗联合体对于促进区域内的医疗资源流动，形成医疗机构间的分工协作具有较大帮助。区域医疗联合体有可能成为现阶段我国形成有序就医格局的突破口，但区域医疗联合体的构建涉及诸多体制机制方面的难点需要解决，在全国范围内发挥预期作用还需一段时间的深入探索与实践。

兼并型医院集团以及紧密型医疗联合体与一院多区医院在模式上有雷同之处。它们均以资本或长期的经营管理权等为纽带建立，拥有同一个法定代表人、统一的财务管理。通过兼并重组方式发展医院集团的过程促进一院多区医院的形成，被兼并医院完全撤销编制，重新并入兼并主体医院，构成医院集团的紧密层。紧密型医疗联合体可以看作是一院多区医院的一种特殊形式，该类型的医疗联合体通过兼并或直接举办社区卫生服务中心的方式达到所有权和管理权的高度统一，形成具有独立法人地位的医疗集团。

一般的医院集团以及区域医疗联合体与一院多区医院在组建形式、成员性质、联系纽带、行政隶属、法人形式、管理机制等方面均有所区别。在组建形式方面，一院多区医院多采取新建、兼并重组形式，医院集团多采取技术联合、合作、合资、托管、兼并重组等多种方式，区域医疗联合体则多采取技术联合的形式。在成员性质方面，一院多区医院分院仅是总院分支机构，没有独立的法人地位，医院集团和区域医疗联合体的成员多为相对独立的医疗实体。在联系纽带方面，一院多区医院以资本或所有权相联结，联系十分紧密。医院集团和区域医疗联合体多以技术合作等协议的形式联结，联系较为松散。在行政隶属方面，一院多区医院各院区属于同一级别，而医院集团、区域医疗联合体成员可能涉及不同级别的医疗机构。在法人形式方面，一院多区医院通常仅有一个法定代表人，而医院集团、区域医疗联合体可能有多个法定代表人。在管理机制方面，一院多区医院各院区使用的是同一套管理体系，而医院集团和区域医疗联合体则多采用集团委员会或者联合代表的形式。

2.2.2 国外研究概况

多院区的英文表述有多种，如 Hospital Group、Hospital Cluster、Medicine System、Hospital System、Hospital Trust、Multi - hospital System 等。从国际层面来看，发达国家地区的医院多通过组建医院集团的方式来整合、拓展医疗卫生资源，以达到提供高水平、同质化医疗服务的目标。

20 世纪 50 年代，美国医院为提高自身效率和声誉以及增强与医疗保险计划的议价能力，转向集团化发展，美国医疗集团的形成与商业保险支付方式密不可分，存在典型的支付—病人—医疗服务提供者的三角关系。美国推行对医疗费用严格限制的“HMO”模式来组建医院集团。这些集团多以城市的大型综合医院为中心，联合周边的社区医院、康复医院和家庭护理机构，分工协作，优势互补，为实现预防医疗保健服务的整体系统创造了良好的条件。以梅奥医疗集团为例，梅奥的三个院区不仅战略发展目标一致，其运营手段也保持一致。梅奥医疗集团在美国和全球范围内的医疗网络，虽然不是由梅奥医疗集团直接运营，但依然采用梅奥医疗集团的战略和运营策略。为了更好地实现统一战略，梅奥医疗集团定制了 17 个可衡量的目标。为了实现同质化的医疗服务，梅奥医疗集团作出了巨大努力。例如，耗资 15 亿美元升级电子病历系统。为了让所有院区都使用统一的电子病历系统，梅奥医疗集团还专门辟出一栋大楼来进行电子病历使用的培训。

英国的卫生行政管理部门（NHS）通过联合兼并，将各个医院的所有权进行融合，形成具有单一最高独立法人地位的医院集团，这种医院集团称为医院托拉斯（Hospital Trust）。托拉斯作为独立的法人，拥有医院运营所需要的一切必要的权力，仍属于公立部门，但不受地区卫生局的管理。它由国家卫生服务制度执行机构的大区办公室管理，大区办公室监督其行为。在内部管理上，托拉斯大多采取董事会领导下的院长负责制，董事会负责决定医院的管理层结构，院长负责医院的日常管理。医院托拉斯的成立，实现了英国政府对医院管办职能的分离。政府不再干预医院的具体经营，而专注于对政策的研究，制度的制定，对医院的评价。作为独立核算的自治机构，医院的收入不再像过去那样完全来源于政府的财政预算，而是取决于医院提供服务的质量和数量。与此相对应，医院在服务内容、人事管理、设备投入、资金筹措等方面拥有了更大的自主权。医院托拉斯形成后，集团采取合并管理部门、外包后勤支持服务、优化医疗服务模式、制订统一发展计划和集团统一成本核算等策略进行运作。几年后，集团中各医院的效率明显提高，保证了各医院均能提供高水平、同质化的医疗服务（蔡进，2019）。但是，医院托拉斯只是针对医院机构的管理，并不涉及对患者的管理。英国通过整合医疗网络（Integrated Care Network，ICN）建立了从社区卫生服务中心到郡医院再到区域医院的三级网络。英国模式优点在于将医院管理与医疗服务体系相分离，有利于患者得到更全面的服务，在一定程度上解决了医院因利益问题将患者留置的现象。但是其缺点在于逐级向上转诊的制度将在一定程度上耽误救治时间，可能会不利于患者病情的及时发现。

新加坡公立医疗卫生机构也是按照集团化模式进行管理和运作的。新加坡首先依据本国国情和地区医疗需求，进行医疗卫生规划，首先设立两大医疗集团：国立健保服务集团和新加坡保健服务集团，集团所有权归政府，管理权归集团所有；然后在全国范围内设置不同类别、级别的医疗机构，并通过集团的模式进行统一的管理和运作。医疗集团内部有多家不同级别、不同类别的医院和医疗机构，每家公立医院都是独立存在的个体，享有独立法人地位，拥有自主经营权。集团内部有集团董事会，具体日常管理由全职 CEO 负责，集团内部每家有独立法人地位的公立医院，都设有医院董事会，实行董事会领导下的院长负责制。医院董事会参与医院内部重要的人事管理及财务管理，日常由医院院长负责管理。新加坡模式优点在于既将医疗资源合理配置，又能确保全国范围内的医疗服务与质量同质化，同时集团内部的公立医院自主性比较大，政府与集团、医院三方监督有利于控制医疗成本，对患者来说，能够以较为实惠的价格享受医疗服务。

医院集团化发展是整合医疗资源，激发卫生领域活力的重要方式。由于体制机制方面的原因，我国医院集团化发展还存在一些亟待解决的问题，如产权不明晰、过度注重短期效益、可持续发展战略缺失等。

3 一院多区管理现状分析

3.1 一院多区医院发展的宏观环境分析

目前一院多区医院在全国各地，尤其大型城市普遍存在，这一特殊形式医院的发展受到宏观环境的影响。通过宏观环境分析，了解这一特殊形式医院的由来，讨论其发展可行性，预测其发展趋势是开展一院多区医院研究的首要任务。宏观环境分析通常借助战略环境分析工具 PEST 分析法从政治（Policy）、经济（Economic）、社会（Society）、技术（Technology）环境方面对能够影响组织或行业的各种宏观力量进行分析。本文利用 PEST 分析法对我国一院多区医院发展的宏观环境进行综合分析以形成对一院多区医院发展的总体把握。

3.1.1 政策叠加效应促进一院多区医院的发展

国家的政治体制、政府方针、政策以及法律法规构成了政策环境。一院多区医院发展的政治环境主要体现在国家和地方政府出台的一系列调整卫生资源配置的政策文件以及现行医疗保障制度设计方面，多方面的政策叠加效应促进了一院多区医院的发展。

一系列适度建设发展多院区的管理政策，对于推动分级诊疗制度建设、扩容优质医疗资源、均衡区域布局、构建优质高效的医疗卫生服务体系具有重要现实意义。

3.1.2 经济发展对大型医院发展多院区提出了客观需求

一个国家或地区的人口数量及增长趋势、国民生产总值（GNP）等指标所反映的国民经济发展水平及发展速度表现为经济环境。经济发展带来的城镇化进程推进、城市发展战略实施以及经济收入增加为一院多区医院发展提出了客观需求。

3.1.3 社会卫生服务需要普遍增加

社会因素是影响范围较为广泛的宏观环境因素。一院多区医院发展的社会因素主要体现在人口老龄化、疾病谱的改变以及医学模式的转变、全面放开生育政策所带来的对社会卫生服务需要的增加，这导致医院规模的扩大。卫生服务需要（Health Services Need）是依据人们的实际健康状况与“理想健康状态”之间存在的差距提出的对医疗、预防、保健、康复等卫生服务的客观需要。

3.1.4 信息技术的应用为一院多区医院发展提供了可能

技术环境是指与组织活动相关的技术发展情况，信息技术的应用为一院多区医院发展提供了可能。信息技术在医疗卫生领域的应用，为优化相关业务流程、提高服务效率提供了条件，也为一院多区医院之间信息的互联互通、一体化管理提供了可能。信息技术在一院多区医院管理中的应用可以有效解决以下方面的问题：第一，信息技术的应用可以促进一院多区医院各院区资源的共享。第二，通过信息平台实现各院区的集中检查、检验操作可以有效降低成本。第三，标准化信息系统的开发和应用有利于统一、规范各院区的业务操作。第四，远程技术的应用，使医生可以在位置分散的院区实现远程会诊。

3.2 一院多区医院发展现状研究——以上海市为例

通过查询上海市卫健委官方网站医院执业登记查询系统以及有关医院网站获取所需要的相关信息。具体包括，建立分院的形式、建立分院的数量、分院的规模/类型、一院多区医院的数量、院区的行政区域分布等，并对所收集信息进行综合分析（数据截至 2023 年 5 月）。

截至 2023 年 5 月，上海市共有 57 家三级医疗机构，本文将其中的妇幼保健院、专科疾病防治院统一作为医院进行分析。4 家郊区新建医院（上海仁济医院南院、复旦大学附属华山医院北院、上海瑞金医院北院、上海市第六人民医院东院）作为其母体医院分院进行分析。

本文根据对目前一院多区医院的了解情况，首先选取了包括综合医院、专科医院、中医医院在内的多家上海市一院多区医院作为本次调查对象，了解一院多区医院管理现状。

3.2.1 一院多区医院占比大且以紧密型为主

上海市一院多区医院占比较大，57 家三级医疗机构中有 41 家是一院多区医院，占三级医疗机构总量的71.93%。一院多区医院中拥有2个院区的医院最多，拥有5个以上院区的医院最少。其中，设有不少于5个院区的医院最多，共19家，占一院多区医院总量的46.34%；其次是设有2个院区的医院，共13家，占一院多区医院总量的31.71%；设有3—5个院区的医院数量最少，共9家，占一院多区医院总量的21.95%。

一院多区医院多为紧密型。紧密型一院多区医院数量最多，但多数医院只设立2个院区。具体来看，紧密型一院多区医院共有23家，占一院多区医院总量的56.10%。其中，院区个数为2个的医院有13家，该类型医院共有26个院区；院区个数在3—4个的医院有7家，该类型医院共有23个院区；上海市口腔医院院区个数最多，设有6个院区。松散型一院多区医院数量最少（1家，同济大学附属口腔医院），占一院多区医院总量的0.02%，同济大学附属口腔医院共有6个院区。混合型一院多区医院数量虽然不及紧密型一院多区医院，但其拥有最多的院区数，每家医院院区个数均在4个以上，平均每家医院院区数量超过7个，设立院区最多的一家为上海交通大学医学院附属瑞金医院（13个院区，包含筹建院区2个）。具体来看，混合型一院多区医院共有17家，占一院多区医院总量的41.46%。其中，院区个数在3—4个的医院有2家，院区个数在5个以上（含5个）的医院有15家，没有2个院区的混合型一院多区医院，该类型医院共有121个院区。

由此可以大致归纳出上海市三级医疗机构一院多区医院的两个特征：一是以2个院区为主的紧密型一院多区医院；二是5个院区以上的混合型一院多区医院。

3.2.2 一院多区医院分院规模普遍较大

总体来看，上海市一院多区医院分院规模普遍较大，在151个分院（不含总部院区）中，综合服务性质院区有101个，床位大于500张的院区有85个。

从一院多区医院不同类型来看，紧密型一院多区医院中专科服务性质分院较多（24个），床位数偏向两极分化，小于50张床位的分院有28个，超过500张床位的院区有10个，主要原因是专科医院门诊部较多；松散型一院多区医院拥有的分院数量最少，且分院床位均小于50张，这是由于该类型医院仅有一家，即同济大学附属口腔医院，其分院均为口腔门诊部；混合型一院多区医院拥有分院数量最多（104个），且多为综合服务性质（83个），床位数在500张以上的分院个数最多（75个）。

由此可以进一步推断出上海市三级医疗机构一院多区医院的两个特征：一是紧密型一院多区医院多为2个院区的专科医院，且总院与分院战略定位存在差异化，总部院区设立超500张床位的住院部，分院以门诊部的形式设立；二是混合型一院多区医院的总院及分院多为综合医院，不仅分院数量多，且分院床位规模大。

3.2.3 一院多区医院的发展一定程度上实现了医疗资源布局优化

通过对上海市三级医疗机构院区在各区分布情况的分析，可认为上海市三级医院布局日趋合理，但金山区、青浦区、南汇区、崇明区等远郊区的卫生服务提供能力还略显薄弱。上海市三级医院院区在各区县均有分布，院区分布最多的三个区县依次是浦东新区（31个）、徐汇区（20个）、静安区（17个）；院区分布最少的五个区县依次是南汇区（1个）、青浦区（4个）、金山区（4个）、崇明区（4个）、普陀区（4个）。

4 一院多区医院财务管理现状调查与分析——以上海市为例

从前述研究结果来看，一院多区医院已经发展到一定数量和规模。但目前一院多区医院管理还处于摸索阶段，尚未形成成熟的管理经验，这与其规模的快速增长不相适应。当前医院管理与发展越来越注重内涵建设，医院财务管理的进一步改善和优化被提到新的高度。了解一院多区医院财务管理的现状，把握一院多区医院财务管理存在的难点和问题，提出一院多区医院的财务管理策略，将有助于明确优化一院多区医院管理的方向，促进一院多区医院的高质量发展。

本文根据对目前一院多区医院的了解情况，首先选取了包括综合医院、专科医院、中医医院在内的多家上海市一院多区医院作为本次调查对象，了解一院多区医院管理现状。调查问卷旨在以上海市一院多区医院为例展开对一院多区医院财务管理现状的调查研究，对一院多区医院财务管理的问题和难点进行诊断，为提出一院多区医院财务管理策略提供参考依据。

4.1 问卷调查对象

本文根据对目前一院多区医院的了解情况，首先选取了包括三级甲等综合医院、三级甲等专科医院在内的多家上海市一院多区医院的总会计师、财务管理人员、行政管理人员以及卫生财政主管部门行政管理人员、专家学者作为调查对象，通过了解被调查者对一院多区医院财务管理的认知情况，了解一院多区医院财务管理现状。本文共发放问卷40份，回收36份，回收率90%，其中有效问卷36份，有效率100%。

4.2 研究方法

本文首先通过文献研究、专家访谈，深度了解一院多区医院财务管理的重要方面，进而自行编制设计《医院多院区财务管理模式调研问卷》展开调查。问卷内容主要涉及被调查者对一院多区医院管理模式、院区规模、财务人员配置、组织结构、人员流动、信息资源共享，以及一院多区财务管理存在问题、影响因素、核心着力点等方面的认知。

4.3 问卷调查结果

4.3.1 基本情况

在36位被调查者中，来自三甲综合医院、三甲专科医院、卫生财政主管部门、高等院校的占比分别为55.56%、33.33%、8.33%、2.78%；总会计师、财务管理岗位、行政管理岗位、主管部门工作人员、教授的占比分别为2.78%、52.78%、33.33%、8.33%、2.78%；所在医院管理模式为混合型、紧密型的占比分别为6.25%、93.75%；所在医院有2个院区、3—4个院区、5个及以上院区的占比分别为46.88%、50%、3.13%；所在医院床位数在1000张以下、1000—2999张、3000—4999张、5000张及以上的占比分别为28.13%、37.50%、18.75%、15.63%。

4.3.2 医院经济管理人员数量结构合理

当前一院多区医院各院区价值观和行为方式、文化氛围较为一致，但品牌知名度存在一定差异。被调查者认为各院区之间价值观和行为方式的一致性程度为“非常一致”“比较一致”“一般”“有一定差异，存在一些问题”的占比分别为23%、52%、17%、8%。被调查者认为目前一院多区医院总院与分院的医院文化氛围一致性程度为“非常一致”“比较一致”“一般”“不是特别一致，存在一些问题”的占比分别为25%、51%、19%、5%。这可能与分院人员大部分由总院派驻有关，该种模式使得不同院区的文化认同度较高，从而导致展现出的各院区文化差异较小。与此同时，各院区品牌知名度存在一定差异。被调查者认为目前各院区品牌知名度一致性程度为“非常一致”“比较一致”“一般”“有一定差异，存在一些问题”分别占比29%、20%、39%、12%。这可能与分院运行时间较短、医疗技术实力与总院存在一定差异有关。

4.3.3 一院多区发展对财务管理提出更高要求

被调查者对一院多区医院的管理水平以及医院的院领导（高层管理者）对多院区同质化管理的重视程度、多院区管理制度完善程度方面的意见较为一致，75%的被调查者认为所在医院的多院区管理水平高，超90%的被调查者认为所在医院的院领导（高层管理者）对多院区同质化管理的重视程度高，超70%的被调查者认为所在医院的多院区管理制度较为完善。在多院区发展对财务管理难度影响方面，88.89%的被调查者认为一院多区发展增加了医院财务管理难度，75%的被调查者认为一院多区发展增加了医院财务管理成本。但是，在分院区财务管理存在的问题以及制约多院区财务管理质量的影响因素方面，意见存在一些差异：86.11%的被调查者认为一院多区发展导致财务管理难度增加，75.00%的被调查者认为财务人员统筹安排困难，52.78%的被调查者认为通勤不便，38.89%的被调查者认为财务文件流转不便，还有30.56%的被调查者认为一院多区发展导致财务服务响应不及时。在制约多院区财务管理质量的影响因素方面，83.33%的被调查者选择了财务信息化建设水平和管理模式因素，69.44%的被调查者选择了组织架构问题（层级过多影响效率）因素，58.33%的被调查者选择了分院区与总院的物理距离因素，50.00%的被调查者选择了文化融合、工作理念因素，47.22%的被调查者选择了管理制度因素，38.89%的被调查者选择了分院区财务管理人员数量因素。

由上述调查结果可以得出，一院多区发展模式对医院财务管理制度、财务管理组织架构、财务管理模式、财务信息化建设等方面提出了更高的要求。

4.3.4 一院多区财务管理的核心着力点

从一院多区财务管理的核心着力点来看，97.22%的被调查者都认为应通过预算管理提高资源配置和使用效益，94.44%的被调查者认为应通过财务管理提高多院区一体化运营效率和效益，88.89%的被调查者认为财务管理的重点是促进医院实现发展战略，88.89%的被调查者认为应通过成本管理降低医院整体运营成本，还有72.22%和63.89%的被调查者认为财务管理应保证医院经济活动合法合规、贯彻执行国家有关法律、法规和财务规章制度。这表明一院多区财务管理的核心着力点应放在预算管理、成本管理、运营管理、财会监督等方面。

4.3.5 财务系统信息化建设水平有待提高

信息化建设是提升一院多区医院财务管理水平的必要手段。研究发现，一院多区医院在财务系统信息化建设方面有待提高。被调查者认为一院多区医院预算管理信息化建设水平为“中度实现”“高度实现”“完全实现”的占比分别为21.88%、21.88%、56.25%；被调查者认为一院多区医院成本管理信息化建设水平为“中度实现”“高度实现”“完全实现”的占比分别为31.25%、25.00%、43.75%；被调查者认为一院多区医院报销管理信息化建设水平为“中度实现”“高度实现”“完全实现”的占比分别为15.63%、31.25%、53.13%；被调查者认为一院多区医院收支管理信息化建设水平为“中度实现”“高度实现”“完全实现”的占比分别为12.50%、37.50%、50.00%；被调查者认为一院多区医院资产管理信息化建设水平为“中度实现”“高度实现”“完全实现”的占比分别为37.50%、21.88%、40.63%；被调查者认为一院多区医院合同管理信息化建设水平为“中度实现”“高度实现”“完全实现”的占比分别为37.50%、21.88%、40.63%；被调查者认为一院多区医院多院区信息传递信息化建设水平为“中度实现”“高度实现”“完全实现”的占比分别为21.88%、34.38%、43.75%。

从调查结果来看，目前一院多区医院预算管理、成本管理、报销管理、收支管理、资产管理、合同管理以及信息传递等信息化建设水平还有待进一步加强。

4.4 一院多区医院财务管理策略及实施路径

本文选取课题负责人所在的上海地区大型综合性三甲医院瑞金医院为研究案例（以下简称“RJ 医院”），基于前期的理论基础、宏观环境分析、上海市三级医疗机构一院多区医院发展现状研究、上海市一院多区医院财务管理现状调查与分析结果，主要采用案例分析方法，结合调查研究方法，阐述 RJ 医院的一院多区财务管理策略和实施路径，分析 RJ 医院实施一院多区财务管理策略后的管理成效。

RJ 医院是一所集医疗、教学、科研为一体的三级甲等综合性医院，医院现有 5 个院区，编制床位 4800 张，年门诊量超过 600 万人次，在职员工近 6500 人。其中，财务人员占比 2.52%。2012 年，RJ 医院响应上海市政府推出的“郊区三级综合医院的 5+3+1 建设工程项目”，依托母体 RJ 医院在上海市嘉定区建立独立法人的瑞金医院北院。2020 年 6 月 28 日，瑞金医院肿瘤（质子）中心建成并正式运营。2020 年 9 月，为满足日益增长的医疗服务需求和实现区域医疗资源均匀布局，RJ 医院北院整建制并入 RJ 医院，与肿瘤（质子）中心合并成为 RJ 医院北部院区。融入“母体”医院后，北部院区在功能定位上保持“三级甲等”综合性医院区域医疗中心不变。2021 年 3 月，太仓市与上海 RJ 医院签订合作协议，共建 RJ 医院太仓分院。2021 年 12 月 18 日，RJ 海南医院试运营。2022 年 10 月，RJ 海南医院正式获批第四批国家区域医疗中心建设项目。太仓分院和海南分院具有独立法人资格，全面纳入 RJ 医院一体化管理体系。至此，RJ 医院逐步形成由主院区、北部院区、远洋院区、在建的金山院区等非独立法人院区和紧密联系的太仓分院、海南分院独立法人院区以及主要以医疗输出为主的古北分院、卢湾分院、无锡分院、舟山分院等构成的混合型一体多院区运营模式，各院区坚持同质化战略目标，并实行差异化的运营计划。RJ 医院财务部门在多院区运营模式下，整合行政管理架构，实施对多个院区财务部门的扁平化垂直管理；统一财务核算；快速构建了对多个院区门急诊结算、出入院结算、会计核算、预算管理、成本管理等财务工作一体化管理的支撑能力；实现对多个院区收支管理、预算管理、成本管理、资金管理、经济运行、运营管理、信息支持等全方位的一体运营，旨在实现各院区财务管理在一院多区发展模式下的“同质化”发展，本文聚焦 RJ 医疗集团中同一法人和紧密联系的非同一法人院区（见图 7-1）。

4.4.1 减少层级消耗，实行垂直化财务管理

为避免层级过多影响效率、人员配置不均衡、人员统筹安排困难等问题，RJ 医院从规范财务管理、节约人力成本、减少财务管理层级消耗的角度出发，制定 RJ 院区财务垂

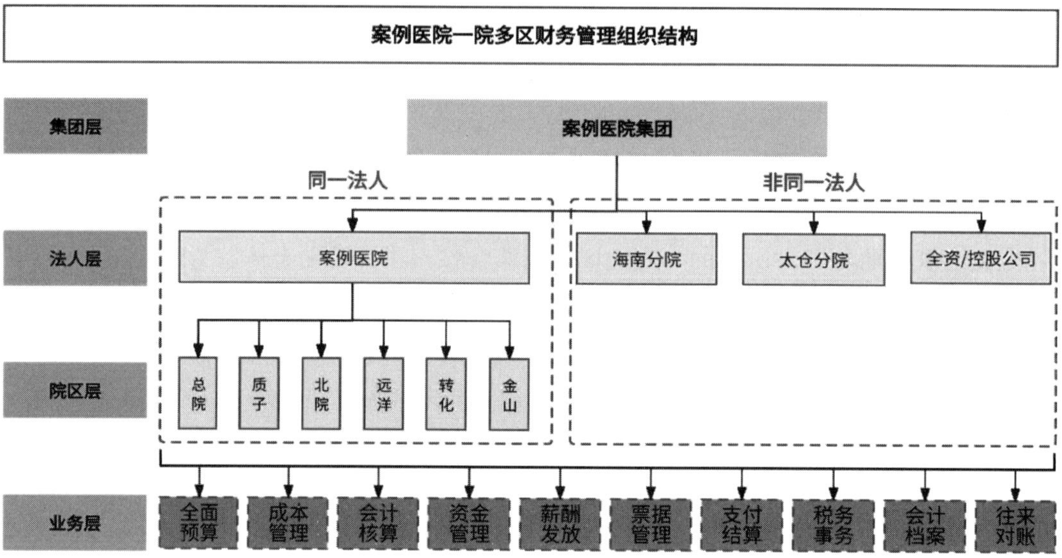

图 7－1　案例医院一院多区财务管理组织结构

直管理运营机制。RJ 医院总院区设立财务处，各分院区设立相关财务部门，由总院区财务负责人统筹分配各院区工作，通过统一的管理制度、信息系统、业务流程对各院区财务部门进行垂直管理，对于非独立法人院区，财务人员均为总院编制由总院财务处垂直管理；对于独立法人院区，采取派驻经验丰富的财务管理人员的方式，通过一体化财务运营管理平台（HRP），由总院区财务人员延伸协助处理独立法人院区的相关业务，有效消除重复的财务工作，形成互补，提高工作效率，构建节约、高效的扁平化组织结构，实现“1 +1 >2”的效益。

4.4.2　统一编码规则，夯实多院区管理基础

编码是信息系统的“通用语言”，统一的编码标准、数据标准以及规范化的流程有利于更好地发挥财务管理在一院多区管理方面的支撑作用。RJ 医院依据 HIS 系统编码对 HRP 系统中预算管理、成本管理等模块的信息业务进行统一编码，通过成立专项工作小组，分类有序地推进标准贯通工作，通过明确编码规则、用户权限，并设置规范的财务工作流、审批流，做到预算与成本项目项项有编码、条条有规范。在此基础上，医院可以建立基础、标准化的编码及数据体系，对于实现一院多区资源统一管理、新建分院快速复制管理模式至关重要。以预算单元的编码设置为例，预算管理模块内置于 HRP 系统中，为更好的支持一院多区同质化发展，RJ 医院财务处根据预算管理需求对 HRP 中各预算单元进行统一的编码设置，为院区间预算数据的整合、处理以及对比分析夯实基础。

值得注意的是，在一院多区管理实践中，由于各系统管理精细度不同，无法实现所有信息系统均使用同一套编码。因此，编码设置在坚持统一性原则的同时，还应允许各系统之间的编码设置根据系统实际业务保持一定的差异性，比如，RJ 医院预算管理和成本管

理模块的编码虽然都是以 HIS 系统编码为依据，但由于预算单元与成本核算单元设置的不同，两个模块在保持编码规则统一的前提下，根据各自的管理层级进行了部分差异化设置。

4.4.3 整合财务流程，建立一体化财务系统

RJ 医院财务处以“整体规划，分步实施，专业服务，多院区融合一体化”的整体思路，构建以“预算—成本—资金—报销—合同—采购—药品—材料—设备—票据—档案”为主体脉络的财务运营管理系统框架，通过建设医院财务运营管理平台（Hospital Resource Plan，HRP），对 RJ 医院各院区进行财务管理的全面覆盖，在具体实施中，采用分类型、分阶段的建设策略：非独立法人院区与总院区共用一个 HRP 账号，在 HRP 中设置分院区层级进行管理，跨院区财务业务管理在同一个 HRP 账号内完成；对于法人关系独立、连接较为紧密且信息化系统独立的分院，通过新设 HRP 账号进行财务管理对接，同时实施总体财务管理方案一致但管理细节差异化的策略，保证各院区财务流程的统一管理，人、财、物等资源的统筹调配，让业务工作开展更顺畅、流程更规范，使财务核算更精准、更便捷、更高效，实现跨院区协作和各院区同质化财务管理的同时，进一步提升一院多区经济运行管理的效能。

HRP 集成了收费结算系统、会计核算系统、药品管理系统、物资管理系统、固定资产管理系统、病案首页系统、电子申请单系统，通过接入医疗业务全量开单与执行口径的项目和收入明细，除自动生成模式收入凭证外，还可实现 HRP 系统与 HIS 系统收入自动稽核功能；通过接入药品、耗材与设备的采购入库信息，使采购、付款审批与支付流程实现了闭环管理；通过接入药品、耗材的领用出库信息，医疗设备的配置信息，以及相关人力资源消耗数据和日常运行报销信息数据，生成成本支出凭证，细化成本核算颗粒度；通过各系统的集成，既规范了业务系统业务数据和财务数据的集成规则，又提升了财务核算效率、精细度以及自动化程度，减少人为差错，效果显著。

4.4.4 收支预算两条线，实施集团化预算管理

RJ 医院财务处借助信息技术，建立健全基于一院多区管理的、覆盖人财物技全部资源的全面预算管理体系，建设全面预算管理一体化系统，探索一院多区管理模式下全面预算管理可行、有效的实施策略和路径。

（1）构建集团化预算管理组织架构，结合医院党委会决议以及各科室业务活动情况，建立由“全面预算管理委员会—全面预算管理办公室—预算归口管理部门—预算责任单元”组成的多层级预算管理组织架构，全面预算管理委员会综合考虑集团医院的整体发展战略，针对各分院区的学科定位和规模发展制定合理、全面的预算管理目标，并统筹负责各院区预算的编制、测算、调整、平衡、协调、汇总、监督执行和评价等预算相关工作。

（2）采用收支预算两条线和院区、条线相结合的管理策略，明确总院区、分院区预算规划和职能，将总院区的一级预算单元作为费用预算归口管理部门，垂直负责各院区费用预算管理工作，如审批、上报以及执行和调整等；院区、科室、病区逐级拆分预算目标，将业务量预算编制下沉到预算责任单元，即预算管理的最小单元，预算责任单元负责科室内部的预算管理具体工作，根据归口部门的工作安排，结合科室的实际发展情况填报科室收支业务预算和资源需求预算，并落实单元预算执行。

（3）对各院区的各项预算执行情况进行跟踪反馈，结合分院区实际情况给各部门制定相应的考核指标，促使各部门提高节约成本的意识，做好成本控制工作。

4.4.5 坚持整体规划，多院区垂直化成本管理

成本管理信息化系统在建设过程中充分考虑多院区的数据归集、成本核算、成本分析等成本管理关键步骤，在HRP成本管理模块中设立总院区及非独立法人院区集成的成本管理账号，与多个系统集成，保证数据关联性，为一院多区成本管理提供数据来源，支持医院集团和各院区两个层级分别进行成本核算与管理，形成覆盖多院区，全科室，人、财、物的全成本管理体系。在这种成本管理模式下，仅需在总院区设置成本管理岗位，即可实现多院区垂直化的成本管理，持续推进医院经济管理降本增效举措。

在成本数据归集方面，HRP与HIS系统对接，按不同院区明细的HIS科室进行精细化收入、成本数据归集；在成本核算方面，目前支持医院整体及同一法人下分院区的分摊结构，兼容手工导入及自动获取分摊参数，采取把归集的成本数据按事实情况在院区间进行分摊，再按四类三级分摊的方法，在各院区内进行成本分摊，在科室成本核算的基础上，创新采用作业成本法+比例系数法核算医疗服务项目成本，并基于医疗服务项目成本，完成病种成本核算，逐步形成了可兼顾医院全院区和某一院区的临床业务科室成本、医疗服务项目成本、DRG成本的多维全成本核算体系；在数据查询方面，对各院区的医疗服务项目成本、病种成本，均可按科室、院区两级分别查询，便于医院精细化成本管理；在成本分析报告方面，实现多院区间科室、项目成本的收、支、余等纵向与横向分析，可满足分院区个性化、精细化的成本核算要求，可按其管理需求一键生成并在电脑端或者移动端展示核算结果，及时响应各类管理者的多角度管理分析需求，提供决策支持。

4.4.6 推行移动报销，打破院区间空间壁垒

医院持续优化HRP中的行政经费报销和专项经费报销功能，在项目升级后电脑端及移动端均可提交报销单，用户可通过移动端一键拍照完成附件上传及报销单内容填报，系统结合了OCR电子影像识别、电子发票等技术智能识别，协助报销人填单，并自动对发票进行识别、验真、查重。系统在用户填制报销单的同时根据登录用户所属的预算单元

（可根据用户区分院区）进行实时的预算监控与校验，进行预算的刚性约束，如报销金额超过预算项目余额，单据将无法提交，真正实现了“有预算不超支，无预算不开支”。在系统设计上，将审核关口前移，通过把费用报销的相关政策预置在系统中，根据用户的填单内容，自动提示报销的相应标准，系统自动审核，如果费用超标将无法提交。避免执行标准不统一、有效降低人工审核的工作量并避免人工审核的差错。移动端报销打破了各院区报销的空间壁垒，大幅提高业务处理的效率和准确度，提升医院跨院区报销管理水平，极大提升了员工报销体验和财务处理效率。

4.4.7 整合账务处理，打破院区间空间壁垒

RJ医院依据“整体合并，适当独立”的原则，在原有的财务核算系统中拓展多个独立法人的同级子账套，分别代表各独立法人院区的独立财务核算账套，非独立法人院区的财务核算账套与总院区合并，同时增设一个集团财务核算账套，登录集团财务核算账套时，能自动合并显示多个子账套的内容。各个账套内的会计科目和各类功能辅助编码、名称、内涵、报表设置均保持一致，确保内外财务报表编制的便捷性和统一性，同时可根据实际需求对外提供集团或单个院区的财务数据。

4.4.8 闭环支付结算，精简患者就诊流程

RJ医院通过建设以支付结算为纽带的就医结算平台，在不打破现行行政管理构架、医保支付政策和物价收费标准的前提下，整合并打通各个院区之间的支付结算体系，对于院区之间患者转诊、跨院区就诊等，可实现费用一次性结算，精简患者就诊流程，提高管理效能。2022年6月，瑞金医院成为上海首家全面上线数字人民币的公立医院。此外，RJ医院的非医疗缴费也打破了院区壁垒，2022年4月，RJ医院建成上海首个医院智慧缴费数字化管理平台，打造轻松缴费模式，让缴费业务可以随时随地办理，即在有网络的情况下，通过微信小程序完成支付缴费，自动生成相关付费电子凭证，优化了医院非医疗业务缴费流程，同时全面提升了医院结算的工作效率，极大地提升了缴费人员的支付体验感。

4.4.9 集中资金管理，加速医院资金使用效率

对于总院区和非独立法人的分院，RJ医院按院区进行资金归集，各院区“收入户”只收不支，其门诊、住院医疗收入款通过收入银行结算账户进行归集后，全部集中到总院区，由总院区统一管理、运作，不做自行提留，资金收支由总院区出纳统一管理，形成一套出纳日记账，实现资金的集中统一管理。此外，医院初步建立平行于收支预算的资金预算管理体系，每月进行资金收益率的测算，并通过专业性分析，加速医院资金使用效率的同时，提高了资金收益率。

4.5 一院多区医院财务管理策略实施效果

4.5.1 打通数据流转壁垒

通过建立 HRP 系统以及集各院区数据于一体的、互联互通的财务数据服务器，首先，打通各院区间财务数据壁垒，对医院的庞大数据量进行统一存储和管理，各院区财务数据可以实时互通和共享，进而消除因数据转换而导致的错误和不一致，提升各院区财务数据的准确性、一致性和安全性；其次，HRP 系统持续优化数据交互范围与精细度，提升数据精细度，校验数据准确性，不断加强多院区、多系统集成数据的融合性。此外，RJ 医院通过财务数据与其他业务数据的关联和共享，叠加预测模型的应用，全面掌握财务数据与业务运营之间的关系，对财务数据进行深入地分析和预测，提高了财务数据分析的精确性和效率，能够及时发现财务数据中的异常和趋势，并作出相应的决策调整。

4.5.2 节约人力成本

RJ 医院通过整合医院现有财务业务，优化多院区医院财务管理体系、制度等方面的建设，在各院区间建立了权责统一、运转高效的财务管理机制。通过实施一院多区的财务管理策略，实现未新增财务员工即可满足新建院区财务管理工作需求的目标，有效节约人力成本、提高人力资源利用效率的同时，也保证了业务操作流程的规范，确保管理同质化和规范化。

4.5.3 预算管理集约高效

RJ 医院以“把握源头、业财融合、方案可行、成本可控、提质增效”为原则，从业务流程入手，找到一院多区预算管理流程低效的根源，重新梳理系统布局，通过流程再造，减少流程断点、非增值节点和冗余环节，借助财务机器人等信息技术，减少流程中的人工干预，打造从编制到执行、从调整到控制、从分析到考核的一院多区全面预算路径，提高运营效率。各院区共设置有各类预算单元 473 个，HRP 上线后大大提升预算测算、编制、审批、执行、调整、分析等工作的效率。在预算测算方面，HRP 通过收集过去 12 个月的预算执行数据及预置的测算规则，对下一年度各院区、业务条线、预算单元的业务预算编制进行多维度测算，复杂性测算时间较之前减少近 87.5%，大大解放了财务人员的手工统计汇总工作；在预算审批方面，增加不同维度的汇总批量审核功能，可以分别通过预算院区、预算条线、预算单元、预算项目等维度进行审批，实现了预算数据的精细化和高效化管控，审批效率提升 70%。通过预算管理全流程可视化、可追踪，达到控制费用、明确责任、提高效率的目的，对医院的经济活动进行全面管控，及时洞察运行风险，促进医院各类资源科学、高效、优化配置，提升资源利用的边际效益，为医院高质量发展贡献更多财务力量。

4.5.4 提高成本管理效率

HRP 通过整合衔接医院多个业财系统，实现临床与管理系统间的互联互通，建立了医院整体及区分独立院区的 2 套分摊结构，同时满足对外提供成本报告，对内深化成本管控的需求，推进了多院区业务协同和数据贯通共享模式的构建，降低了财务管理成本。

目前成本管理核算对象涵盖 5 个院区，900 余个明细四级科室，近 5000 个医疗服务项目。成本核算数据覆盖了全院 20 万种药品、材料与设备信息，年收入明细数据达 1.2 亿条，年成本明细计算结果超 300 万条。对 5 个院区全部科室的各成本明细项目，按“谁受益谁承担”原则先进行院区间分配，之后在各院区内分别进行四类三级分摊，从而更真实、准确地反映各院区、各科室的资源实际消耗情况，以便根据各院区不同发展阶段进行资源配置和实施成本管控策略。持续升级因科制宜的精细化分摊方案，共细分 200 余个成本子项、20 余种分摊参数，提高了成本核算结果的准确性、科学性、系统性。

2023 年，在科室项目成本分摊结果年均 2280 万条的基础上，核算不可单独收费药品 2.8 万余条，不可单独收费材料 1.6 万余项，固定资产 11 万余个，完成医疗服务项目成本全院级核算 4635 个、科室级核算 3.3 万个，年度分摊结果达 2900 万条；接入病案首页数据 14.5 万条，完成全院级病种成本核算 149 个、科室级 1968 个，完成医院 DRG 成本核算 792 组。

4.5.5 管理决策更加科学

HRP 系统为医院多层级的管理者提供多视角、多层次的财务分析，每个月可自动生成财务分析、成本分析、预算分析，并支持自定义分析、多院区多指标交叉分析，满足不同管理角色的管理需求，打通医院财务分析的全应用场景，不论是临床业务部门还是行政职能部门都能按其管理权限和管理需求，在电脑端或者移动端查阅财务数据和统计分析结果，同时也能及时地进行风险预警，为医院业务决策提供更为及时和充分的信息支撑，进而优化医院运营管理，带动一院多区同质化发展。

5 研究结论及未来研究展望

5.1 研究结论

5.1.1 一院多区医院产生和发展有其适宜的宏观环境

对一院多区医院宏观环境进行深入分析发现，一院多区医院发展的政治环境主要体现在国家和地方政府出台的一系列调整卫生资源配置的政策文件以及现行医疗保障制度设计方面，多方面的政策叠加效应促进了一院多区医院的发展，信息技术的应用为一院多区医院发展提供了可能。公立医院发展“一院多区”，是公立医院提质增效、提升医疗服务能力的表现。这在一定程度上缓解了公立医院医疗资源紧张、看病就医体验差的问题，同时实现发生重大疫情时院区功能转换，对于推动分级诊疗制度建设、优化医疗资源布局、构建优质高效的医疗卫生服务体系具有重要的意义。

5.1.2 财务管理同质化是一院多区医院发展的关键

研究结果表明，一院多区医院可分为紧密型、松散型、混合型三类，上海市三级医疗机构一院多区医院存在两个特征：一是紧密型一院多区医院多为2个院区的专科医院，且总院与分院战略定位具有差异化，总部院区设立超500张床位的住院部，分院以门诊部的形式设立；二是混合型一院多区医院的总院及分院多为综合医院，不仅分院数量多，且分院床位规模大。研究认为一院多区医院是大型公立医院发展新形式，发展一院多区医院有助于为卫生资源薄弱地区快速注入优质医疗力量，其中，财务管理同质化是一院多区医院发展的关键。财务管理同质化有助于进一步提升各院区运营效率，降低医院运行成本，助力医院高质量发展。

5.1.3 垂直化财务管理有助于一院多区财务管理策略的实施

研究认为，垂直化财务管理组织架构可以解决一院多区管理中，层级过多影响效率、人员配置不均衡、人员统筹安排困难等问题，有效消除重复的财务工作，形成互补，提高工作效率，构建节约、高效的扁平化组织结构，实现“1 +1 >2”的效益。

5.1.4 一院多区财务管理模式下，应注意促进信息技术作用发挥

在数智化时代，一院多区财务管理不仅需要优化医院资源配置，而且需要依托智慧财务体系，引入RPA、OCR、NLP、大数据分析、人工智能等新一代信息技术，深入挖掘数据价值，为医院管理者提供数据驱动的预测、深入业务的管理决策支持以及更有效的风险控制，引领医院高质量发展。在一院多区财务信息化系统的建设推进过程中，新技术的应用是手段，扎实精细的数据是基础，简洁有效的流程是核心，HRP只有通过支撑运营管理、提升业务价值和促进医院战略目标的实现，才能真正推动财务人员、业务模式、管理理念的转型，更合理地整合优化医院医疗资源，提升医院核心竞争力，实现高质量发展。

5.2 本文研究的创新点

5.2.1 结合当前高质量发展背景研究公立医院“一院多区”财务管理

本文基于当前公立医院高质量发展的政策背景，对公立医院“一院多区”财务管理的实施策略进行了研究，将多院区管理理论与公立医院实际进行了有机结合。在高质量发展的背景下，公立医院从规模发展向内涵发展转变，不仅要提高自身的业务能力，提升人民群众看病就医的获得感，还要加强内部管理，提升运行效率，有效降低和控制成本。本文通过研究公立医院“一院多区”财务管理的实施策略，帮助公立医院科学配置资源、提高运营效率，助推公立医院高质量发展和战略目标的实现。

5.2.2 研究视角聚焦公立医院，为行业内“一院多区”财务管理提供借鉴

国内对医院“一院多区”财务管理的实施和评价研究还很少。它们中的大多数都是基于理论或讨论整个行业的整体多院区管理，缺乏针对性。本文拟通过具体案例医院“一院多区”财务管理情况的研究，利用大量数据分析进行研究，形成医院自身实际的“一院多区”财务管理实施策略，促进医院“一院多区”财务管理从有到优的转变，具有较强的实践性和针对性，为促进“一院多区”财务管理实施以及公立医院高质量发展提供了理论支撑和案例的参考，有一定的借鉴意义。

5.3 研究不足与展望

本文聚焦 RJ 医院“一院多区”财务管理策略研究，分析财务管理促进一院多区医院高质量发展的策略以及实现路径，详细阐述 RJ 医院一院多区财务管理策略及信息化建设内容，并总结一院多区财务管理策略的核心着力点，本文的研究存在以下不足之处。

（1）选择的样本医院——RJ 医院属于大型综合三甲医院，在多院区类型中属于“混合型”，其一院多区财务管理及实现路径是否适用于其他规模和类型的综合性医院、专科医院以及“紧密型”“松散型”一院多区医院有待进一步拓展研究。

（2）由于时间和资源的限制，在一院多区财务管理策略研究未能够对 RJ 医院财务管理效率采用 DEA 窗口分析法进行进一步的实证研究，在后续的研究中有待进一步深入探讨。

（3）未对“紧密型”以及“松散型”一院多区医院的财务管理策略进行深入探讨，未来可以进一步开展深入研究。

综上所述，本文将持续开展公立医院“一院多区”财务管理策略在促进医院高质量发

展方面的理论与实证研究，未来将探索范围更宽广和视角更多元的“一院多区”财务管理策略。

主要参考文献

［1］国务院办公厅．国务院办公厅关于推动公立医院高质量发展的意见（国办发〔2021〕18号）［EB/OL］．（2021－06－04）．http：//www.gov.cn/zhengce/content/2021－06/04/content_5615473.htm.

［2］国家卫生健康委办公厅．国家卫生健康委属（管）医院分院区建设管理办法（试行）（国卫办规划发〔2022〕15号）［EB/OL］．（2022－12－05）．http：//www.gov.cn/zhengce/zhengceku/2023－01/17/content_5737588.htm.

［3］宋文舸，谭枫．城市医疗资源两次重组的异同比较［J］．中国卫生资源，2000（3）：101－103.

［4］顾英奇．发展横向联合 推进卫生改革——在全国医疗协作联合体经验交流会上的总结讲话［J］．中国医院管理，1986（9）：5－8.

［5］宋文炯，谭枫．对两次医疗资源重组的思考［N］．健康报，2000－07－29（2）．

［6］林娟娟，陈小嫦．构建医疗联合体的关键问题分析及其对策建议［J］．南京医科大学学报（社会科学版），2014（2）：104－108.

［7］师伟，杨桦，韩静，姚雯．北京市朝阳区构建区域医疗联合体的实践与探索［J］．中国卫生资源，2014（6）：396－398.

［8］万祥波，朱夫，杨扬等．镇江市建立紧密型医疗联合体的探索和实践［J］．中华医院管理杂志，2013，29（4）：263－266.

［9］邵蓉，张子蔚，常峰．美国与我国医院集团形成原因的对比分析［J］．中国药房，2010（41）：3841－3843.

［10］陈文贤，高谨，毛萌．从一个英国医院集团的运营现状看医院集团的发展趋势［J］．中华医院管理杂志，2002（9）：65－67.

［11］赵丹丹．上海医疗资源纵向整合研究［D］．复旦大学，2008.

［12］范关荣，袁蕙芸．我国医院集团的形成与发展［J］．中华医院管理杂志，2007，23（5）：322－324.

［13］张寓景，孙逊，李婷．我国医院集团发展现状与对策分析［J］．解放军医院管理杂志，2007（6）：411－412.

［14］杨珺文，黄葭燕．我国民营医疗机构的现状与问题分析［J］．中国卫生资源，2012（6）：468－470.

［15］方鹏骞，黄灵肖．我国医疗机构集团治理模式及关键问题分析［J］．中华医院

管理杂志，2013，29（3）：161－164.

［16］周建莹．医疗资源兼并重组出奇效［J］．医院院长论坛，2007（2）：51－55.

［17］芦炜，梁鸿．如何构建医疗联合体：组织模式、利益机制和服务内容［J］．中国卫生政策研究，2013（12）：6－11.

（2023 年课题）

公立医院数据资产界定与会计核算研究
——基于数据信息知识的体系

黄　艾[①]

1　绪论

1.1　研究背景

党的十八大以来，党中央高度重视发展数字经济，将其上升为国家战略的高度。党的十九大提出，推动互联网、大数据、人工智能和实体经济深度融合，建设数字中国、智慧社会。在数字经济高速发展的今天，数据正成为新的生产力，日益改变着经济社会的生产方式和生产关系。

公立医院作为我国提供公共医疗卫生服务的重要部门，承担着守护人民生命健康的重要职责；同时，公立医院每天产生并使用着大量的各类数据，是我国各类行政事业单位中掌控数据量最大的部门之一。公立医院的数据，既具有数据的基本属性，又具有其独有的医疗、伦理、安全等属性，因此，有必要对其进行专门的研究。

1.2　研究意义

在信息数据技术高速发展的今天，在公立医院数据资产尚未明确界定、公立医院数据

① 课题负责人及主要执笔人：黄艾，湖北省疾病预防控制中心，高级会计师。
课题组成员：毕旭云、苏薇、马雄伟、邹娟、丁兆彬、薛源、王婷。

资产会计模式尚未完全建立的现实情况下，本课题研究拟从数据资产的主体定位、经济属性、管理维度等方面对公立医院的数据资产进行较为全面和科学的界定；通过知识管理领域常用的“数据—信息—知识”（DIK）模式，对公立医院数据资产进行全面、系统的分类，并采用《政府会计准则》下的资产确认标准与资产计量方法，对公立医院各类数据进行确认和计量，探索公立医院数据的资产化。

通过课题研究，我们梳理了从数据定义到数据分类，从公立医院数据资产界定到公立医院数据资产化的系统分析方法，为公立医院数据资产核算打下理论基础；我们运用会计视角，对公立医院的数据资产进行会计定义、确认和计量，为公立医院数据资产核算打下实践基础。

1.3 研究内容

本课题的研究内容主要包括以下几个部分。

第一部分为绪论。该部分介绍了本课题的研究背景和研究意义，在此基础上拟定本课题的研究方法与体系框架，设计了本课题的技术路线图。

第二部分为关于公立医院数据资产相关问题的调查。调查分为问卷调查、相关人员访谈调查、课题相关问题的研究现状。问卷调查，重点关注公立医院数据资产的管理现状与核算内容，根据调查结果与分析结论，提供本次研究的研究关注点；访谈调查，开展对公立医院财务人员的电话访谈，重点关注公立医院数据资产在会计实践层面的困惑和问题；研究现状调查，主要收集、汇总国内外对于数据及数据资产的研究现状和研究成果，为本课题研究建立理论依据。

第三部分为公立医院数据来源及分类。该部分系统地归纳了公立医院数据的来源，并从公立医院数据管理角度出发，提出公立医院数据的分类方法。

第四部分为公立医院数据的界定。该部分提出了主体、内含、属性三种数据界定规则，并运用规则对公立医院数据进行界定，实现公立医院数据的主体确认。

第五部分为公立医院数据的价值实现。该部分创新性地提出了数据价值实现的框架模型，并将其运用在公立医院数据价值实现的两个层面。

第六部分为公立医院数据资产的确认与计量。该部分创新性地提出了公立医院数据资产的二次确认方法，通过信息确认与会计确认，将公立医院数据分级次确认为“数据资产”；同时，运用《政府会计准则》相关的资产计量规则对公立医院数据资产进行计量。

第七部分为公立医院数据资产的会计核算与报告。该部分运用《政府会计制度》对确认的公立医院“数据资产”进行会计核算，并明确其在会计报表和会计报告中具体披露的内容。

第八部分为研究结论与未来研究展望。该部分对整体研究报告进行总结，提出了本课题研究的不足，并对数据资产在公立医院管理实践中的应用前景进行了展望。

1.4 研究方法

1.4.1 文献研究法

对公立医院数据资产的研究现状进行系统梳理，重点对国内外学者开展数据资产相关研究成果进行广泛的整理，对中国信通院、普华永道等研究机构发布的数据资产管理白皮书进行全面的归纳，对信息安全技术、固定资产等资产基础分类与代码等国家标准进行深入的学习，从而为本课题进一步探讨公立医院数据资产在界定和相关会计问题的研究方面提供可借鉴的基础。

1.4.2 定性分析法

运用归纳和演绎、分析与综合以及抽象与概括等方法，建立公立医院数据资产界定与确认的理论分析框架，探讨公立医院数据资产会计核算与报告等会计实务问题。建立从公立医院数据来源到公立医院数据界定，再到数据资产确认与核算的系统分析框架。

1.4.3 问卷调查法

本课题就公立医院数据资产的界定、分类、会计计量等问题对全国 80 多家公立医院进行了问卷调查，一共收回 144 份问卷。主要关注公立医院数据资产的管理现状，对数据资产的界定、计量、核算等难点问题进行了调研，为深入展开公立医院数据资产界定与核算相关问题的研究确定了方向。

1.4.4 访谈调查法

本课题基于公立医院数据资产在会计实践中的相关问题对公立医院财务人员开展访谈调查，主要关注数据资产在公立医院资产管理和会计核算等方面的实践问题。

2 关于公立医院数据资产相关问题的调查

2.1 公立医院数据资产界定与核算相关问题的问卷调查

本课题关于公立医院数据资产界定与核算相关问题的调查，采用问卷的方式，根据本次研究的目的——公立医院数据资产界定与核算相关难点问题设计调查问卷，主要调研对象为公立医院财务部门和信息部门的管理人员。

本次问卷调查共收回问卷144份，近80家公立医院的相关人员参与了问卷调查。问卷包含四个部分共二十题：第一部分是公立医院的基本情况；第二部分是公立医院数据资产的管理现状；第三部分是被调研对象对公立医院数据资产管理与界定问题的认识情况；第四部分是被调研对象对公立医院数据资产计量与核算问题的认识情况。调查问卷分析如下。

第一部分是公立医院的基本情况。本次调查中公立三级医院占比94.4%，二级公立医院占比5.6%；医院资产规模总资产在50亿元以上的占比11.8%，20亿元至50亿元的占比27.1%，5亿元至20亿元的占比44.4%，5亿元以下的占比16.7%；收入规模在50亿元以上的占比6.3%，20亿元至50亿元的占比24.3%，5亿元至20亿元的占比31.2%，5亿元以下的占比38.2%；医院总人数在5000人以上的占比9.1%，1000至5000人的占比70.1%，1000人以下的占比20.8%；被调查人员中财务人员的占比72.9%，信息人员的占比27.1%。

第二部分是公立医院数据资产的管理现状。参与调查的公立医院中已开展数据资产管理的占25.7%，正在开展数据资产管理的占25.7%，未开展数据资产管理的占48.6%；被调查者普遍认为数据资产管理的意义主要在于提高医疗技术水平、提高科研水平、提高医院运营管理效率、为医院带来经济利益、为患者服务等方面；被调查公立医院中已开展数据资产界定和分类的占17.4%，正在开展的占25%，未开展的占57.6%。

第三部分是被调研对象对公立医院数据资产管理与界定问题的认识情况。调查问卷显示公立医院财务和信息人员普遍认为公立医院数据资产包括：医院HIS系统数据、医院LIS系统数据、医院运营管理系统数据、科研信息数据、PACS系统数据、医院人事管理系统数据、医院OA系统数据、医院后勤管理信息数据、医院健康管理系统数据、其他数据（财务数据、医保结算数据、DRG数据）等，并且认为以上数据资产应该纳入医院数据资产进行管理；86.8%的被调查者不了解数据资产的确定标准和评估方法。被调查者普遍认为公立医院数据资产分类和界定的难点在于：没有统一的标准（86.8%）、没有系统的方法（85.4%）、没有相关的经验（77.1%）、缺乏相关人才（69%）等。在对资产价值评估调查中，被调查者认可以下评估方法：层次分析法（61%）、未来收益法（84.7%）、统计分析法（66%）、资产评估模型法（85.4%）、成本法（77.1%）、市场交易法（44%）、人工智能评估法（43%）等。在对资产管理应关注的方面调查中数据资产安全性（97.2%）居首位，其次是数据资产保密性（91.7%）和数据资产的内部控制（91%）。此外，数据资产的价值变化和存储方式也是需要关注的方面。

第四部分是被调研对象对公立医院数据资产计量与核算问题的认识情况。在对数据资产会计确认需要满足条件的调查中，被调查者普遍认为当同时满足以下条件数据资产时应该被确认和计量：数据资产能够分离或划分出来或者能够单独或者与其他资产或负债一起用于出售、转移、授予许可证（90.3%）；与该数据资产有关的经济利益很可能流入医院或者该数据资产使用可以减少医院成本（91%）；该数据资产能够可靠计量（84.7%）。被调查者普遍认可的数据资产初始确认标准为：自行开发的数据资产按开发的成本计量（88.2%）、外购的数据资产按购买价款、相关税费以及使数据资产达到预定可使用状态的其他支出计量（91%）、数据资产成本不能准确计量的按评估价值进行初始确认（85.4%）、数据资产成本和评估价值不能取得的按未来收益现值进行初始确认计量（76.4%）等。对于数据资产的核算科目选择“无形资产”的占45.4%，增设“数据资产”占38.3%，存货类科目占15.4%。大部分被调查者（67.4%）认为数据资产需要进行摊销，75.3%的被调查者认为摊销年限为5—10年。大部分被调查者（71.5%）认为数据资产每年需要进行减值测试以及会计处理。

本次调查对象主要集中在大型公立三级医院的财务人员和信息人员。通过问卷调查我们得知74.3%被调查的公立医院没有对数据资产进行管理，但被调查者普遍认为对数据资产进行管理具有重要意义，通过对数据资产进行管理可以提高医院医疗技术水平，更好地为患者服务，得到经济利益或者降低医院成本，提高医院运营管理效率。

通过本次问卷调查，我们也获知被调查者对医院数据资产涵盖内容有明确的认识，希望可以对数据资产进行界定、确认和计量，纳入医院资产进行管理。但由于现阶段数据资产分类和界定没有明确的标准、方法、经验和相关专业人员，所以对数据资产界定有一定困难。被调查者希望了解和学习数据资产价值评估方法，进而对数据资产价值进行确认，为纳入会计计量提供依据。数据资产的安全性、保密性和存储形式以及内部管理制度和流程是被调查者普遍关注的方面。被调查者对数据资产确认需要满足的条件以及数据资产初始确认标准有明确的认识，但对于数据资产会计核算科目的认识还有分歧，主要分歧为使用“无形资产”还是新增“数据资产”科目进行数据资产核算。大部分被调查者认为数据资产需要进行摊销，摊销期限在5—10年被普遍认可。此外，数据资产还需要每年进行减值测试，根据测试结果进行会计处理。

本次问卷调查，为本次课题研究提供研究方向和研究依据。通过建立DIK模型，对医院数据资产进行整理分类和汇总，形成有用的数据信息，数据信息经过汇总应用，形成医院数据知识，进而通过知识积累提高医院医疗技术水平和运营管理效率。本课题将对数据资产进行界定，明确数据资产分类标准和分类方法；研究数据资产的评估方法和计量标准，明确数据资产会计核算科目，最终制定数据资产的界定、评价、计量以及会计核算方法和流程。

2.2 公立医院数据资产相关问题的访谈调查

本次关于公立医院数据资产相关问题的访谈调查，采用电话访谈的方式进行，访谈调查围绕公立医院数据资产的管理现状及会计核算问题，访谈对象为公立医院财务部门和信息部门的管理人员。

本次访谈调查，电话咨询 15 人，其中财务部门 14 人、信息中心 1 人。

通过访谈了解到，关于公立医院数据资产的管理现状与调查问卷情况基本一致，大部分公立医院尚未开展数据资产的管理工作，大家普遍认为公立医院有必要开展数据资产的管理及会计核算工作，同时认为管理方法和会计核算方面存在一定难度的挑战。

关于公立医院数据资产的会计核算，财务人员普遍存在以下几点困惑。一是数据作为资产的判定标准，即数据能否按照现有的政府会计准则关于资产的判定标准进行判定和确认？二是数据确认为资产后，是否会虚增资产？三是数据确认资产后，是否会改变公立医院的资产负债结构？四是公立医院数据资产是否会被纳入国有资产管理？五是数据资产的处置形式，即数据资产是否采用国有资产的处置形式和处置流程？

被访谈调查者的关注重点主要集中在公立医院数据资产的确认，数据资产对公立医院资产负债的影响，公立医院数据资产归属国有资产的管理形式等方面，本课题研究将着重关注公立医院会计实践工作人员提出的问题，为公立医院数据资产的会计实践建立理论基础。

2.3 公立医院数据资产的研究现状

目前，国内学者对于数据资产研究焦点主要集中在宏观层面的国民经济领域数据资产和微观层面的企业数据资产，研究内容主要集中在数据资产的定义、计量、核算等会计问题。李静萍（2020）研究了数据资产的核算方法，给出了数据具有非生产性、收益性和所有权归属，应视为非生产资产，应以聚合数据作为数据资产的识别单位，应建立包括数据资产和数据开发资产在内的附属核算体系等结论；秦荣生（2020）提出通过交易取得或自用的方式，能为企业带来经济利益的数据资产，应确认为企业的资产，设置“数据资产”进行核算，可使用历史成本、公允价值、评估法计量；余应敏（2020）研究大数据企业数据资产相关会计问题，提出相关费用资本化的处理及历史成本或收益现值法的计量方法；刘国英等（2021）通过研究国际会计准则理事会（IASB）发布的《财务报告概念框架》中相关不确定因素的表述，结合价值链框架，探讨资产数据的确认、计量、报告等问题以及《数据资产准则》的构建；许宪春等（2022）站在宏观经济的角度，讨论了数据作为关键生产要素，计入国民经济核算体系的理论依据，以及数据资产的统计和核算方法；孙永尧等（2022）研究了数据资产的定义，指出它是一种新型的复杂资产，会计上应予单独计量反映；吕艳娜（2022）研究通过设置“数据资产”等科目对数据资产进行核算，从初始计量到资产使用再到资产处置等方面探讨了数据资产的相关会计处理方法；张雪等（2022）关注以数据为核心竞争力的大数据行业，将企业数据资产分为交易型和自用型，并运用公允价值、现值和历史成本对数据资产进行初始计量和后续计量；赵西卜等

（2019）通过对政府资产的主体定位、宏观微观不同核算体系、资产报告目标的分析，得出政府资产不仅包括以所有者身份拥有或控制的资产，还包括以社会管理者身份持有或使用的资产；刘晶等（2012）通过医院信息系统体系框架归纳出医院管理信息系统、临床信息系统和医院服务信息系统的分类。

除了研究论文发表之外，国内一些专业机构也对数据资产作出了研究报告，中国信科院在2023年1月发布《数据要素白皮书（2022）》，系统提出了数据的概念、数据要素的价值实现途径以及我国数据要素市场的培育现状；普华永道在2020年发布《数据资产化前瞻性研究白皮书》，对数据资产确权、数据资产估值以及数据资产的财务核算处理这三个难题提出思考与解析；德勤，阿里研究院在2019年发布《数据资产化之路——数据资产的估值与行业实践》，提出数据资产不完全符合会计“资产”的定义，但可以从更广义的角度——收益和风险认可其价值。

国内对医院数据资产的研究主要集中在医院信息管理人员对医疗数据资产的管理框架、管理方法、数据安全以及数据治理等方面。计虹等（2023）年分析了医疗数据资产管理面临的主要问题，提出了医疗数据资产全生命周期管理的方法和路径，通过“AI + 知识”双引擎智能驱动，完成了从医疗数据资源到数据资产的管理转化；江其玟等（2022）比较了成本法、市场法、收益法在数据资产估价运用中的优缺点及其使用场景，并提出公立医院数据资产治理框架，助力医院价值提升；游静等（2018）总结了数据资产核算的三大难点，即无形资产确认范围过窄，数据资产计量方法不适应和数据资产的价值衡量难度高，提出将数据资产纳入无形资产的确认范围，增加数据资产的会计披露和建立数据资产风险评估的三点建议；周彬等（2020）从医疗数据的生产、存储，剖析医疗数据资产的价值、权属及使用，提出医疗数据安全防护的重要性及措施；宋玲（2020）探讨了数据治理在医疗服务智能化、数据化等方面的应用。

国外对数据资产的研究主要集中在加密数字货币、线上数字资源及数据资产的安全和管理等方面。通过马建成等（2023）基于CiteSpace的知识图谱分析数据资产的研究热点，可以看出国外数据资产的研究热点集中在加密数字货币和数据资产安全与管理等方面。LeeJ S研究了计算机技术对数据资产进行的管理；Corbet等主要对加密货币进行研究；Kim等分析数据资产与网络安全的关系及相关算法；Sub - ramanyam等主要研究数据资产管理系统的设计。夏义堃等（2022）研究表明美国、英国、澳大利亚、新西兰等国早在2009年就陆续发布了各类行政令、条例和国家战略，提出“数据即资产”的概念，并分析研究了国外全面数据资产的管理理念，进一步总结出国外政府数据资产管理的方法及经验。

通过对数据资产相关文献资料的学习研究和对公立医院数据资产管理现状的调查研究，发现当前数据资产的理论研究与我国数据资产的迅速发展存在着差距，我国公立医院数据资产的管理现状与公立医院的管理需求存在着差距。国内外学者对医院数据的认知、管理和运用等方面大多限于离散化的数据存储与管理，尚未对医院数据内在联系、数据伦理、数据资产化方法与界定、数据资产管理的一般方法进行深入研究。

本课题研究将以公立医院数据资产管理及研究现状作为切入点，运用系统性的方法，对数据的界定、数据资产的确认、会计核算进行积极的理论探索；并力求运用具体的方法，完成对医院数据资产化的实践探索。

3　公立医院数据来源及分类

3.1　公立医院数据来源

公立医院的信息系统维持着公立医院的正常运行。众多信息化软件系统，是公立医院各类数据的主要来源。公立医院信息系统包括 HIS、LIS、PACS/RIS、CMIS、CIS、HRP、OA 办公管理等系统。

HIS 信息系统及电子病历信息系统，是较早基于临床医疗收费的医院信息管理系统。主要功能模块包括门诊管理、住院管理、药房管理、药库管理、电子处方、电子病历等。HIS 系统以病患诊疗信息、财务信息和物资信息为主线，通过对信息的收集、存储、传递、统计、分析、综合查询、报表输出和信息共享，及时为临床医师和管理人员提供全面、准确的各种数据。

LIS 实验室（检验科）信息系统，是基于临床医学检验的信息系统，主要功能模块包括检验工作站、血库、试剂库、医生站及护士站等，负责日常数据处理工作，包括标本采集，标本数据接收，数据处理，报告审核，报告发布，血液试剂领用发出，报告查询等日常功能。

PACS/RIS 医学影像存档与通信系统/放射信息管理系统，是基于临床医学影像的信息系统，用于医学图像的获取、显示、存贮、传送和管理及优化医院放射科工作流程，达到影像数据在临床各科室的共享。主要功能模块包括登记预约、就诊、产生影像、出片、报告、审核、发片等。

CMIS 移动护理信息系统，是基于临床医疗护理的信息系统，用于采集病人基础护理记录，生成护理单据、体征趋势图，医嘱的查询、管理、执行，最终形成护理档案。

CIS 临床信息监测与管理系统，是基于临床医疗和生命监测的信息系统，用于住院病人住院期间生命数据监测，收集处理临床医疗信息。

消毒供应中心及手术室器械管理系统，是基于消毒及手术室器械管理的信息系统，用于消毒包及手术器械等低值易耗品的出入库管理。

健康管理系统，是基于健康体检的信息系统，用于健康体检预约、体检人员数据归集、报告分析及发出。

互联网医疗服务信息系统，是基于互联网医疗服务的信息系统，用于双向转诊平台及互联网医疗数据采集数据分析。

物资供应链管理系统，是基于医疗物资供应管理的信息系统，用于对医用耗材及药品等院内消耗物资从供应到最终消耗全过程进行综合性管理。

国有资产管理平台，是基于固定资产管理的信息系统，用于固定资产的管理、申购、报废及资产使用效率分析。

医保管理系统，是基于医保付费的信息系统，主要功能模块有医保政策及病人就诊管理、医保数据管理、总额控制管理以及智能审核扣款管理等。

DRGs 医院管理系统，是基于 DRGs 模式下的医院管理信息系统，通过特定的疾病和治疗过程确定各病例的 DRGs 分组，并根据 DRGs 组别制定医保费用支付标准，减少不必要的治疗和服务项目，缩短住院天数，达到优化医疗资源、控制医保费用的目的。

医院（OA）办公系统，是基于办公自动化的信息系统，用于公立医院日常办公和管理应用，将公立医院业务流、管理流与审批流打通。

供应商资质管理及合同、招投标平台，用于对外采购物资及签订合同，审核供应商资质，进行招投标管理，及采购合同的拟定查询。

科研管理系统，基于科研信息管理、科研项目及成果管理，学科建设及分析的信息系统。

大数据分析与应用平台实验室数据分析系统，用于临床信息、智能审核及实验室数据分析等。

医院智能后勤管理信息系统，用于物业管理、网上报修、房屋管理、三维管网、订餐订水、会议服务、公务用车等后勤事务的管理。

人事档案综合管理系统，用于人事管理、职称申报、社保服务、职工及干部考核管理等。

医院财务系统，用于医院各类经济事项的核算，及报表出具。

综合运营管理（HRP）项目，用于成本核实、绩效考核、综合运营分析。

公立医院诸多的信息系统，时刻产生着各类数据，各类信息系统有机联系在一起，构成了公立医院基础数据的来源。公立医院信息系统之间通过数据联通、数据传导形成三大数据中心——临床数据中心、科研数据中心、运营数据中心，构成了公立医院的核心基础数据。

3.2 公立医院数据特征

3.2.1 虚拟性及可复制性

数据无实物形态，只能寄存于存储媒资中。与传统资产管理中的“账实相符”中的实物完全不同，无法在期末进行盘点。只能通过存储媒介来读取，同时也不具有唯一性，可以通过复制取得众多备份，所以数据资产的安全性也是未来需要解决问题之一。虚拟性和可复制性也带来外购数据所有权属的确认问题，是否需要支付对价来确认所有权？数据是否有所有权，交易的是否只是使用权？取得使用权是否即可确认数据资产？这些都是需要研究与探讨的问题。

3.2.2 数据隐私性

公立医院作为广大人民群众提供医疗服务的医疗卫生机构，对数据隐私性保护的要求很高。基本所有公立医院中的临床数据系统使用的都是相对独立的局域网，不会与外部互联网相连。数据安全是公立医院信息化建设工作中的重中之重。公立医院用于研究分析的自有基础数据往往会隐去个人信息，即进行脱敏处理。

3.2.3 数据价值的不确定性

由于公立医院数据由各个系统收集而成，内容指向不一。多数数据只对于某个领域具有价值，对于其他领域价值不大。整个数据没有通用的价值标准。数据量是巨大的，而价值是潜在的，需要研究人员不断发掘，这使得数据资产的价值具有不确定性。

3.2.4 数据时效性

数据作为人类活动的数据表述，具有时效性。由于社会的快速发展，数据所能表述的内容期限也越来越短。时间越长则价值越低，如20世纪90年代国民健康数据只能表示当时生活条件下居民的健康水平，对于现在的科学研究除了人文科学的价值外在自然科学方面的价值不大。

3.3 公立医院数据分类

3.3.1 公立医院数据分类

公立医院数据按数据的来源可分为外购数据与自有数据；按数据安全等级可分为隐私数据与脱敏数据；按数据的成因可分为基础数据和衍生数据；按数据应用场景可分为临床数据、运营数据、科研数据。

（1）外购数据和自有数据。由于信息化程度的提高，公立医院由于科研及教学的需要会通过第三方购买一些合法合规的数据，比如教学及科研数据库、论文数据库等。因此，根据数据的取得路径不同，可分为外购数据及自有数据。而由公立医院自身信息系统收集且根据自身收集系统进行有目的性的归纳分析而形成的数据为公立医院自有数据。

（2）隐私数据和脱敏数据。公立医院数据按数据安全等级分类可分为隐私数据与脱敏数据。公立医院医疗基础数据及人员基础数据均为隐私数据。但由于医疗及管理的需要，需要统计大量数据，而不需要具体到个人。经过加工处理后隐去个人信息的数据称为脱敏数据。一般进行数据分析都是使用的脱敏数据。

（3）基础数据与衍生数据。基础数据是指公立医院在医院的运营及管理过程中，由信息化系统采集但未被处理过的原始数据，比如患者个人信息、患者病情病种、药品及耗材使用量等。此类数据一般数据量大，指向性不清，零散且庞杂。衍生数据是根据特定的目的对基础数据进行有针对性的分类汇总，并对结果进行分析取得的有特定意义的数据。例如，以患者年龄病种为维度，将相关数据进行分类分析，可得到相关病例各年龄段的治疗图谱及费用图谱，治疗图谱及费用图谱就为衍生数据。基础数据与衍生数据是因与果的关系，只有庞大准确的基础数据才有可信赖的衍生数据。衍生数据是公立医院运营管理的客观反映，可以为公立医院的运营管理决策服务。外购数据及基础脱敏数据虽然经过数据机构有目的的分类归纳和脱敏处理，但对公立医院不具针对性，无法为运营管理及科研服务，所以应认为是基础数据。

（4）临床数据、运营数据、科研数据。临床数据是指以 HIS 系统为基础，涵盖 LIS、PACS 等关联系统，以电子病历为核心的医院医疗服务全过程产生的所有数据。临床数据是医院数据的核心构成部分，是体现医院日常运行的基本数据构成。运营数据是医院运营管理各系统所采集和归整的相关原始和衍生数据，包括财务会计数据、医保物价收费数据、人事管理数据、绩效考核评价数据、资产物流管理数据等，运营管理数据既有原始数据也有衍生数据，是医院数据资产价值应用的核心数据。科研数据是课题组在临床基础数据之上，通过数据模型、公式等加工处理之后产生的有一定规律性的数据集群，科研数据既可以是自有数据，也可以是外来数据。

3.3.2 公立医院数据类别

公立医院信息系统形成三大数据中心——临床数据中心、科研数据中心、运营数据中心，三大数据中心对应着公立医院数据的三大应用场景。《数据安全技术—健康医疗数据安全指南》（GB/T 39725－2020）将健康医疗数据分为六类——个人属性数据、健康状况数据、公共卫生数据、医疗应用数据、卫生资源数据、医疗支付数据。将上述三类数据中心的数据类别按国家标准类别进行区分，并将国标中的医疗应用数据按应用场景细分为临床医疗数据、临床实验数据和医学科研数据，卫生资源数据按应用场景细分为运营管理数据和服务保障数据，则形成了九个公立医院数据类别——个人属性数据、健康状况数据、公共卫生数据、临床医疗数据、临床实验数据、医学科研数据、运营管理数据、服务保障数据、医疗支付数据。

数据是对人类行为活动的记录，公立医院的核心业务活动是医疗活动，公立医院围绕医疗活动，投入卫生资源，产出医疗服务产品，获取医疗服务收入，补偿卫生资源的消耗，形成卫生资源的再投入，完成医疗活动的可持续循环。

在以医疗活动为中心，卫生资源投入与产出的过程中，公立医院产生出各类数据。投入卫生资源的过程产生卫生资源数据，开展医疗活动的过程产生个人属性数据、健康状况数据、医疗应用数据、公共卫生数据，医疗服务的产出过程中产生医疗支付数据，形成新的卫生资源的过程产生卫生资源数据。

3.4 小结

公立医院数据主要来源于公立医院各类信息系统，具有虚拟性、隐私性、时效性等特点。公立医院数据按来源可分为外购数据与自有数据；按安全等级分类可分为隐私数据与脱敏数据；按成因可分为基础数据和衍生数据；按应用场景可分为临床数据、运营数据、科研数据。将公立医院三类数据中心与国家标准六类健康医疗数据相结合，形成本课题研究的九类公立医院数据。

4 公立医院数据的界定

数据，像一块块“多米诺骨牌”，需要一只手去触发它。这只手可能是管理需求，可能是经济利益，也可能是环境改善，但无论是哪种动因触发，数据（D）的驱动都会带来信息（I）的增长、知识（K）的更新。

公立医院，作为国家卫生健康事业最重要的承载单位，拥有大量的居民健康医疗数据，并且源源不断地产生着新的健康医疗数据。本课题研究力图通过对我国公立医院数据的系统分析与理论研究，实现公立医院数据更广范围的应用，真正体现公立医院数据资产确认的理论和实践意义。

4.1 数据相关概念的确定

“数据”，《中华人民共和国数据安全法》对数据的定义是指任何以电子或其他方式对信息的记录。本课题研究所指数据是公立医院信息系统产生的，以数字、字符、图形、声音等形式记录的医疗、健康、管理等各类信息。

“数据资源”，维基百科对资源的定义是材料的原料。本课题研究所指数据资源是公立医院拥有或控制的各类数据及产生数据的各类信息来源和数据衍生物的总称。

“数据要素”，党的十九届四中全会提出“健全劳动、资本、土地、知识、技术、管理、数据等生产要素由市场评价贡献，按贡献决定报酬的机制”，首次将数据纳入生产要素。本课题所研究的数据要素是公立医院将数据作为维系经济运营的一个基本因素，同公立医院的国有土地、国有资本、医务劳动者、医疗技术、公立医院管理等共同构成公立医院提供医疗卫生服务等社会公共产品的必要条件。

“数据资产”，本课题研究所指数据资产是公立医院拥有或控制的，能够为公立医院带来未来经济利益的数据。

“信息”，百度百科定义信息为音讯、消息、通信系统传输和处理的对象，泛指人类社会传播的一切内容。广义的信息是对客观事物运动和变化的反应，是客观事物之间联系和作用的表征。本课题研究所指信息是公立医院产生并形成的有用、有效、有序的数据集合。

“知识”，百度百科定义知识为信息的拥有，或快速定位信息的能力。广义的知识是人们在改造世界的实践中所获得的认识和经验的总和。本课题研究所指知识是公立医院的数据资源抽象形成信息的规则以及信息的自动推理与衍生规则。

数据是信息系统的基础，信息系统产生新的数据。本课题研究的数据（D）系由公立医院现有各类信息系统（S）产生的各类公立医院数据。数据是信息的表现形式，信息是数据的处理结论。经济学家认为“信息是提供决策的有效数据”，本课题研究的数据（D）系为公立医院提供决策信息（I）的有用、有效、有序的数据集合。同时，公立医院数据形成信息的方法以及公立医院数据、信息的运用为本课题研究的知识（K）。

4.2 公立医院数据的主体界定

数据由数据主体产生，是客观伴生物。2018 年，欧盟发布的《通用数据保护条例》（General Date Protection Regulation）将数据的相关主体分为三类——数据主体、数据控制者、数据处理者。2020 年，我国发布的《个人信息安全规范》（GB/T 35273 - 2020）与欧盟分类类似，将数据主体分为三类——个人信息主体、个人信息控制者、受委托处理数据者。

根据角色定位不同，公立医院数据相关角色可分为三类：第一类是公立医院数据的所有者，即数据主体，其具有相关数据的法定所有权；第二类是公立医院数据的控制者，其具有相关数据资源的控制权；第三类是公立医院数据的处理者，其具有相关数据的处理权。

个人属性数据和健康状况数据是就诊人（自然人）作为数据主体产生的，是医疗健康数据的客观伴生物，包括就诊人的身份证等身份信息、电话号码等通信信息、指纹等生物识别信息等；个人信息数据和健康状况数据的主体是就诊人（自然人），公立医院对这两类数据不具有所有权和控制权，只具有数据处理权，即公立医院对这两类数据不具有占有、使用、收益和处分的权利。同时，公立医院对这两类数据资源也不具有支配的权利。因此，公立医院不是个人信息数据、健康状况数据的主体。

临床医疗数据、临床试验数据、医学科研数据、公共卫生数据是公立医院提供医疗服务、健康服务、公共卫生服务所产生的全部信息的记录，包括问诊数据、医学影像数据、临床检查检验数据、临床护理数据、临床用药数据、手术数据、基因数据及可穿戴设备采集的健康相关数据、传染病防治数据等。公立医院是开展医疗健康服务、公共卫生服务的主体，医疗健康数据是公立医院运用专业技术开展专业服务的核心、重要产出，因此，公立医院是临床医疗数据、临床试验数据、医学科研数据、公共卫生数据的主体。

运营管理数据是公立医院在医院运营管理过程中产生的全部信息的记录，包括医保管理数据、医疗支付数据、医院运营数据、财务管理数据、招投标数据、合同管理数据、供应链管理数据、资产管理数据、人事档案数据、OA 办公数据等。公立医院是医院运营管理的主体，运营管理数据是公立医院运用科学、先进的管理技术对医院进行管理的产出，因此，公立医院是运营管理数据的主体。

服务保障数据是公立医院在为临床医技、运营管理的保障服务中所产生的全部信息的记录，包括水电气等能耗数据、后勤管理数据、营养食堂数据、维修维护管理数据、物业管理数据、车辆管理数据等。服务保障数据中的客户关系数据是由服务提供方（法人）作为数据主体产生的，是服务保障数据的客观伴生物，包括公司注册信息、公司业务信息、联系人信息等。公立医院是医院服务保障管理的主体，服务保障数据是公立医院后勤保障服务管理的产出，因此，公立医院是服务保障数据中除客户关系数据以外的数据主体。

医疗支付数据包括医保支付数据、病患个人支付数据、医院支付数据等，医疗支付数据伴随公立医院全部的医疗活动，是医疗活动结果的价值体现和补偿方式，因此，公立医院是医疗支付数据的主体。

综上所述，公立医院对数据中的临床医疗数据、临床试验数据、医学科研数据、公共卫生数据、运营管理数据、服务保障数据（客户关系数据除外）、医疗支付数据拥有主体控制权，而对数据中的个人属性数据和健康状况数据仅具有数据处理权。

4.3 公立医院数据的内涵界定

《中华人民共和国数据安全法》规定，“开展数据处理活动，应当遵守法律、法规，尊重社会公德和伦理，遵守商业道德和职业道德，诚实守信，履行数据安全保护义务，承担社会责任、不得危害国家安全、公共利益、不得损害个人、组织的合法权益”。守法、公德伦理、安全、不侵权，是国家法律对数据活动的底线要求。公立医院在数据处理的过程中，应该遵守国家法律，厘清数据边界，坚守数据底线。

4.3.1 公立医院数据的安全边界

《中华人民共和国数据安全法》规定，“任何组织、个人收集数据，应当采取合法、正当的方法，不得窃取或者以其他非法方式获取数据”“国家建立数据分类分级保护制度”“开展数据处理活动应当依照法律、法规的规定，建立健全全流程数据安全管理制度”。基于国家对于数据安全的要求，公立医院应当建立健全数据安全体系，包括公立医院数据分类分级保护制度和数据全生命周期、全流程安全管理制度。

（1）公立医院数据是依法、依规取得的数据。按数据来源不同，公立医院数据分为自有数据和外购数据。自有数据是公立医院作为合法主体，在依法履行医疗卫生社会服务职责，向社会提供医疗卫生服务过程中，由各类信息系统产生的数据。公立医院对自有数据具有主体控制权和数据处理权。外购数据是公立医院通过合法、合规第三方购入的数据，如资料、文献数据库等。公立医院对外购数据具有附条件数据处理权。

（2）公立医院数据是运用数据安全技术处理的数据。按照《数据安全技术—健康医疗数据安全指南》（GB/T 39725－2020）相关指导意见，公立医院数据可以运用通用安全技术和去标识化两种技术手段对数据进行安全处理。通用安全技术包括：信息系统的、平台的安全保护；对数据采集、传输、存储、处理、交换、销毁的全过程实施数据安全措施；实施身份鉴别、访问控制、安全审计、入侵防范、恶意代码防范、介质使用管理等安全措施；运用密码技术；个人生物识别信息，采用技术措施后再存储等。去标识化包括去除个人属性数据中可唯一识别到个人的信息或披露后会给个人造成重大影响的信息（身份证、医保账号等）和泛化、转换个人属性数据中可间接关联到个人的信息（家庭住址、年龄、生日等）。

（3）公立医院数据是受数据安全制度体系保护的数据。按照《数据安全技术—健康医疗数据安全指南》（GB/T 39725－2020）相关指导意见，公立医院应当建立数据分级分类保护制度，将数据按属性内容分为个人属性数据、健康状况数据、医疗应用数据、医疗支付数据、卫生资源数据、公共卫生数据六类，按重要程度和风险等级分为完全公开、较大范围访问、中等范围访问、较小范围访问、极小范围访问五级，建立不同角色、分级、分类、不同场景下的数据开放或披露模式。公立医院应当建立全流程、全生命周期数据安全管理制度，建立包括组织保障、PDCA（规划、实施、检查、改进）过程管理、应急处置三个模块的数据安全管理流程。

综上所述，公立医院数据是公立医院在履行社会服务的过程中依法取得，运用数据安全技术处理，并受到公立医院分级分类保护制度、全流程安全管理制度等制度体系保护的安全数据。

4.3.2 公立医院数据的伦理边界

百度百科对伦理的定义是人伦道德之理，是人与人相处的各种道德标准。伦理也被进一步理解为在人类社会中，人与人、人与自然、人与社会相处的道德准则 。医学伦理是医疗行为中的道德准则。医疗行为的对象是作为生命个体的“人”，所以，医学伦理的标准是“以人为本、生命至上”。

公立医院数据中存在着大量的病患个人信息数据和健康医疗数据，每一个数据的背后都是一个鲜活的人，所以公立医院数据应该严肃、谨慎地划分好伦理边界，维护好数据尊严。

公立医院的伦理问题主要涉及与人相关的医学伦理，医学伦理主要涉及公立医院开展的以人为受试者或者使用人（以下简称“研究参与者”）的生命科学和医学研究活动。

按照国家卫健委发布的《涉及人的生命科学和医学研究伦理审查办法》（国卫科教发〔2023〕4号），公立医院医学伦理的主控机构是伦理审查委员会，伦理审查委员会的主要职责是对涉及人的生命科学和医学研究进行伦理审查；受理研究参与者的投诉并协调处理，确保研究不会将研究参与者置于不合理的风险之中；组织开展相关伦理审查培训，提供伦理咨询。伦理审查委员会审查的主要内容包括研究诚信承诺书、研究的合法合规性、研究人员的资质合法合规性、研究方案的科学性及符合伦理原则性、知情同意书、研究参与者的风险、生物样本和信息数据的来源证明、研究参与者个人信息的保密措施等。

公立医院涉及医学伦理的数据主要包括研究参与者的生物样本数据、个人信息数据（健康记录、行为数据等）、医学研究数据、临床试验数据等。生物样本数据、个人信息数据的数据主体是研究参与者，对于公立医院来说，此类数据属于隐私数据，应按医学伦理的规定采取保密措施，并在研究结束后妥善处理；医学研究数据和临床试验数据中包含研究参与者个人信息，对于公立医院来说，此类数据属于保护数据，应按医学伦理的规定采取匿名保护措施，并在公开数据、数据共享和二次使用数据时，获得研究参与者的知情同意。

综上所述，公立医院涉及医学伦理的数据是经过伦理审查委员会医学伦理审查，并按医学伦理相关规定受到伦理保护的数据。

公立医院数据的安全边界和伦理边界，是公立医院数据界定必须考虑的因素。安全边界是公立医院数据的通用边界，伦理边界则是公立医院数据的特有边界。只有厘清公立医院数据的安全边界和伦理边界，才能为公立医院数据更好地实现使用价值、交换价值和共享价值夯实基础。

4.4 公立医院数据的属性界定

公立医院是政府举办的纳入财政预算管理的医院。公立医院是提供社会公共（医疗）

服务的主体，公立医院的公立属性决定了其必须具备公益性，以实现社会效益为主，以满足人民群众日益增长的健康医疗需求作为第一要务。

作为政府资产的主体，政府在社会中扮演的角色不仅是“资产所有者”，它还具有社会公共管理的职能，即能够通过“社会管理者”的身份或权力来持有和控制某些资产以实现具有广泛意义的社会公共目标。在政府与公立医院的关系中，政府是公立医院的举办方，公立医院是政府在实现社会公共服务目标时设立的专门机构。政府对于公立医院数据具有社会公共管理的职能，公立医院数据是国家所有的，由公立医院占有、使用的政府数据资源。

2022 年《中国卫生健康统计年鉴》数据显示，2020 年 11363 所公立医院总收入为 32145. 8 亿元，其中财政拨款收入为 5117. 6 亿元，占比 16%，2021 年 11343 所公立医院总收入为 35382. 4 亿元，其中财政拨款收入为 4290 亿元，占比 12%。由此可见，财政拨款收入在公立医院总收入中是占有一定比例的，政府对公立医院的投入是持续的。因此，从公共财政的角度来看，公立医院在资金投入上具有政府财政属性。

2017 年开始执行的《政府会计准则》和 2019 年开始执行的《政府会计制度》，其适用范围为各级各类行政单位和事业单位，公立医院是我国的公益二类事业单位，按规定执行政府会计准则和政府会计制度。按《政府会计准则》规定，公立医院的全部经济业务纳入政府会计核算体系，公立医院的全部资金纳入财政资金管理体系。因此，从政府会计的角度来看，公立医院在经济业务的会计核算上属于政府会计核算体系。

综上所述，公立医院数据属于政府数据资源，会计确认后的公立医院数据资产属于政府数据资产。

4.5 小结

公立医院的数据经过主体界定、内涵界定，从最初的公立医院原始数据逐步被限定为公立医院依法取得、拥有主体控制权并受安全保护、伦理保护的数据。同时，属性界定将公立医院数据归属于政府数据资源。通过对数据的界定，公立医院数据完成从原始数据到主体数据的筛选转化。

5 公立医院数据的价值实现

关于数据价值实现，目前普遍较认同的观点是“三段式价值实现”，来源于中国信科院的《数据要素白皮书》，“数据的内部管理价值、外部交易价值和社会共享价值”这种三段式价值实现模式更适用于企业数据资产。本课题组对于数据价值实现的研究将从数据自身属性及数据间关系出发，结合政府数据资产的特殊性质，分析归纳公立医院数据的价值实现形式。

公立医院数据具有数据的共性，包括虚拟性、可复制性、数据安全性，也具有健康医疗数据的特有属性，包括医学伦理属性、政府数据资源属性。公立医院数据具有一般数据的交易性、管理性和共享性，但其交易性、管理性、共享性又具有健康医疗数据特有的约束性和限制性。公立医院数据安全涉及公共安全、生物安全等国家安全方面，因此，其交易性受到法律法规的严格限制；公立医院数据属于政府数据资源，因此，其共享性也受到法律法规的严格限制。

本课题组将公立医院数据的价值实现按不同应用场景分为单位层面价值实现模式和国家层面价值实现模式。

5.1 单位层面价值实现模式

数据价值一般体现在对数据的利用，按被利用的层级可以分为基本价值（自身利用价值）和潜在价值（与其他数据组合再利用价值）。公立医院数据在单位层面的价值，也可以分为基本价值和潜在价值，其基本价值的实现模式为委托补偿型，潜在价值的实现模式为管理节约型。

5.1.1 委托补偿模式

委托补偿模式下的价值实现是公立医院单一类别数据实现价值的一种方式，类似于一般数据的交易模式，但有别于一般数据的市场交易行为。委托补偿模式是特定的医学科研机构或医疗器械、药品、试剂等研发机构为医学研究的指定目的，委托公立医院采集、整理并提供相关临床医疗数据，并由委托方补偿相关数据费的过程。公立医院可以通过委托补偿模式取得提供数据的直接经济利益。本课题研究的九类数据中，医学科研数据和临床试验数据均可以通过委托补偿模式实现数据价值。

应用场景1：医学科研数据直接增加公立医院收入，体现医疗数据经济效益的情形。医学科研机构通过付费补偿方式，委托公立医院采集医学科研所需的临床医学数据，包括生命科学的遗传基因数据、医学研究的干细胞临床研究数据等，可直接为公立医院带来医学科研收入，产生直接经济效益。

应用场景2：临床试验数据直接增加公立医院收入，体现医疗数据经济效益的情形。药物、医疗器械、试剂研发机构委托公立医院开展药物、医疗器械、体外诊断试剂的临床试验科研活动，所采集、交付的临床试验数据，可直接为公立医院带来临床试验收入，产生直接经济效益。

公立医院数据具有的政府数据资源属性，不允许其在一般公开市场通过交易方式实现价值。包括公立医院数据在内的政府数据大多不具备市场交易属性，所以，公立医院数据通过委托补偿模式实现直接经济价值，主要是通过由特定机构进行特定委托，公立医院获取经济补偿的方式实现。

5.1.2 管理节约模式

管理节约模式下的价值实现是公立医院通过多种类别数据组合实现价值的一种方式。管理节约模式将公立医院的主体数据分为两大类——业务类数据和管理类数据，主体数据中的临床医疗数据、公共卫生数据属于业务类数据，医疗支付数据、运营管理数据、服务保障数据属于管理类数据。业务类数据和管理类数据的组合，叠加产生公立医院数据的管理效能，实现数据的间接经济效益。

应用场景1：临床医疗数据、公共卫生数据与医疗支付数据组合，实现医疗控费的管理效能，体现数据的间接经济效益。公立医院将临床医学数据与医疗支付数据进行组合，测算、分析相同临床路径下，不同医保支付方式（GRG/DIP付费模式、病种付费模式、平均定额付费模式等）的医疗付费结果，选择最优医保支付方式，实现医院降成本、患者降费用的管理效能，达到医疗控费的目的。公立医院从临床医学数据中提取环境卫生、传染病疫情、疾病监测、出生死亡等公共卫生数据与医疗支付数据组合，可以打包形成公立医院开展公共卫生服务的支付数据，选择最优公共卫生补偿方式，实现医院降成本、患者降费用的管理效能，达到医疗控费的管理目的。

应用场景2：临床医疗数据、公共卫生数据与运营管理数据组合，实现提质增效的管理效能，体现数据的间接经济效益。公立医院将临床医学数据、公共卫生数据与管理运营数据进行组合，归集同一病种、同一临床路径下的卫生资源消耗数据，对比全国平均或最佳的资源消耗数据，分析、查找问题，进而提升医疗服务、公共卫生服务质量，降低卫生资源消耗，优化医疗资源，实现提质增效的管理目标。

应用场景3：临床医疗数据、公共卫生数据与服务保障数据组合，实现节能降耗的管理效能，体现数据的间接经济效益。公立医院将临床医学数据、公共卫生数据与服务保障数据进行组合，降低服务保障成本或优化服务资源。公立医院收集水、电、气等成本/能源耗费数据，与临床医疗数据或公共卫生数据组合，分析并找到临床医疗服务或公共卫生服务环节的“跑冒滴漏”问题，降低服务保障资源消耗，优化公共资源，实现公立医院节能降耗的管理目标。

公立医院数据通过管理类数据与业务类数据组合的管理节约模式，实现医疗控费、提质增效、节能降耗的管理目标，通过不同类别数据的组合，发掘数据的潜在价值，实现了公立医院数据的间接经济价值。

5.2 国家层面价值实现模式

5.2.1 国家医疗大数据

基于本课题研究中关于公立医院数据内含界定和属性界定的论述，公立医院数据兼具安全、伦理和政府数据资源的特殊属性，所以公立医院在数据价值实现上更应体现社会效益；而在国家层面，政府作为公共资源（医疗健康数据）的所有者、公共管理（医疗卫生）职能的执行者，可以通过“管理者”的身份，助力公立医院数据社会价值的实现。

临床医学已经从以个人经验为主的传统医学阶段，发展到以个人临床经验加现有最优医学研究成果的循证医学阶段，最终必将发展到大数据加个人经验及最优医学研究成果的数智医学阶段。

临床医疗数据是公立医院的核心数据，而对于医学疑难病症（如内科的帕金森氏病、脑萎缩，外科的雷诺氏病、强直性脊柱炎等）、罕见病症（如渐冻症、白化病、孤独症等）、重大疾病（如恶性肿瘤、急性心梗、脑中风后遗症、终末期肾病等）、重点疾病（如心血管疾病、精神类疾病等）等“疑难险重”疾病的诊疗，更是需要国家力量来集中整合医疗大数据资源，利用国家“医疗大样本”来提高数智医疗水平。公立医院此类“疑难险重”疾病的诊疗数据为重点临床医疗数据，构成国家层面医疗大数据的重要组成部分。

5.2.2 大数据共享模式

国家可以通过建立健康医疗数据中心，收集、处理、存储各类源自公立医院的医疗健康数据，形成国家健康大数据、医疗大数据、公共卫生大数据、医保大数据等。同时，国家健康医疗数据中心集合公立医院的健康数据，与公共卫生大数据中居民健康档案联通，可形成动态的居民健康状况报告，实现居民健康状况与国家基本公共卫生服务的联动，更好地服务于国民健康。国家医保大数据集合公立医院的医保数据，与医疗、健康、公共卫生大数据联通，可以形成全方位、全过程、全口径的国家医保数据，为国家医保政策的制定、调整和实施提供决策依据。

公立医院数据在国家层面的价值实现方式是大数据共享模式，并通过大数据共享实现数据的社会效益。公立医院加入国家健康医疗数据中心，履行共享医疗健康数据的义务，同时获得共享医疗健康数据的权利。

医疗大数据共享实现了数据的社会价值，同时也体现了数据的交换价值。公立医院共享自身的医疗健康数据，获得调阅国家医疗健康大数据的权利——“医疗大数据系统权限”，医疗样本大数据的学习，将有助于公立医院医疗水平的进一步提升，最大限度地满足广大人民群众日益增长的健康医疗需求。

公立医院通过国家健康医疗数据中心的大数据共享，实现公立医院数据的间接经济效益和社会效益，称为大数据共享模式。公立医院数据通过国家层面的大数据共享模式实现了间接经济价值和社会价值。

公立医院数据通过单位层面、国家层面两种应用场景，委托补偿模式、管理节约模式、大数据共享模式三种价值实现模式，完成了从数据到价值数据、从数据到大数据的转化；同时，也实现了公立医院数据实现社会效益和经济效益的双重目标。公立医院在单位层面和国家层面，通过上述三种模式实现经济价值和社会价值的数据，统称为公立医院价值数据。

5.3 DIK 模式下公立医院数据价值实现

公立医院数据在国家层面和单位层面两种应用场景下，通过委托补偿模式、管理节约模式、大数据共享模式实现数据价值。

公共卫生数据、临床医疗数据、临床试验数据、医学科研数据属于公立医院的核心业务数据，此类数据一般可以通过委托补偿模式和大数据共享模式，独立实现数据的经济价值和社会价值。运营管理数据、服务保障数据、医疗支付数据属于单位管理数据，此类数据一般可与核心业务数据通过管理节约模式组合，实现数据的间接经济价值。公立医院核心业务数据和单位管理数据共同构成公立医院的价值数据。

运用数据—信息—知识框架（DIK 模式），可以分析公立医院数据从主体数据到价值数据的转化过程。数据的原始价值很低，数据只有被使用才能产生更大价值。公立医院利用业务数据与管理数据产生经济价值和社会价值的过程是本课题研究的重点。

DIK 模式下，信息系统产生的各类业务数据与管理数据，通过委托补偿模式和管理节约模式，完成其价值的实现，形成“价值数据”；与数据从原始数据到价值数据的变化同步，信息也由原始信息形成了“信息资源”，知识则形成了“知识体系”。

DIK 模式下，信息系统产生的各类业务数据和管理数据，经过数据安全、数据伦理等技术处理后，以大数据共享模式进入国家健康医疗大数据平台，形成“大数据”；与数据从原始数据到大数据的变化同步，信息也由原始信息形成了“全信息”，知识则形成了“多知识”。

在 DIK 模式下，公立医院数据、信息、知识通过微观和宏观两种方式完成了经济价值和社会价值两种价值形态的转化，这充分体现了公立医院的公益属性，以及公立医院追求社会效益和经济效益双重目标的社会属性。

5.4 小结

公立医院数据通过单位层面、国家层面两种应用场景，委托补偿模式、管理节约模式、大数据共享模式三种价值实现模式，完成了从数据到价值数据、从数据到大数据的筛选转化；同时，也完成了公立医院数据实现社会效益和经济效益的双重目标。公立医院经济价值实现模式下的价值数据和社会价值实现模式下的大数据，统称为公立医院价值数据。

6 公立医院数据资产的确认与计量

6.1 公立医院数据资产的确认

公立医院数据通过主体界定、安全伦理等内含界定成为“主体数据”，“主体数据”通过价值实现成为“价值数据”。“价值数据”确认为“数据资产”需要两次确认：一次是从“价值数据”到“待确认数据资产”的信息确认；另一次确认是从“待确认数据资产”到“数据资产”的会计确认。

6.1.1 数据资产的信息确认

（1）公立医院数据资产的信息确认是从单一价值数据到数据集的过程。数据具有规模经济性，单条数据没有价值或者价值较低，数据集合后产生规模效应，价值远大于单条数据的叠加。公立医院数据的规模价值尤其显著，医学的发展来源于医生临床经验的累积和医学科学研究的进步，而医生临床经验的累积和医学科研的进步是医疗数据和医学科研数据不断累加的结果，也是医疗数据和医学科研数据不断累加的来源。

按照《数据安全技术—健康医疗数据安全指南》（GB/T 39725－2020）中的卫生信息标准，公立医院数据可分为基本信息、疾病管理、医疗服务、卫生管理、疾病控制、儿童保健、妇女保健、电子病历、居民健康卡、医学数字影像通信、远程医疗、院前医疗急救、卫生统计、医院人财物运营管理等基本数据集。

公立医院在基本数据集的基础上，还可以进一步按时间、病种、临床路径等不同维度，细分出不同颗粒度的数据集，如2022年重症精神病病历数据集、2022年出生医学证明数据集、2022年新生儿乙肝接种报告数据集、2020—2022年腹腔镜胆囊切除术治疗胆囊结石病历数据集、2013—2022 年结核病报告数据集等。

公立医院数据从原始数据到数据集的跃升，实现了数据价值的提升，同时也为公立医院数据资产的会计确认奠定了物质基础。

（2）公立医院数据资产是经过公立医院数据治理体系生成的数据集。数据治理是组织机构中涉及数据使用的一整套管理行为，是由数据治理部门发起并推行的，关于如何制定和实施针对整个组织机构内部数据应用和技术管理的一系列政策和流程。数据治理的目标是提升数据价值。

公立医院数据治理流程包括数据提取、数据清洗、分类分级、标签化、去标识化、数据传输、数据存储、数据运用等。

数据提取是从公立医院数据源中提取数据的过程，信息人员将数据源中的表或视图的数据从系统数据库中提取，转换成 ETL 工具可识别的格式。

数据清洗是将公立医院数据进行重新审查和校验的过程，信息人员将删除重复信息，纠正错误信息，补充残缺数据，并提供数据的一致性。

数据分类分级并标签化，公立医院按照数据的重要程度和敏感程度进行安全等级的划分，将数据按其特点进行分类，并将各类数据归类于不同等级。同时，公立医院对分级分类认定后的数据打上标签。

去标识化是将个人信息经过处理，使其在不借助额外信息的情况下无法识别特定自然人的过程，包括信息人员运用删除、置空等方法将病患姓名、电话、地址等病患主体数据进行去除，用转换、泛化等方法将出生日期等主体数据进行隐秘转化，用转换等方法对病患血型等生物标识进行隐秘转化等。

数据传输（动态数据）是借信道上的信号将数据从一处送往另一处的操作，信息人员按适当规程，经过一条或多条链路，在数据源与数据宿之间传递数据的过程。

数据存储（静态数据）是数据以某种格式记录在计算机内部或外部的存储介质上。

数据运用是不同角色的公立医院数据使用者通过安全权限查阅，使用公立医院数据的过程。

公立医院数据治理为公立医院数据资产的会计确认奠定了技术基础。

（3）数据治理产生数据成本。数据成本根据取得方式的不同可分为购置成本（外购时）、构建成本（自建时）、重置成本（证据缺失时），数据治理产生的是数据构建成本。

公立医院数据构建成本是公立医院在数据治理中，为数据提取、数据清洗、去标识化、分类分级标签化、数据传输、数据存储等所耗费的人力物力的总和。数据构建成本是公立医院数据成本的核心内容。

公立医院数据构建成本包括数据治理过程中发生的信息人员工资薪酬费用、数据传输存储设备费用、信息资源（服务器等）租用费、信息服务（云存储等）服务费等各项费用。

公立医院数据治理产生的数据成本为公立医院数据资产的会计确认奠定了经济基

础。公立医院价值数据经过数据治理、具有成本价值的数据集，被确认为“待确认数据资产”。

6.1.2 数据资产的会计确认

《政府会计准则——基本准则》有关资产的定义是“政府会计主体过去的经济业务或事项形成的，由政府会计主体控制的，预期能够产生服务潜力或者带来经济利益流入的经济资源”。同时，基本准则规定资产的确认条件是“符合资产定义的经济资源，在同时满足以下条件时，确认为资产：（一）与该经济资源相关的服务能力很可能实现或经济利益很可能流入政府会计主体；（二）该经济资源的成本或者价值能够可靠地计量”。

全球最具权威的 IT 研究与顾问咨询公司——Gartner 咨询公司的数据研究员 Doug Laney 在 1990 年首次创造了“数据经济学”，并提出数据成为资产的三个关键特征——可以兑换现金、可以由特定实体拥有、会产生未来可能的利益。Doug Laney 关于数据资产的三个关键特征对应了我国《政府会计制度——基本准则》中的“主体控制”“经济利益流入”和“成本可靠计量”三个基本确认条件。

公立医院“待确认数据资产”为已经完成了数据的主体界定、价值实现、信息确认的数据集，对照会计确认的三个基本条件，公立医院的核心业务数据（临床试验数据、医学科研数据等）通过委托补偿模式获得直接经济利益的流入，成本可靠计量，可确认为数据资产；核心业务数据（公共卫生数据、重点临床医疗数据等）通过大数据共享模式取得直接经济利益流入（政府购买数据）或间接经济利益流入（大数据平台用户授权），成本可靠计量，可确认为数据资产；单位管理数据（运营管理数据、服务保障数据等）通过管理节约模式获得间接经济效益，其经济利益为内部流转，未产生外部经济利益的流入，不确认为数据资产。

数据资产是指政府会计主体控制的可辨认的数据集，该数据集是政府会计主体过去经济业务或事项产生的，预期能够产生服务潜力或者带来经济利益流入，且该数据集的成本或价值能够可靠地计量。

委托补偿模式下的医学科研数据、临床试验数据等，在完成数据的收集、整理、清洗、去标识化等工作后，达到可交付委托方状态时确认为数据资产；大数据共享模式下的重点临床医疗数据、公共卫生数据等，在完成数据的提取、清洗、去标识化、分级分类标签化、打包存储后，达到可共享状态时确认为数据资产。

《固定资产等资产基础分类与代码》（GB/T 14885－2022）附录 A（规范性）无形资产（A08000000）将无形资产分为七大类，即专利类、非专利类、著作权类、资源资质类、商标权类、信息数据类、经营类，其中的信息数据类分为三类，包括域名、数据、计算机软件，其中的数据又分为三类，包括结构化数据、半结构化数据、非结构化数据。国家标准中无形资产关于数据的分类，是基于信息学的数据概念，更倾向于数据库的范畴。

作为政府会计主体，公立医院的数据资产具有无形资产“没有实物形态”“非货币性资产”的特点，但有别于专利权、商标权、著作权、资源资质权等无形资产的单一主体所有权和无形资产单一主体授权的所有权转移形式，数据资产具有的可复制性，使其具有多主体控制权或使用权形式。同时，公立医院核心业务数据是国民医疗数据，具有隐私性，属于高安全性的数据，按会计的重要性原则与谨慎性原则，将其“入账”“入表”，具有全面、客观地反映政府会计主体拥有、控制健康医疗数据资产的重要意义。基于公立医院数据资产的特殊性，应设置会计科目“无形资产——医疗数据”，用于归集公立医院各类数据资产，并通过“无形资产——医疗数据”科目进行相关会计核算。

公立医院与信息数据相关的资产，一般应确认为“无形资产”，按信息数据不同类型进一步明确其会计科目。公立医院独立存在的信息系统，如自建或外购的HIS信息系统、OA办公系统、会计核算系统等按其购置成本或是构建成本确认为“无形资产——计算机软件”；公立医院独立存在的数据库，如有数字图书馆的公立医院，其批量购置的医学书籍数据库、期刊数据库等，按其购置成本确认为“无形资产——医学数据库”；公立医院价值数据经过数据治理形成的规定结构的数据集，如某生物技术临床研究数据集、某药物临床试验数据集、内科帕金森氏病诊疗数据集、结核病报告数据集等，按其构建成本确认为“无形资产——医疗数据”。

公立医院“待确认数据资产”经过会计确认后，形成公立医院“数据资产”。公立医院四类核心业务数据，包括通过大数据共享模式实现间接经济效益的公共卫生数据和临床医疗数据，通过委托补偿模式实现直接经济效益的临床试验数据和医学科研数据，最终确认为公立医院的“数据资产”。

6.2 公立医院数据资产的计量

公立医院数据资产的计量包括初始计量和后续计量。

6.2.1 数据资产的初始计量

数据资产的初始计量按照取得时的成本进行计量，公立医院数据资产的成本主要是数据构建成本，是公立医院在数据治理过程中所发生的各类支出的总额，包括数据提取、清洗、传输、存储等费用。交易模式的数据资产在数据达到可交付状态时，按数据构建成本和协议支付给参与实验者的费用确认计量数据资产；共享模式的数据资产在完成规定格式的数据集时，按数据构建成本确认计量数据资产。

6.2.2 数据资产的后续计量

数据资产的后续计量包括数据资产的摊销和处置。数据资产的摊销应该合理确定其摊销年限，公立医院应该在摊销期内对数据资产进行摊销，摊销方式为按期摊销。交易模式的医学科研数据等数据资产在委托协议约定的数据使用期或数据封闭期内进行摊销；共享模式下的重点医疗数据资产等按数据更新年限进行摊销，如医疗新技术的管理周期一般为5年，重点医疗数据的更新年限设定为5年，则数据资产的摊销年限为5年；如公共卫生数据的更新年限设定为8年，则数据资产的摊销年限为8年。摊销可采用平均年限法或工作量法，摊销金额计入当期费用，不考虑预计残值。

鉴于公立医院数据具有可复制性、可重复利用，数据资产可能在摊销期内转换价值模式。如果确认为大数据共享模式的数据资产因医学研究的需要转换为委托补偿模式，数据资产价值模式的转换，需要调整数据资产的摊销期，则按大数据共享模式摊余时间与委托补偿模式协议时间孰短的原则确定转换后的数据资产摊销期。如果是不作会计确认的管理节约模式的数据，因医学研究或数据共享的需要转换为委托补偿模式或大数据共享模式数据，则需要重新评估其数据使用年限，确定其摊销期。

数据资产处置计量应区分委托补偿模式和大数据共享模式。委托补偿模式下，资产处置时按账面价值转销数据资产，差额计入资产处置费用，转让收入计入当期收入；大数据共享模式下，资产处置按账面价值转销数据资产，差额计入无偿调拨净资产。

公立医院数据具有不确定性，数据价值的变化不明确，估值缺乏科学依据，市场法、未来收益法等估值方法均不适用于公立医院数据资产的估值。本课题研究基于会计确认与计量的重要性和谨慎性原则，将公立医院数据资产确认在一个相对可控的范围内，因此不对数据资产进行年末价值评估与减值测试。

7　公立医院数据资产的会计核算与报告

公立医院数据资产经过会计确认和会计计量之后，进入数据资产的“入账”和“入表”阶段，通过会计报表和报告更加真实、全面地反映公立医院作为政府会计主体所拥有、控制的数据资产状况。

7.1　公立医院数据资产的核算

公立医院数据资产的会计核算分为数据资产成本归集和数据资产核算两个阶段。

7.1.1　数据资产成本归集

公立医院数据资产的生产过程类似于自主研发项目的开发阶段，因为数据资产的构建带有明确目的性，包括委托补偿模式的协议目的性和大数据共享模式的约定目的性，且数据资产在技术可行、目的可达、资源支持、支出可计量等方面具有确定性，所以，数据资产的成本归集，可以运用“研发支出——数据开发”会计科目进行核算。

公立医院数据成本是在数据治理过程中发生的数据提取、数据清洗、去标识化、分类分级标签化、数据传输、数据存储等相关工作所耗费的人力物力的总和。按照从事该项工作的信息人员工资薪酬费用、数据传输存储设备的固定资产折旧费用、信息资源（服务器等）租用费、信息服务（云存储等）服务费和其他各项费用，借记“研发支出——开发支出”，贷记“应付职工薪酬”“固定资产累计折旧”“财政拨款收入”“银行存款”等科目。

7.1.2 数据资产核算

公立医院数据资产在数据集打包形成后，达到可使用或可交付状态时，确认为数据资产，借记“无形资产——医疗数据”科目，贷记“研发支出——数据开发”科目。

公立医院直接购买的医学期刊等数据库，使用“无形资产——数据库”核算，借记“无形资产——数据库”科目，贷记“财政拨款收入”“银行存款”等科目。

按月对数据资产进行摊销时，按照应摊销金额，借记“业务活动费用”“单位管理费用”等科目，贷记“无形资产累计摊销——医疗数据”。

经批准处置数据资产时，按处置数据资产的账面价值，借记“资产处置费用”“无偿调拨净资产”，按数据资产的累计摊销金额，借记“无形资产累计摊销”，按数据资产账面余额，贷记“无形资产——医疗数据”；同时，按收到价款，借记“银行存款”等科目，按处置过程中发生的相关费用，贷记“银行存款”等科目，按其差额，贷记“应缴财政款”“其他收入”科目。

7.2 公立医院数据资产的披露

公立医院数据资产的披露包括会计报表披露和报表附注披露两种方式。

公立医院数据可确认为数据资产，并用会计科目“无形资产——医疗数据”进行核算，在政府会计报表的资产负债表中使用“研发支出”“无形资产原值”“无形资产累计摊销”“无形资产净值”进行披露。资产负债表中“研发支出”反映包括“数据开发”在内的无形资产开发项目在开发阶段的累计支出数，根据“研发支出”科目余额填列；“无形资产原值”填列包括数据资产的期末无形资产的原值，根据“无形资产”科目的期末余额填列；“无形资产累计摊销”反映期末包括数据资产在内的无形资产已计提的累计摊销金额，根据“无形资产累计摊销”科目的期末余额填列；“无形资产净值”反映期末包括数据资产在内的无形资产的账面价值，根据“无形资产”科目的期末余额减去“无形资产累计折旧”科目的期末余额填列。

数据资产“入表”，客观、真实地反映了公立医院的数据价值，并对公立医院资产负债表产生影响，直接影响是“无形资产——医疗数据”的新增金额，将增加“研发支出”“无形资产原值”“无形资产累计折旧”“无形资产净值”“非流动资产合计”以及“资产合计”等项目的金额，资产总量的增加，提升了公立医院整体估值水平。同时，数据资产“入表”间接影响了公立医院资产负债率等经济指标，优化了资产负债结构。

公立医院数据资产在报表附注中通过“会计报表重要项目说明”披露，其包括公立医院医疗数据资产的基本情况、原值、累计摊销、账面价值等；计入当期损益的研发支出金额、确定为数据资产的研发支出金额；公立医院数据资产的处置等情况。

8 研究结论与未来研究展望

8.1 研究结论

身处数字经济快速发展的时代，每一个人、每一个组织都是数据的制造者，也是数据的使用者，数据要素已经成为继劳动力、土地、资本、技术之后的第五大生产要素。作为政府会计主体的公立医院拥有、控制着大量的全民健康医疗数据和医学科学研究数据，这些数据关乎国家安全、经济发展、社会文明、人民福祉，属于政府数据资源，数据管理的意义重大。本课题组以数据在公立医院产生与应用场景作为切入点，通过对公立医院数据界定与价值模型的研究，从公立医院各类数据中筛选出具有经济价值和社会价值的主体数据，为数据实现价值资本化的跃升奠定基础。

数据资产的会计确认与计量是目前会计理论界与实务界的难点问题，其主要困惑在于对数据资本化前提条件的把握，对数据资产估值、使用寿命等不确定因素的判断等方面。本课题组尝试通过信息确认和会计确认“两步走”的方式，对公立医院数据进行信息化的明确和资本化的确认。在公立医院数据按价值实现分类的基础上，明确将医学科研数据、重点医疗数据、健康数据、公共卫生数据确认为公立医院数据资产，并记入会计科目“无形资产——数据”进行核算。

本课题组基于数据—信息—知识（DIK）模式下对公立医院数据资产进行界定与会计核算研究。公立医院数据的价值实现模型体现了数据—信息—知识（DIK）模式的研究方法，也体现了从现有的数据—信息—知识（DIK）到全新的数据—信息—知识（DIK）的创新方法。数据—信息—知识（DIK）不仅是模式，也是方法。

数据资产的会计研究决定了数据资产会计实践的落地，本课题组创新性地提出运用信息学和会计学进行数据资产会计确认，而在计量与核算环节简化方法，使公立医院核心数据资产以真实的价值在会计报告中被披露。

8.2 未来研究展望

2023 年 8 月，财政部印发《企业数据资源相关会计处理暂行规定》（财会〔2023〕11 号），自 2024 年 1 月 1 日起施行；2023 年 9 月，中国资产评估协会印发《数据资产评估指导意见》（中评协〔2023〕17 号），自 2023 年 10 月 1 日起施行。上述文件出台，为企业数据资产的估值与会计处理提供了指导意见和实践方法，也说明了企业数据资源会计披露的重要性和紧迫性。

作为政府会计主体的公立医院，其数据具有与企业数据相同的数据特点，也具有独有的医疗健康数据的特点。在一种新型的资产应运而生，需要进行会计确认与计量时，我们既要研究通用、系统的方法来解决数据资产共性的问题，也要研究具体、特殊的方法来解决公立医院数据资产这类带有个性特征的问题。

本课题以公立医院数据资产界定与会计核算问题研究作为切入点，在试图找到数据资产会计确认通用模式的研究过程中，对于相关信息学方面的理论知识尚有较大欠缺，研究报告中关于信息数据等词语的表述仅限于字面意义的理解和运用，可能存在专业偏差与表述浅显的问题。

课题研究初期对公立医院数据资产会计确认现状的问卷调查显示，目前公立医院开展数据资产确认的占比很少，在相关会计政策出台之前，尚处于等待状态。本课题组的研究目前也仅限于理论层面的研究，尚未在公立医院进行实践探索。

企业数据资产的会计相关问题最难解决的是计量的问题，中评协的《数据资产评估指导意见》就是为企业数据资产的会计计量铺平制度的道路。而公立医院数据资产的会计相关问题最难解决的是数据资产的界定，本课题研究重点考虑了数据主体、数据伦理、数据安全和政府资产等方面对公立医院数据资产界定的限制问题，可能存在遗漏和偏差，需要下一步在数据资产的会计实践中加以论证与改进。

数据资产的会计确认是数字经济时代一项重大的会计影响事项，它涉及较强的信息专业判断和会计专业判断，对广大财务人员来说是一次挑战。如何通过制度的创新和实践的探索，让财务报告真实披露经济主体数据资产的情况，让数据资产真正成为社会经济发展的一项“源动力”，是数据资产会计研究的重要意义。

主要参考文献

[1] 李静萍. 数据资产核算研究 [J]. 统计研究，2020（11）：5－14.

［2］秦荣生．企业数据资产的确认、计量与报告研究［J］．会计与经济研究，2020（6）．

［3］余应敏．确认大数据资产 助推新经济发展［J］．财会月刊，2020（23）．

［4］刘国英，周冬华．IASB 概念框架下数据资产准则研究［J］．财会月刊，2021（21）．

［5］许宪春，张钟文，胡亚茹．数据资产统计与核算问题研究［J］．管理世界，2022（2）：16－31．

［6］孙永尧，杨家钰．数据资产会计问题研究［J］．会计之友，2022（16）：153－160．

［7］吕艳娜，杨世忠．企业数据资产的会计处理研究［J］．商业会计，2022（14）：33－36．

［8］张雪，刘艺琦，吴武清．数据资产会计计量研究［J］．财会通讯，2022（19）：10－14．

［9］赵西卜，邵贞琪．政府资产的边界、分类与管理框架［J］．中国行政管理，2019（11）：31－37．

［10］刘晶，毛树松，沈绍武．医院信息系统体系框架与分类规范的思考［R］．中国卫生信息管理杂志，2012（03－039－04）．

［11］中国信息通讯研究院．数据要素白皮书（2022）［R/OL］．（2023－1）http：//www. caict. ac. cn/kxyj/qwfb/bps/202301/t20230107_413788. htm.

［12］普华永道．数据资产化前瞻性研究白皮书（2020）［R/OL］．（2020－4－9）https：//www. sohu. com/a/502123317－121123754.

［13］德勤，阿里研究院．数据资产化之路——数据资产的估值与行业实践［R/OL］．（2019－12－31）https：//www. deloitte. com/content/dam/Deloitte/cn/Cocuments/finance/deloitte－cn－fa－data－asset－report－zh－191022. pdf.

［14］计虹，王梦莹．数据资产全生命周期分层管理方法与应用探讨［J］．中国数字医学，2023（18）：1－6．

［15］江其玟，吴佳希，沈红．医疗数据资产的管理框架与公立医院价值提升［J］．卫生经济研究，2022（8）：49－55．

［16］游静，胡蓉，陈婉丽，赵若涵．大数据背景下数据资产核算及在区域医疗协同平台中的应用［J］．中国管理信息化，2018（21）：43－45．

［17］周彬，赵雪飞，刘烨，李为，庄伟．医院数据质量改进措施研究［J］医学与社会，2020（12）：32－36．

［18］宋玲．数据治理对医疗服务数据化、智能化的研究［J］信息化研究，2020：83－84．

［19］马建成，米万东，张保平．数据资产研究热点及趋势分析——基于 CiteSpace 的

知识图谱分析［J］. 会计之友，2023（4）：119－126.

［20］夏义堃，管茜. 国外政府数据资产管理的主要做法与基本经验［J］信息资源管理学报，2022（6）：18－30.

［21］数据安全技术——健康医疗数据安全指南（GB/T 39725－2020）.

［22］中华人民共和国数据安全法［A］. 2021.

［23］信息安全技术 个人信息安全规范（GB/T 35273－2020）.

［24］国家卫生健康委、教育部、科技部、国家中医药局. 涉及人的生命科学和医学研究伦理审查办法（国卫科教发〔2023〕4 号）.

［25］刘瑞杰. 关于政府资产管理的几个理论问题［J］. 财政科学，2018（4）：67－70.

［26］国家卫健委. 2022 中国卫生健康统计年鉴［M］. 北京：中国协和医科大学出版社.

［27］政府会计准则——基本准则（中华人民共和国财政部令第 78 号）.

［28］固定资产等资产基础分类与代码（GB/T 14885－2022）.

（2023 年课题）

生物制药企业新产品成本估算与定价模型的研究

李莉刚①

1 引言

生物制药行业是《中华人民共和国国民经济和社会发展第十四个五年规划和 2035 年远景目标纲要》（以下简称《纲要》）重点发展领域，《纲要》明确指出全面塑造具有重大产业化前景的生物制药企业。在政策利好的机遇下，竞争日益激烈，生物制药企业，为了适应后疫情时代市场变化，为了保持市场活力，必须以产品研发作为原动力，企业在保证生物制药安全性与有效性的同时，必须降低产品成本。但是，现阶段，企业降低产品成本的重心在于生产阶段，而影响产品成本因素贯穿产品全生命周期。

近几年，W 公司部分上市的新产品毛利较低，我们认为，生物制品研发阶段是降低产品成本最有效的时期，在研发阶段所确定的工艺路线、生产容量等将在很大程度上决定该产品的生产成本。因此，我们希望从研发阶段开始参与成本估算，通过研究作业成本法与人工神经网络各自的特点，将二者结合起来，确定一种符合 W 公司新产品成本预测方法从而为新产品成本管控、上市定价提供参考依据，进一步推动企业业财融合进程及实现在管理会计上的突破。

---

① 课题负责人：李莉刚（1974－），男，内蒙古人，本科，中级会计师，国药中生武汉生物制品研究所有限责任公司财务总监。

主要执笔人：赵歆：国药中生武汉生物制品研究所有限责任公司，会计师。

课题组成员：汪季林、段青君、赵歆、钟瑞、李春梅、梅莉莎、宁寒露。

2 案例描述

2.1 案例企业背景

W公司始创于1950年9月，是集产、学、研、销为一体大型高新技术企业，是全国6个主要生物制品生产基地之一。对于一个正在处在高质量发展的生物制药企业而言，准确预估新产品成本，可为新产品成本管控、上市定价提供参考依据，为W公司资金造血功能提供战略决策支持。

2.2 原新产品成本估算存在的问题

2.2.1 现有财务核算软件不适用生物制药新产品成本估算

W公司采用的是基于作业成本法核算产品成本财务核算软件（SAP系统），根据生物制品生产工艺特点，将制造费用根据生物制品生产各阶段（原液阶段、半成品阶段、分装阶段、包装阶段）及生产批次分类分批设置生产订单，生产订单根据产品各阶段存货及生产批次分类分批设置，每张生产订单即为某个产品某阶段的某个生产批次，再根据生产技术部核定车间耗用人工工时、机器工时分配到产品不同阶段中去，通过成本动因分别核算该产品原液单位成本、半成品单位成本、分装品单位成本、包装品单位成本。其优点是成本估算准确性高，缺点是估算要在产品上市后进行，不适用于新产品成本估算，且工作量大，因为在研发阶段人工工时、机器工时不易获得。

2.2.2 传统制造费用分配方法不符合实际情况

传统制造费用分配方法建立在产品制造成本与企业产品生产产量成正比的关系上，产品成本分配准确与否、是否正确就取决于制造费用是否真正与产量相关。但是，成本管理实务工作中，在生物制药产品制造费用中，产量只是产品成本分配的其中一个因素，生物制品不同生产阶段、不同生产工艺、不同物料清单、不同人工工时、不同机器工时，所占用的企业资源比例是不同的。若按照传统制造费用分配方法，生产工艺复杂、工时多而产量较小的产品，只能分配到较少制造费用，生产工艺单一、工时少而产量大的生物制品，将分配到大部分制造费用。因此，传统制造费用分配方法会导致产品成本分配远离真实产品成本，不符合实际情况，影响管理者正确地进行成本管控、产品定价等经营决策。

2.3 作业成本法和 BP 神经网络结合可行性分析

2.3.1 作业成本法特点

（1）作业成本法在生物制药企业成本核算时更准确。作业成本法对生物制药这种生产工序多且杂、成本动因涉及全价值链制造业行业更为适用，核算产品成本更加符合实际情况，符合会计准则真实性原则。同时，生物制药企业坚持创新驱动发展，工艺优化、新产品更新迭代等，作业成本法可以替代传统成本法更准确地反映成本动因。

（2）作业成本法更符合生物制药企业对成本管控的要求。《纲要》对生物制药企业提出要实施制造业“降本减负”的行动，这对正处在生物制药企业高速发展赛道上的 W 公司来说，是一场严峻的考验，W 公司在加大研发投入、鼓励产品创新的基础上，还应该重点关注成本管理，全面塑造生物制药企业，发展新优势。然而，在产品成本中，间接成本控制尤为重要，作业成本法对产品间接成本分配更易于业务部门理解，更符合其成本管控要求。

（3）作业成本法可以有效整合资源，对资源进行合理配置。传统成本核算法对制造费用分配维度比较单一，只有生产产量信息，相比而言，作业成本法因资源动因存在，可以记录的信息包括生产物料信息、生产日期、预计生产数量、耗用材料数量、使用的工作资源（即工作中心）及使用时间、完成数量等，可有效整合涉及产品资源。分析成本动因，全覆盖了企业成本核算范围，使成本核算成为真正全成本核算，对新产品成本定价战略更有利。

2.3.2 BP 神经网络与作业成本法结合可行性

（1）BP 神经网络解决了新产品成本估算关系非线性问题。为了构建成本动因数量与成本之间的关系，开展对数学模型筛选工作。我们用线性回归模型，将 W 公司近 9 年所有疫苗类产品成本动因（机器工时、人工工时）与总成本、制造费用进行回归分析（剔除数据异常样本，样本量 47 个），经过 SPSS 分析，回归模型 R^2 小于 0.9，可以看出，W 公司产品成本动因与产品成本之间无明显的线性关系，该模型不适用。

传统作业成本法在利用成本动因分配成本时隐含了一个假设：成本动因与相应的作业成本之间是线性关系，但实际上引发成本发生的动因不一定与成本呈线性变化，通过上述 W 公司线性回归模型测算，也验证了这个观点。

为解决新产品成本估算数学模型非线性问题，我们尝试将人工神经网络模型与作业成本法结合，并展开对人工神经网络模型研究。

（2）人工神经网络进行生物制药企业新产品成本估算误差小。有研究表明，任意连续函数都能建立映射关系且比回归分析误差小，且 BP 神经网络进行成本评估的均方误差比回归分析平均要小 55%。

搭建基于作业成本法 BP 神经网络新产品成本估算模型，可简化产品成本估算流程，提高成本估算准确率。使用 BP 神经网络算法进行成本估算时，输入与产品成本相关的所有的成本动因，并不需要二次核算产品每个阶段（原液、半成品、分装品、包装品）成本数据，可直接输出产品总成本。

传统作业成本法需要根据资源动因归集到各作业成本库，因生产工艺不同导致核算较为复杂，但是将作业成本法与 BP 神经网络结合，直接搭建产品成本动因和产品总产品之间映射，简化核算的同时，也减少了交换分配资源时可能产生的误差。实际上，作业成本库的成本动因与产品总成本并不是一一对应关系，而 BP 神经网络更好地解决了这个难题。另外，根据 BP 神经网络特点，实务工作者可选择与任何影响新产品成本动因，都可作为输入变量，使数学模型更加接近新产品成本发生的本质。

BP 神经网络学习历史数据后，可选择误差最小的模型，未来有新产品成本估算时，可以直接使用进行机器学习后的误差最小的模型。如果未来因为企业资源发生巨大的变化，产品成本因资源变化导致制造费用发生改变，可重新搭建数学模型，这更贴近生物制药新产品成本历史规律。

在新产品成本估算过程中，财务部与业务部建立了良好的沟通机制，使新产品成本估算结果更好地贴近实际情况，提高了新产品成本估算准确率，从根本上提高了工作效率。因此，我们决定采用 BP 神经网络模型作为我们数学模型建模。

2.4 搭建生物制品新产品成本估算与定价模型

结合我们目前使用的财务核算软件——SAP 系统及成本核算方法，我们搭建了生物制药企业新产品成本估算与定价模型，笔者明确了两个主要研究方向：第一，提出基于作业成本法新产品成本估算模型；第二，提出基于新产品六级价格管理体系。

2.4.1 作业成本法的实施——以 W 公司为例

（1）主要包括以下几个步骤。提出一个基于作业成本法新产品成本估算路径。（2）收集数据样本量。（3）设计 BP 算法流程图。（4）测试人工神经网络模型结果。

通过多次测试模型，我们发现，训练出的 BP 神经网络模型测试样本数据与实际值误差可控制在 3%。这说明，在利用大量的样本对网络进行训练后，网络权值经过 BP 算法优化，可以较为稳定地逼近于一个相似值，达到输入与输出的非线性映射，因此，使用经过训练的 BP 神经网络模型估算新产品成本是可行且有效的。

2.4.2 提出一个基于 W 公司新产品六级价格管理体系

（1）根据本量利分析公式，可以得出利润 L、目标利润率 M：

$$L = P \times Q - V \times Q - F$$

其中，L 为利润，P 为产品单价，Q 为销售数量，V 为产品单位变动成本，F 为固定成本。

$$M = \frac{P \times Q - V \times Q - F}{P \times Q}$$

其中，M 为目标利润率。

（2）W 公司六级价格管理体系的构成要素如下所示。

①最优价：是根据经济学原理中垄断下最优定价公式核算，能保证 W 公司在区域市场的利润最大化，是销售价格和销售量的最佳配比。

②目标价：是以年度预期利润率为基础，结合目标利润分析进行定价，能满足正常生产，实现预期利润。

③机会价：是以资金资本成本为基础，结合目标利润分析进行定价，能满足正常生产并弥补成本，保证运转效率。

④成本价：是包括材料费、人工费、燃料动力费、检定作业费、销售费用、管理费用、财务费用、研发支出等的总额，能保证产品全成本和期间费用得到补偿。

⑤底线价：是包括料工费、销售费用在内的变动成本，能保证产品的变动成本得到补偿。

⑥回款价：以收入最大为基础，不考虑成本，短期内保证公司在某区域内市场的收入最大，适用于短期资金回笼的需要。

3 结论与展望

通过对 W 公司历史数据测试，通过作业成本法和 BP 神经网络结合构建新产品成本估算模型可将误差控制到 3% 以内，表明此方法在新产品成本估算方面有一定的适用性，可用于 W 公司新产品成本估算。

本文虽然对基于作业成本法新产品成本估算模型进行了比较细致的研究，但是尚存在以下不足，这也是将来进一步研究的重点。

（1）将进一步推进研发阶段新产品成本估算模板。企业在研发阶段尚未使用 ERP 系统进行核算，且大量业务数据需要和业务部门进行有效沟通，因此，财务部需要实地调研，制定研发阶段新产品标准成本估算模板，进一步推进新产品成本估算实务工作。

（2）产品定价模型是将来研究的一个方向。受到国家政策、医保等多方面的影响，生物制药中有一类疫苗产品不适用定价六大构成要素，但是，产品定价是一个系统性的课题，目前只是提出了一个定价思路，但是，通过新产品成本估算模型，笔者考虑将决定定价因素与机器学习结合起来，这将是未来研究的一个方向。

（3）增加新产品成本估算维度。历史产品成本是新产品成本估算中的一个维度，如何实现将新产品成本从定性维度转化为定量维度，还需要做更深入、更细致的研究。

主要参考文献

［1］司守奎，孙兆亮．数学建模算法与应用［M］．北京：国防工业出版社，2015.

［2］杨小娟，朱永利，邢天添．工业和信息通信业管理会计案例集［M］．北京：中国工信出版集团，2020.

［3］石卓莹．基于作业成本法的 A 医院成本管理研究［D］．西南交通大学，2017.

［4］郭春明．基于作业成本法的产品全生命周期成本估算研究［D］．南京理工大学，2005.

［5］鞠金美．作业成本计算中多成本动因的选择和合并研究［D］．北京交通大学，2017.

［6］商婷婷，陈亚盛．基于作业成本法成本动 BP 神经网络项目成本预测——以某科技公司为例［J］．管理会计研究，2019，2（5）：76－87.

［7］李鹏飞，刘明源．基于 BP 神经网络的软件项目成本估测方法［J］．航空计算技术，2014，44（3）：9－11.

［8］赵歆．W 公司生物制品研发成本管理研究［D］．中南财经政法大学，2017.

［9］谢佳容．基于作业成本法的 ZS 企业本量利分析应用研究［D］．广东工业大学，2021.

［10］吕志明．计算机财务建模教学案例——本量利分析［J］．中国管理信息化，2021，24（21）：97－99.

［11］Ding Y，Chen K，Wei X，et al. A novel cost－management system for container terminals using a time－driven Activity－Based Costingapproach［J］. Ocean & Coastal Management，2022（217）：106011.

［12］Ding Y，Chen K，Xu D，et al. Dynamic pricing research for container terminal handling charge［J］. MaritimePolicy & Management，2020：1－18.

（2022 年课题）

医药流通企业基于业财融合的数字可视化分析与决策
——以 G 公司为例

魏平孝[1]

1 引言

医改政策全面落地给医药流通企业的经营业绩及经营思路带来重大改变，各公司不断深化业财融合，推进精细化管理，助力业务转型，由此管理层对数据的决策支撑要求越来越高。在大数据时代下，数据呈庞杂、海量的特点，叠加财务分析报告专业性高、维度多、可读性低，管理层很难从错综复杂的数据信息中快速获取价值，决策支撑力难以实现。数字可视化作为大数据简单化输出的有效方式，将数据、信息和知识转化为易读的图形，深入信息挖掘与分析，提高管理者对经营活动的全面理解，将海量数据转化成决策资源，促进企业业务、财务和管理的高效互动，最终提高管理层决策效率，实现企业价值最大化。本文主要通过案例分析法，以 G 公司为研究对象，对医药流通企业基于业财融合模式下数字可视化建设的框架设计及实现路径进行研究，希望对同行业其他企业起到借鉴作用。

---

① 课题负责人：魏平孝（1963－），原国药集团药业股份有限公司财务总监，会计师。

主要执笔人：何玉婷（1994－），国药集团药业股份有限公司预算分析专员；周信（1996－），国药集团药业股份有限公司预算分析专员。

课题组成员：张学军、何玉婷、周信。

2 财务数字可视化发展的背景与研究文献

2.1 研究背景

2022年3月，国务院国资委印发了《关于中央企业加快建设世界一流财务管理体系的指导意见》，提出财务管理要更注重质量和效率，更加突出“支撑战略、支持决策、服务业务、创造价值、防控风险”功能作用，进一步完善五大体系，即全面预算、合规风控、财务数字化、财务管理能力评价、财务人才队伍建设体系。医药流通企业借助可视化分析与决策建设，推进系统高度集成，避免数据孤岛，实现业、财、技高度一体化管控和协同优化，建立世界一流财务管理体系，为建立具有竞争力的世界一流医药流通企业打下坚实基础。

目前医药流通企业虽然规模大、财务信息化转型受到管理层重视，但是业财融合程度低、信息一体化程度不高、财务人员对可视化认知不足等问题，使得数字可视化发展慢、可行性低。因此，研究如何在业财融合模式下实现数字可视化分析与决策十分重要。

2.2 相关文献研究

2.2.1 业财融合方面的研究

业财融合是随大数据、互联网、云计算新兴技术发展在企业经营和财会领域应用的必然结果。业财融合是将业务与财务高度融合，以达到业务牵引财务、财务引领业务、业务与财务双向支撑的必然手段。其实现路径可分为三个方面：一是将财务部门与业务部门组织目的和行为过程的融合，二是财务思维与业务思维价值观的融合，三是引入大数据、云计算、商业智能等信息技术，建立业财融合的管理会计系统。运用业财融合的思维，使财务人员的工作不再是简单的事后核算，而是起到事前引导、事中监督、事后分析的作用。建立以价值创造为目标，以数据为基础，以流程为引擎，通过业财融合的方式及信息管理手段，促进企业的业务流、信息流、资金流、人员流等数据的共享，为业务经营与发展提供有力的支撑。

2.2.2 财务数字可视化的研究

财务数字可视化主要是指通过可视化系统软件，利用图形、表格等方式将海量、复杂的财务数据信息进行动态呈现，将晦涩的数据信息转化成直观、简明的图形展现在使用者面前。可视化不仅可使财务数据可读性更高，更重要的是可以清晰地揭示数据内的复杂信息，经由梳理、归纳以及分类等操作，让使用者可以轻松、高效地获取信息中的有效价值，使数据更具可分析性和可预测性，以达到决策支撑的作用。

为满足财务精细化管理需求，围绕大力推进业财融合数字化及可视化建设的研究已有一定成果。陈旭和罗蓉（2022）在对基于业财融合的智慧财务平台构建中提及该平台由三个部分组成即业务经营管理平台、智慧财务管理平台和分析与决策平台。其中，分析与决策平台主要围绕管理会计预测、决策以及控制展开，并加入可视化查询模块，呈现各类管理会计分析和预警，助力企业数字化转型与高质量发展。高登云（2022）从财务共享角度出发，提出医药集团在业财融合模式下可构建高效的信息传播平台以实现公司间各部门信息的传递和资金的整合，并从流程保障、信息技术保障和财务组织保障三个方面阐述其可行性。潘剑（2014）立足于可视化完成渠道，提出需在 ERP 系统和有关业务系统的基础上构建数据仓库，经过建立场景、构建指标系统等步骤，全景式体现单位的经营管理现状，最后通过可视化的财务、业务管理功能进行展示。冯雪红（2022）从信息化角度说明财务数据可视化需经历数据采集、处理和验证三个流程。在实现可视化过程中，需整合数据资源，开发可视化操作软件；同时，加强数据的处理，将财务术语、公式等转化成通用的数据语言和计算机语言。另外，人才建设和管理层重视度也是可视化落地的必要条件。陈虎和朱子凝（2022）从费用分析、共享运营以及资金管理三个重要场景，较为详细地阐述了可视化在财务领域的应用。

3 G 公司基于业财融合的数字可视化分析与决策案例分析

3.1 G 公司业财融合模式下数字可视化分析与决策的设计框架

随着“两票制”、带量采购等医疗政策的推出，G 公司面临收入规模化不高、毛利率下降、业务转型缓慢、流动性压力增加等问题。面对发展瓶颈，G 公司紧紧围绕着夯实传统药品直分销业务，扩大器械业务、加速营销转型、战略推进优势品种锐意创新的中长期战略目标，深入推进业财融合工作。

立足于战略视角，以下是对 G 公司数字可视化分析与决策框架设计思路。该框架设计思路为：以服务于 G 公司中长期发展战略为总目标，以业财融合为基础，以解决实际经营问题为导向。

3.1.1 数据空间

数据空间即由多维度属性、多种要素组成的数据库。利用G公司现有的业务操作系统、财务账务系统、OA办公系统、Rbuilder多维度报表生成系统、银企直联系统、税务系统等各类内外部协同管理平台数据，以及手工维护的外部经济数据和行业数据，将基础数据进行整合、集成，统一存储在特定的系统数据库或可视化平台中（鉴于可视化分析所需的后台运维和数据处理功能，该数据库建立在G公司OA系统或外购的可视化软件中），形成完整的数据空间并进行分类，如合同模块、发票模块、财务数据模块、资金系统模块等，便于各类基础数据的提取与使用。

3.1.2 数据挖掘与分析

业财融合下，G公司对业务和财务的管理要求趋于精细化，因此可视化分析维度多、内容广、跨度大。目前不同的信息系统之间数据不能无障碍互通，因此数据必然呈现海量、复杂、抽象、碎片、非体系化等特征。为了达到可视化，必须对庞杂的数据进行整理和加工。其中，包括数据整理、数据清洗、数据挖掘和数据分析。数据整理主要是将来自不同系统的数据内容调整成统一形式，特别是外部系统数据。另外，为增强数据可比性，对于重大事项（如疫情）或会计政策变更等方面对数据的影响，需进行调整和还原。数据清洗是指发现并纠正数据文件中可识别错误，包括数据一致性、处理无效性和缺失值等。数据挖掘和分析则是基于目标分析结果，借助维度、切片、定量推演和计量等方式，将各类指标表示出来，提取出有价值的信息。通过以上处理，实现对海量数据抽丝剥茧，挖掘数据间内部关联和规律，提高分析的准确性和可靠性。但这些深度的挖掘与分析的实现已经不能依靠传统的处理方法，需利用大数据技术，如RPA、机器学习、云计算等。通过对后台数据定期、精细、准确地处理，可为可视化分析提供全新视角。

3.1.3 数据可视化

面对多维、实时、动态的可视化分析结果，只有选择合适的呈现方式才能提高数据可读性。通过这些形式的表达不仅能让使用者对经营特点一目了然，还能发现未知的有效信息。常用的可视化图表除了传统的柱状图、折线图、条形图、饼图等，还有气泡图、雷达图、树状图、词云图、地图等。

3.2 G公司数字可视化分析与决策现状SWOT分析

针对以上框架设计中的必要条件，笔者采用SWOT分析法对G公司数据可视化分析与决策实施现状进行分析。

3.2.1 优势（Strength）

G 公司作为北京区域药品直销和全国分销的龙头企业，在资金、人员、技术和渠道资源上有一定积累，这能给可视化建设提供充分支持。从重视度来看，由于 G 公司正处于转型期，管理层在数据决策支撑方面有着迫切需求，可视化建设得以被重视。G 公司目前也正大力推动数字化转型和数字化平台搭建与发展，以推动业财融合。因此，可以引入可视化分析与决策建设。

3.2.2 劣势（Weakness）

从可视化实施三要素来看，一是 G 公司一体化平台尚未建立，各信息系统多为自主研发的独立数据库，系统间勾稽程度较低，数据整合程度差，交互存在壁垒，难以形成完整、全面、互联互通的数据生态圈。二是业财融合程度不高，业务、财务和管理的分析与决策需求难以被细化和明确，涉及的流程和文件未达到数据自动处理要求。三是相关人员对可视化认知不足，未对其作用有充分的认识，因此落实的积极性不高。

3.2.3 机会（Opportunities）

从 G 公司自身来看，受政策影响，利润空间被迫压缩，转型迫在眉睫。转型带来的决策有效性成为管理层的考验和压力。数据作为决策的重要支撑，如何在短时间内获取价值信息成为管理层的主要目标，由此可视化分析与决策落地的必要性和紧迫性得以提高。从外部环境看，G 公司处于集团企业之中，具有较多的行业间资源。G 公司可依靠集团整体的数字可视化发展资源，借鉴兄弟公司的成功案例经验，紧抓国家对企业数字化转型扶持机遇，实现可视化。

3.2.4 威胁（Threat）

可视化的实现不是一蹴而就的事情，需要长期的修正和完善。而 G 公司所处的医药流通行业正处于改革的阵痛期。利润的压力将带来可视化投入的压力。另外，G 公司作为上市公司，其数据保密性和安全性也是可视化实施过程中需要保障的地方。

3.3 G 公司可视化分析与决策实现路径优化措施

面对劣势和威胁，G 公司在细化决策需求、重塑业财流程、统一数据和制度标准、提高业财一体化以及人才建设等方面还需继续优化，以实现数字可视化分析与决策。

3.3.1 以中长期经营战略为总目标，细化决策需求

可视化分析是为了便于管理层决策，让数据更好地服务于公司中长期战略目标。只有

立足于G公司战略发展方向的实际需求，才能明确可视化分析的具体内容，为可视化提供纲领性指引。G公司目前的总体战略规划发展方向是筑牢药品区域直销和全国分销传统业态核心地位，利用渠道优势促进器械业务；巩固优势品种龙头地位，战略推进优势品种锐意创新；积极拓展营销增值服务，搭建起一套企、商、院之间新的学术型合作模式。根据以上战略目标，将其进行落地分解，找出需解决的经营问题，并细化至可视化分析最小单位，构建全景式可视化场景。管理者通过可视化结果，将进一步发现业务、财务和管理方面新的漏洞和风险，从而发掘出可视化分析与决策新的需求点和创新点，长此以往便将可视化建设的前瞻性、可行性、系统性、有效性和一体化紧密结合，实现真正的业财融合。

3.3.2 梳理和重塑业务和财务流程

流程的重塑包括基于战略目标，对现有的业务、财务和管理等方面的流程进行梳理和优化。G公司目前有较为完善的组织结构，互相协同，围绕公司业务的事前、事中和事后各个环节进行有效管控。但在业务转型新形势下，G公司现有的组织分工和管控流程已不能完全满足未来发展的需要。围绕业财融合理念，在可视化分析与决策机制的可行性之上，G公司需要全面梳理各职能部门、各业务部门的业财相关系统及相关模块，对业务和管理流程进行标准化、规范化、精细化和一体化的改进，下沉流程颗粒度。通过对不同级次流程的设计和优化，打造高效、灵活、复用的标准操作程序，完善各流程的附件模板，形成数据资产目录。充分利用机器学习、RPA等技术，提高效率，实现数字可视化分析与决策智慧化管理机制。

3.3.3 规范信息数据标准，统一管理制度

为保证数据口径统一、数据质量可信、数据规则统一，应完善数据标准定义，明确数据来源，统一计算逻辑。通过规范数据管理，治理业财流程；通过规范G公司信息化建设，治理信息化乱象；通过统一财务和会计制度，确保财务数据准确性；通过规范集中数据，治理源头数据；通过规范数据校验，治理数据错漏缺失。通过以上措施，实现G公司业财数据贯通，打破业财壁垒，实现数据融合沉淀，为建设信息系统、提升数据质量、搭建多维分析模型、开展敏捷高效的数据应用提供数据标准与规范。

3.3.4 构建和完善系统分析应用，提高数据赋能

目前G公司业财融合信息化构建中，部分业务活动还缺乏管理系统或功能，基础数据缺失。在可视化的数据挖掘和分析中，无法建立数据联系，数据挖掘缺乏深度，难以达到数据赋能的效果。因此，针对缺失部分，G公司需要继续构建新的管理系统或完善现有功能。例如，风险管控方面，需明确经营预警线，包括收入、毛利率、存货、应收账款等。

根据G公司往年数据及行业平均规模值，设定风险预警。每月定时对数据的齐全性、逻辑性进行校验，持续提升数据质量；存货管理方面，搭建药品购销管理系统，实时更新库存情况，完善供应商信息和客户资料，实现药品进货、销售流向等实时查询，实现优化库存、以销定采以及细化产品库存管理等目标。

3.3.5 推进业财一体化建设，提高业财融合度

业财系统不贯通是G公司目前业财融合程度低的重要原因，也给可视化分析与决策的实现提高了难度。由于系统之间信息无法交互，可视化所需的强大的数据库基础也难以建立。因此，G公司还需继续推进一体化平台建设，打破业务、运营、财务、采购、信息、人力等系统间壁垒，保证数据及信息的共享和融合。其中，不仅包括结构化数据，还有半结构化数据和非结构化数据。通过一体化转型，提高业财融合程度、提高数据可获得性，让可视化分析更全面、更客观，最终发挥决策支撑作用。

3.3.6 组建复合型人才队伍，增强部门协同

基于财务数字化、智慧化转型要求，G公司应加强对财务管理人才的培养，从人才盘点、队伍建设、岗位重塑、重点培养等方面逐步着手，打造具有数据思维能力、数据管理能力、数据应用能力的新型财务岗位体系，组建兼具业务、财务、信息技术能力的综合型高素质人才团队。

在部门协同方面，G公司数字可视化建设可在财务部门的牵头下，联动运营部、信息部、销售部、采购部等相关部门，对可视化分析与决策进行整体规划，为各部门提供相应的职能和技术支持。另外，管理层需提高对可视化建设的重视度，在人力、物力和财力方面提供充分支持，只有这样可视化建设才能落地。

3.4 数字可视化分析与决策初步应用——以盈利分析为例

以下结合Power BI工具，以盈利可视化分析部分内容为例，对可视化三要素即数据空间、数据挖掘与分析以及数据可视化三个方面的应用进行论述。

目前G公司的业务数据和财务数据主要通过内部Rbuilder多维报表生成系统输出，形成一定标准格式报表。财务报表以外部久其系统为主。另外，还有资金系统、费控系统等独立信息系统。以上系统尚未一一互联互通。对于盈利可视化分析，数据主要取自于Rbuilder系统和久其系统。

3.4.1 数据挖掘与分析

数据的整理和清洗，从目标分析结果出发，对源文件内容、表格格式、数据单位等进

行规范化、统一化、标准化的处理。数据清洗主要通过 Power BI 错误数据、Null 及零数据的筛选功能实现。

数据挖掘与分析，在 Power BI 中主要借助维度表、事实表以及建立度量衡等方式，将数据进行归纳和分解。通过建立各表间和数据间的内部联系，构建业务及财务场景，实现全景式的经营情况可视化展示，辅助管理层直观、快速进行分析和决策。

3.4.2 数据可视化

（1）收入可视化分析。收入是公司盈利的主要来源。G 公司将从提高药品直分销收入规模以及拓展新型增值业务两个方面着力。针对该目标开展对收入的可视化分析。收入可视化分析，主要给管理层带来高效、动态和准确的收入多维度展示效果，内容包括本期金额和整体趋势，并将其按照部门、区域、产品类别和业态等进行分类展示。通过实时更新数据库，依照管理需求细化时间颗粒度至日甚至更小层级，辅助收入预测工作的实现。

（2）毛利可视化分析。G 公司利润空间压缩主要是由于近年来毛利率下降所引起。利用毛利多维度可视化分析，可以了解各品种、业态、区域的毛利情况。设置毛利水平下降以及负毛利品种预警机制，将毛利优质及劣势品种、渠道毛利变动、地区毛利差异等情况一一列示，帮助管理层决策，达到改善市场、品种、业态等结构的目的，保障利润高质量发展。

（3）费用可视化分析。后疫情时代下，全国和海外市场拓展困难，扩大销售存在较大挑战。同时营销转型将带来大额销售费用。因此，降本控费、管控风险成为管理层关注的问题。利用费用可视化分析，首先，对费用整体情况进行展示，达到总额控制的管控目的。其次，将费用进行部门和类别整合分析，结合费用预算管理要求，清晰、直观地给财务人员展示费用预算执行情况，帮助费用管理人员洞察降费机会，提高业务人员节约开支意识，管控合规风险。在营销业务方面，可按照项目制管理方式，将费用同收入、毛利分析联动，展示各营销项目的投入产出比，衡量其收益性。

（4）研究结论与展望。本文通过对业财融合与数字可视化分析的文献及数据进行收集整理，深入研究 G 公司应用可视化分析工具的可行性与必要性。首先，了解业财融合、数字可视化的相关理论，再结合当前社会背景、对 G 公司的具体行业特性及应用可视化分析的现状进行 SWOT 分析。尽管当前管理层重视数字化平台的搭建，但 G 公司的信息系统仍存在基础数据集合程度差、数据勾稽程度低、信息一体化程度低等问题。

其次，针对 G 公司当前存在的问题，从细化决策需求、梳理与重塑业务及财务流程、规范信息数据标准、统一财务和会计制度、创新分析应用，以及复合型人才建设和部门协同等方面提出实现路径优化措施。

最后，通过对 G 公司财务报表、收入、毛利以及费用和预算等多维的可视化分析初步应用得出以下结论。

一是基于业财融合，数字可视化应用可提高财务数据及经营决策的有效性和准确性。将可视化分析贯穿财务管理和经营管理的全流程中，起到了事前、事中、事后管控作用。其主要体现在两个方面：一是在日常财务分析中，通过图形、表格等方式将收入、毛利率、应收账款等数据信息进行传达，方便使用者掌握主要指标趋势走向以及对异常指标的预警判断，让管理层更实时、精准和高效地掌握公司的盈利情况、偿债情况以及发展情况。根据问题及时提出应对措施，降低企业管理风险。二是在预算管理中，给预算编制提供更准确的数据参考，提高编制合理性和科学性。事中管理时，定期向管理层展示预算执行进度，特别是费用管控，积极推动预算管理对医药流通企业降本控费的作用。另外，由于医药流通企业经营表现具有一定的周期性和规律性，通过可视化数据挖掘可实现经营预测，形成业财融合的闭环管理。

二是数据可视化加速智慧型财务管理转型。随着管理层对财务管理精细化要求越来越高，管理颗粒度逐渐下沉，借助可视化工具，可以对数据进行深度挖掘和分析，再通过简单化的输出方式清晰地解释数据内的复杂信息，让决策层特别是无财务背景的管理人员“无门槛”地洞察、理解数据所反映的业务表现。结合机器学习等技术，实现简单的智能决策，推进财务管理从传统经验型到智慧型的转变。

三是通过可视化分析培养财务人员业财融合思维，提升财务人员综合素质与自我认知。随着大数据时代的发展，财务人员的工作内容不再局限于简单的会计核算、报表出具、书写制式财务分析报告等重复性工作，而是要深入业务前端，提升数据敏感度，在决策时刻能迅速提供信息参考，对业务的开展起到指导性作用。通过对可视化技术的学习和应用，不仅提升了财务人员的综合素质，也提高了财务人员的自我认同感和参与感。

在本文案例分析上，由于笔者的理论体系和经验有所欠缺，框架设计和实现路径较为理想，调研不够深刻可能会导致考虑不够周全，存在一定局限性。在应用上，G 公司当前数据不全面，系统关联度不高，数据获取方面欠缺严谨性与统一性，挖掘和分析不够深刻。

数字可视化分析与决策无论是在国内的发展程度还是在医药流通行业的应用都处于初期阶段。随着可视化技术在实际工作中不断被使用，对企业发展的作用也被越来越多人所看到。希望文中的设想可以在 G 公司得以实践，并在不断的修正和改进中将可视化分析与决策真正落地。由此产生的经验可以推广至整个行业，将其深入贯穿业务链，根据不同需求提供全面的、多维的、清晰易懂的财务数据，帮助管理者作出更为精准的决策与判断，从而助推医药流通行业的可持续发展。

主要参考文献

[1] 陈虎，朱子凝．数据可视化在财务应用研究．财会月刊，2022（16）：120－125.

[2] 陈旭，罗蓉．基于业财融合的企业智慧财务平台框架构建与实施路径研究［J］.

重庆理工大学学报（社会科学），2022：1－12.

［3］程耀东，陈刚．科研大数据平台关键技术与实践［J］．工程研究——跨学科视野中的工程，2014（6）：266－274.

［4］冯雪红．论数据可视化在财务管理中的作用及应用策略［J］．财会研究，2022（4）：163－165.

［5］高登云，李露，朱雨昕．大健康视域下医药企业业财融合机制研究——以Z集团为例［J］．市场周刊，2022，35（7）：94－97.

［6］高景昱．财务共享中心模式下的业财融合问题研究［D］．北京交通大学，2021.

［7］葛幸元．基于可视化技术的财务数据分析案例研究［J］．今日财富，2022（16）：136－138.

［8］国务院国资委．关于中央企业加快建设世界一流财务管理体系的指导意见．国资委网站．

［9］贺小涛，孙健，梁莉．数字化转型赋能财务转型升级——基于中国石化西北油田分公司的案例研究［J］．管理会计研究，2021：27－34，101－102.

［10］潘剑．企业财务信息化的可视化提升路径分析［J］．中国商贸，2014（23）：97－98.

［11］施志恒．如何推动医药企业财务管理业财融合［J］．中国外资，2021（1）：126－127.

［12］许翔，毛婕．数据清理技术在软件开发中的应用研究［J］．计算机时代，2004（8）：25－26.

［13］虞琳．浅谈大数据时代企业财务数据可视化的应用［J］．财会研究，2022（20）：98－100.

［14］张震．智能管理会计：从Excel到Power BI的业务与财务分析［M］．北京：电子工业出版社，2021.

（2022年课题）

客户价值度模型在医药企业经营管理中的应用与成效
——微利客户决策研究

张晋文[①]

1 引言

从目前的实际发展情况来看，医药流通企业的附加值较低，利润率普遍不高，位于行业链条中下端。从医药流通行业整体发展来看，国家医保按病种进行付费迫使医院进行用药改革，进而使医药流通企业的营业收入发生变化。此外，随着国家带量采购政策的不断实施，带量采购中选的药品价格下调幅度较大，同时带量采购未中选的同类型的药品价格也不断降低，最终形成整体药品价格下行的趋势，这对医药流通企业的毛利和销售收入都产生了尤为显著的影响，医药流通企业的发展面临难以改变的经营瓶颈。同时，医药流通企业的各项费用，尤其是销售费用近年来不断增长，医药流通企业的净利润不断被压缩，持续降低。与此同时，上游的供应商处于行业上游，账期不断被压缩，下游客户医院和药房受新冠疫情影响，资金紧张，账期不断增加，又导致医药流通企业的资金成本不断增加。

面对举步维艰的经营困境，医药流通企业进行客户价值度分析能够帮助医药流通企业确定不同类别客户贡献的价值，帮助企业合理配置分销资源，提高经营质量，减少无效的经营投入。

① 课题负责人：张晋文，国药控股北京有限公司副总经理，会计师。
主要执笔人：赵琦，国药控股北京有限公司部长助理，会计师，注册会计师。
课题组成员：孙佳艳、赵琦。

2 医药流通企业客户价值管理与决策模型

2.1 医药流通企业经营中面临的挑战

2.1.1 “4+7”带量采购政策的不断实施，医药流通企业的收入和毛利不断降低

“4+7”带量采购是国家组织药品集中采购试点的简称，基本规则是“以量换价、招采合一”，从通过一致性评价的仿制药对应的通用名药品中遴选品种。根据不同类别药物采取不同的采购模式，可以分为国家集中带量采购、省级集中带量采购、分散带量采购等三种模式。带量采购中选的药品价格会大幅下降，非中选的同类药品相应也会调低价格，形成药价下行的趋势，这直接导致医药流通企业收入的降低和毛利的下降。

2.1.2 医药流通行业发展进入成熟期，集中度高，竞争激烈

根据《全国药品流通行业发展规划（2016—2020年）》的总体目标，2020年实现药品批发百强企业年销售额占药品批发市场总额90%以上。如今的医药流通企业数量多，行业竞争激烈，利润率下降。在未来较长一段时间内，随着竞争的加剧以及政府为降低药品流通成本出台政策，一批中小型医药企业将退出市场，大型医药流通企业将成为医药流通行业的主力，市场集中度将进一步提高，市场竞争不断加剧。

2.1.3 医药流通企业经营模式单一，竞争优势缺乏

医药流通企业作为流通企业，经营模式仅是端到端的分销或直销，并没有产生高附加值的创收效益，这就容易被具备强大物流体系的互联网平台轻松取代。一些互联网平台已经开设采买药品的业务，并依托高效率的自建物流系统和强大的客户黏性，抢占药品流通市场。如何与电商巨头竞争，在物流之外，探索更具高附加值的产品和服务，是医药流通企业要研究和面临的问题。医药流通企业如果仅做单一销售物流，将不具备竞争优势，尤其是地区性中小流通企业，论体量和市场占有率无法和全国性流通龙头相比，论客户黏性和配送效率，无法和互联网电商巨头相比，很容易被市场淘汰出局。单纯仅做流通，不拓展增值服务和上下游产业链延伸，也会面临行业附加值低、利润空间狭窄、发展渠道受限等诸多问题。

考虑到医药流通企业在经营过程中面临的诸多问题，医药流通企业想要实现长远发

展，在探索新发展战略的同时，需要加强经营管理，提高经营管理质量。为此，笔者在实际经营中探索出了一套有利于医药流通企业加强管理的分析模型——客户价值度分析模型，希望借此能够助推医药流通企业加强价值管理，提高经营质量，增强公司竞争力。

2.2 客户价值量化指标——客户价值度计算

价值度分析是指公司在一定期间内的经营成果，按照区域、产品、部门、客户等不同维度进行计量，分析盈亏动因，从而支持企业精细化管理，满足内部营运管理的一种分析方法。其中，价值度分析可以体现在企业内外部环境的各个方面。从内部环境看，包括企业的业务单元、业态类别、产品分类等；从外部环境看，包括公司供应商、渠道、客户分类等，从不同维度对公司一定期间内经营成果进行分析，能够较全面地找出企业盈亏的驱动因素，从而促进企业决策，全面管理。

客户价值度计算模型的设计思路是以客户为起点，向下延伸到医院等级、业态分类，汇总到企业层面，向上延伸至供应商分类、品种分类，在品种分类中还需考虑品种的销售渠道。

客户价值度计算模型利用净利等于收入减成本和费用的公式，结合企业自身的业务特点，将各项成本和费用进行精细划分，优化影响净利的主要驱动因素，以提高客户的贡献价值，最终提高企业的净利润。

客户价值度计算模型的计算思路如下：

净利率 =（毛利率 - 直接间接销管费用率 - 财务费用率 - 附加税费率）×（1 - 企业所得税率）

直接间接销管费用率 =（配送费 + 人工成本 + 服务费 + 返利 + 其他业务费）/销售

财务费用率 = 运营周期/360 × 公司内部财务成本率

运营周期 = 应收账款周转天数 + 存货周转天数 - 应付账款周转天数

按照净利率的计算思路将客户或者部门甚至是责任人的成本费用进行归集，最终计算出客户或者部门甚至是责任人的净利率。

2.3 客户价值非量化指标——客户分层

本文对客户进行分层主要参考的因素是客户风险、客户规模、应收账款周转天数、应收账款余额占比和近三个月是否回款（含预收）五个因素综合评价的结果。根据客户分层的各项指标评分确定客户的星级层次。

非量化指标主要选取与应收账款相关的指标，主要是由医药流通企业的以下经营特点决定的。

2.3.1 应收账款占销售比不断增加，且回款缓慢，账龄不断被拉长

医药流通企业的销售对象多数为等级医院，等级医院虽处于行业链条中的下游，但由于等级医院自身的天然优势，使其位于整个产业链中的强势地位，一般情况下，多数等级医院都在医药流通客户中拥有较长的赊销周期，因此医药流通企业的应收账款周转天数普遍较长，资金积存现象较为严重，资金成本不断增加；与此同时，医药流通行业整体利润率低，且由于近几年来，国家医药改革政策不断出台，医药流通行业的竞争不断增加，医药流通企业只能通过扩大自身的市场规模，形成规模经济才能有效控制对经营业绩的影响，而这最终必然导致应收账款的逐渐攀升。

2.3.2 应收账款和应付账款“剪刀差”大，资金周转压力大

在医药行业的整条供应链中，处于下游的等级医院应收账款的账期较长，甚至有的医院账期达到一年以上，处于医药行业上游的药品流通批发企业等在采购中又需要大量的资金来保证经营流转。从应收账款的角度来看，自从2017年药品零加成的政策在公立医院全面铺开后，医院的收入受到很大影响，处于中游的药品批发流通企业由于自身的弱势地位，为了市场份额，不得不为等级医院不断延长资信期。从应付账款的角度来看，我国有些地区对药品配送有着特殊的政策，即配送企业地区唯一性，生产企业在同一个地区的药品品种不能由两家以上企业进行配送，这直接导致上游竞争的加剧，增强了优势品种生产厂家的市场议价能力，最终结果就是医药流通企业应付账款的账期不断被压缩、应收账款账期被拉长和应付账款账期被缩短，极大地加剧了医药流通企业的资金压力。

2.3.3 “两票制”政策下，医药流通企业垫资压力大，资金需求激增

随着我国医药流通市场规模的不断扩张，整个医药流通行业的资金周转压力也越来越大。2017年，我国正式实行药品采购“两票制”政策，很多规模小、实力弱的医药流通企业破产倒闭，原本行业内的经营就困难重重，2020年突如其来的新冠疫情更是让医药流通企业的生存举步维艰，医药流通企业承受着销售量断崖式下滑的巨大压力。各医药流通企业为了保住市场份额、稳住市场地位，只能被迫与医院等医疗机构客户交易时选择赊销的模式，其最终结果就是逾期应收账款不断增加，现金流不断减少，资金需求与日俱增。

客户分层评分的主要原则是，风险越低，评分越低。按照性质划分，医药流通企业的客户主要是公立医院和私立医院，相对来说，公立医院有政府作为“后盾”，风险较私立医院低，所以风险评分时公立医院的评分较私立医院的评分低；对于客户规模来说，医院等级越高，医院的规模越大，医院的规模越大对公司发展壮大越有利，故评分越低；对于应收账款周转天数来说，公立医院和私立医院由于风险不同，所以需要将两者分别评分，同样评分下，公立医院的应收账款周转天数允许比私立医院长；根据应收账款余额占销售

收入的比重划分为六个等级，占比越高，评分越低；对近三个月是否回款（含预收）指标评分，近三个月回款则评 1 分，近三个月不回款则评 5 分，应收账款余额为 0 或负数时不评分。在此需要特别说明的是，“回款”指的是至少回一个月的销售应收款，零星回款不作为参考。

根据以上五个因素的评分，计算出客户分层评级的总体系数，客户分层评级总体系数 = 客户风险评分 × 客户规模评分 × 应收周转天数评分 × 应收账款余额占比评分 × 近三个月是否回款（含预收）评分，根据客户分层评级总体系数最终确定客户的星级层次。客户星级越高，风险越大，越需要重点关注，资源投入时越需要慎重考虑。

3 GK 公司客户价值管理与决策

3.1 GK 公司基本情况概述

GK 公司成立于 2003 年 10 月 28 日，公司前身是中国医药北京采购供应站，2003 年改制成 GK 有限公司，GK 公司自成立以来以强劲的发展速度，快速实现了在北京医药市场的网络布局，与全国 4000 多家供应商客户、8000 多家销售客户建立了长期稳定的合作共赢关系。公司成功的市场策略、专业化的营销队伍以及良好的服务和声誉，使得 GK 公司在北京市的药品营销公司中经营业绩名列前茅。

GK 公司的发展主要经历了三个转折：第一个转折是医院直销市场的抢占，目前三级医院覆盖率达 99%，二级医院覆盖率在 98% 以上；第二个转折是社区医院的覆盖，2019 年年末社区基层医疗结构覆盖率已超过 95%，2022 年社区基层医疗结构覆盖率已达 99%；经过前两个折转，GK 公司不断发展壮大，目前正在探索第三个转折点，即向营销管理的转型。做好营销管理的基础是要有足够的客户积累，但是积累客户并不意味着全盘纳入，而是吸纳维护高质量的客户。为此，GK 公司将量化指标——客户价值度分析模型和非量化指标——客户分层相结合，为资源配置提供参考，为客户选择提供依据。

3.2 GK 公司客户价值管理与决策的应用

GK 公司将客户价值度计算和客户分层结合应用的具体案例如下。

首先，财务部根据相关数据将客户价值度计算分析的量化指标——净利率计算出来，通过分析净利率的各项驱动因素，找出导致客户价值低的主要原因；然后，约谈相关负责人，有针对性地改善相关指标。

对于客户价值不能改善为正的客户，财务部将一票否决，联合资信管理，追欠款，控发货。通过改善影响客户价值度的各项驱动因素实现微利的客户，财务将通过客户分层决定将有限的资源投入到哪些客户中。

对于高风险的四星微利客户，财务拒绝支付额外的费用。考虑到公司未来的发展战略需要，对于风险低，规模大的一星微利客户，可以适当给予资源倾斜。以某一星客户为例，由于服务费和返利点过高，该客户几乎不能为公司带来额外的净利润，但是考虑到该客户是一星客户，客户规模较大，风险较低，为了公司后期营销服务业务的发展，在净利率为正的前提下，可以将公司的资源对其进行一定的投入。

GK 公司对客户价值管理与决策的三个基本原则为：①只要量化指标净利率为负的客户，必须找到驱动因素，变负为正；②同样条件下，星级越低的客户，越优先投入；③微利四星客户，由于风险高，拒绝额外投入。微利是指净利率贡献不足 1% 的客户。

3.3 GK 公司客户价值管理与决策成果

GK 公司通过客户价值的管理，增加了部门净利率的水平，减少了非必要的费用支出，提高了公司经营的效率。2022 年通过价值度分析，对某医院的费用支出每年节约 10 余万元；其他医疗直销的配送费每年节约 125 万元；323 家客户的应收周转天数缩短 50 天以上。

4 结语

通过对医药流通企业客户价值度的管理和应用，GK 公司找到了医药流通企业加强经营管理，提高经营质量的路径。通过案例分析，我们可以看到，市场份额固然重要，但是在当前行业竞争如此激烈的现状下，加强客户管理更加重要，尤其是对于 GK 公司这样市场占有率位于前列的公司，公司规模已经发展壮大，后期经营管理的重心应该是价值管理。

GK 公司的客户价值度计算分析模型以考核毛利为基础，考虑相关成本费用动因，最后以净利率为参考，判断毛利或者相关成本费用动因是否合理，为公司的经营决策提供了很好的依据，并且利用净利等于收入减各项成本费用的计算思路，客户价值度分析模型可以广泛地运用到各个价值分析层面。

品种层面，通过计算品种的价值，判断该品种对公司来说是否值得销售。客户层面，新增客户时，根据成本费用和净利率与客户谈判确定考核毛利率的最低线；通过对老客户的价值进行计算分析，可以判断创新项目的投入、返利政策、应收账期等是否合理。责任人层面，通过对责任人负责的客户汇总进行价值计算，可以判断绩效提成是否合理，为绩效制订提供依据。分公司层面，通过对分公司的价值进行计算，可以清晰地看到各子公司为公司创造的价值，为后期公司资源投入，发展重点提供参考。

主要参考文献

［1］赵琦．医药流通企业客户价值管理与决策研究［J］．现代经济信息，2023，38（6）：47－49.

［2］晏国文，曹学平．医药流通行业十年变迁：从小散乱到规模化、智能化［N］．中国经营报，2022－10－17（B17）.

［3］张军，彭琛．参与带量采购对医药企业创新的影响探究——以A股上市公司数据为例［J］．企业改革与管理，2022（17）：173－176.

［4］李涵．浅析医药流通企业提质增效路径模式［J］．西部财会，2022（9）：61－63.

［5］谭清立，伍明根．药品集中带量采购背景下中小药企竞争战略研究——基于波特五力模型和AHP－SWOT分析［J］．中国卫生政策研究，2022，15（8）：62－67.

［6］佟士玲．客户价值度分析模型在药品分销企业经营管理中的应用与成效［J］．新理财，2022（5）：41－44.

［7］陶真宁．深化医改背景下的医药流通行业发展前景分析［J］．商业文化，2022（9）：106－107.

［8］马婷婷．九州通医药应收账款融资模式的选择研究［D］．武汉纺织大学，2022.

［9］高蕊．医改背景下医药流通企业应收账款管理研究［D］．云南财经大学，2021.

［10］陈明军．新形势下医药流通行业的发展趋势［J］．现代企业教育，2013（17）：88－89.

［11］张飞跃．客户潜在价值分析［J］．科技创业月刊，2010，23（9）：57－58.

（2022年课题）

医药生产企业运维保障管理提质增效路径研究
——以某生物制药企业为例

张　辉[①]

1　引言

运维保障管理，是指企业为确保生产经营用设备、设施正常运转，采用相关的技术方法，投入人力、物力等资源，对设施、设备进行日常或应急维护、保养、维修，对运行环境、软硬件系统和运维人员进行的综合管理，主要包括设备管理、能源管理、日常作业管理、应急管理等，并建立与之配套的组织、制度、流程等。

医药生产企业作为一个特殊的行业，承担着维护人类生命健康的神圣使命，具有生产过程环境控制要求高、设施设备连续生产、多种产品共线生产等特点，因设备、设施的故障而造成的一系列安全生产、质量事故等问题，可能会给企业带来难以挽回的损失。遵照“以质量为本”的生产原则，防患于未然，科学合理地配置硬件设备，为安全生产提供一个技术先进、功能齐全、安全可靠的良好运维保障系统，是保证安全生产和质量的核心。同时，随着国家监管的日趋严格（相关生产活动及质量标准须符合《中华人民共和国药品管理法》《中华人民共和国疫苗管理法》《药典》、药品注册标准等相关文件及法规的要求），对企业生产运行环境、设施设备提出了更高的要求。为此，医药企业普遍加大了固定资产投资力度，日常运行保障成本（包括维修维护、能源供给等）也随着企业资产规模的增长显著，在企业成本费用支出中的占比日益加大，客观上对加强运维成本控制，提高运维管理精细化水平提出了新的要求。

---

① 课题组负责人及主要执笔人：张辉，国药中生兰州生物制品研究所有限责任公司财务总监，高级会计师。
课题组成员：彭峰云、王常青、蒋井明、赵欣欣、卢雯琰、郭泰安、马倩。

目前广大医药生产企业普遍还存在运维保障体系亟待健全、管理流程亟待优化、管理效率亟待提升等问题。因此，需要结合医药企业特点，在对目前医药生产企业运维保障管理中存在的共性问题诊断、分析基础上，通过多种管理会计工具的组合运用，按照“对症下药”“因企施策”的总体原则在案例企业应用实施、探索形成一套较为实用、成熟的理论、路径和方法，为广大医药企业优化运维保障体系，提升管理效能提供借鉴和参考。

案例企业 LZ 公司作为生物制品行业的骨干领军企业，主要生产人用疫苗、诊断试剂、治疗制品等生物制品，具有业务涵盖范围广、资产规模大、设备设施全、多种产品共线生产、部分设施设备须连续运转等特点，较好代表了医药生产企业的基本行业特点。本文围绕如何以业财融合为导向，探索运用平衡计分卡等管理会计工具，梳理医药生产企业运维保障管理中存在的具有代表性的短板弱项问题，对运维保障管理提质增效路径进行探索研究，提出优化解决建议，不断提升企业运维保障管理精细化水平。

2　案例企业基本介绍

LZ 公司始建于 1934 年，是我国历史最悠久的生物制品研究所之一。隶属国务院国资委主管的中国医药集团有限公司下属的中国生物技术股份有限公司，是中国生物技术股份有限公司二级法人企业。公司主要从事预防类制品、治疗类制品、诊断试剂等生物制品的生产、研发和经营，是国家生物制品行业的骨干企业；甘肃省乃至西北地区唯一一家大型生物高技术企业；国家医用微生物学、免疫学、分子生物学的重要研究机构；国家高新技术企业；国家技术创新示范企业；中国食品药品检定研究院实训基地；甘肃省疫苗工程技术研究中心。

目前，LZ 公司运维保障管理工作由运行保障部具体负责，下设 16 个班组，涵盖能源供给、机器设备维修维护、车间运维管理、节能减排等运维保障相关业务工作。

3　基于实践调查的现状分析

以案例企业为蓝本，结合案例企业实际，对运维管理所涉及的业务模块情况进行分类专题研究，以业财融合为导向，从业务与财务两个维度进行研究分析，综合应用管理会计工具、实证研究方法对运维保障管理中成功经验予以总结，对存在的问题按照个性与共性进行分类、筛选、甄别、提炼。结合广大医药生产企业运维保障管理中存在的共性问题，在全面梳理的基础上，探索适用于广大医药生产企业运维保障管理提质增效的有效措施和实施路径，达到运维保障管理效率提高、效果质量提升、成本有效控制的总体目标。

3.1 资料收集与实地调研

通过查阅大量文献，召开专题研讨会议，做好研究课题的任务分解计划安排，并就重点事项进行专题研讨。课题组成员围绕本文研究涉及的维修管理、设备维护、能源管理、专业人员技能培训等重点内容，开展专项访谈调研。通过与各层级相关管理人员进行沟通访谈，摸清案例企业现有运维管理体系现状，全面梳理存在的难点和短板问题，确定调查问卷设计思路及调查对象。

3.2 问卷设计、发放及收集

结合实地调研工作成果，基于平衡计分卡等管理会计工具，以财务、业务、用户、学习与成长四个维度为基础，问卷设计了问卷 A、问卷 B、问卷 C 三卷。A 卷题目共计 40 道，涉及单选题、多选题、简答题三类型题目，以不记名形式发出问卷 112 份，有效填写人次 91 人，有效回收率达 81.25%；开展了问卷 B 和问卷 C 的实施工作，包括专家访谈、指标设计、权重确定及回收统计计算等。

3.3 数据整理汇总

将定量分析与定性分析法相结合对 LZ 公司近五年维修、维护费用，备品备件情况历史数据进行了全面统计分析，为研究结论的确定和数据佐证打下基础。

3.3.1 固定资产变化情况

近年来随着固定资产投资增加，公司固定资产规模也逐年扩大。

3.3.2 维修费用情况

随着近几年 LZ 公司资产规模不断扩大，车间水系统、空调系统、制冷系统、能源系统等各种生产辅助类设施设备增多，公司维修费用由 2017 年的 7252.96 万元上升至 2021 年的 12209.16 万元，其中自行维修业务占比由 2017 年的 68.12% 上升至 2021 年的 77.88%，2021 年自行维修类型主要分为工况环境、人员误操作、设备设施老化、预防性维护、其他共五大类。

3.3.3 备品备件情况

备品备件库存也呈明显增长趋势，2019—2021 年备件库存增长较快。备品备件年均增长约 51.63%。

3.3.4 能源使用情况

耗能呈季节性变化趋势，每年 1—3 月、10—12 月出现耗能峰值（主要为供暖期，用水量、用气量增加），分年度来看，能源消耗总量持续增长，能源年均增幅约 6.34%。但受产值增长、能源管理优化措施应用等因素影响，万元产值综合能耗整体呈下降趋势。

3.4 结论分析：案例企业运维保障体系中存在的问题

结合前期基础研究工作，对医药企业运维保障管理各业务模块可能存在的共性难点问题进行全面梳理提炼，提出优化解决路径，主要包括以下内容。

3.4.1 设备、设施维修维护管理方面存在的问题

医药生产企业由于普遍具有设备、设施种类繁多，技术难度大，复杂度高的特点，如何有效压缩维修时间、提升修复率、减少设备设施故障率、控制维修成本、保证设施设备良好运行是所有医药生产企业所面临的难题。

3.4.2 备品备件管理方面存在的问题

由于医药生产企业具有设备设施种类繁多的特点，同时受设备寿命、市场供应情况以及备品备件本身的生命周期、通用性、维护维修周期使用量等因素影响，为合理安排采购计划与库存管理造成了较大困难，普遍存在因备品备件储备不足、采购周期长对维修造成影响，或因储备冗余，周转效率低下导致资金无效占用。

3.4.3 能源管理方面存在问题

由于医药生产大部分为分步分区进行，存在多个产品共楼、共线生产的情况，注射用水、纯化水等关键系统生产具有特殊性，核心生产区域净化标准的要求较高，传统的计量装置和计量方法难以量化到每个产品，对能源基础计量的精准性带来了负面影响，因此难以根据能源计量数据精准地制定节能减排措施。

3.4.4 运维保障管理的信息化水平亟待提升

随着国家智能制造战略的推进，广大医药生产企业信息化建设水平得到了较大提升，但普遍存在主业务模块信息化水平较高，但相关辅助模块信息化应用水平较低或滞后，以及各业务模块或业务单元独立运行的情况，未能实现系统互联、数据互通，制约了运维保障管理效率及整体信息化水平的提升。

3.4.5 运维保障绩效考评体系方面存在的问题

普遍存在考核指标单一，或指标设计不科学，缺乏可操作性的现象，未能有效发挥绩效考核的导向作用，无法倒逼运维保障管理水平的提升。

4 运维保障体系的研究成果

4.1 从“被动型”故障型维修为主向“主动型”预防性维护为主转型，全面提升维修维护工作质效

传统维修工作主要是针对故障发生后问题的解决，而预防性维护将关口前移，通过对设备日常的维护保养，对关键设备或故障率高的设备进行事前保养、运行监测、易损件及时更换等手段，可有效降低设备设施故障率，压缩维修周期，降低突发性维修成本。维修维护的计划性增强，质效得到有效提升。

4.1.1 建立关键设备清单，确保重点设备、重点环节维护到位

结合历史维修数据，通过巡检、信息化等手段开展关键设备评估，形成关键设备清单，并以此为基础制订预防性维护计划，对使用频率高的设备提前预判，将设备故障后维修改为预防性维护，提升设备的可靠性及完好性。实现“坐诊式”维修向主动“出诊式”维护方向转变，从而降低突发性维修成本，保证关键设备的性能和功能符合正常生产的要求。关键设备评估标准如表 12－1 所示。

表 12－1　关键设备评估标准列表

序号	评估内容	评估结果
1	系统直接接触产品	直接影响
2	设施或其直接输出与产品或内包装接触	
3	是否用于清洁和消毒	
4	是否为 GMP 保障的基础设备	
5	是否用于产品生产过程的监视与控制	
6	是否用于产品质量的检测、追踪和工艺数据的存档	
7	是否为产品生产直接相关的设备提供辅助支持	间接影响
8	是否用于科研研发的设备	
9	是否纳入特种设备管理的设备	

关键设备评估标准包括：

（1）评估结果为有直接影响的设备必须列入关键设备预防性维护计划。

（2）评估结果为间接影响的设备，由运行保障部协同使用部门根据使用范围、相关法规要求等原则确定是否纳入预防性维护计划。

（3）评估为无影响的设备，由使用部门按照设备技术手册的要求进行正常的日常维护，不再纳入预防性维护计划。

4.1.2 通过信息化手段应用，提升预防性维护工作效能

通过信息化技术应用，主要使用 MRO 运维管理模块，在运维管理模块中上线预防性维护功能包括：预防性维护模板、预防性维护计划等，通过科学有效的评估，建立涵盖 LZ 公司生产关键设备设施和关键系统的预防性维护计划，不断提高预防性维护工单的比例，由此降低应急维修工单的比例，让事中维修变为事前维护，由被动维修变为主动维护。

COMOS 系统上线前，由各维修班组对本班组负责维修的设备进行评估，由班组制订计划对需预防性维护设备进行定期维护，维护完成手工填写维护记录。COMOS 系统上线前预防性维护工作流程如图 12 – 1 所示。

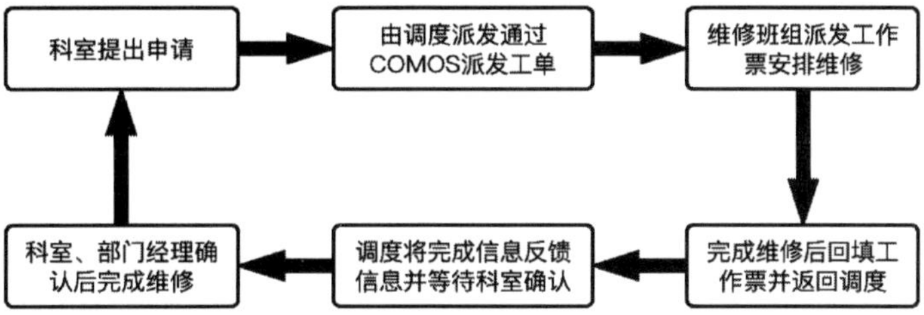

图 12 – 1 COMOS 系统上线前预防性维护工作流程

COMOS 系统上线后，通过生产、运维评估，QA 审核，在系统中导入需要完成的预防性维护设备评估表后，系统会自动生成年度计划、月度计划，月度计划每月自动派发预防性工单，所有流程全数字化监控，工单电子化方便查询，也能对下一年预防性维护优化提出科学的依据。预防性维护工作的全面落实和实际运行，有效地降低了设备突发故障的风险。COMOS 系统上线后预防性维护工作流程如图 12 – 2 所示。

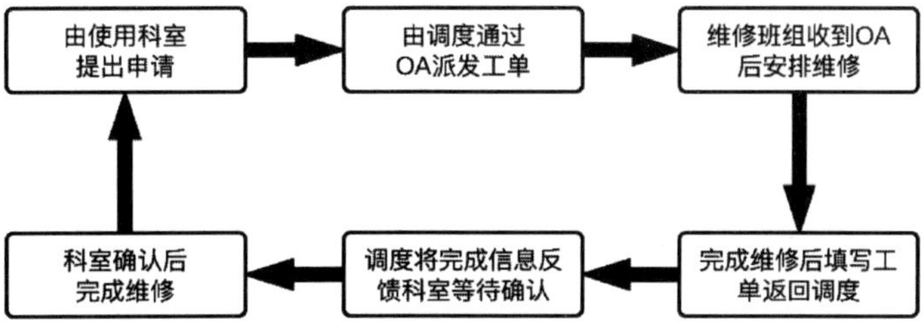

图 12 – 2 COMOS 系统上线后预防性维护工作流程

4.1.3 优化设备维修模式和维修策略

采用科学的方法（如运用 MFMEA 工具进行潜在失效模式及后果分析，对设备运维方式进行辨识和确认；采用 PDCA 方法，持续优化设备维修模式）研究和探索设备维修规律，根据不同设备的 GMP 要求，不同的工作环境、设备类型、设备的寿命周期、故障特征和原因、维修投入产生的经济效益、费用等因素，对预知状态维修、预防维修、改善维修、事后维修等设备维修方式进行选择，优化现有的设备维修模式和策略，降低设备故障率；还可通过建立运维战略合作伙伴、备件长期供应商、外委服务优质施工方清单的方式，进一步改进运维管理模式、优化备件采购效率、提升外委服务施工质量。推进以预防性维护为核心的全员生产维修（TPM）管理体系建设，落实设备运维责任，确保设备保持良好状态，延长设备使用寿命。加强老旧设备管理，根据不同业务类型，对设备年限及使用情况进行分类分布细化管理，同时推进老旧设备升级改造，结合设备残值及维修费用等方面进行综合评估，对无效低效设施设备及时清理处置，提高资产运行质量。

4.2 提高运维保障管理信息化水平，优化运维保障管理流程，全面提升管理效能

随着国家对药品生产监管的日益严格，对医药生产企业软硬件都提出了更高的要求，广大医药生产企业近年来都加大了设施、设备的投入力度，普遍具有设备设施种类繁多、技术难度大、复杂度高的特点，原有传统模式下的运维管理方式容易导致运维人员管理分散，反应速度慢，设备维修和故障排除时间长，无法集中高效执行维护和维修工作，整体管理效率较低。借助运维保障管理信息化系统的实施，通过探索构建适应企业运维管理特点和发展需求的“数据中台”“业务中台”，实现运维管理信息系统与 ERP 信息系统共享共治、互联互通，解决信息孤岛问题，进一步提升智能化管理水平，优化管理决策。强化运维管理数据治理，建立健全运维数据产生、采集、清洗、整合、分析和应用的全生命周期治理体系，完善数据标准、规则、组织、技术、模型，加强数据源端治理，提升数据质量，维护数据资产，推进数据资源的整合、服务、共享，激活数据价值。实现维修业务的规范化、流程化管理，从工单派发、提醒、执行、回填到评价体系，同时在该平台上将知识、技术和经验进行沉淀，为企业创建了知识库，确保公司日常应急维修工作紧密、有序、高效完成。

LZ 公司上线 COMOS 系统以来，历经长时间的使用和持续的改进，系统运行稳定，运维数据不断增加和完善，基于数字化的工厂管理体系建设已基本实现。COMOS 系统包括以下模块。

（1）调度员管理模块：全流程的应急维修模块，维修流程更清晰，全流程电子化管理，维修工单与设备相关联，能更好的查询工单，更有利于对设备进行科学的评估。

（2）预防性维护管理模块：系统可以自动生成预防性维护年度计划，每月自动派发相对应预防性维护工单，所有流程全数字化监控，工单电子化方便查询，也能对下一年预防性维护优化提出科学的依据。

（3）备件管理模块：系统有备件请购、备件领料功能，当请购及领料时可显示该备件当前库存数量，同时领料与工单相关联，可在工单中查询备件的使用情况；安全库存警戒提醒，当备件库存低于安全库存时，报警界面出现该备件，提醒库管员提交采购，历史采购记录归入电子档案方便查询。

（4）设备台账管理模块：设备信息可在系统中查询，包括设备基础性信息、是否进行预防性维护、设备的应急维修历史、设备所有资料文件等，更有利于进行数据分析，也极大地方便了维修人员。

（5）报表统计分析模块：可以对工单信息进行统计分析，按维修班组，时间，科室等进行数据分析，一方面更清晰地了解各维修班组任务量，另一方面对于维修频次高的设备，也可以重点关注。

（6）数字化工厂模块：该模块包括 P&ID 模块和 Walkinside 三维模块，P&ID 工艺设备流程图可以方便维修人员查看图纸，也利于新入职员工对于车间进行系统性的了解；WalkinSide 三维模块，更有助于新员工的安全培训，也能在不进入车间的情况下提前对车间、设备有一定的了解等。

4.3 推进备品备件采购及库存精细化管理，合理控制资金占用成本

4.3.1 制定科学、合理的备品备件安全、经济库存量指标

依托信息化手段，通过多维度业务数据采集分析，综合考虑年度使用需求、市场供给因素为备品备件的储备提供科学依据。

经济库存量是实际的最小规模的库存量，这个库存量既能充分满足生产要求，又能保证配件采购期间的使用；安全库存是一个备配件库存的目标值，是通过评估配件的提报时间、采购时间、维修周期和配件使用量、意外情况等因素而制定的最小期望库存值，而不是指实际库存量，最理想的状态是经济库存等于安全库存，通过定期比较实际库存和安全库存，确定是否需要及时采购配件。安全库存不是一成不变的，每年需要根据设备生命特征由各个维修班组进行调整。通过数据建模确定合理的安全库存与经济库存指标，安全库存量是为了防止不确定性因素，如交货突然延期、临时用量增加、交货误期、突发性设备故障等，保证一定的备货量以满足日常维修备件需求；经济库存量是在保证满足安全库存

基础上，合理确定安全库存量的最小值，避免出现库存冗余。经济库存量指标的确定须根据企业实际和行业特点进行确定，如LZ公司配件的采购有以下几个环节：配件提报给储运部（平均时间3天左右）、储运部将配件提报给采购部（平均时间X天）、采购时间（国产配件平均Y天，进口配件平均Z天）。公司设备设施厂家型号较多，使用年限跨度也很大，设备设施无故障运行时间和很多因素有关，如周围工况、设备质量、施工质量、配件质量、人员操作、突发情况等，除了计划性维修外，维修周期和配件使用量相关的各个因素很难量化，往往根据各个维修班组通过多年的维修经验、数据统计，对某种或某类设备设施的维修周期和配件使用量进行估计，确定安全库存。

安全库存计算方法为：

安全库存=单个维修周期配件使用量×(提报周期+采购周期)/维修周期 ×系数(>1)

需要注意的是：系数是大于1的数，主要考虑突发情况，如配件的良品率或配件安装失误损坏等因素。

4.3.2 强化备品备件仓储管理

定期对备品备件库存情况进行全面清理，重点做好长库龄物料清查，及时查明滞压原因，盘活使用，避免无效滞压。科学制定年度备品备件采购预算，并适时动态调整，避免超量采购，同时探索建立固定供应商代储机制，提高备品备件周转效率，既满足维护维修所需，又不出现无效滞压，减少仓储资金占用。

COMOS备件管理围绕检维修过程发生的备件管理要求，建立了与检维修、预防性维护紧密关联的备件管理模块，覆盖了备件查询、备件需求提报、备件需求汇总、备件采购审批、备件库存信息、低值易耗品领料，普通备件领料审批等功能，全面实现了运保部备件管理线上化、数字化，使备件需求、采购、领料等业务管理更加规范和高效。

COMOS备件模块于2017年3月上线，截至2022年11月，已创建备件请购9769单、备件采购3302单、备件领料1965单。全部门在日常检维修过程中，都通过COMOS运维及备件管理模块进行备件库存查询、备件需求提报、备件领料申请。并且备件的需求、采购、库存、领料的数量、状态都与检维修工单建立紧密的关联关系，维修人员可以直接从检维修工单上查看关联的备件信息，避免了维修过程中还需要查询备件信息的烦琐工作。同时，备件的消耗与设备也建立了关联关系，可以方便地查询备件的更换历史，为优化预防维护提供了数据支撑。另外，维护工单与备件需求及采购过程紧密关联，从根本上解决了为什么买备件和备件到哪里去了的问题，避免了传统的依赖于人的、粗放的备件需求采购管理，实现了以检维修需求数据、备件库存数据为基础的备件管控，有效地降低了备件管理成本。总之，通过COMOS备件管理模块，实现了备件的信息化管理，不仅提升了检维修过程查询、请购、领料等备件管理的效率，也高效地保障了生产设备的正常运转，以及生产的高效运行。

4.4 实施能源精益管理，提升能源使用效益

深入挖掘能源管理系统的节能潜力、完善能源计量体系，从技术和管理双维度采取能源管理措施。从技术方面，通过各车间空调系统节能合理设置、重点用能车间能耗分析、新式磁悬浮制冷机组改造、制冷机组冷凝器清洗经济效益、污水处理站运行管理提升项目、安置计量装置、远程计量等先进技术的有效应用，提升能源计量数据采集与统计的精准性；从管理方面，通过运用专业计量分析软件、例行节能监测、能效对标、内部审核、组织能耗计量与测试、组织能量平衡统计、管理评审、自我评价、节能技改、节能考核等措施，不断提高能源管理体系持续改进的有效性。对能源数据统计、挖掘、分析、应用进行全方位拓展，实现能源计量工作逐步由器具管理向数据管理延伸。对企业主要用能车间的能源供给、能源转换以及能源消耗的全过程实施动态管理，及时发现能源浪费以及能源利用效率偏低的问题，不仅为公司降本增效、增收节支提供重要的理论依据，还为公司节能减排、成本分摊和能源核算提供数据支持，实现主动型、精细化的能源管理，减少碳排放，打造绿色工厂。

LZ 公司通过推进制冷机组冷凝器清洗、空调热量回收、新式磁悬浮制冷机组改造、PH 导流槽节能改造等能源管理提质增效项目，实现 2022 年节水 19 万吨，节约金额 78 万元；节气 62 万立方米，节约 153 万元；节电 246 万度，节约 128 万元；其他经济效益（维保服务费、节盐费、污水处理费等）90 万元，共节约资金 449 万元，完成年度经济效益目标的 93.2%。具体措施如下。

高耗能机电设备淘汰。2022 年全年共更换老旧水泵 19 台，有效推进了各车间节能减排技改工作的实施落地。

各车间水系统节能管理。对各车间水系统现状进行全面诊断及预防性维护工作，逐步完善各车间水系统计算机系统，使其做到可监可控，数据自动记录与处理；优化各车间水系统的制备工艺和程序，提高产水效率以及输配系统的稳定性；优化过程监测仪器的取样及排放方式；将各车间水系统制备阶段的冲洗、排放以及输配系统中 TOC 等过程检测装置的排放量优化调整，减少设备排放。2022 年累计完成经济效益 1.21 万元。

制冷机组冷凝器清洗经济效益。对 LZ 公司冷水机组及冷库机组冷凝器进行清洗，运行电流有明显降低、制冷效率显著提高，产生节电运行效益 64.6 万元。

新式磁悬浮制冷机组改造。L501 生产大楼、包装大楼中，磁悬浮冷机已分别累计运行 12145 小时、10841 小时，经测算 2022 年全年可节电 19 万元，节省系统维保费用约 8 万元，总计 27 万元。

4.5 健全完善运维保障管理考核评价机制，实现以考核促提升

针对考核指标单一、考核体系不健全，可结合医药生产企业特点，利用平衡计分卡工具，从财务、客户、内部流程、学习与成长四个维度，优化设计考评指标，实现主要业务类型全覆盖，实施分类、分级考核，有效发挥绩效考核的导向作用，促进运维管理工作不断优化提升。基于平衡计分卡的运维保障管理绩效评价指标体系如表12－2所示。

表12－2　基于平衡计分卡的运维保障管理绩效评价指标体系

<table>
<tr><th>期望与愿望</th><th>一级指标</th><th>评价内容</th><th>二级指标</th></tr>
<tr><td rowspan="16">多个角度科学、精准地研究运维保障评价体系，优化流程，完善考核评价机制，实现运维管理多维度的全面优化提升</td><td rowspan="4">财务</td><td>备品备件消耗</td><td>备品备件消耗率</td></tr>
<tr><td rowspan="3">运维成本占用</td><td>能源成本占运维总成本比率</td></tr>
<tr><td>维修成本占运维总成本比率</td></tr>
<tr><td>万元资产的运维成本</td></tr>
<tr><td rowspan="4">用户</td><td rowspan="3">保障性与安全性</td><td>维修满意度</td></tr>
<tr><td>维修保持率</td></tr>
<tr><td>维修人员响应速度</td></tr>
<tr><td>维修性</td><td>修复率</td></tr>
<tr><td rowspan="4">内部流程</td><td>保持性</td><td>固定资产维护周期</td></tr>
<tr><td>占有率</td><td>长库龄配件占有率</td></tr>
<tr><td rowspan="2">完成性</td><td>维修完成率</td></tr>
<tr><td>日均维修工单量</td></tr>
<tr><td rowspan="4">学习与成长</td><td rowspan="3">人员</td><td>员工培训覆盖率</td></tr>
<tr><td>员工培训有效率</td></tr>
<tr><td>专业技术人员比率</td></tr>
<tr><td>信息化系统</td><td>信息系统投入比率</td></tr>
</table>

4.5.1 财务维度

财务维度指标，主要选取能源成本占运维总成本比率、维修成本占运维总成本比率、备品备件消耗率、万元资产的运维成本指标，对运维支出结构的合理性、成本控制的有效性进行评价。

（1）能源成本占运维总成本比率。该指标是水、电、气等能源总成本占运维总成本的比值。

$$\text{能源成本占运维总成本比率} = \frac{\text{能源成本}}{\text{维修成本} + \text{维护成本}} \times 100\%$$

其中：运维总成本＝维修成本＋维护成本；维修成本＝自行维修费用＋外委维修费

用；维护成本＝运行保障部运行总费用（包括材料、能源、人工、其他制造费用等）。

（2）维修成本占运维总成本比率。该指标反映维修成本占运维总成本的比值。

$$维修成本占运维总成本比率=\frac{维修成本}{维修成本+维护成本}\times 100\%$$

（3）备品备件消耗率。该指标反映每年耗用备品备件的比率，对年度备品备件采购计划的合理性进行评价，同时为合理确定下一年度备品备件采购计划提供指标参考。

$$备品备件消耗率=\frac{备品备件消耗金额}{维修周期内总费用}\times 100\%$$

（4）万元资产的运维成本。该指标反映每万元维护总成本占固定资产的比值，用于评价运维成本控制情况。

$$万元资产的运维成本=\frac{维修成本+维护成本}{本期期末固定资产原值}\times 100\%$$

4.5.2 用户维度

用户维度指标，是运维管理服务对象反馈评价指标，主要选取修复率、维修满意度、维修人员响应速度、维修保持率指标，拟结合定量指标与定性指标来衡量。

（1）修复率。该指标反映在规定条件下和规定时间内，故障修复完成时间与固定周期内的维修总时间的比值。

$$修复率=\frac{故障修复完成时间}{固定周期内的维修总时间}\times 100\%$$

（2）维修满意度、维修人员响应速度、维修保持率。维修满意度、维修人员响应速度、维修保持率选用的是定性指标，分别用："满意、较为满意、一般、不满意""迅速、较为迅速、正常、慢""三个月内、半年内、一年内、一年以上"四个集合进行定性评价，为便于评价对象打分，将上述指标的定性评价内容划分为一定的分值区间，分别为85—100分、75—85分、65—75分、0—65分。

4.5.3 内部流程维度

内部流程维度指标，共选取长库龄备配件占有率、固定资产维护周期、日均完成工单量、维修完成率四项指标，通过对主要业务流程环节评价，持续优化运维管理业务流程，提升服务水平和质量，降低运维成本。

（1）长库龄备配件占有率。该指标主要对备品备件库存情况进行评价，反映超过一年的备配件库存金额占现存备配件金额的比值，用于评价备品备件是否存在冗余占用或积压情况。

$$长库龄备配件占有率=\frac{库龄一年以上备配件库存金额}{现有备配件库存金额}\times 100\%$$

（2）固定资产维护周期。该指标主要对设备正常运行情况进行评价，反映是否通过有效的预防性维护工作减少设备故障，保证设备良好运转。

$$固定资产维护周期 = \frac{365}{固定资产维护次数}$$

（3）日均维修工单量。该指标主要评价日均维修工作量。

$$日均维修工单量 = \frac{365\ 天内维修工单总量}{365}$$

（4）维修完成率。该项指标主要评价维修完成度。

$$维修完成率 = \frac{固定周期内已完成的维修工单量}{维修工单总量} \times 100\%$$

4.5.4 学习与成长维度

学习与成长维度指标，主要用于评价运维管理人员专业化水平、后续教育以及运维管理信息化水平提升情况，主要选取员工培训覆盖率、员工培训有效率、专业技术人员比率、信息系统投入比率指标综合评价。

（1）员工培训覆盖率。该指标反映参加培训的维修人员人数占维修人员总数的比重，评价运维人员后续教育及能力提升情况。

$$员工培训覆盖率 = \frac{参加培训维修人员人数}{维修人员总数} \times 100\%$$

（2）员工培训有效率。该指标根据参与培训员工考核合格情况，对培训的有效性进行评价。

$$员工培训有效率 = \frac{员工培训考试合格人数}{参加培训的总人数} \times 100\%$$

（3）专业技术人员比率。该指标主要对运维人员资质及专业化水平进行评价。

$$专业技术人员比率 = \frac{具有专业学历和相关技能认证资格的维修人员}{维修人员总数} \times 100\%$$

（4）信息系统投入比率。该指标反映企业对运维相关信息化系统的资金投入情况，评价运维管理信息化建设情况。

$$信息系统投入比率 = \frac{运维相关信息化系统资金投入总额}{设施设备投入总额} \times 100\%$$

通过以上指标实施对标考核，对运行保障管理部门的工作效率、工作质量，以及所服务部门的满意程度等实现全方位考核。深化“责任到底”、强化“一岗双责”、细化“任务清单”，强化运维人员任务观念，通过细化的岗位职责、把岗位工作分解成若干操作环节，以关键节点作为重点来考核，在不断的改善绩效考核目标的过程中逐步实现企业的流程优化和关键节点把控，不断促进运维保障管理质效的同步提升。

主要参考文献

[1] 陈施行，杨珊华．国药集团提质增效工作的探索与实践［J］．财务与会计，2022（17）：4.

[2] 翟德怀，杜鲲，任键．基于“平衡计分卡”的运维量化管理探索［J］．移动通信，2015，39（Z1）：104－106.

[3] 龚国丽，干峰，王钦．医院医疗设备运维管理系统的应用实践［J］．现代医院，2022，22（4）：586－589.

[4] 郭永清．中国企业业财融合问题研究［J］．会计之友，2017（15）：9.

[5] 华润电力控股有限公司．打造设备卓越运维体系全面提升设备安全可靠性水平［J］．电力设备管理，2018（4）：5.

[6] 李宏鹏．医疗设备使用和预防性维护管理的探讨［J］．中国医学装备，2012，9（3）：3.

[7] 刘效禹，王洋．浅谈数字化工厂与数字化交付［J］．化工管理，2019（24）：1.

[8] 刘雪松．积极推进业财融合助力公司价值创造［J］．中国总会计师，2014（1）：4.

[9] 吕馨，李振光，邓健．基于COMOS平台的数字化工程设计［J］．石油化工自动化．2020，56（3）：64－67.

[10] 毛成银．经济新常态下企业提质增效研究［J］．财会通讯，2017（1）：5.

[11] 沈群．信息技术视域下信息运维管理创新工作创新路径［J］．数字技术与应用．2022，40（9）：69－71.

[12] 孙俊莲．COMOS软件在工程设计中的应用［J］．自动化应用，2015（9）：39－41.

[13] 王佳佳．我国特高压输电线路运维管理体系的现状与提升策略分析［D］．北京邮电大学，2017.

[14] 伍曼，孔蕊．探索智能化运维新路径 提升精细化运维管理水平［J］．中国金融电脑，2018（9）：5.

[15] 杨红艳，郭凌．三集五大环境下探析变电站运维管理体系构建［J］．科技展望，2015（10）：287－287.

[16] 张程，谢文秀．基于平衡计分卡的武器装备维修绩效评价指标体系构建［J］．国防科技，2018，39（1）：27－33.

[17] 张恩佳．企业标准化管理促进提质增效的路径研究［J］．军民两用技术与产品，2018（4）：1.

[18] 张鹏，朱洪辛．基于COMOS软件的医药企业数字化工厂设计与实现［J］．化工

与医药工程，2020，41（4）：23－32.

［19］赵慧斌．基于平衡计分卡的A供电公司绩效评价体系的构建与应用研究［D］．山东财经大学，2020.

［20］周慧敏，程小宁，郑晗，黎精明．通过多维精益管理促进企业业财融合的构想［J］．商业会计，2021（2）：32－34，86.

［21］朱琳红，程小宁，郑晗，黎精明．供电企业多维精益管理绩效评价模式研究［J］．会计之友，2021（18）：64－70.

（2022年课题）

财务机器人在应收账款管控中的应用

周　晶①

1　绪论

1.1　财务机器人 RPA 技术发展历程

财务机器人，就是我们所说的 RPA 流程自动化机器人，是通过使用软件自动化来实现原本由财务人员操作的各类财务程序和流程。财务机器人擅长处理重复性高、固定逻辑规则的工作，可以多系统、多平台、跨系统、跨平台地实现无侵入式的操作，还可以做到 7×24 小时运行提高效率，而且还可以通过复核程序做到零差错率。2015 年四大会计师事务所率先在中国应用财务 RPA 机器人提高工作效率。随着财务信息化、财务数字化、RPA 技术更新的发展，越来越多的企业引入 RPA，多场景多领域的应用，成为财务部的得力助手。

1.2　财务应收管控工作中的痛点及瓶颈

笔者所在企业属于医药流通企业，应收岗位的工作内容主要是对客户应收账款进行管理，包括客户资信审核、票据流管控、逾期账款跟踪、应收款清理等。其中，有一半时间

① 课题负责人：周晶，国药控股国润医疗供应链服务（上海）有限公司，副总经理，高级会计师。

主要执笔人：张新苹，上海申康医院发展中心委派上海中医药大学附属曙光医院总会计师，正高级会计师；王凌燕，国药控股国润医疗供应链服务（上海）有限公司，运营管理部部长，高级会计师。

课题组成员：张新苹、王巍、王凌燕、陶园、顾罂。

应收财务人员每天都需要处理大量重复单一的操作，如放单、回款核销。每天还要实时盯着网银，有回款后提示销售、预收款释放资信等。随着业务量的激增，一个人的工作时间有限，无法无限制地增加工作量。同时，人工操作容易出现疲劳的问题，整体工作效率提升有限。

1.3 财务机器人在医药企业应收管控中的应用情况及课题研究意义

RPA机器人技术目前在医药企业应收管控中的应用多以资信管理、回款回单整理、凭证录入等操作为主，鲜有将RPA技术应用在整个应收管控的操作中，形成闭环管理。

根据公开信息显示，上药控股财务部颁布了《机器人流程自动化（RPA）管理办法》，同时，通过向上药全国信息技术中心负责人调研后了解到上药控股从2019年开始启动RPA财务机器人工作，从财务部的业务场景开始逐步延展到业务条线，涵盖药品、器械、大健康板块。同时，全国信息技术中心设立专门的项目组，第一期由财务及信息人员合作成立项目组。后期基本转由信息部负责牵头，再推广至销售及采购业务条线使用。RPA在财务应收条线的应用主要在自动开票和回款回单下载通知两个场景上，可提高工作效率2—7倍。首先，应收条线的RPA应用较少，主要是因为应收端的业务场景多样。例如，合同评审中的价格、账期、资信等信息由于每年调价多，合同模板非标等原因，还是通过传统审批及人工录入价格调整信息，系统设置参数提示控制的方式操作。其次，回款核销通过表格导入系统后自动核销，暂不需要RPA支持。最后，逾期应收及票据流异常的提示考虑到医院端客户的体验及需求场景的多样性，没有采用RPA支持。基于上述调研情况，上药控股启动RPA项目的时间与国药差不多，在应用和实施上做了集团性的共享及推广，但主要集中于应付及费用条线的开展，应收端的应用有限。

国药控股自2019年开始尝试探索财务机器人的应用，国润也是第一批试点企业。通过两年多的探索及实践将财务机器人应用于应收管理，从事前、事中、事后的管控到分析预警的应收管控全流程部署了财务机器人，具有一定的领先性及全面性。

1.4 研究思路及方法

本课题将从应收账款形成的起点到最终的回款核销，从整个环节中应收账款管控的重点、难点出发，找寻可以使用财务机器人的应用场景，解决人工操作的疲劳问题以及毫不厌倦地重复完成单一操作。释放一部分人工时间，让员工有更多的时间了解业务，提高工作效率，加强应收管控水平，最终实现闭环管控。

2 财务机器人在应收账款管控研究的内容、成果及创新点

2.1 需求调研的准备工作

首先，调研需要使用 RPA 操作的业务流程。从具体的流程描述操作步骤、人工耗时、操作频率、时间要求、涉及的系统、数据源、人工天数及预判难易程度等方面。

2.2 流程梳理及再造

并不是马上开展 RPA 的开发，而是对需求流程进一步梳理，对人工的操作流程、逻辑及机器人开发逻辑进行梳理，部分需求在流程梳理的过程中会找到新的逻辑或进行再造。这个过程是 RPA 流程开发的重要环节之一，这个过程的质量高低直接决定后期开发后程序的运行效率。梳理流程并进一步确认 RPA 设计，找到最终适合开发的场景并评估具体 RPA 开发的天数。

2.3 项目团队组建

在找到合适 RPA 使用的场景后，公司财务部各岗位业务骨干作为参与项目的关键用户，与信息部、运营部以及外部信息专家组成项目团队一起参与，跨部门、跨组织搭建矩阵式的团队开展工作。

2.4 财务机器人在应收账款管控中的应用内容及成果——事前管理

2.4.1 合同评审、客户资信评估及系统录入

合同评审和客户资信管理是企业应收账款管理的重要起点，如何确保公司的资信政策在实际工作中能够有效的落实，涉及从合同评审中快速提取客户名称、账期及结算方式等相关内容，快速获取客户的财务及运行等情况以支持评估，快速准确地将评定结果录入至业务系统中，以及业务系统及时反馈客户回款及已授资信的准确比对结果。

传统模式下，销售合同的审批均通过 OA 流程流转至各部门相关人员。财务审批人员

针对销售合同的主要关注点为客户性质、客户账期、结算方式等，通过这些关键要素来审核客户的合同内容是否合理。待合同审批通过后，资信管理员通过评定后的合同账期来维护或更新客户资信。

实施 RPA 后，RPA 登入企查查等企业信息查询网站，将客户信用报告导出，读取客户基本信息中的需要字段，通过光学字符识别（OCR）技术读取企业财报中的财务数据，将相关数据录入企业基础信息表，企业资信管理员根据企业基础信息表及客户资信评分标准出具客户资信期、资信额度，由 RPA 将资信信息录入企业业务系统中以完成客户资信首营维护。在客户资信首营维护中，由 RPA 完成前期客户信息提取、登记及后期的资信信息录入，资信管理员仅需参考相关客户信息作出客户的资信评估，便于资信管理员评定客户资信。同时，RPA 替代人工完成客户基本资料导出、录入等基础工作。

2.4.2 收款后自动放单

传统模式下，财务人员需实时登录网银人工查询到款记录，将客户到款信息及时录入业务系统，释放客户资信额度以尽快完成下单发货。

实施 RPA 后，由 RPA 根据定时查询规则，在网银中查询客户到款信息，导出表格后，提取客户名称、回款金额，录入企业业务系统，释放客户资信额度，业务系统将自动匹配资信额度及本次下单金额，在不超过资信额度情况下完成自动放单，保证货物及时发货。由 RPA 完全替代人工完成现款客户资信额度的自动释放。

2.5 财务机器人在应收账款管控中的应用内容及成果——事中管理

2.5.1 发票开具后的通知取票

传统流程中，应收会计完成开票后需及时通知销售人员取票并要求销售人员及时完成发票签收回执单的签收工作。RPA 上线后，由机器人自动导出企业业务系统当天的开票信息，通过预设的规则在后台整理及清洗数据后，仅需留客户名称、发票信息、销售人员及销售部门。以销售部门为单张表格整理汇总后通过企业钉钉发送到不同部门的群。由 RPA 替代人工完成当日开票表格整理及取票通知。

2.5.2 发票签收回执单管理

传统流程中，应收会计人员需纯手工将发票签收回执单的签收信息包括签收人、签收日期等录入企业业务系统中，录入人员稍有差错，就会造成票据签收情况失真。录入后需定期将发票签收回执情况导出后进行整理，将未完成发票签收客户及时通知销售人员。

实施 RPA 后，RPA 替代大部分人工工作，应收会计人员将所有发票签收回执单扫描成PDF文档，通过OCR识别技术读取发票签收回执单的相关字段信息包括签收人、签收日期并生成表格，RPA通过表格将字段信息录入企业业务系统中。完成发票签收回执录入后，RPA可导出发票签收回执信息表，通过后台整理及清洗，将未完成发票签收的客户清单整理成标准模板后，根据不同部门发送到对应钉钉销售群，从而通知相应销售人员尽快完成发票签收工作，保证发票能及时地在客户方完成票据流转工作，不同场景项下的票据签收回执单均可纳入管理。

2.5.3 票据流管理

票据流管理也是企业应收账款管理中尤为重要的一个环节，有效的票据流管理有利于及时发现客户端货票签收及票据入账的问题，避免到期末收到回款或对账时才发现问题。通过RPA技术的引入优化票据流管理流程，RPA替代人工通知销售取票，RPA完成发票签收回执单的信息提取及系统录入。通过电脑端和移动端的结合，及时反馈票据在医院的流向情况。同时，配以照片等影像件，为后期OCR深度学习识别奠定基础。

2.5.4 应收款提示催收管理

传统模式下，为主动服务前台业务，对快到期应收账款定时提醒销售人员跟进催收，以免造成逾期。应收会计需每周从ERP导出应收数据，按账期计算出到期日，筛选出本月底前到期应收账款数据，发送至销售人员所在微信群，并公告通知销售人员查收文件。人工操作方式可能出现疏漏，销售人员未及时查看通知，贻误催款。实施RPA后，RPA每周1至2次自动从ERP提取实时应收数据，并按照客户、账期、销售人员对照表自动筛选出快到期明细，以销售人员维度拆分为各独立表格，自动打开钉钉，逐个查找销售人员，发送快到期明细数据。RPA确保了数据发送无遗漏，后期应收会计也可以查看销售人员是否已读，对长期未读者进行重点提醒。

另外，我们选取了标的医院尝试探索发票号码发票金额等信息推送至医院老师企业微信，针对医院涉及的报销老师多、发票分布散的特点，使用自动微信提示，客户体验及接受度较好，客户及时报销率提高，加速了企业资金回笼。

2.5.5 回款后自动通知

传统模式下，销售人员常常反复与应收会计确认客户是否回款。应收会计每日重复多次查询银行回款情况，并在多个销售群通知。业务量大时，也会出现通知不及时，造成信息不对称。实施RPA后，财务机器人每日高频次地从系统中导出各银行交易明细，并将数据进行优化处理，如删除不必要字段，并根据对照表删除非客户回款类交易明细等。最后，根据设定将各银行回款明细分别发送至各销售群，保证销售部门及时获取最新回款情况。

2.5.6 应收账款核销

传统模式下，应收会计在收到销售人员提供的核销发票明细后，在 ERP 系统中勾选同一客户本次回款对应所有发票一次性核销。由于发票量大，又存在跳票不连续的情况，可能导致因疲劳导致勾选错误的状况；同时，因为一次性核销量大，时常会发生系统无响应，又必须退出重新勾选的情况。

实施 RPA 后，应收会计将销售人员提供的核销发票明细表格整理粘贴到统一模板中，RPA 读取整理好的模板数据，在 ERP 系统中勾选发票逐一核销。考虑到核销量大，销售人员提供数据有可能不存在的情况，特别在流程中编辑每条发票数据核销完成回写标记“DONE”字样确认已完成，如果未找到则标记无数据。应收会计后续可以清晰地看到 RPA 回写的反馈结果，快速找到异常。该流程通常设于夜间运行，应收会计下班前将文件放于指定位置，第二天上班即可查看运行结果，提高财务机器人在夜间的使用率，同时夜间操作 ERP 系统的人员少，财务机器人可以高效率占用资源，整体工作效率提升显著。

2.5.7 无资金占用配送业务的收款后付款管理

传统模式下，无资金占用配送业务，通常在收到客户回款后安排付款给供应商，解决公司配送型业务资金占用的问题。销售得知客户回款后，联系财务确认是否收到款项，确认收到款项后针对收款后付款的订单，联系采购部可发起付款申请，经逐级审批后财务部安排付款。效率低，可能会引发销采价格泄露风险。

实施 RPA 后，通过 RPA 非侵入性的查询，从单张采购发票开始查找对应的销售发票是否足额回款，确认回款后自动发起采购付款单的制作。避免了以往人工查询需要财务、采购、销售三个部门的人员联动查询效率低的问题，同时也满足了销采价格保密性的要求，机器人可以避免产生价格泄露的风险。

2.6 财务机器人在应收账款管控中的应用内容及成果——事后管理

2.6.1 对账函制作

应收客户的季度及年度等对账工作。应收会计根据账面余额，逐一制作应收账款对账函，工作量大，工作效率低。实施 RPA 后，将 ERP 系统中应收账款明细自动导出，按照客户名称批量生成对账函，避免人为录入风险，提高对账函制作的效率以及准确性。

2.6.2 医院端对账

基于 RPA 在企业财务部应收中多场景，与试点 A 医院财务科开展 RPA 对账项目。通过 RPA 技术跨系统查询提取双方订单、货物流、发票流、付款流数据，自动联结比对，生成对账结果差异表。对账结果差异表包含医院端关注的已下单未到货、已到货未补单、已到货未开票。供应商更关注的已开票财务科未入账、已入账财务科未回款、已回款等六种状态。最终，RPA 将交付数据通过邮件发送给医院端、企业端指定人员。

联动医院端自动对账流程，可实时触发，实现了双方信息的自动传递，及时掌握差异数据，有助于财务和业务及时对差异进行详细分析，对形成差异的原因尽快提出解决方案。RPA 模式下联动医院端自动对账，对供应商与医院双方都有着积极作用。通过 RPA 无侵入式查询提取比对的模式，跨系统打通数据壁垒，在试点医院建立与供应商跟踪“四流”对账的机制，并且有机会向更多医院推广。

2.6.3 账龄分析及预警

应用 RPA 对数据进行分析，包括账龄分析和客户资信风险预警等。优化前资信管理员定期导出 ERP 中的客户欠款明细并制作客户应收账龄表，对于超资信、逾期欠款逐一发送各销售人员并通知销售人员进行反馈及款项跟踪。流程优化后，由 RPA 导出 ERP 中的欠款明细结合客户资信账期，后台整理出各客户的超资信清单及应收账龄表，通过企业微信或者钉钉发送给各负责销售人员，提示销售人员关注所负责客户的超资信欠款情况，以便销售人员及时跟催。

2.7 实施效果及创新点

2.7.1 节约人力，提升工作准确率和规范性

RPA 替代应收会计人员完成客户资信信息提取及维护录入、现款客户资信额度释放、销售发票取票、发票签收回执单信息录入及催收、账期客户回款到款通知及回款核销等工作，综合人力成本下降 25%。

同时，RPA 按规定的规则执行，避免人为错误，准确率高，并且所有工作都有日志记录，可追溯检查复核。

2.7.2 提升应收账款管理的及时性和覆盖面

以预收款自动放单为例，从人工每天查询 5 次提升到定时任务，财务机器人每 30 分钟自动轮询查询，提高及时响应速度。经统计各场景下的操作改由 RPA 运行后提高了响应速度，不受到上下班时间的束缚。按照系统排班时间 24 小时执行既定的任务，平均提高 50% 的及时响应及处理速度。

同时，票据流签收这样以往人工操作无法全面覆盖的业务场景现在也能实现全覆盖。

应收账款对账能从每年两次提高到季度两次或按需实施。

2.7.3 提升财务团队及培育复合化人才

企业应收财务人员将现有的工作制定好规则，将大量的、单一的、重复性高的工作由RPA替代完成，让应收财务人员从大量基础性工作中抽离，节省工作时间，这样应收财务岗人员可将更多时间花费在了解业务及客户应收管理上，以更好地管理应收款，提高工作效率，体现“业财融合”的管理理念。

同时，经过自学和项目历练，应收会计成长为创新项目主管，可独立负责RPA开发编辑，作为RPA管理员安排程序运行顺序及按需调整，参与推进其他创新项目。

3 研究结论与展望

财务智能化时代的来临使财务工作迎来了变革和机遇，RPA作为智能化工具之一，更是具有“跨系统、跨平台、非入侵、人机协同”等优势特点，适合小步快跑，快速迭代。《会计改革与发展“十四五”规划纲要》对全面提升管理会计信息化水平提出了明确要求。本文结合医药企业应收管理的重要性和痛点，推进了RPA在应收管理全流程中的优化应用，主要研究结论如下。

第一，应收管理的全流程优化，7×24小时工作。涵盖从事前的合同评审及资信管理评估、录入及执行，事中的开票及催款通知、单据签收统计及回款核销，到事后的函证制作发送、对账管理及数据分析预警等事项。

第二，通过上述应用综合人力成本下降25%，准确率提高，应收账款管理工作处理及时性提升50%，事项覆盖面拓宽30%到800%不等。释放的人力更多地参与到财务管理和创新项目等工作中，有利于加快业财融合和管理会计转型工作。

财务机器人在医药企业应收管控中的应用具有一定的通用性，但是实际工作中，可结合各项新技术的特点以及各家公司信息系统及业务背景等情况，综合评估制定公司的数智优化方案，例如，RPA、信息接口、BI分析等工具的结合应用，可兼顾个性化的需求。同时，针对RPA的日常管理，公司也需制定管理办法，以规范RPA的应用及日常管理，给RPA运行提供应有的保障措施。

（2022年课题）

基于“信用医疗”模式下新型门诊结算流程探讨与实践

韩金平[①]

1　绪论

1.1　选题背景及意义

1.1.1　选题背景

信用医疗，也称信用就医，是医疗机构为守信患者提供的一种“先诊疗、后付费”的新型诊疗服务模式。患者凭借个人信用获取信用额度，在一次就诊过程中只需要在来院时完成取号，离院时完成一次费用结算，诊间无须往返排队缴费。这一就诊模式缩短了患者的就医时间，提高了医疗机构的诊疗效率。

京外的医疗同行率先开展了信用医疗服务的探索，各省市纷纷出台文件，为工作的开展指明方向。浙江省在《关于持续深化医疗卫生服务领域“最多跑一次”改革的实施意见》中提出，要推进“医后付”“信用付”等新型医疗费用结算模式的落地工作；厦门市在《关于印发厦门市“互联网+健康医疗”建设实施方案的通知》中提出“统一信用就医平台，整合多种支付渠道”；上海市在《关于印发〈上海市医疗付费“一件事”业务流

① 课题负责人及主要执笔人：韩金平，北京大学第三医院财务处门诊结算科，科长，助理会计师。
主要执笔人：黄山，北京大学第三医院财务处，会计师。
课题组成员：佟飞、王旭、黄山。

程再造工作方案〉的通知》中，将医疗付费“一件事”作为年度“两张网”建设改革重点任务；大连市在《关于开展“信用就医购药、无感快捷支付”服务的通知》中提出“面向全市医保参保人员推出‘信用就医购药、无感快捷支付’专属服务”。2016 年 2 月，广州妇儿医疗中心推出了先诊疗后付费的服务，上海华山医院随后也开展了类似的探索。2018 年 6 月，浙江大学医学院附属第二医院长兴院区与当地农商行开展合作，为患者医保结算后自费 100 元内的部分提供信用支付选项。在政府有关部门的大力推动下，昆明、南京、大连、珠海、南昌、厦门等城市也陆续开展了信用医疗的试点工作。

2020 年 12 月，国家卫生健康委在《关于深入推进“互联网 + 医疗健康”“五个一”服务行动的通知》中提出，“优化线上线下支付流程，改善结算模式，解决支付堵点问题。在保障信息安全的前提下，加强与医保、商保、银联、第三方支付机构合作，为患者提供多种在线支付方式”。2021 年，国务院办公厅《关于印发深化医药卫生体制改革 2021 年重点工作任务的通知》要求，“改善群众服务体验。推动医疗机构优化线上线下支付流程，改善结算模式。推进先诊疗后结算或一站式缴费改革试点”。2022 年，中共中央办公厅、国务院办公厅《关于推进社会信用体系建设高质量发展　促进形成新发展格局的意见》提出在医疗领域实施“信用 +”工程，推行“先诊疗后付费”的信用医疗服务模式。

以方便患者就医为初衷，应国家文件要求，北京市也已开启信用医疗服务的探索工作。目前已有石景山、东城、西城、密云、丰台、通州、延庆、门头沟、怀柔、海淀 10 个区开始推行信用就医模式，覆盖包含三甲医院、民营医院、二级医院、社区医疗中心在内的多级医疗机构。2020 年 12 月，石景山区北京大学首钢医院率先启用信用医疗服务；石景山医院和广宁社区卫生服务中心分别在 2021 年 9 月、10 月开展相关业务；2022 年 4 月，东城区和平里医院、普仁医院和全区社区卫生服务机构全部上线信用医疗服务。北京市海淀区卫健委和医保局于 2022 年 3 月在全区基层医疗机构推广信用医疗结算服务，2023 年 1 月，中关村医院正式上线医疗服务平台；随后海淀区医保局在同年 2 月推动“海淀区智慧医保服务信用结算平台项目”的落地，在海淀医院、中西医结合医院、海淀妇幼保健院等 8 家区属三级、二级医疗机构和 29 家街镇社区卫生服务中心建设信用就医结算子系统。2023 年 6 月 25 日，北京市卫生健康委员会、北京市中医管理局正式印发《北京市改善就医感受提升患者体验主题活动实施方案（2023—2025 年）》，对再造门诊就医流程提出三点要求：一是压缩门诊取号、缴费、取药、打印报告等环节，缩短患者在门诊的等候时间；二是加强引导，明确当日检查检验结果回报患者的接诊流程；三是提供多种付费渠道，在确保资金安全的前提下，探索推行“先诊疗、后付费”“一次就诊、一次付费”“移动线上付费”服务。

1.1.2　选题意义

（1）社会意义。

信用医疗依托互联网技术和大数据云计算，将信息化技术与医疗服务相结合，重塑了诊疗业务环节和医疗费用支付流程，建立了更为便捷的就诊方式，提高了患者的体验，有效推动了“互联网+医疗健康”模式的发展，具有极强的创新性。不仅如此，信用医疗将医疗服务与居民信用联系起来，在便捷居民就医的同时，从内容和范围的角度充实当前我国的居民征信体系，完善失信制约机制，提升民众自觉诚信的意识。

（2）现实意义。

①缩短患者平均诊疗时间，提升医院整体效能。传统的就诊模式中，患者需要在诊室、缴费窗口、检查检验科室、药房等场所来回折返，多次排队缴费，诊疗过程整体呈现碎片化状态。在信用医疗模式中，患者进行“信用挂号”后，直接进入诊疗和后续的检查环节，全部结束后到缴费窗口统一进行费用医保分解即可离院，自费部分可居家线上支付。

新流程的优势在于：一是“减环节”。通过重塑医疗付费流程，整合业务环节，实现医疗付费零排队。二是“减时间”。通过线上支付，减少患者排队等候时间，诊疗过程简化，诊疗时间缩短，实现了诊疗效率、就医秩序、患者满意度的同步提升。

②技术创新实现了就医流程再造，增强了患者的就医获得感。信用医疗下的新型结算流程改善了门诊收费窗口排长队的现象，缓解了自助机排队等候的压力，解决了患者对于医院设备操作流程不熟悉、需要工作人员指导等问题，增强了患者就医获得感。

③信用医疗模式提升了医院的接诊能力。在信用医疗模式下，患者不再“折返跑”，总体诊疗时间大大减少，医生的诊疗过程更加连贯，使诊疗效率和质量更高，相同时间内能服务更多患者。

④在推动公共服务进步的同时，进一步突出了城市守信的社会价值。信用医疗的出现，除了表层上的公共服务进步意义之外，还结合信用评分机制，为患者与医院之间搭起信任的桥梁。医患间的关系，是治疗关系，也是信任关系。用信用机制打底，约束民众的行为，保证基本的信用度，提升的是社会层面的融洽度和信用值。

1.2 研究思路

本项目以公立医院信用医疗服务为研究目标，通过阅读文献资料、学习政策制度、实地调研考察等方式学习了解京内、京外各种业态下公立医院信用医疗业务的运营模式和经验，结合A医院门诊结算业务和急诊就诊流程，以公立医院内部控制和相关制度为依据，重塑各项业务环节，研究、探索、评估、开展具有A医院特色的急诊信用医疗服务。

1.3 研究方法

文献分析法：通过中国知网和时事新闻等渠道查阅和收集制度要求和文献资料，总结相关理论和实践现状，为课题研究提供理论基础和实践经验。

现场访谈法：邀请有信用医疗服务经验的医院、银行、第三方机构公司进行现场访谈。

专题咨询法：通过咨询公司对已开展信用就医服务的医院进行专题调研。

实地调研法：以医院急诊为业务切入点，调研临床诊疗路径，收集关键数据，分析研究信用医疗服务开展的立足点，汇总整理形成项目需求。

2 课题研究的内容、成果及创新点

2.1 课题研究内容

2.1.1 信用医疗发展模式

信用医疗的实质是一种金融信贷产品，患者及患者家属申请获得的授信额度是授信机构的债权资产。从当前已经提供信用医疗服务的医院实际情况来看，患者了解这一服务的主要窗口是医院，主要指导人员是医院工作人员。信用医疗模式与公立医院一直以来秉持的医患双方钱款直收直退有明显区别，是一项巨大的服务模式创新。

根据调查，按授信主体划分，当前信用就医模式主要有四种，分别为城市公共信用模式、银行模式、保险模式、支付宝模式。

（1）城市公共信用模式。城市公共信用模式授信主体是政府部门，授信方式是城市公共信用平台将居民的信息进行采集后，整理加工、统计分析形成信用评分。患者在开通信用就医服务的同时，系统会自动调取城市公共信用平台的个人信用评分，信用就医的授信额度与个人信用评价分值挂钩，根据不同的分值来赋予门诊、急诊、住院等不同场景不同信用额度。

（2）银行模式。银行模式的授信主体是银行，授信方式是患者诊前自主选择某家银行进行线上一键签约，获得授信的额度。

（3）保险模式。保险模式的信用授信主体是信用就医平台的运营方，授信的方式是患者通过信用就医平台与平台运营方签订服务协议，平台运营方结合患者身份信息、医保信息、公共信用信息等，对患者信用就医申请进行评估，并为患者购买保险公司的相应保险产品，保险公司为患者提供一定的信用就医的额度，并作为失信逃单的兜底方来兜底。

（4）支付宝模式。支付宝模式的授信主体是蚂蚁金服，授信额度由蚂蚁金服与相关单位协商确定，以用户的芝麻信用分为衡量依据。

2.1.2 北京市信用医疗服务发展现状

截至2023年，北京市石景山区、东城区、丰台区、密云区10个区共25家医疗机构面向社会提供“信用+医疗”服务。用户申请数达23.55万人，累计使用35.88万人次。平均缩短了患者60%的院内滞留时间，患者总体满意度达96.5%。石景山区、东城区、丰台区在北京市经信局指导支持下，各区经信部门和卫健委牵头统筹，采用北京金融大数据公司提供信用数据核验，阳光保险兜底的模式开展“信用+医疗”试点建设。海淀区依托北京国资公司所属首都信息建设的“海淀区智慧医保服务信用结算平台”，通过“互联网+”手段，运用大数据等先进技术，探索“互联网+”与医疗健康深度融合，为患者提供就医便利。

2.1.3 信用医疗结算流程与传统结算模式对比

（1）信用医疗基本结算流程

①患者在医院现有移动端（微信小程序、APP等）申请开通信用医疗服务，在线签署《信用授权承诺书》。经信用医疗服务平台核验申请人信用身份后，患者即可开通，获得信用医疗服务平台提供的初始信用额度。

②患者在医院移动端正常预约挂号，现场取号时选择使用信用医疗模式即可以信用身份就诊，免除检查、检验、治疗、取药中的缴费环节。完成就诊离院前，患者持医保卡到自助机或人工窗口进行医保分解，可选择现场一次性缴清诊费或信用医疗先行垫付离院后补款，实现了“先诊疗、后付费”。该模式具有广泛的普惠性，可覆盖所有守信患者（医保状态正常且无严重失信记录），无年龄限制、不调取人行征信数据、不占用个人银行授信额度。一年内患者多次正常履约可循环使用并提高信用就医服务等级及信用额度。

③借助信用承诺机制实现家庭共享服务。患者信用承诺并建立以家庭为单位的“亲情信用代付”信用共享机制，实现“一老一小”和其亲属的信用绑定，最大化降低信用就医使用门槛，解决老人、儿童不方便使用手机和信用数据不足问题。

④失信行为解决方案及惩戒。患者使用信用医疗服务发生逾期逃欠费，由信用保险公司先行赔付医院，再向患者催缴。若患者失信行为过多，会酌情取消信用就医资格。

（2）信用医疗模式与传统就医模式对比

信用医疗模式践行国家“先诊疗后付费”的便民理念，以居民自身信用为媒介，免除了患者一次就诊过程中多次前往缴费窗口排队结算的步骤，节约了就诊时间，优化了诊疗流程，提升了患者体验。

另外，信用医疗诊后付款的支付模式，极大方便了无法使用手机等工具支付诊费的“一老一小”患者，家属可以在移动端远程帮助患者轻松完成信用医疗授信操作。患者不用关心费用支付问题，只需要跟随医院就诊流程完成全部诊疗后去一次缴费窗口进行医保结算，即可离院。对于开通了“亲情付”的患者来说，家属可以直接用自己的信用额度为患者提供就诊担保，相比普通信用医疗模式更为便捷高效。

2.1.4 信用医疗服务在综合性三甲医院开展——以A医院急诊为例

（1）选取急诊区域研究和实施的原因

A医院是一家全国知名的综合性公立三甲医院，急诊开设学科众多，放射、超声、检验等设备配置齐全，是医疗服务辐射区域内居民急诊的首选，急诊服务量居全市前列。研究中随机调取A医院21天的急诊窗口挂号收费结账次数，统计发现，A医院急诊患者平均窗口缴费次数2.53次，急诊留观患者由于缴费次数过多，多采用办理住院的方式避免往返奔波。

不同于门诊检查先缴费后预约再检查的诊疗模式，急诊患者医疗需求更为迫切，缴费后即时就要进行相应的检查、治疗，不存在缴费后数日才进行诊疗的情况，患者使用信用医疗可即时获得诊疗服务。结合A医院急诊区域内各诊区、检查区设置相对集中的特点，信用医疗模式的推行能够有效减少患者往返于缴费窗口和各诊疗单元的次数，缩减患者就诊时长，提升就诊体验。

相较于门诊，A医院率先在急诊推行信用医疗服务能更好地发挥其优势，更具有现实意义。

（2）信用医疗模式筛选

作为一家公立三甲医院，为人民提供高质量医疗服务是医院工作开展的核心。信用医疗业务在开展的过程中要充分考虑医院公益性特性和患者的使用感受，选择患者受众面较大、使用便捷的方式，考虑患者的接受程度和主观感受，不得出现开立信用卡之类的商业推销性行为。

根据统计结果，A医院急诊患者中北京市医保患者占比50%左右，享受异地医保实时报销的患者数量也日益增加，医保覆盖面不断扩大。结合区智慧医保服务信用结算平台，A医院选择将城市公共信用模式和银行模式相结合，形成独有的“城市公共信用+银行”信用就医模式，惠及北京市医保患者和基于授信银行信用数据的普通患者。

（3）A医院急诊信用医疗工作的开展和风险管控

在经过翔实的实地调研和咨询商讨后，A医院确定了急诊信用医疗授信模式。结合智慧医保服务信用结算平台系统，项目组与院内相关科室梳理就诊流程，确定了HIS系统改造方案，明确了开展信用医疗服务业务需求和技术需求方案。基于此，A医院积极邀请相关银行、企业商谈招标、合作事宜，开展系统改造工作。

由于信用医疗自身具有金融属性，不同于传统就诊模式，A医院结合内控制度，针对性地制定了管理预案、设计了风险管控措施。

财务风险。在患者选择信用额度支付诊费并未及时偿付授信银行款项的情况下，需要银行预先垫付诊费给医院。由于存在账期，医院对账存在困难，存在一定财务风险。A 医院将资金到账时限设定为筛选合作银行的一个重要指标，实现了信用医疗诊费款项“T + 1”到账，解决了对账困难。同时，针对信用医疗这一新型业务形式，设计了专属对账流程，确保重要岗位相分离，规避财务风险。

患者信息安全风险。采用信用医疗额度支付诊费的患者，账单实质是由银行暂时代付给医院的，为保证患者就诊信息的安全性，A 医院以政府政策为规范背书，与合作银行在合同签立时明确规范了患者信息的使用范畴，保护患者隐私。

医保结算风险。在信用医疗模式下，患者需在规定时限内到窗口进行医保结算以确保其诊费享受医保待遇，否则将被视为自费结算，全额扣减信用额度。为保障患者的经济利益，A 医院加强了相关业务流程的宣传工作，在自助机、宣传板等各个患者能够接触信用医疗服务的节点做好提示，并与合作银行等院外单位签订宣传合作备忘录，通过银行自身渠道在信用医疗的申请、授信等环节做好提示工作。不仅如此，A 医院针对极特殊情况，还制定了专属预案和管理流程，以备不时之需。

2.2 课题研究的成果

第一，对信用医疗有了全面认识。信用医疗是一种基于金融创新的诊疗服务创新，它以居民信用为抵押，实现了“先诊疗、后付费”的便捷就诊模式，大大提升了患者的就医体验，丰富了医疗机构的业务形式，具有革命性意义。

第二，通过实地调研及数据分析，认为开展信用医疗的医院综合性越强、体量越大，患者收获的就诊体验改善效果越显著。相比社区诊所和中小医院，综合性公立三甲医院具有患者数量多、场地规模大、排队时间长、诊疗节点多的特点。信用医疗的开展更能显著减少患者多次往返窗口缴费的时间，提升就医体验。这是在就诊人次不多、窗口排队问题不明显的中小医疗机构所不具备条件。

第三，创新性开展“城市公共信用 + 银行”的新信用医疗模式。A 医院结合自身诊疗流程和服务对象，创新性地以“城市公共信用 + 银行”为信用医疗授信模式，有效覆盖了社会信用体系和银行信用体系两大类人群，降低信用医疗服务的准入门槛，帮助更多使用者获得授信额度，提升使用体验。

第四，设计连通医保平台、银行系统、患者移动设备、医院 HIS 系统的四方缴费、退费流程。A 医院根据实际情况，设计了具有自身特色的缴费和退费流程，并以此规范诊疗路径，改造传统门诊收费程序。

第五，A 医院信用医疗服务工作开展取得的经验。信用医疗不是一项单纯的门诊、急诊结算工作，它是一项需要以顶层设计为驱动，串联院内财务、信息中心、临床、宣传等多部门力量才能完成的管理工作。在考验院内多部门协同配合能力的同时，由于涉及多方系统对接改造和患者授信业务开展，也考验着医院的对外合作能力。

同时，信用医疗在推广和使用的过程中，一方面需要根据患者使用反馈调整系统功能，另一方面也需要院内、院外参与方的通力宣传、普及、指导。信用医疗服务上线之后长期的维护，也是这项便民举措更好服务于民的关键因素之一。

第六，内部控制及相关管理风险。在A医院开展急诊信用医疗服务的过程中，项目组根据实际情况，总结归纳了“财务风险”“患者信息风险”和“医保结算风险”三项涉及内控和管理的重大风险点。并针对性地制定了解决方案。

2.3 课题研究的创新点

信用医疗将金融创新引入医疗服务中，改变了传统“先缴费、后看病”式的医疗服务模式，通过授予信用额度的方式给予了患者“先诊疗、后付款”的便捷，是一项就诊模式的革命式创新。本课题以A医院信用医疗研究开展情况为切入点进行研究，具有以下几个创新点。

第一，通过实地调研与数据搜集，分析得出了“相比中小医院，信用医疗在大型综合三甲医院开展，更能有效为患者节省就诊时间，提升就诊体验”的结论，为信用医疗在大型公立三甲医院的推行奠定了理论基础。

第二，创新地将城市公共信用模式和银行模式相结合，探索出具有A医院特色的“城市公共信用+银行”授信模式，有效提升了信用医疗的服务覆盖范围，最大限度地给予使用者高授信额度，方便患者就诊。

第三，设计制定了连接医保平台、银行系统、患者移动设备、医院HIS系统的四方信用医疗缴费、退费流程，规范了业务步骤，明确了诊疗路径，为大型公立三甲医院开展信用医疗业务提供了流程参考。

第四，克服急诊医疗服务需求急迫、全年24小时无休的困难，率先在急诊区域开展信用医疗服务，具有行业先创性。

第五，从内部控制和管理风险的角度查找风险点。利用合作合同规避财务风险和患者信息风险；采用顶层设计模式调用院内外资源加强业务宣传，规避医保结算风险，具有一定借鉴意义。

3 研究结论

本课题以A医院实际情况和制度为出发点，通过文献查询、实地勘察，多方调研、统计整理等方法，充分学习当前国内信用医疗开展过程中银行、医院、政府等多方经验，结合医院急诊自身特点，设计了具有A医院特色的信用医疗服务模式，贯彻执行了国家方便患者就医的政策宗旨，不忘自身服务患者的初心。

研究过程中，项目组通过数据统计发现信用医疗服务在就诊量大的综合三甲医院收效更佳，并先创性地在A医院急诊予以开展。为更好的方便患者，项目组设计了"城市公共信用+银行"授信模式，尽可能多地覆盖医保人群，给予高额信用额度。

基于医院内控制度和管理风险，项目组制定了信用医疗专属对账流程，设计了连接医保平台、银行系统、患者移动设备、医院HIS系统的四方信用医疗缴费、退费流程，明确了业务阶段，规范了岗位职责，为其他大型公立三甲医院开展信用医疗业务提供了经验参考。

4 研究不足与展望

4.1 实施过程中存在的问题

第一，北京市信用医疗服务目前主要是各区在进行试点工作，市级层面尚未有明确的实践政策供各医院学习参照。

第二，北京市医保移动结算工作刚刚起步，还在推广阶段，患者使用量较少，信用医疗与医保移动支付接口改造还未全面开发完成，这种情况下，患者诊疗活动结束后必须到医院的自助机或者缴费窗口进行医保费用结算，一旦超时会被视为自费全额扣减信用额度，整个流程在患者使用体验端还有提升空间。

第三，信用医疗还属于新生事物，普及应用程度还不够高。患者对于信用就医的模式了解相对不足，接受程度不高。特别是对老年患者，对于数字化的就医模式仍然存在不太熟悉甚至抵触的心理，即使会用，也担心后续电子渠道的扣费出现误差。而且，当前北京市信用医疗服务主要集中于医疗保险患者，并未惠及公费医疗患者。

第四，医院政策推广力度、配套措施还不足。在加强宣传的同时，也要完善院内的就医指导，医务人员要有推广信用医疗的职责感，特别是加强对老年患者数字化就医的引导。

第五，信用就医的应用场景还不够全面。目前信用就医在门诊的应用场景比较多，对于在急诊、住院、体检等方面的应用场景覆盖面还不够，成熟应用的医院较少。在本案例研究中项目组发现，医院对于信用医疗产生效果的量化衡量指标不足，数据缺失，可借鉴信息匮乏。

4.2 改进与展望

第一，A 医院要积极与政府有关部门沟通交流，汇报自身信用医疗服务的开展情况，将自身业务与政府相关规划相结合，提升自身服务的时效性和规范性。

第二，积极推动、配合北京市医保移动结算相关项目工作执行。该项目落地后，信用医疗患者可以在手机等移动端完成诊疗费用的医保分解，彻底取消了到医院缴费窗口进行医保结算这一步骤，实现到院即就诊，诊后即离院的便捷诊疗和“无感支付”体验。

第三，医院要从自身做起，加强对信用医疗服务的宣传推广。针对公费医疗患者，A 医院计划与银行建立“大客户”标签并与患者单位签订合作合同，以合同单位信用为抵押，让该单位公职人员也能享受信用医疗带来的便利。针对无法获取授信的“一老一小”患者，A 医院计划与授信银行开通“亲情付”功能，由患者亲属为其提供信用担保，进一步扩大信用医疗的覆盖面。

第四，A 医院一方面计划加强院内关于信用医疗的宣传培训，增加辅助和指导力量，帮助患者更好的享受信用医疗带来的便捷；另一方面与合作银行及相关单位签订合作合同，从外部获取力量，协助医院做好信用医疗服务的后续指导、提示工作。尤其要有针对性地加强对中老年人患者数字就医的引导，增强他们的就医体验。

第五，A 医院先创性地在急诊开展信用医疗后，可以根据自身使用情况，收集相关数据，量化使用效果，核算效益收获。为医院提质增效工作的开展提供数据支撑，为信用医疗服务后续在门诊、体检、住院等其他场景中的应用提供实践经验。

主要参考文献

[1] 琚文胜，薛万国，李静，白玲，张梦琪，闫懿，任莉．医院信用就医模式调查与分析［J］．中国医院杂志，2022（8）．

[2] 琚文胜．信用就医发展现状研究［J］．北京市卫生健康大数据与政策研究中心．

[3] 杨鹏飞．疫情防控新形势下，以“信用医疗”平台建设为契机提升我省医疗付费效率研究医院信用就医模式调查与分析［J］．吉林省政府发展研究中心．

[4] 姚毅虹，颜玉炳，李小刚，王琰，林志芳，卢勇户，段智文．基于“互联网+信用”的多渠道支付方式在门诊就医流程中的应用［J］．中国数字医学，2021，16（11）．

[5] 吴敏华，余炜钧．“医后付”智慧医疗诊疗模式的实践与思考［J］．中医药管理杂志，2021（18）．

[6] 徐付环，王文荣．基于“医后付”的金融产品创新及其风险探究［J］．商业观察，2022（12）．

［7］陈志远，马如玥，郑其中，甘录，周绿林．价值医疗视角下南京市医院门诊信用就医效果分析及对策［J］．中国医院，2023（7）．

［8］童彤．智慧“医后付”模式在医疗全流程中的应用探讨［J］．数字技术与应用，2023（2）．

（2023年课题）

基于“信用医疗”模式下新型门诊结算流程探讨与实践

王李源[①]

1 绪论

1.1 选题背景及意义

早在2014年，国务院就在《关于印发社会信用建设和信用监管工作规划纲要（2014—2020年）的通知》中提出：将医药卫生领域信用建设和信用监管工作列入社会诚信建设的重要方面。此后，国务院出台的一系列重要文件都将健康医疗信用领域信用体系建设纳入了考量。2016年，《“十三五”卫生与健康规划》提出建立医药卫生领域“黑名单”制度。2018年，国务院办公厅印发的《关于促进“互联网+医疗健康”发展的意见》也明确提出，“推进医疗可信体系建设”。在此背景下，我国信用体系建设工作不断推进，医疗领域的信用体系建设也有所发展。医院医疗工作开展过程中，就医付费是一个必要的环节，虽然现阶段医院开通了窗口扫码支付、自助机扫码支付、手机线上付费等便捷支付服务，但是仍然存在如外伤等行动不便患者在伤痛情况之下无法到以上场所排队付费，甚至无法操作手机付费，进而无法完成后续治疗，以及老年人由于不会操作手机，必须要使用现金且到收费窗口进行排队付费等多种情况。对体弱的老年人来说，尤为不便且易发生不可预料的风险。因此，公立医院在“信用医疗”模式基础上全面构建新型门诊结算流

① 课题负责人及主要执笔人：王李源，上海市第六人民医院物价专员，会计师。
课题组成员：周亮、盛洪涛。

程，以进一步提高患者及医院医疗便捷度与工作效率尤为必要。通过部署和推进信用体系建设工作，利用信用、大数据等手段推进信用创新应用，不仅可有效提升公立医院的整体工作质量与效率，而且还可在一定程度上推动医疗行业的信用建设；同时，推进“信用就医”项目创新试点示范，还有利于为守信者提供“快速通道”“绿色通道”等便利措施，引导患者利用信用优势，减少不必要的就医排队难题，从而提升就医体验。基于此，本研究从“信用医疗”模式视角，以公立医院上海市第六人民医院作为研究案例，对其构建的新型门诊结算流程建设试点进行系统可行性探讨与实践效果分析。理论上可为公立医院针对便民化医疗服务供给价值的进一步研究提供丰富价值参考；实践上能够为患者提高门诊就诊体验、优化门诊结算流程及加快信用就医推广和完善医疗信用体系建设提供借鉴。

1.2 研究思路

课题针对收集整理好的已有资源，包括文献查阅的资料以及问卷调查收集到的相关信息等，依据《关于促进“互联网+医疗健康”发展的意见》《国务院关于印发社会信用体系建设规划纲要（2014—2020年）的通知》以及《国务院关于建立完善守信联合激励和失信联合惩戒制度加快推进社会诚信建设的指导意见》《全国医院信息化建设标准与规范》和《信息安全等级保护定级指南》（GB/T 22240）等国家支持政策，利用合理的分析方法及数据处理模型，对所获数据进行分析并得出结论，以及构建医疗行业信用体系—“信用+医疗的新型门诊结算流程”体系，并通过对体系建设中存在的问题，以及“信用+医疗新型医疗门诊结算服务支撑平台”在实践过程中出现的问题展开探讨和分析，再对于问题探讨结论中存在的问题进行二次分析及纠偏，以进一步完善研究流程与课题开展思路，促进基于“信用医疗”模式建构的公立医院新型门诊结算流程良好实现。

1.3 研究方法

1.3.1 文献资料法

依据现有文献资料，收集、查询和整理国内外有关学者和专家在“信用医疗”模式应用方面的文章，科学整理、提炼、归纳、总结这些资料和文章，准确掌握“信用医疗”模式主要应用因素与价值，以及其在公立医院门诊结算工作中的应用探究方向等，为本文研究打下理论基础。

1.3.2 现场陪同及采访调查法

课题组计划采用现阶段使用较少的现场陪同及采访调查法进行调查，但由于部分患者表示要赶时间去就诊，不方便接受时间较长的现场采访，所以此方法的开展难度较大，甚至无法顺利进行，因此为解决这一难题，课题组采取以联合所在单位相关部门，如社会发展部等方式，进一步增加课题组协助人员，以志愿者的身份一对一陪同目标患者。

计划分为两个组开展：一组为信用就医患者；另一组为非信用就医患者。课题组志愿者从患者挂号阶段到患者离院全程陪同，便于跟踪观察整个就诊流程中患者所遇到的问题或困难，同时统计患者在医院就诊各阶段（挂号、候诊、就诊、付费、检查、检验等）所用的时间，便于后期统计相关数据做分析比对，这对于探索“信用就医”在整个门诊结算流程中所带来的直接影响和存在的问题以及不足之处是有着巨大的积极影响和作用的。

1.3.3 问卷调查法

基于国内外相关数据和资料，采用综合分析、资料统计等方法构建“信用就医调查问卷”体系，并使用此问卷进行“线下 + 线上”问卷填写方式，收集患者或相关人士对“信用 + 医疗”的新型门诊结算医疗服务方式的观点及个人建议，为“信用 + 医疗”新型门诊结算模式实践效果及课题总结提供依据。

2 课题研究的内容、成果及创新点

2.1 课题研究内容

（1）第 1 部分主要阐述明确本次研究的选题背景，包括问题的提出和研究的目的和意义，以及本次研究的主要思路与主要研究方法，同时介绍了所使用的研究思路、研究方法及研究技术路径等。

（2）第 2 部分通过对公立医院在“信用医疗”模式下建设新型门诊结算流程的方式与具体实践的相关开展情况进行概述，进一步界定本次课题研究的内容、主要成果和项目创新点，并就相关理论内容进行分析阐述。

（3）第 3 部分主要得出本次研究的结论，包括基于“信用医疗”模式的新型门诊结算流程建设情况，并以相关研究方法和此公立医院的新型“信用医疗门诊结算”体系实施进展为基础，就构建的相关新型门诊结算运行系统、平台、支付方式等在这一门诊结算方面的开展情况进行简要说明。

（4）第 4 部分主要通过对课题开展、实施与完成等全过程的总结和分析，总结性阐述本次研究中存在的不足之处，并结合当前我国公立医院在门诊结算医疗服务这一模块的实际发展情况，针对基于“信用医疗”模式所建立的新型门诊结算流程方式在未来的发展情况、发展作用以及发展趋势和效能等进行合理预测与评估，助力“信用+医疗”的新型门诊结算方式持续健康发展，促进我国公立医院公众就诊和门诊结算等工作效率与服务质量不断优化和完善，从而更好地为社会、国家医疗机构相关建设项目的医疗服务提供高效高质的服务。

2.2 课题研究的成果

2.2.1 就医结算形式问卷调查

课题组设计了有较强针对性的问卷，在课题组所在医院院内以及互联网发布。截至2022年8月底，累计收集有效样本1117份。从收集到的样本数据来看，本次受访者18岁以下占比0.72%，18—40岁占比86.03%，41—60岁占比12.71%，60岁以上占比0.54%；男、女比例分别为49.87%和50.13%；学历方面，高中及以下占比5.64%，大专占比15.13%，本科占比72.07%，硕士及以上占比7.16%；在院就诊时间方面，一小时以内占比26.23%，1—2小时占比50.76%，2—4小时占比20.23%，4小时以上占比2.78%。

在结算方式方面（多选题），自助机占比64.73%，人工窗口占比72.25%，线上手机端占比47.45%，其他占比0.72%；83.17%的受访者已经开通了医保电子凭证，95.43%的受访者表示接受“先就医、后付费”的就医模式，90.05%的受访者表示了解移动支付，但是对于“信用就医”，仅有33.21%的受访者表示知道这个概念，67.32%的受访者表示从未使用过“信用就医”。

其中，针对“您是否知道信用就医”这一问题，1117份调查问卷回收统计得出，知道这一模式的人数占33.21%，不知道的人数达52.1%，而听说过，但并不了解的人数占14.689%。可见，不知道这一就医形式的人数占比远超知道和听说过但不了解的人数。由此可见，“信用就医”普及面还需进一步加大，以促进“信用+医疗”急诊方式与新型门诊结算流程的顺利进行。

2.2.2 信用就医系统流程

（1）构建“信用+医疗”的新型医疗服务体系。在“信用医疗”模式基础上结合医院实际情况建立医疗行业“只需开通信用就医”即可进行先看病后付费制度。同时设计制作“先看病、后付费”的信用金融产品，以进一步推动信用医疗服务改革。

（2）建立“信用+医疗”的新型医疗服务风险保障。主要通过由银行担保，设立“先看病、后付费”保障额度，病人就诊后如发生违约，由银行担保并将违约信息上传至国家征信系统。推动医院与信用保证产品的对接，建设“信用+医疗”的新型医疗服务支撑平台为助力“信用+医疗”的新型医疗服务模式；同时，充分利用大数据、移动互联网以及区块链、AI和人脸识别等前沿技术，建设“信用+医疗”的新型医疗服务支撑平台，平台具体包含信用医疗患者服务系统、统一支付系统、统一对账系统等多个运行系统，在提升诊疗效率的同时保证医院资金安全。

（3）信用医疗患者服务系统。建设多维一体的身份认证机制，实现口令认证、人脸识别等多重身份认证机制，保障患者身份信息准确、安全；实现诊疗互动服务，提供自助挂号，账单推送、费用自动确认、费用自动结算等服务；实现综合查询服务；实现费用账单（含历史费用账单）等综合查询服务。

2.2.3 统一支付平台系统

作为一种主要支付手段，信用就医支付通道不能独立于医院现有的支付平台，只有将信用就医支付通道合并至统一支付平台系统，才能保证支付的稳定性及安全性。因此，在此需求下充分考虑评估信用就医的认证、开通、支付、查询、退费、账单等接口，结合信用就医过程中的新型门诊结算流程，将上述多个就医流程加以整合，以整合成一个统一的支付平台，提高支付便捷性与高效性。

而后，通过HIS系统增加患者是否开通信用就医服务的确认窗口，在患者挂号、门诊付费和窗口退费等环节，调用统一支付平台的信用就医相关接口，完成支付、退费等操作。项目涉及支付全部环节接入统一支付平台，提供规范管理功能及整合服务功能，它以技术规范、业务规范为设计基础，以支付服务功能作为平台主体，整合的支付服务功能为主，提供给客户、操作人员和管理人员以一体化的支付服务感受。

除此之外，还进行对账平台系统的统一构建与应用。在接入信用就医后，为保证医院的资金安全，进行资金的对账也势在必行。因此，根据医院财务对账需求，将信用就医单独区分开来，以切实保证财务人员在进行对账时的账面清晰。与此同时，还可将HIS系统提供的信用支付账单作为医院方的对账依据，以明确患者诊费支付情况。HIS的数据包含但不限于商户订单号、平台订单号、金额、交易日期等信息。

通过统一支付平台提供的信用支付账单作为第三方平台账单，不仅可统一对账平台的自动对账功能，定时核对信用支付的情况，而且还能第一时间将对账结果通知财务对账人员，以及时完成收支记录及统计。

2.3 课题研究的创新点

在“信用医疗”模式应用的基础上，结合公立医院门诊结算工作现状，以信用体系作为基础，构建“信用+医疗”的新型门诊就医付费体系，从而实现在“信用+医疗”工具运行条件下，进行医疗信用付费模式合理应用，从而达到让守信的患者优先享受“门急诊只需开通”的信用就医付费服务，在大数据支持基础下，形成新型“信用 + 医疗”医疗服务体系，以成为上海市第六人民医院构建信用就医新机制的有效手段，帮助缓解医患关系的同时，提高了社会诚信水平；同时，推动了公立医院“信用 + 医疗”新型医疗服务的体系建设和实施。有效应用“信用 + 医疗”的新型医疗服务体系，可帮助信用度高但暂时有经济困难的患者解决因暂时资金不足而无法就医的问题；而对于医院方来说，通过构建这一新型门诊结算方式，开创了以引入银行信用保证保险，由银行先垫付给医院的新型诊费结算方式，既保证了医院的利益，又较好满足了患者的就医需求，有助于提升患者的就医满意度及医院的医疗服务水平。

3 研究结论

通过对公立医院基于“信用医疗”模式下的新型门诊结算流程体系探讨和实践，能够解决公立医院广大就医群众在就医过程中存在的，因疾病、年龄等因素限制而无法顺利进行门诊结算的问题，并进一步完善公立医院医疗服务效率，促进公立医院信用就医付费服务良好建设并不断完善。本研究的主要结论总结如下。

本课题组所在医院已于 2022 年 3 月正式上线门急诊信用就医服务流程，在此流程开展情况下，实现了：①在门诊开展“只需要开通信用就医”的先看病后付费试点应用；②在急诊开展“只需要开通信用就医”的先看病后付费试点应用。同时，在 2023 年 1 月上线住院信用就医流程，即在住院过程的押金缴纳，出院结算等场景进行信用就医的推广和应用，并实现全方位的“信用 + 医疗”的新型医疗服务模式。此外，还成功搭建了“信用 + 医疗”的新型医疗服务支撑平台，为支撑“信用 + 医疗”的新型医疗服务模式，通过对大数据、移动互联网、AI 技术，以及区块链和人脸识别等前沿技术的合理利用，建设了包含信用医疗患者服务系统、统一支付系统、统一对账系统等系统在内的“信用 + 医疗”新型医疗服务支撑平台，提升了医院诊疗效率，同时也保证医院资金安全。

除此之外，“信用 + 医疗”新型医疗服务流程体系中还建立了相应的信用医疗患者服务系统，并建设多维一体的身份认证机制，实现了人脸识别、口令认证等多重身份认证机制，为患者身份信息安全提供保障。实现诊疗互动服务，即提供自助挂号、账单推送，以及费用自动确认与费用自动结算等多项门诊结算服务；实现综合查询服务；实现含历史费用账单在内的费用账单等综合查询服务。在此流程开展下，虽然医院门诊结算医疗服务得到了一定的改善，但就目前而言，医院人工结算窗口仍存在“大排长龙”的情况，所以如何找到症结所在，并在新型门诊结算流程中促使“信用就医”扮演更加重要的角色，是课题组目前遇到的最大问题，也是后期需进一步深入研究的重点对象。

4 研究不足与展望

4.1 研究不足

由于本课题组的能力有限，以及一些客观因素的影响，本研究课题及“信用就医”新型门诊结算流程体系及相关运行系统的部分功能还不够完善。同时，由于时间、技术应用等因素限制，目前所用支付系统等还有较多待完善之处，有待进一步改进。而这些待完善部分主要体现为：当尝试采用现场采访调查方法对医院就诊人员进行调查访问时，由于部分患者表示比较要赶时间，要忙着去就诊，所以不方便接受时间较长的现场采访调查，因而对流程的顺利开展造成一定阻碍，这是课题在开展过程中遇到的主要问题之一；在患者就诊各阶段，如挂号、候诊、就诊、付费、检查、检验等方面所用时间的统计上，存在人手不足现象，本课题研究所需时间较多，不利于“信用就医”在整个门诊结算流程中的实际开展情况的及时探索和总结；字符系统查询时间也相对较长，可能是数据库的统计表结构设计不够合理所致，查询算法还有待改进，这些问题都将是本研究后续需要完善之处。

4.2 展望

随着人工智能信息化时代的到来，医院内部开展的各项医疗服务也在逐渐信息化，对相关医疗系统平台信息化建设也在不断加强，公立医院传统门诊结算方法已无法满足当前人民群众的就诊需要，以及难以适应新时代下医疗服务发展需求，因此不管是对患者还是医院来说，提升基于“信用医疗”模式，以构建新型门诊结算流程，实现医院医疗服务效率与水平的提升，以及进一步强化患者门诊结算便捷性与时效性迫在眉睫。通过建构“信用就医”新型门诊结算流程，不断完善医院支付系统及平台运行效能，能够较好地解决上述问题，同时还可促进社会信用度的提升。因此，在流程的后续使用中，医院还应进一步强化门诊信用就医结算建设部门的风险管控力度与审核力度，因为门诊信用就医既可以使医疗领域的风险分散，又可以给患者带来更多的内在风险，尤其是信用风险和流动性风险。另外，患者对医院的高黏性，使得医疗机构获得了巨大的潜在收益。所以，政府部门可以在完善的法律法规基础上，在行业自律的基础上，建立一个标准的审核制度，提升进入的门槛。主要是要对金融机构的经营资质、综合实力，以及用户的注册信息和交易记录等进行检查，从而达到促进门诊信用就医的良性发展。

主要参考文献

［1］张川，贾小溪，李卫红，尤慕西，陶蓓，王立宇，田玮．基于改善医疗服务推进门诊服务模式优化创新的医院高质量发展研究［J］．中国医院，2021，25（11）：79－81．

［2］李小刚，严武．各支付方式在医院门诊的应用和分析［J］．办公自动化，2023，28（6）：10－13．

［3］刘宏伟．基于移动互联网的信用医疗系统设计与应用［J］．信息与电脑，2023，35（5）：138－140．

［4］刘哲．“互联网＋医疗”背景下门诊流程优化与思考［J］．移动信息，2022（3）：39－41．

［5］邓意恒，潘遂壮，欧阳少谦等．基于“互联网＋信用医疗”的先诊疗后付费模式的应用［J］．中国数字医学，2019，14（5）：46－48．

［6］刘宏伟．基于移动互联网的信用医疗系统设计与应用［J］．信息与电脑，2023，35（5）：138－140．

［7］陈亚敏，陈佳，吴姗姗．宁波某医院基于紧密型医疗运营 MDT 模式专科运营管理实践［J］．中国医院，2023，27（2）：99－101．

［8］张川，贾小溪，李卫红，尤慕西，陶蓓，王立宇，田玮．基于改善医疗服务推进门诊服务模式优化创新的医院高质量发展研究［J］．中国医院，2021，25（11）：79－81．

［9］贺頔．门诊智慧医疗结算模式研究与效果评价［J］．计算机应用文摘，2022，38（19）：99－101．

［10］陈志远，马如玥，郑其中，甘录，周绿林．价值医疗视角下南京市医院门诊信用就医效果分析及对策［J］．中国医院，2023，27（7）：65－68．

［11］韩吉红，岳卫萍．“一站式”结算给医院结算模式带来的改变和思考［J］．中国管理信息化，2023，26（1）：67－70．

（2023 年课题）

数字化赋能下的医院科研经费管理体系研究

阎　娜[①]

1　绪论

1.1　选题背景及意义

近年来，许多学者注意到数字化工具在企业、高校，科研院所等单位的科研经费管理中占据越来越重要的位置。科研工作的开展同样是医院发展的重要一环，与医院学科建设、人才培养、声誉息息相关，随着医院科研经费管理制度的不断变化，医院科研工作和社会各界科研合作联系不断加强，科研经费渠道也呈多样化的趋势，科研经费管理范围不断拓展，同时经费管理内容也日趋复杂，不仅对科研经费专管人员和财务人员的要求越来越高，也对医院现有的传统科研经费管理模式提出新的挑战。财科教〔2016〕19 号文件提出要“充分利用信息化手段，建立健全单位内部科研、财务部门和项目负责人共享的信息平台，提高科研管理效率和便利化程度。”叶婕和刘季芳基于科研管理部门视角，对科研经费管理现状与措施进行了探讨，认为应加强数字化建设，实现科研经费的高效管理。王铮、曹玥和朱培嘉等在探索建立创新型科研管理“华西模式”的工作思路时，同样提到了需要全面提升数字化管理手段。

在“放管服”背景下，如果能通过建设共享数字化平台对接科研和财务部门以及课题

---

① 课题负责人：阎娜，中国医学科学院血液病医院（中国医学科学院血液学研究所），财务处处长，高级会计师。

主要执笔人：高洪润，中国医学科学院血液病医院（中国医学科学院血液学研究所），会计师。

课题组成员：阎娜、高洪润、周小雪、王新博。

负责人，设立财务状况预警机制，科技管理部门联合财务部门随时向课题负责人发布经费使用情况，提前预警，实时监控经费使用情况，将有助于提高经费执行率，减轻科研人员负担，激发科研人员的创新能力。同时，科研经费的先进管理体制及较为完善的制度对策，将提高医院科研经费管理水平，更有效地促进医院的科技创新，为繁荣和发展医院科学事业提供有力的政策支持。由此可见，在信息技术飞速发展的当下，如何在数字化赋能过程中借助大数据等先进信息技术，对医院科研经费进行科学、有效的管理，确保科研经费合理、高效的使用，亟待我们去探索，这也将为医院科研工作的发展注入新的活力。

1.2 研究思路

通过阅读文献我们了解了科研经费管理的现状，以及普遍存在的问题，认识到在医院科研经费管理过程中使用数字化工具已势在必行。采取实地调研，内外部管理、信息方面专家访谈，内部科研人员、科研助理、财务助理访谈等形式，对数字化赋能在科研经费管理领域发挥的作用进行挖掘，并在此基础上提出搭建医院科研经费管理体系，包括组织架构、制度体系和信息系统。本研究的重点难点为：搭建科学高效的科研经费管理组织架构；将数字化工具引入科研经费管理全流程；建立智慧科研管理系统；构建科研项目成本核算体系；构建大型科研设备效益分析及绩效评价指标体系。

1.3 研究方法

（1）文献研究。

系统检索国内综合性文献数据库（万方、维普、CNKI）以及科技部、财政部和相关部委网站，重点了解数字化科研经费管理的相关文献及政策，梳理各单位科研经费管理存在的问题及优化建议。

（2）专家咨询。

向医院财务管理、运营管理、科研管理等方面专家了解其所在单位科研经费管理的思路和先进举措，科研经费管理的流程及建议，在大数据背景下科研管理中需要注意的问题。

（3）实地调研。

课题组成员前往信息化建设水平较高的中国免税品（集团）有限责任公司及北京清华长庚医院进行实地调研，对科研经费管理的全流程、科研经费管理相关制度的制定、大型科研仪器设备效益分析、科研管理系统的智能化等问题进行了深入探讨。

（4）科研和管理人员访谈。

向医院内部科技管理部门有多年科研经费管理经验的老师、科研人员、科研助理、财务助理等人员进行访谈交流，了解其对科研经费管理的需求，如科研经费管理现有流程有哪些值得改进之处、为做好科研成果转化定价如何搭建科研项目成本核算体系、在数字化赋能下科研管理部门需要获得哪些共享信息等内容。

（5）成本分析框架。

将科研项目全成本分为直接成本和间接成本，将行政管理费用、资产管理费用、信息辅助费用等间接成本经过二次分摊，分摊至每个科研项目。构建科研项目全成本测算基本框架，阐述成本分析框架对科研经费管理的意义。

2　课题研究的内容、成果及创新点

2.1　课题研究内容

第一，分析医院科研经费管理的现状及存在的问题，主要包括科研经费财务报销流程复杂；科研经费管理信息化程度不高；科研经费管理中多部门之间沟通协作效率较低。

第二，分析在当前形势下大数据，云计算，人工智能等数字化工具在科研经费管理中可能发挥的作用。

第三，搭建科学高效的科研经费管理组织架构，形成多部门协同合作机制。

第四，完善科研经费管理制度，使医院科研经费管理更加科学、规范、高效。

第五，在数字化赋能下，借助数字化工具，打破各部门之间科研管理相关信息的壁垒，建立医院科研经费管理体系，实现科研经费全流程一体化管理，最终使各个部门间数据可互联互通，推动科研管理向精细化、规范化、科学化发展。除建立数字化赋能下的医院科研经费管理体系之外，本文还对大型科研设备效益分析及绩效评价、科研项目成本核算进行了进一步探索，构建了大型科研设备效益分析及绩效评价体系、科研项目成本核算体系。

2.2　课题研究的成果

2.2.1　对数字化赋能在科研管理领域发挥的作用进行挖掘

数字化赋能在科研经费管理中起到重要作用。首先，医院可以依托物联网、大数据、云计算、人工智能等信息技术进行数据归集，把不同来源、格式、特点、性质的数据通过数据集成进行全面的数据共享，满足各部门根据不同的日常业务及时抓取所需数据，满足整理及分析的需求，减少各部门之间沟通、准备和分析数据所需的时间，为医院提供全面数据共享。其次，借助数字化工具可以对大型科研设备进行效益分析，物联网工具可以提高仪器设备运行数据的可获得性。同时，可以对配置设备的类型、级别以及配置的数量与科研项目数量及体量之间的关系进行分析，以达到设备的合理配置和最佳利用率。最后，数字化赋能可以实现对各类科研数据的精确分析，包括各类不同资金来源、不同研究性质的课题项目的各类支出占比，对以后同类课题预算编制及支出计划提供数据支撑，帮助科研人员合理规划科研经费支出；分析各类科研项目与科研成果之间的关系，有助于科研人员后期申报项目。

总体而言，在数字化赋能下，建立医院科研经费管理体系，实现科研经费全流程一体化管理，将为医院的科研工作注入新的活力，助力公立医院的高质量发展。

2.2.2 构建数字化赋能下科研管理体系

本研究认为数字化赋能下的医院科研经费管理体系主要由组织架构、制度体系、信息系统三个方面构成。

（1）搭建组织架构并建立多部门合作机制

本文搭建了科学高效的组织架构，在这种组织架构下，经过多部门的协作，科研经费管理将变得更加高效，科研人员的事务性负担将得到缓解，有利于其将精力更好的投入到科研工作中。

科研经费管理工作实施所院长负责制，在所院长领导下，由分管财务的副所院长以及分管科研的副所院长分别领导财务部门及科技管理部门，对科研经费承担主要管理职责，财务部门和科技管理部门分别设置财务助理和科研助理对科研人员日常财务和科研的事务性工作进行处理，减轻科研人员负担，真正实现“放管服”。人力资源部门对科研人员的选聘、晋升，人才称号及人才补助的取得给予支持。信息与资源中心对科研经费管理的信息化问题提供技术支持，并利用数字化工具开发便于科研人员使用的科研经费管理系统。审计部门和纪检监察部门对科研经费使用的合理合规以及科研诚信问题进行日常监督。经过多部门、多角色的合作，共同做好科研经费的管理，以高质量的服务让科研人员更好地发挥创新创造能力。

（2）完善科研经费各项管理制度

为规范科研经费管理，建立健全医院科研经费管理的制度体系，主要包括《科研经费管理制度》《科教资金差旅费管理办法》《科研间接经费管理制度》《横向科研项目管理办法》《“揭榜挂帅”管理办法》《“包干制”管理办法》《科研技术平台收费管理制度》等制度。同时，明确科研经费支出报销范围、标准、应附原始凭证、审批流程和要点，以批复的项目经费预算为准，在到款额度范围内按科研经费管理制度予以报销支出。

（3）将数字化工具引入科研经费管理全流程，建立智慧科研管理系统

对科研经费管理包括项目申请、项目立项、财务报销、记账凭证、预算调整、账务调整、经费查询、项目结题、科研绩效、项目成本分析等全流程进行数字化赋能。

①实现多系统互联互通，各职能部门与课题组之间实现项目申报、立项等数据信息的共享，数据只需一次录入，避免造成重复录入等人为错误，提高部门间沟通协调效率。

②财务报销环节，系统自动进行项目预算控制，发票等原始凭证的审核要点内置于系统中，实现支出凭证提交环节自动审核，避免支出凭证反复退回修改，提高审核效率，实现一站式报销。通过银企直连实现自动付款，提高财务出纳人员汇款的准确性和工作效率。同时，支出凭证自动生成二维码与财务核算系统的科目进行对照，自动生成会计凭证，提高财务人员核算效率，避免人为错误，大幅降低人力成本。

③科研项目预算调整申请经审批后，对报销系统预算控制数进行自动调整；账务处理调整申请经审批后，自动生成调整会计凭证。通过信息化建设，极大提升科研项目预算调整、账务调整的效率。

④通过数据实时查询系统，项目预算金额、项目收支明细、项目余额能够实现实时查询，帮助科研人员随时了解项目经费执行进度，对于督促项目预算执行、预算调整、账务调整能够提供数据支持。

⑤在数字化信息系统间互联互通的基础上，实现借助大数据深入分析功能，课题结题阶段，科研人员只需要在本系统中填写结题申请并核对项目执行信息，核对执行期间后，系统即可生成结题所需执行表、决算表，分析应调整预算科目以及应调整数额等数据表单。各个项目开展过程中的绩效指标，如发表的文章、专利，产出的新技术、新模型，形成的方案，发现的因子等情况可以进行查询。在实时监测科研项目预算执行进度的同时，可以监控科研项目预期绩效指标的完成情况，做到“双监督、双监控”。

⑥科研经费管理系统可助力科研项目成本核算与分析。包括成本周期的合理确定，成本项目的合理设置，间接成本的合理分配，成本标准的合理确定，为科研成果转化定价奠定良好基础。同时，对科研项目经费从申请到立项再到经费支出执行以及最后的项目结题验收数据整理等，分析基础研究、临床研究不同性质的研究之间，在经费投入、支出科目、成果产出方面的特点与规律，分析绩效成果与经费投入之间的关系，形成测算模型，为项目滚动申报以及后期申报项目提供数据支撑。

（4）构建科研项目成本核算体系

为全面真实地反映科研项目成本，为科研成果转化定价提供数据支持，本研究尝试构建了科研成本核算体系。

将科研项目的成本分为直接成本和间接成本两类。直接成本是指与开展科研项目活动直接相关的成本，包括能直接计入的、或因计量条件所限无法直接计入而需采用一定方法计算后直接计入的各种费用。主要包括科研项目支出的实验材料费、测试化验加工费、差

旅费、国际合作与交流费、会议费、劳务费、专家咨询费、出版信息费、审计评估费等，以及按照一定标准进行分摊计入的直接科研人员的人员经费、科研设备的折旧费与维修维护费。

间接成本是指与科研项目无直接对应关系的支出，主要包括行政管理费用、资产管理费用以及信息辅助费用。间接成本需要进行二次分摊，最终计入每一个科研项目。第一次分摊是将归集好的间接成本按照一定的标准在临床科室、医技科室、医辅科室和全部科研项目之间进行分配。第二次分摊是将全部科研项目承担的间接成本按照一定的标准分配至每一个科研项目。

第一次分摊过程中，行政管理费用按照各个行政职能部门各项支出中科研管理工作的占比进行分摊，通常与科研管理工作密切相关的行政职能部门主要有科技管理部门、财务部门、人事部门、国有资产与采购部门、审计部门以及纪检监察部门等。其中，科技管理部门主要服务于科研工作，将其各项支出全部计入科研项目间接经费；其他行政管理部门按照各自为临床、医技、医辅、科研管理工作付出时间的占比进行分摊。资产管理费用主要包括房屋折旧、房屋租赁、水、电、气、暖等费用，可以按照科研活动所占房屋面积进行分摊。信息辅助费用主要包括生物统计、生信平台、图书馆、网络科等部门产生的支出，可以按照各部门为临床、医技、医辅、科研管理工作内容的性质与时间占比进行分摊。

第二次分摊过程中，研究认为每个科研项目的直接成本与其消耗的行政管理费用、资产管理费用以及信息辅助费用成正相关，即该项目的直接成本越大，其消耗的间接成本也越大，将第一次分摊至全部科研项目的间接成本，按照每个科研项目的直接成本占比进行第二次分摊，即取得每个科研项目的间接成本。

利用数字化工具，将上述直接成本计算与间接成本分摊的思路与过程内置于信息系统，建立科研项目成本核算模型。通过输入基础成本信息，按照设定标准进行分摊计算，全面真实地反映科研项目成本，提高科研经费的使用效率。

（5）构建大型科研设备绩效评价指标体系

通过文献研究以及医院工作实际，医院大型科研设备绩效评价工作存在较为突出的共性问题，主要表现为：科研人员对大型科研设备绩效评价工作的认识与重视程度不足，医院管理重预算执行，轻绩效评价；缺乏大型科研设备绩效评价体系，大型科研设备购置缺乏充分的事前采购论证，在使用过程中无法准确衡量使用效率和取得效益的能力；同时，在获取真实有效的绩效评价基础数据方面存在困难，大型科研设备绩效评价所需数据信息质量不高或难以获得，指标分析难以精细化。

本研究以平衡计分卡为理论基础，从财务维度、客户维度、内部业务流程维度、学习与成长维度分别设置大型科研设备的绩效评价指标体系。财务维度评价科研设备创造收入的能力以及投资回报情况；客户维度评价设备对内、对外提供服务的能力，特别是对于医院科研设备不仅服务于科研项目进行测试化验加工，也要服务于患者，用于医疗项目的检测；内部业务流程维度评价设备的日常管理情况，包括是否设专人管理、设备使用的制度流程、发生故障的可能性以及维修维护成本；学习与成长维度评价设备能产出的科研成果，以及在人才培养方面所发挥的重要作用。

利用物联网工具，实现大型科研设备绩效评价指标体系中的主要指标，如提供服务取得的收入金额、有效工作机时、服务项目数量、设备故障率等数据，可以直接从系统中获取，确保了数据的可获得性和精确性。大型科研设备绩效评价结果对医院后期科研设备采购决策、设备的运行管理具有重要意义，合理管控科研设备的采购、租赁、试剂耗材、维修维护成本，实现医院资源的优化配置，提升医院成本精细化管理水平。同时，对科研设备的运行情况进行量化评价，从中分析出存在的问题，探索改进措施，促进医院更加合理地使用大型科研仪器设备，实现大型科研设备的全生命周期管理。

2.3 课题研究的创新点

首先，本研究深入挖掘了大数据、云计算、物联网等数字化工具在科研经费管理领域可能发挥的作用，凸显出科研经费管理进行数字化赋能的重要性，为本研究中的重点难点问题指明了方向。

其次，本研究构建了数字化赋能下的医院科研经费管理体系，包括搭建组织架构并建立多部门合作机制、完善科研经费管理制度，建立起“项目申请、项目立项、财务报销、记账凭证、预算调整、账务调整、经费查询、项目结题、科研绩效、项目成本分析”全流程的智慧科研经费管理系统。

再次，本研究构建了科研项目成本核算体系，有助于加强科研项目的支出管理，提高科研经费使用效率，全面真实地反映科研项目成本，为科研成果转化定价提供数据支持，有效促进科研成果转化与应用。

最后，本研究构建了大型科研设备绩效评价指标体系，绩效评价结果为大型科研设备购置论证提供支持，提高科研设备的使用效率，实现大型科研设备的全生命周期管理，优化医院资源配置。

3 研究结论

通过阅读文献我们了解了科研经费管理的现状，以及普遍存在的问题，认识到在医院科研经费管理过程中使用数字化工具已势在必行。采取实地调研、专家访谈等形式，对数字化赋能在科研经费管理领域发挥的作用进行挖掘，并在此基础上提出搭建医院科研经费管理体系，包括组织架构、制度体系和信息系统。使用数字化工具对医院科研经费管理进行赋能，搭建起科学高效的科研经费管理组织架构；将数字化工具引入科研经费管理全流程，建立智慧科研管理系统；构建科研项目成本核算体系；构建大型科研设备绩效评价指标体系。通过对科研经费的高效管理，有利于减轻科研人员的事务性工作，更好地激发其自身创新创造的活力，同时也促进了科研经费的高效使用。

4 研究不足与展望

第一，数字化工具目前仍在快速发展中，如何了解数字化工具的最新进展并及时将其应用于科研经费管理中，让科研经费管理更加高效便捷仍需要不断探索。

第二，由于不同医院之间业务存在较大差异性，科研方向也不尽相同，本文构建的科研经费管理体系不一定适用于所有单位，如何构建出更加具有普适性的科研经费管理体系有待继续探索。

第三，在构建科研全成本核算体系时，间接成本的成本项目与分摊标准存在一定的主观性，需要进一步深入分析成本构成，获取更加合理的分摊标准，以此提高科研项目成本核算的准确性和适用性。

第四，构建大型科研设备绩效评价指标体系时，各个维度指标设置存在一定优化空间，同时还需要采取更为科学合理的统计学方法，赋予每个指标权重值。同时，要以“选取设备—分析评价—改进提升—跟踪评价”为实施路径，积极开展大型科研设备绩效评价工作，助力医院科研经费的高质量发展。

主要参考文献

[1] 田瑞南．ERP 软件系统在企业科研项目预算中的信息化应用 [J]. 企业改革与管理，2022 (14)，126 - 128.

[2] 龚克．对智能化时代的高校科研的若干思考 [J]. 研究与发展管理，2022，34 (4)：5 - 8.

[3] 夏德玲，東华娜．高职院校科研经费信息化管理平台间的对接路径研究 [J]. 中国信息化，2022 (7)：84 - 86.

[4] 纪庆．大数据环境下的研究所科研管理信息化探索 [J]. 中国卫生产业，2020，17 (11)：159 - 160，163.

[5] 李桂林. 大数据背景下科研档案信息化管理策略 [J]. 数学技术与应用，2022，40 (1)：26 -28.

[6] 叶婕，刘季芳. 基于科研管理部门视角的科研经费管理现状与措施探讨 [J]. 现代医院，2020，20 (8)：1161 -1163.

[7] 王铮，曹玥，朱嘉培等. 大型三级甲等医院如何发展科研？向科技管理创新要答案 [J]. 华西医学，2021，36 (12)：1721 -1725.

[8] 赵雨，王文辉. 基于 HRP 的医院科研经费管理系统的建设 [J]. 中国卫生信息管理杂志，2020，19 (6)：873 -878.

[9] 杨诗炜. "放管服"背景下高校财政科研项目经费预算管理的博弈分析 [J]. 科技管理研究，2019 (2)：88 -96.

[10] 袁奕珊. 简析数字化医院建设与信息化建设与发展 [J]. 信息化与信息技术，2019 (2)：88 -96.

[11] 陈慧. 公立医院科研经费管理的问题及对策研究 [J]. 医院管理，2019 (197)：49 -50.

[12] 邹玉龙，曹卫. 我国医院科研经费管理现状及提升路径 [J]. 经济研究导刊，2017，7 (36)：56 -57.

[13] 黄艾. 英、美、中三国科研经费管理对比分析及启示 [J]. 管理会计，2018 (21)：25 -28.

[14] 张李杰. "放管服"背景下高校科研经费信息化管理探析 [J]. 中国总会计师，2020 (4)：170 -171.

[15] 高军，吴丽辉. 关于科研经费报销手续烦琐问题的一点思考 [J]. 财务与会计，2020 (21)：76.

[16] 王阿乐. 利用信息化手段解决高校科研经费"报销繁"问题的探讨 [J]. 财会通讯，2021 (1)：158 -162.

[17] 曾方平. 高校科研项目成本核算引入作业成本法的探讨 [J]. 生产力研究，2017 (2)：157 -160.

（2023 年课题）

生物制药企业税务风险识别与应对研究

王常青①

1 绪论

1.1 选题背景及意义

1.1.1 选题背景

习近平总书记在党的十九大报告中指出，健康中国建设要以发展健康产业为重点，生物制药企业作为实现健康中国战略的中坚力量，近年来发展迅速，对税收产生了积极贡献，国家也出台了许多税收优惠政策促进生物制药企业良性发展。

目前，国家层面愈发将目光聚焦于税务风险管理工作。在国家组织结构上，国家税务总局于2008年成立大公司税收管理司，职责是指导企业税收风险分析及应对工作。在法律制度层面，国家税务总局于2009年发布《大公司税务风险管理指引》，文件依照税务风险管理环境、税务风险识别、税务风险评估等一系列流程对企业的税务风险管理工作作出指导。随着市场环境不断变化，国家税务总局的工作持续推进，于2016年发布《国家税务总局关于进一步加强税收风险管理工作的通知》（税总发〔2016〕54号），指明了税务风险管理重点领域。上述资料表明，政府的注意力在不断地向税务风险管理转移，而作为社会经济发展的微观主体，企业也应当以严谨的态度来面对此项工作。

---

① 课题负责人：王常青，国药中生兰州生物制品研究所有限责任公司财务部经理，高级会计师。
主要执笔人：张丽娜，国药中生兰州生物制品研究所有限责任公司财务部总账报表组组长，高级会计师。
课题组成员：王艳红、师渝晰。

对公司来说，税务风险是公司经营发展中面临的诸多风险中的一种，公司若对税务风险处理不当，将会面临严重的后果。在经济效益层面，公司的财务利益、商誉形象都会受到不同程度的打击。如果公司能够重视涉税风险方面的管理工作，采取有效措施完善税务风险防范机制，则会大大降低公司税务风险发生的概率，从而提升公司竞争力，实现公司高质量发展。

1.1.2 选题意义

理论意义。改变研究视角，以管理为主要研究视角进行税务风险管理。本课题将研究的重心放在公司生产运营活动上，从以往的以风险为主要视角变为以管理为主要视角进行税务风险管理的研究，更具有战略性和全局性，在生产经营活动中如何充分利用税务风险管理的知识来对潜在的税务风险进行有效防范，为生物制药企业的税务风险管理提供了一个更加全面、宽泛的思路。

现实意义。第一，有利于公司树立税务风险管理理念。对××生物制药企业的税务风险进行识别、评估，有助于其管理层和财务人员清楚地认识到公司生产经营活动中的税务风险情况，从而提升其对税务风险的重视程度和税务风险管理意识；第二，有利于完善公司税务风险管理体系。完整的税务风险管理体系可以有效地预防和处理日常经营活动中的税务风险。通过对××生物制药企业税务风险进行识别并提出应对措施，弥补目前××生物制药企业税务风险管理体系中的缺陷，可使其税务风险管控更加高效周密。

1.2 研究思路

本课题首先利用财务数据对××生物制药企业及同类型企业的概况和涉税情况进行简单介绍；其次以公司重要生产经营活动环节为基础进行税务风险分析，以此来介绍案例企业目前税务风险管理现状、识别企业潜在税务风险点；最后归纳总结企业在税务风险管理方面存在的问题及其成因，在此基础上深入思考优化方向，并提出具体的对策建议，以求能为案例企业税务风险管理工作提供优化指导并为同行业公司提供借鉴与参考。

1.3 研究方法

1.3.1 文献研究

通过大量查阅相关文献资料，整理归纳税务风险管理及内部控制的相关研究成果，学习和掌握其原理、实施方法和技术手段，以此构建支撑全文的理论框架，同时注意日常税务筹划过程中伴随的风险，对风险的种类、来源进行识别和防范，为课题撰写提供思路。

1.3.2 专家访谈

主要采用线上线下访谈的方式获取案例企业税务风险管理及财税方面的相关资料，访谈对象包括企业财务人员、公司管理层、税务机关专业人士、业内税务专家等相关人员，访谈内容包括但不限于涉税风险管理、纳税筹划、财税标准化、财务人员专业素养、管理层税务风险管理意识等方面，通过专家访谈更加全面地了解了案例企业对税务风险识别与应对、财税管理等方面的信息。

1.3.3 案例研究

选取××生物制药企业及同类型企业作为本课题的案例研究对象，介绍企业基本情况、选取多维度财务指标分析其经营现状；归纳总结案例企业涉及税种税率及相关税收优惠政策，列举增值税、企业所得税等主要税种税款的缴纳情况。并以案例企业目前主要业务流程为基础，结合各主要业务流程中的工作要点及会计与税务处理过程，从采购、生产、销售、研发等多个环节进行涉税风险点分析。

2 课题研究的内容、成果及创新点

2.1 课题研究内容

2.1.1 案例企业基本情况介绍

（1）××生物制药企业简介。××生物制药企业主要从事生物制品的生产、研发，既是集产学研销为一体的高新技术企业，也是国家生物制品行业的骨干企业。2018—2022年，年均销售收入超过10亿元，年均利润总额超1亿元，资产规模、销售收入和实现利税均位列当地生物医药企业首位。

（2）生物制药行业特征。总体上，生物制药行业具有“四高一长”的特征，即高技术、高投入、高风险、高收益、长周期。

①高技术。主要表现为高知识层次的人才和高新的技术手段。生物制药是知识密集、技术含量高、多学科高度综合互相渗透的新兴产业，尤其是研发环节。

②高投入。生物制药需要较大的资金投入用于新产品的研究开发及生产厂房和设备仪器的购置。经统计大部分生物制药企业的研发费用占各自营业额的5%—15%，近年来随

着生物制药企业的持续发展，个别企业的研发费用占比甚至超过18%。国内单个生物制品全周期研发费用也多在8亿—10亿元，甚至更高。此外，生物制药行业对厂房和设备仪器要求很高，且大多属于一次性投入，其中一条符合GMP认证的生产线成本均在5000万元以上。

③高风险。生物制药行业的风险主要来自产品开发和市场竞争风险。生物制药需要经历科研、中试和临床等阶段，每个阶段都要取得一定的批件才能进入下一阶段，任一阶段出现问题都有可能前功尽弃；新药研制成功后需尽早投产上市，同类药竞品多，市场竞争激烈。因此，抢注新药证书、抢占市场占有率是研发转为产品的关键。

④高收益。生物制药的利润回报率较高。一种新药上市后一般2—3年即可收回投资，尤其是拥有新产品、专利产品的企业，一旦开发成功并及时投入使用便会形成技术垄断优势，利润回报会更高。

⑤长周期。生物制药从开始研制到最终转化为产品要经过实验室研究、中试生产、临床试验（Ⅰ期、Ⅱ期、Ⅲ期）、规模化生产、市场商品化等环节的严格复杂的药物审批程序，完成一个新药全周期需要8—10年甚至更长的时间。

（3）××生物制药企业涉税情况。①涉及的税种：案例企业在日常经营活动中，涉及的税种有增值税、企业所得税、城建税、房产税、土地使用税等。

②企业日常经营活动中所享受的税收优惠政策：案例企业为高新技术企业，企业所得税享受减免10%税率，同时还享受研发费加计扣除、固定资产加速折旧、支付残疾人职工工资加计扣除等税收优惠。增值税方面，企业为一般纳税人，主营业务生物制品按简易方式计税。

③企业2018—2022年税款缴纳情况：案例企业在2018—2022年每年所缴纳的税款数额大，在所缴纳的税款中，以增值税为主，五年间××企业增值税及附加税占其纳税总额的比重基本在50%，而所得税因近几年优惠政策研发费税前加计扣除比例的提高（2021年从75%提高至100%）、固定资产加速折旧享受资产范围及金额的扩大等因素影响，汇算清缴后应纳税所得额不断下降。

2.1.2 主要研究内容

本课题研究在收集查阅相关既有参考文献和研究成果基础上，以案例企业目前的主要业务流程为基础，结合现行国家政策，分析生物制药企业生产、采购、储运、销售、研发、资产管理等环节内外部环境、业务流程及企业内控制度，归纳企业在日常税务管理工作中存在的主要问题，对各环节典型涉税案例进行研究分析，厘清风险成因并提出对应的解决措施。

（1）分析归纳各个重要生产经营环节存在的税务风险点。

①生产采购环节中的税务风险。生物制药企业采购环节主要涉及生产用原辅料、备品

备件、能源动力、设备、外委维修服务等各类业务涉税情况。我国税收目前正处于“以票控税”向“以数治税”的政策转变阶段，数电票与大数据精准监管背景下，“合同 + 业务 + 发票 + 涉税数据”是决定企业如何纳税和税务风险防范的关键因素。上游企业开具发票不规范、与业务实质不符、开票不及时以及虚开发票都会引起税收监管机关的注意，导致税务核查延伸至下游企业，对生物制药生产企业产生不利影响。例如，2022 年 4 月河南省税务局公布了 30 家医药企业涉嫌税务问题，主要涉及与实际经营情况不符、虚假申报、虚开发票等问题，紧接着国家税务总局发布了“提高医药行业检查频次，同时依法对被查企业近三年各项税收缴纳情况进行全面检查，并延伸检查其上下游企业”的相关公告。

②储存运输环节的税务风险。生物制药企业在产品储存、运输环节必须遵守国家相关管理规范要求，加强产品质量管理，保障产品的安全性和有效性是企业实现销售的重要保证。生物制药企业储存运输费费用占比高，票据开具方包含各个运输公司、各地相关医疗单位及行政事业单位，此环节中涉及的主要税务风险有：一是运输费结算单记载的起运地、到达地、货物名称、数量、运费金额等内容是否齐全，是否与销售业务相符，是否存在虚增成本费用在企业所得税前扣除的风险；二是各地财政票据种类多、格式不统一，票面信息不完善，存在票据合规性风险。

③销售环节的税务风险。生物制药企业属于医药行业，销售费用投入水平相对其他行业较高。近年来，医药行业虚增成本、费用，虚假列支广告费、咨询服务费等，企业为少缴纳企业所得税、增值税或为套取现金，在账簿上多列支出，虚构广告宣传费、会议费等事项已是各地税务机关针对医药行业稽查的重点。主要的税务风险是：生物制药企业销售费用主要包含推广费、宣传费、会议费、咨询费等，其发票的取得大多来源于医药咨询服务公司、医药科技公司及营销策划公司，容易受到以上各类服务公司虚开发票风险的波及，若无证据资料支持业务推广、业务宣传及咨询服务等业务的真实发生，资金回流至制药企业可能引发虚开增值税专用发票刑事责任；同时，生物制药企业取得虚开发票也不得作为税前扣除凭证，同时面临被认定偷税的行政责任风险。例如，2022 年 4 月南通市 Y 生物技术公司因 2019—2021 年销售费用率异动引起南通市税务局关注，现场稽查发现该企业税前违规列支咨询费 2.01 亿元，最终被追缴 2550 万元企业所得税，加收滞纳金并处少缴税款 0.5 倍罚款。

④研发环节的税务风险。研发对于生物制药企业来说，是提升自身竞争力的重要因素。企业只有要加大研发力度，提高研发水平，保持创新，才能够持续发展，及时识别并防范研发费投入环节的税务风险工作十分重要。生物制药企业目前因研发环节可能产生的税务风险主要存在于以下两个方面：

一是研发费加计扣除过程中存在的风险。近年来，随着研发投入力度的不断增加，× × 生物制药企业的研发费加计扣除金额也在逐年增加，依据政策从 2021 年开始该企业的研发费加计扣除比例也从原先的75%提高至100%。研发费用归集是对研发项目在研发过程中发生的所有支出根据税法要求进行记录归集的一个过程。因此，企业财务人员不仅要熟练掌握研发费加计扣除政策法规，还要非常清楚每个研发课题的业务情况，包括各个课题的立项、研发进度、投资进度、费用去向等，将业务与财务核算、税收法规相结合，按研发费加计扣除政策要求准确合理地进行研发费用归集，否则就会出现业财脱节，研发费用归集不准确、不合理的风险，甚至扩大研发费税前扣除范围给企业带来税务稽查风险。例如，2022年10月江苏省税务局通报了某医药企业因研发费加计扣除政策适用不当导致被处罚的案例。

二是研发费用的不同会计处理也会导致税务风险的发生。生物制药企业的研发流程历经立项、临床实验、量产等阶段，十分复杂，在此过程中存在研发费用资本化与费用化无法准确确认的情况，二者划分不清再加上税法加计扣除的影响，会影响当期利润，进而影响企业所得税的计税依据，产生税务风险。

⑤资产管理环节的税务风险。生物制药企业资产主要包括存货、固定资产及在建工程等，资产的日常管理过程中存在以下税务风险：

一是资产大修、改扩建等业务将工程资本性支出费用化多扣除当期费用的风险。生物制药企业随着近年来持续发展，资产规模不断增加，房屋改扩建，装修，机器设备大修等活动非常多，存在费用界定不清晰，混淆资本性支出和费用化支出，导致税前多扣除当期费用，少缴纳企业所得税的风险。

二是企业新增加的房产未及时缴纳房产税的风险。大部分生物制药工程的建设都是较为复杂的系统性工程，要求的生产工艺较高，很多生物制品的生产都需要经过微生物的培养、发酵、精纯、灌装等一系列复杂的生产工艺流程，因此，生物制药企业工程建设中需要对设备和工艺进行大量、重复的验证，以确保符合国家GMP的要求，生物制药行业在建工程资本化核算必须与生物制药行业特点密切融合。但税法规定委托施工企业建造的房屋，应从办理竣工验收手续次月起征收房产税，因此存在财务人员业务判断错误或未及时与业务沟通获得项目竣工验收时间，以企业房屋正式转固时间作为纳税义务发生时间缴纳房产税，造成少缴纳房产税的风险。

（2）厘清生物制药企业风险成因。

①外部原因。企业税务风险产生的外部因素首先是由于国家税收相关政策地区差异及税务部门的征缴和稽查力度，其次是生物制药行业营销环境的特殊性。

税收是政府税务管理部门依据国家税收法律法规，通过一定的征缴措施，依法取得财政收入的手段。国家税务机关的很多条例都是指导性的规定，在不同的地区适用时，不同的地区往往根据地区的不同情况对条例作出具有地区特色的规定。税务部门在征缴税款过程中，由于受经济环境、纳税环境、税收制度缺陷及部分税务人员管理水平、业务水平参差不齐等方面的影响，导致税务部门税款征收及税务稽查过程中出现政策理解偏差的可能性或不确定性。

生物制药企业属于医药行业，医药行业销售推广费、广告宣传费、会议费、咨询费等销售费用比其他行业普遍偏高，近年来随着医药行业腐败案件的频发，医药行业销售费用的真实性、合理性，是财政部会计信息质量检查、国家税务总局税收专项稽查及发票虚开延伸检查的重点。

②内部原因。

一是税务风险管理体系不完善。一套完整有效的税务风险管理体系应当覆盖公司整个业务流程，能够达到风险事前、事中、事后的有效把控，体系的重点应当体现在税务风险的识别、评估、应对等方面。近年来随着生物制药企业的持续发展，企业内部的经营管理体系发展得比较完善，涉及各个部门及业务流程，但是税务风险管理体系却在不同模块存在一定程度的问题，还不够完善，没有形成完整的系统体系，并不足以支撑该企业日常的税务风险管理工作，无法确保公司在日常经营活动中能够科学系统地应对和解决已经发生和潜在的税务风险。

二是对税务风险管理的意识不够。企业税务风险的发生在很大程度上是因业务人员、财务人员及税务经办人员缺乏对税务风险管理的应有重视，或者没有及时了解国家税务相关政策的变化造成的。税务问题涉及企业经营活动的方方面面，包含销售、采购、生产，研发、储运、资产管理、投资等各个环节，这些具体的经营活动的开展主要是由公司的执行层员工负责落实，如果员工税务风险意识不够，最终也会带来很多问题。

三是税务风险管理专业人才缺失。目前大部分企业税务岗位的涉税工作职责主要为及时进行纳税申报，与主管税务机关沟通，做好税款入库预算及重点税源申报、日常工作中税务疑难点咨询、税务发票管理、税务文档管理等基础工作，缺乏对企业整体税务风险进行管控的专业能力。

四是税务风险管理组织缺失。国家税务总局发布的《大企业税务风险管理指引》中提道，企业应当结合自身的经营情况、业务特点，建立相应的税务风险管理制度，其中税务风险管理组织结构的建立应当明确其岗位和职责。通过调查访问得知，国内大部分生物制药企业未建立独立的税务风险管理部门，也未将税务管理工作贯穿企业业务流程。

五是国家税收法规政策掌握不深入、不全面。企业税务管理岗、风险管理岗及相关业务人员对财税政策变化掌握不及时，对税收政策学习不深入、不全面，将会导致税收政策理解偏差引起纳税风险。为顺应我国经济社会不断发展的步伐，收税制度在不断完善，企业需要在最新政策指导下进行税收管理，如研发费加计扣除比例、范围等相关政策，高新技术企业税收优惠相关政策，企业投资购入设备、器具等资产一次性加速折旧税前扣除优惠政策随着国家科教兴国大战略的发展，近年来在持续更新，企业相关岗位应及时掌握国家税收新政策、新方向。

2.2 课题研究的成果

2.2.1 完善税务风险管理组织

结合生物制药企业自身的经营情况、业务特点，建立相应的税务风险管理组织架构。企业结合自身的经营规模及人才储备情况，可建立专门的税务风险管理部门，条件不足的，也可在财务部门下设专门的税务风险管理组，明确税务风险管理岗位和职责，将税务管理工作贯穿企业所有业务流程，并配备相应的税务专业人才。本课题建立了企业税务风险管理岗位及其职责要求，以供××生物制药企业进行参考。岗位职责如下：

职责一：主要针对企业重大决策提供税务风险管理建议，例如针对管理层作出的重大涉税决策进行税务风险的识别评估，结合生物制药行业内外部经营环境、税收政策判断分析税务风险，事前制定相应的风险应对方案，计算具体的风险应对方案所需支付的成本，供管理层参考。

职责二：主要针对企业日常经营活动提供税务风险管理建议，例如针对企业日常经营活动节点进行税务风险的识别和评估，尤其是采购生产、销售、研发等重点环节，对各业务部门所制定的运营方案进行综合涉税审核，比较该方案下税务风险造成的损失和减少税务风险所支付的成本，制定相应的税务风险应对策略，提交财务负责人审核。

职责三：收集汇总最新税务信息，持续关注税收环境的变化，积极主动与税收监管机关沟通结合企业自身的业务特点及经营模式及时解读新出台的税收法律法规。

职责四：办理企业日常涉税业务，如办理纳税申报、税款缴纳、发票审核、税收抵免、出口退税、税务预算、重点税源申报、与税务机关沟通等日常涉税活动。

职责五：税务培训，定期对企业各部门员工进行税务知识培训，提高企业整体税务素质，为税务风险管理工作提供基础保障。

2.2.2 完善已有的税务风险管理体系，建立税务风险识别机制

在企业现有风险管理体系的基础上，企业应立足“金税三期”结合“金税四期”背景要求，收集历史涉税信息，精准识别税务风险，对材料采购、资产管理、产品销售等环节税务风险精准控制，编制税收风险清单，把风险识别渗透到企业业务全过程中。例如，在签订合同时对税务条款提前介入审核，在报销环节，提前进行票据合规性、业务要件单据的完整性及资金流的合理性等涉税数据的稽核掌控，将税务风险管理工作贯穿整个业务环节，覆盖公司整个业务流程，从而达到风险事前、事中、事后的有效把控。不同岗位在税务方面承担的责任各不相同，面临的税务风险因素也存在差异，企业应完善风险管理体系引导更多人员参与到税务筹划和风险防控活动中，实现税务风险的识别、评估、应对、

监督等管控要求。企业税务风险识别清单如表 17 - 1 所示。

表 7 - 1　　企业税务风险识别清单

业务流程	税务风险识别清单	税务风险识别、监督负责人
决策环节	1. 企业进行投资活动，合并、分立、重组等企业重大决策时相关业务税收政策判断应用涉税风险 2. 企业未全面掌握行业各项税收优惠政策的税务风险 ……	业务部门—税务风险管理岗—财务负责人
采购环节	1. 因采购人员主观或客观观念导致虚假、错误增值税发票的流入 2. 因市场因素而导致原材料购买价格异常波动 3. 应纳税调增的采购返利 4. 用于简易计税项目的进项税未按规定转出 5. 技术服务费收费内容不具体未量化税前列支风险 ……	采购部门—财务稽核岗—税务风险管理岗—财务负责人
资产管理环节	1. 资产评估增值部分对应的折旧金额税前扣除风险 2. 处置固定资产未足额计提销项税 3. 取得土地使用权，但未按规定申报缴纳土地使用税 4. 房产税房产原值计税基础错误少申报缴纳房产税风险 5. 长期未支付的应付款项未申报缴纳所得税风险 6. 暂时闲置的固定资产计提的折旧在企业所得税前扣除风险 7. 无形资产累计摊销—土地使用权科目税会差异未纳税调整风险 ……	资产管理部门—财务核算管理岗—税务风险管理岗—财务负责人
研发环节	1. 企业研发支出核算不准确，将生产领料计入研发费 2. 发生委托外部研发的费用全额计入研发费进行加计扣除 3. 擅自扩大研发费用归集口径 4. 研发费归集相关资料不齐全或不规范，缺少立项书、项目预算、项目进度说明等 5. 研发费用化与资本化分界时点不清晰 6. 间接分摊费用进行加计扣除 ……	研发部门—财务稽核岗—税务风险管理岗—财务负责人
销售环节	1. 发生视同销售行为未按规定申报缴纳企业所得税风险；将增值税应税产品用于集体福利、个人消费、投资、分配给投资者、或通过业务推广业务招待等名义无偿赠送等行为未视同销售按规定申报，少缴增值税风险 2. 销售返利未按照规定核算 3. 与取得收入无关、不合理的销售费用在税前扣除 4. 销售免税产品未足额申报 5. 关联交易销售计税价格公允性风险 6. 合同签订时未标明金额，结算时未及时补足印花税的风险 7. 市场服务费税前扣除过程中存在的风险 ……	销售部门—财务稽核岗—税务风险管理岗—财务负责人

续表

业务流程	税务风险识别清单	税务风险识别、监督负责人
储运环节	1. 取得不合规储存运输费发票在税前列支风险 2. 运输合同内容与运输费发票内容不相符风险 ……	储运部门—财务稽核岗—税务风险管理岗—财务负责人
其他环节	1. 劳务费、专家咨询费等支出未取得发票，未进行企业所得税纳税调增的风险 2. 捐赠支出未取得公益性捐赠票据税前扣除风险 3. 跨期费用税前扣除风险 4. 为员工购买的商业保险支出税前扣除风险 5. 预提费用税前扣除风险 6. 企业超出上级管理单位工资总额批复的部分税前扣除风险 7. 支付佣金未计提增值税 8. 关联企业间借款少计销项税风险 9. 往来账期末余额较大、长期挂账隐匿收入风险 10. 高新技术企业、企业重组等业务国家税收优惠政策掌握的时效性、准确性、全面性及政策应用过程中的合理性方面存在的风险 ……	财务核算管理岗—税务风险管理岗—财务负责人

2.2.3 在企业内部强化税务风险管理意识

进行完善的税务风险管理，必须强化全公司对税务风险管理的重视。一方面，必须强化公司业务部门人员的税务风险意识，因为税务风险往往来自企业的经营活动，因此，企业要加强对员工尤其是财务人员、税务经办人员的定期培训工作，特别是在国家的税务政策发生改变时，以提高其识别、管控、规避税务风险的能力；另一方面，财务风险管理岗、财务负责人必须加强企业在税务政策执行过程中的监督，促使全公司形成重视税务风险管理的文化和环境，同时还要重视税务风险管理人才的培养和补充。

2.2.4 建立财税政策信息管理平台

企业税务岗位应及时学习掌握最新税收政策，收集税收法规政策变化情况，利用企业现有办公软件平台，建立财务制度和财税政策归集管理平台，定期更新，让管理层、所有财务人员及业务经办人员都能及时了解掌握国家政策及税收法律法规。财务管理岗定期牵头组织全公司财税政策等内容方面的培训，促进业财融合（见图 7－1）。

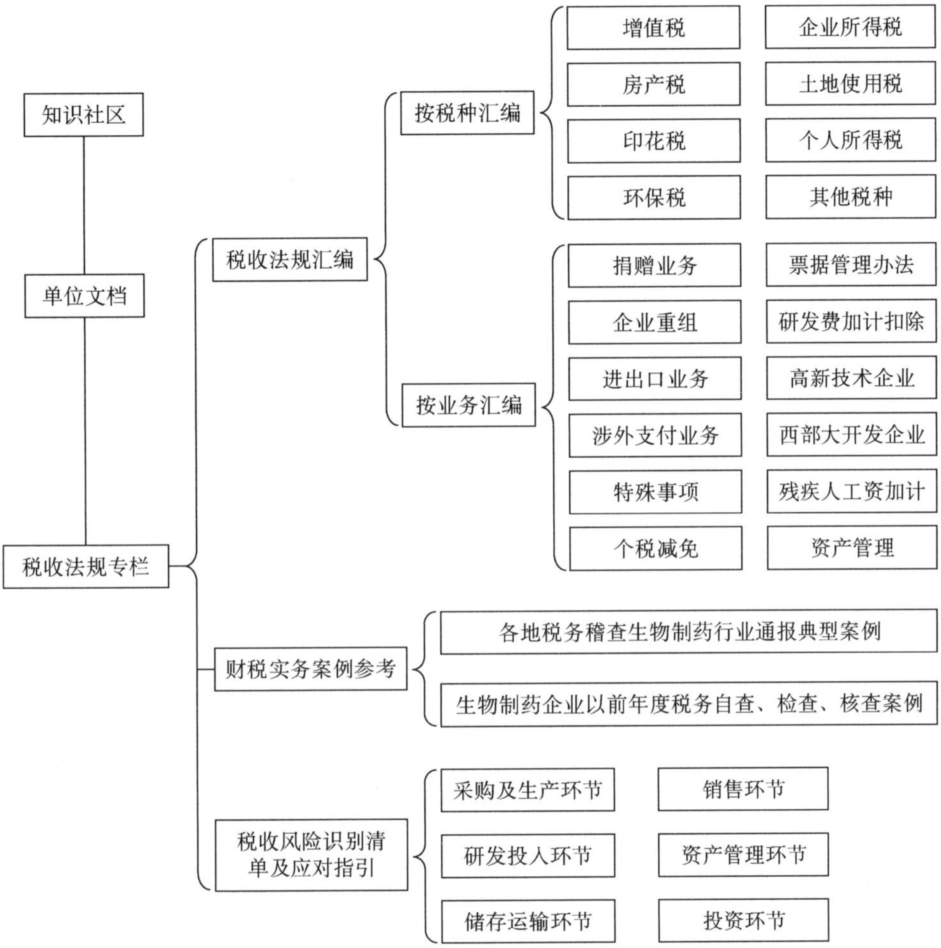

图 7-1　××生物制药企业财税政策信息管理平台

2.2.5　做好信息传递沟通

一是加强企业内部财务管理部门与其他业务部门的沟通，将税务风险控制延伸到业务前端，并进行沟通协调及纳税筹划；二是强化企税沟通，企业应加强与税务部门的联系，虚心请教不断更新的税收政策，特别是针对税收政策执行过程中的疑点难点、有税收自由裁量权的条款、有地区差异的税法规定等进行详细咨询；三是加强与上级单位、专业的税务咨询中介机构等外部单位的沟通咨询，丰富纳税经验，事前做好税收筹划。

2.2.6　针对企业重大涉税事项及涉外事项成立工作小组

针对企业不经常发生的重大生产经营事项，如企业重组过程中的涉税业务、研发活动中的涉外税收事项，在发生时依据业务实质及范围，成立专门的税收工作小组，依据业务类型认真贯彻企业重组、涉外税收等方面相关税收政策，努力探索重大涉税业务、涉外业务税收管理新机制。

为了增强企业税务风险防范能力，企业可以和一些专业的税务服务中介部门合作，借助外力找到企业运行中存在的税务风险问题，提高税务管理水平。

2.3 课题研究的创新点

目前关于税收风险管理的研究已经有很多，既有关于税收风险基础理论的研究，也有大量实务操作方面的研究。但实务研究较多地关注某类型企业或者某个公司的税收情况，关注具体行业企业的税务风险的研究较少，专门研究生物制药行业的较少。本课题选取具有国内生物制药行业典型特征的××生物制药企业及同类型企业为研究对象，结合最新的税收动态，对案例企业及同类型企业重点经营环节进行税务风险点识别；并结合内控现状展开风险成因的关联分析，多角度提出应对税务风险的具体措施，能够为其他企业进行风险管理起到一定的参考作用。

3 研究结论

税务风险始终是公司发展需要面对的一大问题，并且由于税务风险的不确定性和税收环境以及税收法律政策的变化，使得税务风险管理工作难度不断加大，但随着经济社会的发展，越来越多的企业认识到公司税务风险管理的重要性，所以公司应当以国内不断发展的税务风险管理理论为指导，结合自身的经营情况，进行有针对性的税务风险管理工作，将税务风险控制在一个可接受的范围之内，帮助企业长远发展。本文通过对案例企业税务风险的案例分析，得出以下结论。

（1）××生物制药企业在现阶段的发展过程中对于公司税务风险管理还不够科学合理，没有将税务风险管理工作贯穿整个公司的业务流程，主要表现在公司主要的业务流程（采购、销售、研发、资产管理、储存运输等）都存在不同程度的税务风险，以及可能存在国家税收优惠政策理解偏差等问题。

（2）××生物制药企业目前的税务风险产生的原因众多，主要表现在税务风险管理环境方面、税务风险识别方面、税务风险评估方面、税务风险应对方面、税务信息沟通方面以及税务风险监督方面存在不同程度的缺陷。

（3）针对××生物制药企业上述税务风险产生的原因，本课题提出了完善税务风险管理组织架构、提升税务风险识别的科学性、加大税务风险评估的有效性、提高应对税务风险的能力、建立有效的税务信息沟通机制、加大对税务风险监督的力度等建议，以供××生物制药企业及同行业企业提升税务风险管理工作进行参考。

4 研究不足与展望

4.1 研究不足

本课题的研究主要存在两点不足：第一，由于生物制药行业各公司的发展情况、经营规模存在较大差异，虽然本课题所选取的案例企业具有一定的典型性和代表性，但仍然不能代表所有生物制药企业的情况。第二，行业特殊性，生物制药企业具有高技术性、高投入性、高风险性等鲜明特征，寻找资产规模相当、经营类型相似的对标企业难度较大。此外，非上市公司的相关税务数据公开度较低，数据获取困难，因此可能导致研究结论存在某些程度的偏差。

4.2 研究展望

生物制药行业在享受国家各项优惠政策的背景下，必然会发展得越来越好，同时，伴随着经济全球化的加速，生物制药行业面临的竞争程度也愈加激烈，在这种环境下，企业要想持续高质量发展，就必须要重视自身风险管理。另外，随着企业经济规模的不断壮大，必然会开拓新的领域和地域市场，而不同生产领域和地域之间的税收政策可能会存在差异。因此，企业应积极主动地加强自身税务风险防范，使自身不论在何种发展环境下都能把税务风险控制在可控范围内。在下一步的研究中，可以进一步地扩大研究范围，希望可以利用信息技术、数学建模等先进方式，找到更科学合理的税务风险识别评估方法，探寻企业存在的税务风险共性问题，形成更科学有效的风险应对机制，进而提升我国生物制药行业的整体发展水平。

主要参考文献

[1] 陈铖．医药企业税税收筹划研究——基于GYY股份有限公司[J]．经济研究导刊，2019（23）：108-111.

[2] 国家税收总局深圳市税收局课题组，李伟，罗伟平，李荣辉，谭荣华．建立基于

"税收云 + 税收链"的信息化架构体系研究——兼论"金税四期"的技术与业务架构 [J]. 财经智库，2021，6（3）.

[3] 郭霄宇. 金税四期下企业税收管理改进研究 [J]. 现代营销，2022（10）：4－6.

[4] 韩雪. 医药企业税收筹划风险管理研究 [D]. 山西大学，2019.

[5] 韩先锋. 医药行业涉税风险浅谈 [J]. 经济研究导刊，2012（11）：77－78.

[6] 蒋林. 金税四期企业税收风险分析及防范措施探讨 [J]. 财会学习，2022（34）：137－139.

[7] 李聪. "金税四期"背景下智慧税收的构建与实现 [J]. 地方财政研究，2022（8）：64－72.

[8] 刘楠. 管理会计在中小企业税收风险管理中的运用探析 [J]. 中国集体经济，2023（6）：32－35.

[9] 刘平华. "金税四期"背景下生产型企业税收筹划探讨 [J]. 中小企业管理与科技，2022（10）：182－184.

[10] 孙瑞. 医药行业涉税风险浅谈 [J]. 纳税，2018（18）：20.

[11] 王红艳，唐敏. 金税四期下企业税收风险管理探析 [J]. 经济师，2022（6）：111－112.

[12] 王翔，胡春有. 新医改环境下医药企业涉税风险及应对措施分析 [J]. 中国集体经济，2022（22）：100－102.

[13] 王向前. 金税四期企业税收风险分析与防范 [J]. 全国流通经济，2022（12）：162－164.

[14] 郑建军. 内部控制视角下企业税收管理存在的问题及解决对策 [J]. 中小企业管理与科技，2022（14）：170－172.

[15] 赵淡惠，赵宇恒，朱琳臻. 大数据下数据可视化对F公司风险监测与应对的改善 [J]. 财务与会计，2022（15）：14－17.

[16] 王立飞，贾征，吴东明，邢花. 研发投入和销售费用对企业绩效的影响——基于生物医药企业财务数据的研究 [J]. 商业会计，2022（17）：59－62.

[17] 华挺. 大企业税务风险识别与应对机制研究 [J]. 财会通讯，2015（32）：96－98.

[18] 国家税务总局大企业税收管理司. 千户集团税收风险分析应对工作指引 [M]. 北京：中国税务出版社，2019.

[19] 王长庆，贾迎雪，黎春华，李娟. 金税四期管控下企业纳税筹划实务指南 [M]. 北京：人民邮电出版社，2022.

（2023 年课题）